# LEI DE DIRETRIZES NACIONAIS PARA O SANEAMENTO BÁSICO

Reflexões acerca das alterações introduzidas pela Lei nº 14.026/2020

**MARIA TEREZA FONSECA DIAS**
*Coordenadora*

*Prefácio*
Maurício Zockun

# LEI DE DIRETRIZES NACIONAIS PARA O SANEAMENTO BÁSICO

Reflexões acerca das alterações introduzidas pela Lei nº 14.026/2020

Belo Horizonte

FÓRUM
CONHECIMENTO JURÍDICO

2023

© 2023 Editora Fórum Ltda.

É proibida a reprodução total ou parcial desta obra, por qualquer meio eletrônico, inclusive por processos xerográficos, sem autorização expressa do Editor.

## Conselho Editorial

Adilson Abreu Dallari
Alécia Paolucci Nogueira Bicalho
Alexandre Coutinho Pagliarini
André Ramos Tavares
Carlos Ayres Britto
Carlos Mário da Silva Velloso
Cármen Lúcia Antunes Rocha
Cesar Augusto Guimarães Pereira
Clovis Beznos
Cristiana Fortini
Dinorá Adelaide Musetti Grotti
Diogo de Figueiredo Moreira Neto (*in memoriam*)
Egon Bockmann Moreira
Emerson Gabardo
Fabrício Motta
Fernando Rossi
Flávio Henrique Unes Pereira

Floriano de Azevedo Marques Neto
Gustavo Justino de Oliveira
Inês Virgínia Prado Soares
Jorge Ulisses Jacoby Fernandes
Juarez Freitas
Luciano Ferraz
Lúcio Delfino
Marcia Carla Pereira Ribeiro
Márcio Cammarosano
Marcos Ehrhardt Jr.
Maria Sylvia Zanella Di Pietro
Ney José de Freitas
Oswaldo Othon de Pontes Saraiva Filho
Paulo Modesto
Romeu Felipe Bacellar Filho
Sérgio Guerra
Walber de Moura Agra

**FÓRUM**
CONHECIMENTO JURÍDICO

Luís Cláudio Rodrigues Ferreira
Presidente e Editor

Coordenação editorial: Leonardo Eustáquio Siqueira Araújo
Aline Sobreira de Oliveira

Rua Paulo Ribeiro Bastos, 211 – Jardim Atlântico – CEP 31710-430
Belo Horizonte – Minas Gerais – Tel.: (31) 99412.0131
www.editoraforum.com.br – editoraforum@editoraforum.com.br

Técnica. Empenho. Zelo. Esses foram alguns dos cuidados aplicados na edição desta obra. No entanto, podem ocorrer erros de impressão, digitação ou mesmo restar alguma dúvida conceitual. Caso se constate algo assim, solicitamos a gentileza de nos comunicar através do *e-mail* editorial@editoraforum.com.br para que possamos esclarecer, no que couber. A sua contribuição é muito importante para mantermos a excelência editorial. A Editora Fórum agradece a sua contribuição.

Dados Internacionais de Catalogação na Publicação (CIP) de acordo com ISBD

| | |
|---|---|
| D5411 | Dias, Maria Tereza Fonseca<br>Lei de Diretrizes Nacionais para o Saneamento Básico: reflexões acerca das alterações introduzidas pela Lei nº 14.026/2020 / Maria Tereza Fonseca Dias. - Belo Horizonte : Fórum, 2023.<br>286 p. ; 14,5cm x 21,5cm.<br><br>ISBN: 978-65-5518-528-7<br><br>1. Direito. 2. Saneamento básico. 3. Lei nº 14.026/2020. 4. Parcerias público-privadas. 5. Concessões. 6. Contratação pública. 7. Regulação. 8. Federalismo. 9. Limpeza urbana. 10. Licitação. 11. Outorga onerosa. I. Título. |
| 2023-717 | CDD: 340<br>CDU: 34 |

Elaborado por Vagner Rodolfo da Silva – CRB-8/9410

Informação bibliográfica deste livro, conforme a NBR 6023:2018 da Associação Brasileira de Normas Técnicas (ABNT):

DIAS, Maria Tereza Fonseca. *Lei de Diretrizes Nacionais para o Saneamento Básico*: reflexões acerca das alterações introduzidas pela Lei nº 14.026/2020. Belo Horizonte: Fórum, 2023. 286 p. ISBN 978-65-5518-528-7.

# SUMÁRIO

PREFÁCIO
**Maurício Zockun**........................................................... 11

APRESENTAÇÃO
**Maria Tereza Fonseca Dias**........................................ 15

DESAFIOS PARA A IMPLANTAÇÃO DO NOVO MARCO REGULATÓRIO DO SANEAMENTO BÁSICO: REGULAÇÃO, TITULARIDADE, REGIONALIZAÇÃO, ATUAÇÃO DO SETOR PRIVADO E O FUTURO DAS CESBS
**Maria Tereza Fonseca Dias**........................................ 19
1 Introdução................................................................. 19
2 Regulação dos serviços: o protagonismo e as novas atribuições da ANA........................................... 23
3 Titularidade e regionalização................................. 26
4 Novos papéis do setor privado em saneamento... 30
5 O futuro das CESBs.................................................. 32
6 Considerações finais............................................... 34
 Referências................................................................ 35

OS FUNDAMENTOS E OS EFEITOS DO RECONHECIMENTO DO DIREITO À ÁGUA E AO ESGOTAMENTO SANITÁRIO: UMA VISÃO DA JURISPRUDÊNCIA DO TRIBUNAL DE JUSTIÇA DE MINAS GERAIS
**Amael Notini Moreira Bahia**..................................... 39
1 Introdução................................................................. 39
2 Desenvolvimento internacional do direito à água e ao esgotamento sanitário........................................ 40
3 O Direito à água e ao esgotamento sanitário no Brasil............... 43
4 O TJMG e o direito humano à água e ao esgotamento sanitário 49
4.1 Os fundamentos do reconhecimento do direito à água e ao esgotamento sanitário pelo TJMG................ 49

| | | |
|---|---|---|
| 4.2 | Os efeitos do reconhecimento do direito à água e ao esgotamento sanitário ........................ | 54 |
| 5 | Conclusão ........................ | 60 |
| | Referências ........................ | 61 |
| | ANEXO 1 – Grade de decisões do TJMG acerca do direito à água e ao esgotamento sanitário ........................ | 64 |

## SANEAMENTO BÁSICO E OS *IMPACT BONDS*: A UTILIZAÇÃO DE NOVAS FORMAS DE PARCERIAS DE IMPACTO SOCIAL ENTRE A ADMINISTRAÇÃO PÚBLICA E O SETOR PRIVADO

**Bruna de Paula Ferreira Costa** ........................ 77

| | | |
|---|---|---|
| 1 | Introdução ........................ | 77 |
| 2 | O panorama do saneamento básico no Brasil ........................ | 79 |
| 3 | As parcerias público-privadas e os *Impact Bonds* ........................ | 83 |
| 4 | *Impact Bonds* no saneamento básico ........................ | 89 |
| 4.1 | O caso do Camboja (*Cambodia Rural Sanitation Development Impact Bond*) ........................ | 89 |
| 4.2 | O caso de Columbia (*DC Water Environmental Bond*) ........................ | 91 |
| 5 | Considerações finais ........................ | 93 |
| | Referências ........................ | 94 |

## O QUE SE DEVE ESPERAR DA RELAÇÃO ENTRE A ANA E O TCU NO NOVO MARCO LEGAL DO SANEAMENTO BÁSICO? UMA ANÁLISE DO EXERCÍCIO DAS ATRIBUIÇÕES DO REGULADOR E DO CONTROLADOR À LUZ DA JURISPRUDÊNCIA DO TRIBUNAL DE CONTAS DA UNIÃO

**Bianca Rocha Barbosa** ........................ 99

| | | |
|---|---|---|
| 1 | Introdução ........................ | 99 |
| 2 | O papel da ANA no Novo Marco Legal do Saneamento Básico | 102 |
| 3 | A coexistência harmônica das esferas regulatória e controladora à luz da jurisprudência do TCU ........................ | 106 |
| 3.1 | Atuação do TCU como fiscalizador de segunda ordem ........................ | 108 |
| 3.2 | Deferência ao espaço de discricionariedade das agências reguladoras ........................ | 109 |
| 3.3 | Controle das atividades finalísticas das agências reguladoras ... | 111 |
| 3.4 | Contornos gerais do entendimento do TCU ........................ | 113 |
| 4 | O que se deve esperar da relação entre a ANA e o TCU no setor de saneamento? ........................ | 114 |
| 5 | Considerações finais ........................ | 118 |
| | Referências ........................ | 119 |

ANEXO – Acórdãos do TCU analisados neste capítulo e seus respectivos enunciados ............................................................. 124

## REESTATIZAÇÃO DOS SERVIÇOS DE SANEAMENTO BÁSICO AO REDOR DO MUNDO: O BRASIL ESTÁ NA CONTRAMÃO?
**Ivanice Milagres Presot Paschoalini** ............................................. 129
    Introdução ............................................................................. 129
1     A reestatização ao redor do mundo ............................... 131
1.1     Conceituação ......................................................................... 131
1.2     As reestatizações realizadas .............................................. 133
1.2.1     O caso de Berlim ................................................................. 134
1.2.2     Os casos de Paris e de Lyon ............................................. 136
1.2.3     O caso de Buenos Aires ..................................................... 143
1.3     Os processos de reestatização em andamento ............. 149
1.3.1     O caso de Jacarta ................................................................. 150
2     O atual cenário brasileiro .................................................. 152
2.1     O caso de Ouro Preto ......................................................... 155
3     Tendências para o setor de saneamento básico no Brasil ............ 157
3.1     Projetos de regionalização dos serviços em andamento ............ 159
4     Considerações finais ........................................................... 163
    Referências ............................................................................. 164

## A AGÊNCIA DAS AGÊNCIAS DE SANEAMENTO? O PAPEL INSTITUCIONAL DA ANA NO ARRANJO REGULATÓRIO APÓS A LEI Nº 14.026/2020
**Regis Dudena** ....................................................................................... 167
1     Introdução ............................................................................. 167
2     Contexto teórico .................................................................. 171
3     Introdução das agências reguladoras no Brasil ............. 173
4     Novo papel da ANA no arranjo regulatório após a Lei nº 14.026, de 2020 ............................................................. 176
5     Considerações finais ........................................................... 183
    Referências ............................................................................. 185

## O MARCO LEGAL DO SANEAMENTO BÁSICO E O REPASSE CONDICIONAL DE VERBAS FEDERAIS PARA ESTADOS-MEMBROS E MUNICÍPIOS: AINDA SE PODE FALAR EM FEDERALISMO COOPERATIVO?
**André Pinho Simões** ............................................................................ 191
1     Introdução ............................................................................. 191

| | | |
|---|---|---|
| 2 | O modelo constitucional do federalismo brasileiro............... | 194 |
| 2.1 | O federalismo brasileiro: da concepção constitucional à deturpação política.................................................................. | 198 |
| 3 | O Marco Legal do Saneamento Básico e o repasse condicional de verbas da União para Estados-Membros e Municípios......... | 201 |
| 4 | Federalismo cooperativo e o repasse condicional de verbas: inconsistência, incompatibilidade e inconstitucionalidade....... | 204 |
| 5 | Conclusão.......................................................................... | 207 |
| | Referências........................................................................ | 209 |

## A LEGALIDADE DA CONTRATAÇÃO DE SERVIÇOS DE LIMPEZA URBANA E MANEJO DE RESÍDUOS SÓLIDOS POR MEIO DE CONTRATOS ADMINISTRATIVOS

**Madson Alves de Oliveira Ferreira**............................................... 213

| | | |
|---|---|---|
| 1 | Introdução.......................................................................... | 213 |
| 2 | Serviços públicos: breves comentários sobre o conceito e a possibilidade de delegação.................................................. | 216 |
| 3 | A cobrança pelos serviços de limpeza urbana: taxa e tarifas...... | 222 |
| 4 | Da legalidade de prestação direta por meio de contratos de serviços, com fulcro na Lei Geral de Licitações e Contratos Administrativos................................................................... | 225 |
| 5 | Conclusão.......................................................................... | 230 |
| | Referências........................................................................ | 230 |

## PPPS DE SANEAMENTO BÁSICO NO BRASIL: DIAGNÓSTICO DAS CONDIÇÕES ATUAIS E ANÁLISE DE TENDÊNCIAS A PARTIR DO NOVO MARCO LEGAL DO SANEAMENTO

**Izabela Passos Peixoto**............................................................... 233

| | | |
|---|---|---|
| 1 | Introdução.......................................................................... | 233 |
| 2 | Referencial teórico............................................................. | 235 |
| 3 | Metodologia....................................................................... | 237 |
| 4 | Da obrigatoriedade da licitação para concessão dos serviços públicos de saneamento básico............................................ | 237 |
| 5 | Por que utilizar Parcerias Público-Privadas?........................... | 238 |
| 6 | Diagnóstico das parcerias público-privadas em saneamento..... | 242 |
| 7 | Conclusão.......................................................................... | 252 |
| | Referências........................................................................ | 253 |

O PAPEL REGULATÓRIO DA OUTORGA ONEROSA NOS SERVIÇOS DE SANEAMENTO BÁSICO. ESTUDO DE CASO DA CONCESSÃO DOS SAE PRESTADOS PELA CEDAE NO ESTADO DO RIO DE JANEIRO

**Luciano Moratório** ............ 257

| | | |
|---|---|---|
| 1 | Introdução ............ | 257 |
| 2 | Outorga onerosa nas licitações de saneamento básico ............ | 260 |
| 2.1 | O saneamento básico como serviço público ............ | 260 |
| 2.2 | O *Franchise Bidding Solution* (FBS) ............ | 262 |
| 3 | Contratação dos serviços de saneamento básico ............ | 264 |
| 4 | Outorga onerosa em licitações: "tributação oculta" ou contrapartida? ............ | 266 |
| 5 | Estudo do caso da outorga onerosa na concessão dos SAE no Rio de Janeiro ............ | 271 |
| 5.1 | Cobrança pela outorga ............ | 271 |
| 5.2 | Arranjo regulatório da outorga onerosa ............ | 274 |
| 6 | Considerações finais ............ | 276 |
| | Referências ............ | 278 |

SOBRE OS AUTORES ............ 285

# PREFÁCIO

1. Foi com grande alegria que recebi o honroso convite formulado pela Profa. Dra. Maria Tereza Fonseca Dias para prefaciar esta obra, fruto de profícuos debates acadêmicos pós-graduandos, ocorridos no seio da prestigiosa Faculdade de Direito da Universidade Federal de Minas Gerais.

E nisto edificou-se virtuoso vínculo entre Minas e São Paulo. Isso porque, no Grupo de Estudos sobre a Regulação Administrativa da Faculdade de Direito da PUC-SP, também nos dedicamos ao tema central objeto desta obra: a Lei de Diretrizes Nacionais para o Saneamento Básico.

A alegria do convite foi rapidamente agregada pelo regalo proporcionado pela leitura dos textos que compõem esta coletânea. Permitam-me contextualizar os primorosos artigos desta obra segundo os seus eixos temáticos.

2. O primeiro texto, da Profa. Maria Tereza, examina tema que está na ordem do dia: a função das companhias estatais de saneamento básico após a modificação da disciplina normativa nesse campo, que passou a favorecer a delegação dessas atividades a agentes privados. E, por força dessa inclinação legislativa, Izabela Passos Peixoto debruçou-se sobre o diagnóstico das condições atuais e análise de tendências a partir do "Novo Marco Legal do Saneamento", sob a ótica da Lei das Parcerias Público-Privadas.

Como a prestação direta do serviço de saneamento básico está presentemente ligada à ideia de desestatização desta atividade, vem a lume o texto de Ivanice Milagres Presot Paschoalini em vetor contrário. Deveras, a autora examina a alentada controvérsia relacionada à reestatização da prestação do serviço de saneamento básico, ocorrida especialmente no exterior. E por que, como propõe Madson Alves de Oliveira Ferreira, não prosseguir utilizando o contrato administrativo – figura típica do exercício estatizado dessa atividade – para assegurar o desempenho de alguns serviços públicos de saneamento básico, como limpeza urbana e manejo de resíduos sólidos? É uma alternativa eficaz à tutela do interesse público nesse campo? Vamos à leitura!

Sucede que a dualidade entre o privatizar e o estatizar o desempenho dessa atividade parece ser relativizada em vista de outras soluções. Neste sentido, Bruna de Paula Ferreira Costa destaca a importância do (re)conhecimento de modelos já adotados no exterior para ampliação e melhoria da prestação dos serviços de saneamento básico, pouco importando saber se eles são (des)estatizados. A autora nos brinda com a apresentação do modelo denominado de *impact bonds*, que rompe com a referida dicotomia e avança no debate dos meios capazes de concretamente viabilizar o eficiente desempenho dessas atividades.

E qual, ao final, é o papel da Agência Nacional de Águas e Saneamento Básico (ANA) após as recentes modificações veiculadas na Lei Federal nº 14.026? Regis Dudena aborda o papel da ANA: como eventual reguladora nacional do saneamento básico (tema controverso, reconhecemos) ou como moderadora das agências estaduais e municipais, ao que se soma o seu papel no plano fiscalizatório. Mas quais seriam estes limites? Mergulhos na leitura e nas propostas de solução.

A delimitação do campo de atuação da ANA e as deliberações por ela edificadas podem ser contrastadas ou apreciadas pelo Tribunal de Contas da União (TCU)? Neste sentido, o TCU goza de competência constitucional para apreciar a lisura e a legitimidade de atos produzidos por essa agência na persecução de sua atividade-fim? Eis as preocupações de Bianca Rocha Barbosa, cujo pensamento, esperamos, ecoe no Planalto Central. Na mesma toada, poderia o TCU apreciar a legitimidade da outorga onerosa em uma concessão segundo o mecanismo de *Franchise Bidding Solution* (FBS), cujo exame Luciano Moratório nos propõe?

No mais, o que a Constituição deu com uma mão a legislação pode tirar com a outra? A chantagem financeira, verdadeiro manto sob o qual se edificam mecanismos indutores de comportamentos dos titulares desses serviços públicos, tem espaço legítimo entre nós? As novas passagens da lei conferiram singular protagonismo às instituições financeiras federais, ao ponto de legitimar o condicionamento da versão de recursos públicos à prestação regionalizada desses mesmos serviços? A suposta legitimidade desse modelo de indução em favor da União é colocada constitucionalmente em xeque (talvez em xeque-mate) por André Pinho Simões.

Por fim, Amael Notini Moreira Bahia brindou-nos com a síntese do atual pensamento do Tribunal de Justiça do Estado de Minas Gerais a respeito do direito subjetivo relativo à água e ao esgotamento sanitário, o que contribuiu para a segurança jurídica no desempenho dessas atividades.

3. São induvidosas, pois, as relevantes contribuições que a Escola Mineira de Direito Administrativo aporta ao cenário nacional na discussão relacionada ao novo modelo de prestação dos serviços de saneamento básico. Em nome da comunidade jurídica, querida Profa. Maria Tereza Fonseca Dias, receba o nosso muito obrigado!

São Paulo, 12 de março de 2023.

**Maurício Zockun**
Professor de Direito na Faculdade de Direito da PUC-SP. Livre-docente e doutor em Direito Administrativo pela PUC-SP. Mestre em Direito Tributário pela PUC-SP. Advogado.

# APRESENTAÇÃO

A proposta desta obra é discutir os principais aspectos controvertidos da Lei de Diretrizes Nacionais para o Saneamento Básico (Lei nº 11.445/2007) e refletir sobre os desafios e questões referentes às alterações introduzidas neste marco jurídico pela Lei nº 14.026/2020. O trabalho resulta da construção coletiva de profissionais da área e estudiosos do tema e foi desenvolvido após intensos debates promovidos no programa de pós-graduação da Faculdade de Direito da UFMG (mestrado e doutorado), durante o 1º semestre de 2022, no âmbito da disciplina que ministrei sobre o Marco Regulatório do Saneamento Básico no Brasil.

Após os seminários e discussões sobre os principais aspectos da nova legislação, buscou-se explorar os temas mais polêmicos e a bibliografia relevante correlata. Os textos produzidos foram, a seguir, submetidos à avaliação dos participantes para reformulação e aprimoramento.

Os assuntos discutidos no processo de elaboração dos capítulos desta obra percorreram todos os temas atinentes ao Marco Regulatório do Saneamento Básico. Inicialmente foram discutidos seus aspectos históricos, o conceito de saneamento, princípios e regime jurídico. No âmbito do tema da titularidade dos serviços foi tratada a questão do serviço regionalizado e sua gestão associada. Outro tema bastante relevante no marco legal, após o advento da Lei nº 14.026/2020, refere-se aos aspectos regulatórios do saneamento básico, considerando as novas atribuições e competências da Agência Nacional de Águas (ANA). Foram ainda abordadas as parcerias com o setor privado, englobando discussões acerca da desestatização e privatização dos serviços, bem como sua delegação por meio das concessões, PPPs e outros arranjos contratuais contemporâneos. Ainda se discutiu a questão da prestação dos serviços por empresas estatais e a implantação da política pública de saneamento básico, considerando seus aspectos econômicos e sociais.

Assim, o debate destes temas resultou nos diversos capítulos da obra, que abrangem, integralmente, os assuntos mais relevantes da Lei de Diretrizes Nacionais para o Saneamento Básico após as mudanças promovidas em 2020, razão pela qual possuem organicidade metodológica e conceitual.

É preciso ressaltar que todos os coautores, além do vínculo com a pós-graduação em Direito na UFMG, nos cursos de mestrado e doutorado, atuam em diversas outras atividades e funções no Estado e no mercado, seja em instituições do Estado de Minas Gerais, seja na advocacia privada, o que traz diferentes abordagens sobre o assunto. Além do texto introdutório em que apresento os principais desafios para a implantação do novo marco legal do saneamento acerca dos problemas da regulação, titularidade, regionalização, atuação do setor privado e o futuro das CESBs, a obra apresenta uma pluralidade de assuntos relacionados ao marco legal do saneamento básico, a saber:

O exercício do direito à água e ao esgotamento sanitário, na visão do Judiciário (Amael Notini Moreira Bahia);

Novas formas de parcerias de impacto social entre a Administração Pública e o setor privado na prestação dos serviços de saneamento básico (Bruna de Paula Ferreira Costa);

A Agência Nacional de Águas (ANA) e o exercício das atribuições do regulador e do controlador à luz da jurisprudência do Tribunal de Contas da União (Bianca Rocha Barbosa);

A reestatização dos serviços de saneamento básico ao redor do mundo e o caso brasileiro (Ivanice Milagres Presot Paschoalini);

O papel institucional da ANA no arranjo regulatório como "agência das agências" de saneamento (Regis Dudena);

O repasse condicional de verbas federais para estados-membros e municípios para as políticas públicas de saneamento básico e os riscos desta previsão para o federalismo cooperativo (André Pinho Simões);

A legalidade da contratação de serviços de limpeza urbana e manejo de resíduos sólidos por meio de contratos administrativos (Madson Alves de Oliveira Ferreira);

PPPs de saneamento básico no Brasil (Izabela Passos Peixoto);

O papel regulatório da outorga onerosa nos serviços de saneamento básico, a partir do estudo de caso da concessão dos SAE prestados pela CEDAE no Estado do Rio de Janeiro (Luciano Moratório).

O texto, portanto, atualiza, lança luzes e levanta novas questões para a reflexão do novo marco do saneamento e seus desafios.

A obra atenderá o leitor mais familiarizado com o tema, sem deixar de lado aqueles que pretendem iniciar os seus estudos sobre o assunto, vez que os textos são de fácil leitura e igualmente introduzem os aspectos mais relevantes, de forma clara e didática, porém sem prejuízo da análise crítica e aprofundada.

**Maria Tereza Fonseca Dias**

# DESAFIOS PARA A IMPLANTAÇÃO DO NOVO MARCO REGULATÓRIO DO SANEAMENTO BÁSICO: REGULAÇÃO, TITULARIDADE, REGIONALIZAÇÃO, ATUAÇÃO DO SETOR PRIVADO E O FUTURO DAS CESBS

MARIA TEREZA FONSECA DIAS

## 1 Introdução

Discutir os desafios para a implantação do Novo Marco do Saneamento Básico – introduzido pela Lei nº 14.026/2020 – demanda, em primeiro lugar, compreender como a prestação dessas atividades foi instituída no Brasil, nas últimas décadas. Além disso, é relevante demonstrar, ainda que em poucas linhas, a situação em que encontravam na edição do marco regulatório, em 2007, e as razões das mudanças promovidas em 2020.

A essencialidade e a natureza das atividades do saneamento as tornaram, juridicamente, serviço público e direito fundamental dos cidadãos. A sua qualificação legal como "serviço público" revela, em linhas gerais, que não se trata de atividade econômica,[1] de livre

---

[1] Não é considerado serviço público esgotamento industrial e manejo de resíduos de responsabilidade do gerador. Cf. PIGNATARO, Guilherme Villela. Remuneração pela

mercado, mas que deve ser assegurada pelo Estado, sob o regime jurídico de direito público.

Enquanto direito fundamental ligado à saúde e ao meio ambiente ecologicamente equilibrado, os cidadãos têm o direito e o Estado tem o dever de sua prestação. Isso não significa dizer que o serviço deverá ser gratuito, porém com a diretriz da definição de taxas e tarifas módicas a serem cobradas dos usuários.

Do ponto de vista econômico, o saneamento é monopólio natural,[2] o que traz especificidades para seus investimentos, tanto os que são feitos pelo setor público quanto os referentes à seleção de parceiro privado no regime de concessão.

Há questões históricas discutidas até os dias atuais, que decorrem da implantação do Plano Nacional de Saneamento (PLANASA) pelo Governo Federal, em que os serviços passaram a ser executados por Companhias Estaduais de Saneamento.[3]

O PLANASA foi lançado em 1971 com o objetivo de disponibilizar os serviços de saneamento básico, que eram severamente deficitários naquele momento histórico. Tratou-se de plano de caráter técnico, que resultou na criação das companhias estaduais de saneamento (CESBs). A opção pela regionalização dos serviços em detrimento da sua execução local, pelos municípios, foi justificada pela política de subsídios cruzados entre localidades, segundo a qual, "[...] apesar de o custo de captação, tratamento e distribuição da água não ser uniforme entre os

---

Prestação de Serviços de Saneamento Básico. *In*: SADDY, André; CHAUVET, Rodrigo da Fonseca (org.). *Aspectos jurídicos do saneamento*. Rio de Janeiro: Lumen Juris, 2017. p. 207.

[2] Segundo Nascimento, Sodré e Castilho o monopólio natural em determinada área de atuação significa que: (i) uma única firma opera o fornecimento de água e coleta de esgotos a um custo unitário menor do que várias firmas ofertando conjuntamente; e (ii) inexistem bens substitutos. E concluem que: "Monopólios naturais são ineficientes do ponto de vista alocativo e de nível de investimento" (Cf. NASCIMENTO, Carlos Alexandre; SODRÉ, Antônio; CASTILHO, Rafael. A economia política do novo marco legal do saneamento: do público vs. Privado para as Parcerias Público-Privadas. *In*: DAL POZZO, Augusto Neves (coord.). *Lei Federal nº 14.026/2020*: o Novo Marco Regulatório do Saneamento Básico. São Paulo: Thomson Reuters, 2020. p. 427-428).

[3] Acerca do desenvolvimento histórico do saneamento básico no Brasil, cf., entre outros, MONTEIRO, Renato. Análise da evolução da prestação de serviços de abastecimento de água e esgotamento sanitário de Municípios regulador por Agências Municipais. 2013. 165 f. Dissertação (Mestrado em Saúde Pública) – Fundação Oswaldo Cruz (FIOCRUZ), Rio de Janeiro, 2013; SOUSA, Ana Cristina A. de; COSTA, Nilson do Rosário. Política de saneamento básico no Brasil: discussão de uma trajetória. História, Ciências, Saúde – Manguinhos, Rio de Janeiro, v. 23, n. 3, p. 615-634, jul./set. 2016; SOUSA, Ana Cristina. Política de saneamento no Brasil: atores, instituições e interesses. 2011. 98 f. Tese (Doutorado em Ciências) – Fundação Oswaldo Cruz (FIOCRUZ), Rio de Janeiro, 2011.

municípios em um estado, a tarifa praticada em determinados casos é única".⁴

Assim, a partir do PLANASA, relata Dinorá Grotti, "[...] foram criadas as 27 companhias estaduais de saneamento básico (CESBs), que passaram a gerir os serviços de abastecimento de água da maioria dos Municípios por meio de contratos de concessão, com prazos de 20 a 25 anos".⁵

Esse modelo fortaleceu a competência dos Estados em matéria de saneamento básico, vez que os municípios eram praticamente obrigados a se atrelar a essas companhias estaduais, por falta de expertise e recursos para investimentos, que vinham, em grande parte, do Banco Nacional de Habitação (BNH). Assim, a titularidade dos serviços de interesse local acabou por ser "delegada" dos Municípios para as CESBs para que pudesse haver financiamento. Deste modo, o Município – em que pese juridicamente titular dos serviços – foi sendo alijado da sua gestão, não podendo definir tarifas, investimentos, qualidade dos serviços etc.

O modelo das CESBs não se caracterizou como concessão, tendo sido denominado como "concessão-convênio" ou "falsa concessão", sem um marco regulatório definido para este arranjo jurídico comumente regionalizado. Não poderia ser considerado concessão por não ser firmado por contrato e também não era um convênio por se tratar da prestação de um serviço público, que, a rigor, exige licitação para a escolha do contratado.

Como afirma Maria Coeli Simões Pires, refletindo sobre o tema, os "[...] serviços de saneamento foram objeto recorrente de contratos de programas firmados com empresas estaduais, especialmente ao abrigo de consórcios e de exceção à obrigação de licitar".⁶

Outro problema levantado no modelo do PLANASA era a deficiência regulatória do serviço. Isso porque esta regulação ficava

---

⁴ CRUZ, Carlos Arcanjo da; RAMOS, Francisco de Sousa. Evidências de subsídio cruzado no setor de saneamento básico nacional e suas consequências. *Nova Economia*, v. 26, n. 2, p. 623-651, 2016. Disponível em: https://doi.org/10.1590/0103-6351/2544.

⁵ GROTTI, Dinorá Adelaide Musetti. A evolução Jurídica do Serviço Público de Saneamento Básico. *In*: OLIVEIRA, José Roberto Pimenta; DAL POZZO, Augusto Neves (coord.). *Estudos sobre o marco regulatório de saneamento básico*. Belo Horizonte: Fórum, 2011, p. 22-23.

⁶ PIRES, Maria Coeli Simões. A Lei nº. 14.026, de 1 de julho de 2020, e a ruptura com a hegemonia das empresas estatais de saneamento básico a partir da vedação de contrato de programa como alternativa de resiliência. *In*: FORTINI, C.; SALAZAR, G.; MASSARA, L. H. N.; CAMPOS, M. H. O. (org.). *Novo Marco Legal do Saneamento Básico*: aspectos administrativos, ambientais, regulatórios e tributários. Belo Horizonte: D'Plácido, 2021. p. 105-126. p. 112.

a cargo da própria companhia estadual, não havendo nenhum organismo externo – como uma agência reguladora – para disciplinar a sua prestação. Em diversas localidades, o modelo gerou insatisfação dos usuários em âmbito local.

O modelo PLANASA permitiu a expansão das redes de fornecimento de água, por ser mais barata e indispensável, deixando de lado o tratamento de esgotos.

No início dos anos 2000 passaram a ser debatidas e reconhecidas as limitações desse modelo de prestação dos serviços de saneamento básico, notadamente pela falta de transparência no acesso aos dados e investimentos levados a cabo pelas CESBS.

Os problemas descritos, aliados à deficiência regulatória, acabaram desembocando na edição da lei geral de saneamento (Lei nº 11.445/2007), cujo escopo central foi resolver as questões relatadas, porém sem romper com a estrutura de prestação dos serviços pelas CESBs, tido até então como modelo hegemônico, como será visto mais adiante.

Era preciso reestruturar os modelos de gestão interfederativa dos serviços, vez que a própria Constituição de 1988 previu mecanismos de cooperação e a possibilidade de sua gestão associada, por meio de consórcios públicos e convênios de cooperação, além de estruturas mais perenes, como as regiões metropolitanas, microrregiões e aglomerações urbanas, para a execução de funções públicas de interesse comum (art. 25, §3º, CR/1988).

A falta de investimentos no setor, com a consequente insuficiência no atendimento, serviu como diagnóstico contemporâneo para as propostas de mudança no marco legal do saneamento.[7]

O estágio atual dos serviços demanda sua universalização, notadamente os de água e esgotamento sanitário. É o que previu expressamente a nova lei do saneamento para o ano 2033 (Lei nº 14.026/2020, art. 11-B[8]).

---

[7] Cf. entre os diversos estudos sobre o tema, a seguinte comunicação do IBGE. PNSB 2017: Abastecimento de água atinge 99,6% dos municípios, mas esgoto chega a apenas 60,3%. Disponível em: https://agenciadenoticias.ibge.gov.br/agencia-sala-de-imprensa/2013-agencia-de-noticias/releases/28324-pnsb-2017-abastecimento-de-agua-atinge-99-6-dos-municipios-mas-esgoto-chega-a-apenas-60-3. Acesso em: 27 jul. 2020.

[8] Art. 11-B. Os contratos de prestação dos serviços públicos de saneamento básico deverão definir metas de universalização que garantam o atendimento de 99% (noventa e nove por cento) da população com água potável e de 90% (noventa por cento) da população com coleta e tratamento de esgotos até 31 de dezembro de 2033, assim como metas quantitativas de não intermitência do abastecimento, de redução de perdas e de melhoria dos processos de tratamento.

As principais mudanças no regime dos serviços, após o advento da Lei nº 14.026/2020, podem ser sintetizadas nos seguintes aspectos: a) regulatório: o protagonismo e as novas atribuições da Agência Nacional de Águas e Saneamento Básico (ANA); b) titularidade e regionalização da prestação: as novas possibilidades de prestação interfederativa dos serviços por unidades de saneamento ou blocos de municípios; c) delegação dos serviços: prevalência da licitação e celebração de contrato de concessão; e d) previsão de metas de universalização dos serviços de abastecimento de água e esgotamento sanitário.[9]

Tendo em vista as linhas mestras das modificações mais recentes no marco regulatório do saneamento, este trabalho procurou elencar os principais desafios para sua implantação, que também serão discutidos e aprofundados nos demais capítulos desta obra.

## 2  Regulação dos serviços: o protagonismo e as novas atribuições da ANA

Conforme explicitado, um dos problemas da prestação dos serviços antes da edição das diretrizes nacionais para o saneamento básico (Lei nº 11.445/2007) era a ausência de regulação das atividades, independentemente de quem era o seu prestador. Naquela ocasião, a lei passou a exigir a atuação de entidade regulatória como elemento integrante da política pública de saneamento, a ser definida pelo titular dos serviços (art. 9º[10]).

A Lei nº 14.026/2020 manteve essa sistemática (art. 8º, §5º[11]) e ainda conferiu protagonismo à Agência Nacional de Águas e Saneamento Básico (ANA), dando-lhe novas atribuições em matéria regulatória, notadamente a competência para editar "normas de referência" (art.

---

[9]  Cf. DIAS, Maria Tereza Fonseca. Compreenda as principais mudanças do marco legal do saneamento básico. *Informativo VLF*, Belo Horizonte, 70/2020. Disponível em: https://www.vlf.adv.br/noticia_aberta.php?id=804. Acesso em: 23 set. 2020.

[10]  Art. 9º O titular dos serviços formulará a respectiva política pública de saneamento básico, devendo, para tanto: [...] II – prestar diretamente ou autorizar a delegação dos serviços e definir o ente responsável pela sua regulação e fiscalização, bem como os procedimentos de sua atuação. Esse dispositivo foi revogado pela Lei nº 14.026/2020.

[11]  Art. 8º [...]: §5º O titular dos serviços públicos de saneamento básico deverá definir a entidade responsável pela regulação e fiscalização desses serviços, independentemente da modalidade de sua prestação. (Parágrafo incluído pela Lei nº 14.026, de 2020).

25-A).¹² A previsão destas normas de referências consta em vários dispositivos alterados pela Lei nº 14.026/2020 (notadamente art. 22, inciso I,¹³ art. 23, §1º-A, inciso I,¹⁴ e art. 23, §1º-B¹⁵).

A grande questão em torno desta atribuição inicialmente é o que pode ser considerado "norma de referência" e em que medida tais normas possuem caráter supranacional e se podem sobrepor-se às normas regulatórias da agência selecionada pelo titular dos serviços, ainda que os titulares adiram a elas.

Maurício Zockun¹⁶ enfrentou a questão do conceito de "normas de referência", concluindo que a ANA passou a ter competência para a edição de regulação nacional sobre a prestação de serviço público de saneamento, ficando as agências reguladoras subnacionais com a atribuição de regular o tema "de modo suplementar". Há, de fato, possibilidade de construir esta interpretação, em que pese a legislação editada não ter sido clara acerca da natureza dessas normas. Por outro lado, se há necessidade de "adesão" dos titulares dos serviços às normas de referência, como determina o art. 50, VIII, da Lei nº 11.445/2007,¹⁷ sua cogência torna-se bem mais frágil. Outro ponto a se destacar deste

---

¹² Art. 25-A. A ANA instituirá normas de referência para a regulação da prestação dos serviços públicos de saneamento básico por seus titulares e suas entidades reguladoras e fiscalizadoras, observada a legislação federal pertinente. (Redação pela Lei nº 14.026, de 2020).

¹³ Art. 22. São objetivos da regulação: [...] I – estabelecer padrões e normas para a adequada prestação e a expansão da qualidade dos serviços e para a satisfação dos usuários, com observação das normas de referência editadas pela ANA.

¹⁴ Art. 23 [...] §1º-A. Nos casos em que o titular optar por aderir a uma agência reguladora em outro Estado da Federação, deverá ser considerada a relação de agências reguladoras de que trata o art. 4º-B da Lei nº 9.984, de 17 de julho de 2000, e essa opção só poderá ocorrer nos casos em que: (Incluído pela Lei nº 14.026, de 2020)
I – não exista no Estado do titular agência reguladora constituída que tenha aderido às normas de referência da ANA; (Incluído pela Lei nº 14.026, de 2020)

¹⁵ Art. 23 [...] §1º-B. Selecionada a agência reguladora mediante contrato de prestação de serviços, ela não poderá ser alterada até o encerramento contratual, salvo se deixar de adotar as normas de referência da ANA ou se estabelecido de acordo com o prestador de serviços.

¹⁶ ZOCKUN, Maurício. As competências normativas da Agência Nacional das Águas e Saneamento Básico (ANA) em razão do advento da Lei federal 14.026, de 2020, modificativa do "marco legal" do saneamento. In: DAL POZZO, Augusto Neves (coord.). *Lei Federal nº 14.026/2020*: o Novo Marco Regulatório do Saneamento Básico. São Paulo: Thomson Reuters, 2020. p. 307-322.

¹⁷ Art. 50. A alocação de recursos públicos federais e os financiamentos com recursos da União ou com recursos geridos ou operados por órgãos ou entidades da União serão feitos em conformidade com as diretrizes e objetivos estabelecidos nos arts. 48 e 49 desta Lei e com os planos de saneamento básico e condicionados: [...] III – à observância das normas de referência para a regulação da prestação dos serviços públicos de saneamento básico expedidas pela ANA;

trabalho de Zockun é o apontamento necessário acerca da necessidade de Análise de Impacto Regulatório (AIR) das normas de referência da ANA, visando evitar o risco de captura da agência, notadamente pelo mercado.

Remanesce ainda a dúvida se a ANA, além da edição das normas de referência, terá outras atribuições normativas de âmbito nacional que poderão se impor sobre as normas editadas pelas demais agências, tendo em vista o disposto no art. 23 da Lei nº 11.445/2020.[18] Este dispositivo atribui à ANA poderes para editar "diretrizes" a serem observadas pelas demais entidades reguladoras dos serviços. Neste caso, em que pese poder incidir mais diretamente sobre a regulação das agências supranacionais, houve a limitação do seu alcance para a edição de orientações gerais.

Partindo do pressuposto de que as normas de referência editadas pela ANA dependem da "adesão" das demais agências e titulares dos serviços, quais seriam os incentivos para esta adesão? Em que pese a previsão do art. 50, inciso VIII, da Lei nº 11.445/2007, já referenciado, os artigos 55 e 56 do Decreto nº 7.217/2010, que tratavam do financiamento da União para o saneamento básico, foram revogados. Desta forma, se não há clareza quanto ao fomento, a chance de adesão voluntária às normas de referência pelos titulares dos serviços tende a ser baixa. Neste caso, a sanção prevista para a falta de indicação de agência reguladora seria tão somente não receber fomento federal quando se tratar de prestação direta ou por meio de entidade da administração indireta do titular? No caso da delegação dos serviços, a existência de normas de regulação é clara para determinar a validade do contrato (art. 39, III, do Decreto nº 7.217/2010.[19]

E, ainda que se considere a competência da ANA para editar normas de referência e diretrizes de caráter supranacional, como dirimir eventuais conflitos normativos entre agências?

Além disso, pode ainda haver conflitos das normas das agências (ANA e demais) e os contratos firmados para a prestação dos serviços,

---

[18] Art. 23. A entidade reguladora, *observadas as diretrizes determinadas pela ANA*, editará normas relativas às dimensões técnica, econômica e social de prestação dos serviços públicos de saneamento básico, que abrangerão, pelo menos, os seguintes aspectos: [...].

[19] Art. 39. São condições de validade dos contratos que tenham por objeto a prestação de serviços públicos de saneamento básico: [...] III – existência de normas de regulação que prevejam os meios para o cumprimento das diretrizes da Lei nº 11.445, de 2007, incluindo a designação da entidade de regulação e de fiscalização; [...].

tais como contratos de concessão e convênios de cooperação, vez que o contrato administrativo também possui função regulatória.[20] Se forem firmados após a edição das normas regulatórias, a questão talvez seja juridicamente mais simples de ser solucionada. Porém, qual a incidência dessas normas em contratos em andamento para normas de referência ou diretrizes que não fizerem menção ao efeito da norma no tempo? Essa questão ficará para análise caso a caso, a depender da regulação editada.

Desta forma, vê-se que o desafio de equacionar as atribuições conferidas à ANA ainda levará a muitos questionamentos adiante, sendo que se está a discutir se esta agência é que efetivamente exercerá esta atribuição nos próximos anos.[21]

## 3 Titularidade e regionalização

Visando superar o modelo das CESBs e buscar mecanismos mais estruturados do que o clássico convênio e o contrato de programa como instrumento de gestão associada dos serviços de saneamento, as mudanças promovidas pela Lei nº 14.026/2020 tenderam ao municipalismo. A titularidade dos serviços, mesmo na hipótese de interesse comum, necessita ser exercida pelo Município. Este, segundo a legislação, não poderá mais ser alijado do exercício da titularidade, independentemente do arranjo interfederativo ou contratual que venha a ser dado.

O art. 8º da Lei nº 14.026/2020[22] procurou estabelecer o exercício da titularidade do serviço a partir dos critérios do "interesse local" e do "interesse comum".

---

[20] Cf. VALIATI, Thiago Priess. O sistema duplo de regulação no Brasil: a regulação do contrato complementada pela regulação da Agência. *Revista de Direito Administrativo da Infraestrutura*, n. 8, p. 23-58, jan./mar. 2010.

[21] Cf. DIAS, Maria Tereza Fonseca; ALMEIDA, Matheus Emiliano; GONTIJO, Bruno Fontenelle. Qual será o destino das atribuições da ANA em matéria de saneamento básico? *Informativo VLF*, Belo Horizonte, 100/2023. Disponível em: http://www.vlf.adv.br/noticia_aberta.php?id=2110.

[22] Art. 8º Exercem a titularidade dos serviços públicos de saneamento básico: (Redação pela Lei nº 14.026, de 2020)
I – os Municípios e o Distrito Federal, no caso de interesse local; (Incluído pela Lei nº 14.026, de 2020)
II – o Estado, *em conjunto com os Municípios que compartilham efetivamente instalações operacionais integrantes de regiões metropolitanas, aglomerações urbanas e microrregiões,* instituídas por lei complementar estadual, no caso de interesse comum.

Do ponto de vista da atuação interfederativa, a legislação previu a prestação regionalizada de serviços públicos de saneamento básico de interesse comum por diversas formas, entre as quais se destacam:

a) região metropolitana, aglomeração urbana ou microrregião, instituídas por Lei complementar estadual;
b) região integrada de desenvolvimento (RIDE[23]), criada por lei federal específica;
c) unidade regional de saneamento básico, criada pelos Estados e constituída por municípios limítrofes;
d) bloco de Municípios, que consiste no agrupamento de Municípios não necessariamente limítrofes, estabelecido pela União e formalmente criado por meio de gestão associada voluntária desses Municípios;[24]
e) consórcios intermunicipais de saneamento básico, exclusivamente composto de Municípios, que poderão prestar o serviço aos seus consorciados diretamente, pela instituição de autarquia intermunicipal.

Neste último caso, por disposição legal expressa (art. 8º, §1º, inciso II, Lei nº 11.445/2007), restou vedada a formalização de contrato de programa com sociedade de economia mista ou empresa pública, bem como a subdelegação do serviço prestado pela autarquia intermunicipal, sem prévio procedimento licitatório.

Vê-se, pela nova legislação editada, que há formas de prestação regionalizada "compulsórias", como é o caso da região metropolitana, aglomeração urbana ou microrregião, instituídas por lei complementar estadual ou da RIDE, criada por lei federal específica, e formas de prestação regionalizada voluntárias, como unidade regional, bloco de municípios, consórcios públicos e convênios de cooperação.

---

[23] Ride é uma área análoga às regiões metropolitanas brasileiras, porém, situada em mais de uma unidade federativa. No caso de Ride, a nova lei de saneamento estabelece que a prestação regionalizada do serviço de saneamento básico estará condicionada à anuência dos Municípios que a integram (art. 3º, § 5º, Lei nº 11.445/2007).

[24] No final de 2022, a Agência Metropolitana do Estado de Minas Gerais noticiou a criação, no Vale do Jequitinhonha, de que "um bloco composto por 96 municípios vai atuar para alcançar a regionalização dos serviços de água e esgoto até 2033, como estipulado pelo novo Marco Legal do Saneamento" (AGÊNCIA MINAS). Bloco regional de saneamento do Vale do Jequitinhonha vai beneficiar 1,4 milhão de pessoas. Notícias, 28 outubro 2022. Disponível em: https://www.agenciaminas.mg.gov.br/noticia/bloco-regional-de-saneamento-do-vale-do-jequitinhonha-vai-beneficiar-1-4-milhao-de-pessoas. Acesso em: 15 fev. 2023.

Contudo, questiona-se a legalidade das formas de regionalização consideradas compulsórias diante da previsão do art. 8º-A da Lei nº 11.445/2007, com a redação que foi dada pela Lei nº 14.026/2020, segundo a qual "É facultativa a adesão dos titulares dos serviços públicos de saneamento de interesse local às estruturas das formas de prestação regionalizada".

Soma-se a isso o fato de que, mesmo no caso de serviços de interesse comum, a titularidade deve ser exercida pelos Estados, em conjunto com os Municípios. Há ainda outra limitação legal para a prestação destes serviços, pois a Lei nº 11.445/2007 previu, em seu art. 8º, inciso VIII, que os Municípios participantes devem compartilhar, efetivamente, instalações operacionais, o que leva à conclusão de que não pode ser regionalizado o serviço de interesse comum em que não haja este compartilhamento efetivo.

Em que pese a Constituição de 1988 ter atribuído competência ao Estado para a criação de região metropolitana, aglomeração urbana ou microrregião, o legislador trouxe condicionantes para o exercício desta competência no âmbito da prestação dos serviços de saneamento básico, conforme descrito.

Outro problema levantado por Vanzella e Borges[25] diz respeito à competência das regiões metropolitanas para editar atos normativos em saneamento e tornar-se poder concedente. Os autores concluem que o novo marco não foi assertivo acerca desta questão, notadamente porque, segundo a lei, a região metropolitana, aglomeração urbana ou microrregião é instância colegiada, formada pelo Estado e Municípios integrantes, que passaria a ser "titular dos serviços". A regra do art. 8º, inciso II, da Lei nº 11.445/2007 reproduz, em certa medida, a decisão do STF na ADI nº 1.842, segundo a qual a titularidade dos serviços de saneamento básico na Região Metropolitana do Rio de Janeiro não foi transferida ao Estado, mas deveria ser exercida em conjunto com os municípios. Nesta ADI o Supremo decidiu pela "inconstitucionalidade

---

[25] VANZELLA, Rafael Domingos Faiardo; BORGES, Jéssica Suruagy Amaral. Notas sobre a Prestação Regionalizada dos Serviços Públicos de Saneamento Básico. *In*: DAL POZZO, Augusto Neves (coord.). *Lei Federal nº 14.026/2020:* o Novo Marco Regulatório do Saneamento Básico. São Paulo: Thomson Reuters, 2020. p. 221-250.

da transferência ao estado-membro do poder concedente de funções e serviços públicos de interesse comum".[26]

No âmbito da prestação regionalizada dos serviços de saneamento, causava espécie a possibilidade de que sejam firmados convênios de cooperação (art. 8º, §1º, da Lei nº 11.445/2007[27]) entre entes federativos para a prestação dos serviços em detrimento do consórcio público, vez que aquele instrumento mostrava-se mais precário que o primeiro, tendo em vista a conceituação do art. 2º, inciso VIII, do Decreto nº 6.017/2007.[28] De toda sorte, visando aprimorar o instrumento, a Lei nº 14.026/2020 introduziu na lei de consórcios públicos (art. 1º, §4º[29]) a obrigatoriedade de que sejam aplicadas aos convênios de cooperação as mesmas disposições da lei relativas aos consórcios públicos – o que praticamente elimina, do ponto de vista jurídico, a sua distinção.

No âmbito do planejamento dos serviços de saneamento, é obrigatória a elaboração do Plano de Saneamento Básico (PSB), sem o qual os serviços não poderão ser prestados e, muito menos, delegados ao particular para sua prestação. O art. 19, §1º, da Lei nº 11.445/2007[30] previu, diferentemente da redação original, que o titular dos serviços aprove os planos, mesmo que tiverem sido elaborados com base em estudos fornecidos pelos prestadores de cada serviço. O dispositivo levantou a dúvida de quem poderia fornecer tais estudos para a elaboração do PAS. Porém, como os serviços, em boa parte, eram prestados indiretamente, por delegatários, certamente esses atores é que possuem condições técnicas de fornecer informações para a elaboração do Plano de Saneamento.

Assim, mesmo diante das diversas alterações da Lei nº 11.445/2007, pela Lei nº 14.026/2020, há dúvidas acerca do exercício da titularidade

---

[26] BRASIL. Supremo Tribunal Federal. Ação Direta de Constitucionalidade nº 1.842-RJ. Disponível em: https://redir.stf.jus.br/paginadorpub/paginador.jsp?docTP=AC&docID=630026. Acesso em: jan. 2023.

[27] Art. 19 [...] §1º Os planos de saneamento básico serão aprovados por atos dos titulares e poderão ser elaborados com base em estudos fornecidos pelos prestadores de cada serviço. (Redação pela Lei nº 14.026, de 2020).

[28] Art. 2º Para os fins deste Decreto, consideram-se: [...] VIII – convênio de cooperação entre entes federados: pacto firmado exclusivamente por entes da Federação, com o objetivo de autorizar a gestão associada de serviços públicos, desde que ratificado ou previamente disciplinado por lei editada por cada um deles;

[29] Art. 1º [...] §4º Aplicam-se aos convênios de cooperação, no que couber, as disposições desta Lei relativas aos consórcios públicos. (Incluído pela Lei nº 14.026, de 2020).

[30] Art. 19 [...] §1º Os planos de saneamento básico serão aprovados por atos dos titulares e poderão ser elaborados com base em estudos fornecidos pelos prestadores de cada serviço. (Redação pela Lei nº 14.026, de 2020).

dos serviços, nas hipóteses de prestação regionalizada, sobretudo pelos pleitos apresentados pelas companhias estaduais de saneamento para manter a prestação dos serviços sem licitação.[31]

## 4 Novos papéis do setor privado em saneamento

Conforme será visto na seção 5 deste capítulo, diante da impossibilidade de prorrogar os contratos de programas entre os Municípios e as CEBS, a Lei nº 14.026/2020 acabou dando primazia ao setor privado, segundo a análise de diversos especialistas da área.[32]

É preciso ressaltar, porém, como destacado na introdução deste estudo, que as atividades de saneamento básico mantêm-se como serviço público, razão pela qual a participação do particular dar-se-á tão somente para a sua execução, permanecendo a titularidade com o setor público.

Nascimento, Sodré e Castilho analisaram os elementos gerais do Novo Marco Regulatório do Saneamento que têm o potencial de gerar maior participação privada, tais como: a impossibilidade de prorrogação dos contratos de programa com as companhias estaduais, o fomento à formação dos blocos regionais, com adesão facultativa dos municípios, e o aprimoramento da regulação do setor, pela ANA.[33]

---

[31] DIAS, Maria Tereza Fonseca. Contratação de companhia estadual (CESB) para prestação dos serviços de saneamento básico: análise da jurisprudência do Tribunal de Justiça do Estado de Minas Gerais envolvendo a COPASA e Municípios mineiros. *In:* FROTA, Leandro; PEIXINHO, Manoel (coord.) *Marco Regulatório do Saneamento Básico:* estudos em homenagem ao Ministro Luiz Fux. Brasília: OAB Editora, 2021. p. 473-508.

[32] Entre outros, cf. Desestatização do Setor de Saneamento Básico: uma Nova Perspectiva de Reorganização e Desenvolvimento do Setor a fim de Atrair Investimentos de Capital Privado – Marcelo Lesniczki Martins de Campos Ferreira. *In:* SADDY, André; CHAUVET, Rodrigo da Fonseca (org.). *Aspectos jurídicos do saneamento.* Rio de Janeiro: Lumen Juris, 2017. p. 153-186; A Lei 14.026/2020 e a remoção das barreiras ao investimento privado – Cíntia Leal Marinho de Araujo, Gabriel Godofredo Fiuza de Bragança e Diogo Mac Cord de Faria. *In:* DAL POZZO, Augusto Neves (coord.). *Lei Federal nº 14.026/2020:* o Novo Marco Regulatório do Saneamento Básico. São Paulo: Thomson Reuters, 2020, p. 355-368; O "novo" marco do saneamento básico brasileiro: a importância do marco regulatório setorial e o mito da privatização – Jhonny Prado, Mariana Antunes e Viviane Formigosa. *In:* DAL POZZO, Augusto Neves (coord.). *Lei Federal nº 14.026/2020:* o Novo Marco Regulatório do Saneamento Básico. São Paulo: Thomson Reuters, 2020. p. 369-388. A economia política do novo marco legal do saneamento: do público vs. Privado para as Parcerias Público-Privadas – Carlos Alexandre Nascimento, Antonio Sodré e Rafael Castilho. *In:* DAL POZZO, Augusto Neves (coord.). *Lei Federal nº 14.026/2020:* o Novo Marco Regulatório do Saneamento Básico. São Paulo: Thomson Reuters, 2020. p. 423-440.

[33] NASCIMENTO, Carlos Alexandre; SODRÉ, Antônio; CASTILHO, Rafael. A economia política do novo marco legal do saneamento: do público vs. Privado para as Parcerias

A questão da delegação dos serviços, contudo, não é nova, pois, desde a edição da Lei nº 11.445, em 2007, a separação entre regulador e prestador pode ser considerada importante passo normativo não somente para o aprimoramento dos serviços, mas para a atuação do setor privado.

É preciso relevar, contudo, que nem sempre as premissas jurídicas tomadas para justificar a atuação do setor privado, que seriam a sua expertise e a noção de estado subsidiário, comprovam-se na prática. Se hoje é o setor público que explora o serviço em 90% do território brasileiro, o setor privado ainda demandará algum tempo para, de fato, adquirir experiência na área, inclusive para o desenvolvimento de novas tecnologias. Por outro lado, a atuação do modelo das companhias estaduais por cerca de 50 anos também demonstrou suas limitações.

A transferência dos serviços de um prestador para outro será objeto de discussões acerca da indenização dos investimentos de bens reversíveis não amortizados ou depreciados, conforme previsto no art. 42, §5º, da Lei nº 11.445/2007.[34] Em que pese ser compreensível a previsão desta norma e a possibilidade da inclusão da indenização no edital de licitação, para o futuro delegatário, é preciso reconhecer que o dispositivo carece de maiores detalhes e condições operacionais para sua aplicabilidade. Primeiramente, o dispositivo não determina que esta indenização deve ser prévia à delegação, de maneira que os valores podem ser apurados *a posteriori*. A legislação também não soluciona o problema de eventual controvérsia em relação aos valores desta indenização, notadamente quando se trata de contratos muito antigos e que jamais apresentaram prestação de contas. Como fazer este cálculo nas hipóteses em que a companhia estadual atuava sob a política de subsídio cruzado e sem a contabilização individualizada das receitas e despesas de cada Município? Ou ainda nas hipóteses em que não há informações efetivamente transparentes disponíveis?

---

Público-Privadas. *In:* DAL POZZO, Augusto Neves (coord.). *Lei Federal nº 14.026/2020:* o Novo Marco Regulatório do Saneamento Básico. São Paulo: Thomson Reuters, 2020. p. 427-428.

[34] Art. 42 §5º A transferência de serviços de um prestador para outro será condicionada, em qualquer hipótese, à indenização dos investimentos vinculados a bens reversíveis ainda não amortizados ou depreciados, nos termos da Lei nº 8.987, de 13 de fevereiro de 1995, facultado ao titular atribuir ao prestador que assumirá o serviço a responsabilidade por seu pagamento. (Incluído pela Lei nº 14.026, de 2020).

A falta de mecanismos de solução de controvérsias entre os atores atuantes no setor, conforme já assinalado, poderia solucionar questões como as que foram levantadas.

Como soluções intermediárias entre o declínio das CESBs e a participação do setor privado, José Virgílio Enei descreve as principais hipóteses que assegurarão a participação da iniciativa privada no setor: privatização (em sentido estrito), capitalização estratégica, concessão administrativa (PPP) a serviço da estatal, locação de ativos, subconcessão ou subdelegação,[35] concessão, concessões patrocinadas ou administrativas PPP contratadas pelo titular do serviço, o modelo *unbundled*, ou seja, concessão de serviço público em que a CESB é mantida na captação de água à concessionária.[36]

Contudo, será preciso refletir sobre o futuro das companhias estaduais de saneamento num contexto de incertezas jurídicas.

## 5  O futuro das CESBs

O primeiro cenário traçado após o advento da Lei nº 14.026/2020 seria a desestatização das companhias estaduais de saneamento, a partir da alienação dos seus ativos ao setor privado. As CESBs poderão ser também mantidas pelos Estados, passando a atuar em regime de concorrência com o setor privado, nas futuras delegações.

Na disputa pelo exercício da titularidade dos serviços de saneamento a pressão política das CESBs conseguiu incluir no projeto de lei que deu origem à Lei nº 14.026/2020 a regra do art. 16,[37] que garantiria ao menos mais 30 anos de prorrogação de contratos de programa

---

[35] Acerca da ausência de distinção entre a subdelegação e a subconcessão após o veto ao art. 11-A, da Lei nº 14.026/2020, Cf. DAL POZZO, Augusto Neves; FACCHINATTO, Renan Marcondes. O novo marco regulatório do saneamento básico e os modelos de emparceiramento com a iniciativa privada: a concessão e a Parceria Público-Privada. In: DAL POZZO, Augusto Neves (coord.). *Lei Federal nº 14.026/2020:* o Novo Marco Regulatório do Saneamento Básico. São Paulo: Thomson Reuters, 2020. p. 403- 406.

[36] ENEI, José Virgílio Lopes. A Hora e a Vez do Setor Privado: modelagem de privatizações e concessões no setor de saneamento. In: DAL POZZO, Augusto Neves (coord.). *Lei Federal nº 14.026/2020:* o Novo Marco Regulatório do Saneamento Básico. São Paulo: Thomson Reuters, 2020. p. 411-422.

[37] "Art. 16. Os contratos de programa vigentes e as situações de fato de prestação dos serviços públicos de saneamento básico por empresa pública ou sociedade de economia mista, assim consideradas aquelas em que tal prestação ocorra sem a assinatura, a qualquer tempo, de contrato de programa, ou cuja vigência esteja expirada, poderão ser reconhecidas como contratos de programa e formalizadas ou renovadas mediante acordo entre as partes, até 31 de março de 2022.

prestados por empresas públicas e sociedades de economia mista, porém este dispositivo foi vetado.

Assim, nos embates em torno da Lei nº 14.026/2020, as demandas do setor privado para poderem atuar como delegatários dos serviços foram preponderantes em relação aos anseios das CESBs. Em 2021 estas companhias prestavam os serviços em 70% dos municípios brasileiros. Os municípios, na condição de titulares, encontram-se em 26% das cidades e as empresas privadas (concessionárias) em cerca de 7% dos municípios.[38]

Mesmo diante da posição tomada pela Lei nº 14.026/2020, em favor das concessões e licitações, novos arranjos com a companhias estaduais de saneamento têm sido estruturados e as partes interessadas (setor público x setor privado) continuam a promover a defesa de seus interesses.[39]

Entre esses novos arranjos citam-se os casos da Paraíba e do Piauí, a partir do relato de Aurélio, Pires e Maringoli.[40] No primeiro estado foram criadas quatro microrregiões de água e esgoto e o colegiado microrregional passou a ter competência para autorizar a prestação direta dos serviços pela CAGEPA, sem licitação prévia, sob a justificativa de que o Estado passou a ser o titular dos serviços e é o controlador da companhia estadual, além de membro da microrregião. No segundo caso, a Microrregião de Água e Esgoto do Piauí (MRAE), constituída como autarquia interfederativa e composta pelo Estado e todos os Municípios piauienses, passará a ter o controle societário da AGESPISA (companhia estadual) visando a configuração da prestação

---

Parágrafo único. Os contratos reconhecidos e os renovados terão prazo máximo de vigência de 30 (trinta) anos e deverão conter, expressamente, sob pena de nulidade, as cláusulas essenciais previstas no art. 10-A e a comprovação prevista no art.10-B da Lei nº 11.445, de 5 de janeiro de 2007, sendo absolutamente vedada nova prorrogação ou adição de vigência contratual."

[38] ABCON; SINDCON. *Panorama da participação privada no saneamento 2021*: uma nova fronteira social e econômica para o Brasil. Disponível em: https://www.abconsindcon.com.br/panoramas/. Acesso em: ago. 2021. p. 28.

[39] Cf. ESTATAIS de saneamento pedem para prorrogar contratos sem licitação. *Revista Exame*, 3 fev. 2023. Disponível em: https://exame.com/brasil/estatais-de-saneamento-pedem-para-prorrogar-contratos-sem-licitacao/. Acesso em: fev. 2023. HIRATA, Taís. Novo decreto pode mudar regras da lei do saneamento. *Valor Econômico*, 16.02.2023. Disponível em: https://valor.globo.com/impresso/noticia/2023/02/16/acordo-pode-flexibilizar-lei-do-saneamento.ghtml. Acesso em: fev. 2023.

[40] AURÉLIO, Bruno; PIRES, Felipe; MARINGOLI, Raphaela. A sanha das companhias estaduais de saneamento: inventividade de algumas regiões pode minar a potencial universalização dos serviços até 2033. Disponível em: https://valor.globo.com/opiniao/coluna/a-sanha-das-companhias-estaduais-de-saneamento.ghtml. Acesso em: fev. 2023.

direta. Os autores citados defendem que estes arranjos violam a Lei nº 11.445/2007, após as alterações promovidas pela Lei nº 14.026/2020. Outra questão que se coloca neste cenário é a possibilidade jurídica da desestatização (alienação de ativos) das companhias serem substituídas pela "oportunidade de negócio",[41] conforme a previsão do art. 28, §3º, inciso II,[42] da Lei nº 13.303/2016 (Lei das Estatais), em que o dever de licitar não se aplica. Nessa hipótese, a companhia estadual poderia optar por uma formação societária específica com parceiro de negócio objetivamente escolhido no mercado, ao invés de alienar seus ativos no mercado. Stroppa e Brangagnoli, ao apresentarem a configuração jurídica do instituto da oportunidade de negócios e as exigências do TCU para a sua utilização,[43] fazem crer que talvez seja mais fácil licitar ou alienar os ativos da companhia do que contratar por meio desta estrutura jurídica.

## 6 Considerações finais

O trabalho buscou apresentar, de forma objetiva, os principais problemas que se afiguram como desafios para a implantação do Novo Marco Regulatório do Saneamento Básico no tocante à regulação, titularidade, regionalização, atuação do setor privado e o futuro das CESBs.

Esperava-se mais da agenda instituída pela Lei nº 14.026/2020, porém houve atraso da ANA em regulamentar as questões atinentes ao saneamento básico, conforme estabelecido na Lei nº 11.445/2007. Tal demora acaba por causar insegurança aos investimentos relacionados ao setor, haja vista a falta da edição das normas de referência.

---

[41] Definida no art. 28, §4º, da Lei nº 13.303/2016: Consideram-se oportunidades de negócio a que se refere o inciso II do §3º a formação e a extinção de parcerias e outras formas associativas, societárias ou contratuais, a aquisição e a alienação de participação em sociedades e outras formas associativas, societárias ou contratuais e as operações realizadas no âmbito do mercado de capitais, respeitada a regulação pelo respectivo órgão competente.

[42] Art. 28 [...] §3º São as empresas públicas e as sociedades de economia mista dispensadas da observância dos dispositivos deste Capítulo nas seguintes situações: [...] II – nos casos em que a escolha do parceiro esteja associada a suas características particulares, vinculada a oportunidades de negócio definidas e específicas, justificada a inviabilidade de procedimento competitivo.

[43] STROPPA, Christianne de Carvalho; BRAGAGNOLI, Renila Lacerda. A oportunidade de negócio como alternativa à desestatização das empresas estatais de saneamento básico. In: DAL POZZO, Augusto Neves (coord.). *Lei Federal nº 14.026/2020*: o Novo Marco Regulatório do Saneamento Básico. São Paulo: Thomson Reuters, 2020. p. 461-478.

As disputas em torno da primazia das CEBs não saíram da cena política, o que pode vir a desencorajar a participação do setor privado. Por fim, a insegurança jurídica é outro ponto relevante neste cenário. O estudo apontou diversas iniquidades da legislação e a confiança no marco regulatório é fundamental para tratar de serviços tão relevantes para a sociedade, que envolve recursos financeiros públicos e privados vultosos, além de contratos de longo prazo.

## Referências

ABCON; SINDCON. *Panorama da participação privada no saneamento 2021*: uma nova fronteira social e econômica para o Brasil. Disponível em: https://www.abconsindcon.com.br/panoramas/. Acesso em: ago. 2021.

AGÊNCIA MINAS. Bloco regional de saneamento do Vale do Jequitinhonha vai beneficiar 1,4 milhão de pessoas. Notícias, 28 outubro 2022. Disponível em: https://www.agenciaminas.mg.gov.br/noticia/bloco-regional-de-saneamento-do-vale-do-jequitinhonha-vai-beneficiar-1-4-milhao-de-pessoas. Acesso em: 15 fev. 2023.

ARAUJO, Cíntia Leal Marinho de; BRAGANÇA, Gabriel Godofredo Fiuza de; FARIA, Diogo Mac Cord de. A Lei 14.026/2020 e a remoção das barreiras ao investimento privado. *In:* DAL POZZO, Augusto Neves (coord.). *Lei Federal nº 14.026/2020:* o Novo Marco Regulatório do Saneamento Básico. São Paulo: Thomson Reuters, 2020, p. 355-368.

AURÉLIO, Bruno; PIRES, Felipe; MARINGOLI, Raphaela. A sanha das companhias estaduais de saneamento: inventividade de algumas regiões pode minar a potencial universalização dos serviços até 2033. Disponível em: https://valor.globo.com/opiniao/coluna/a-sanha-das-companhias-estaduais-de-saneamento.ghtml. Acesso em: fev. 2023.

BRASIL. Supremo Tribunal Federal. Ação Direta de Constitucionalidade nº 1.842-RJ. Disponível em: https://redir.stf.jus.br/paginadorpub/paginador.jsp?docTP=AC&docID=630026. Acesso em: jan. 2023.

CRUZ, Carlos Arcanjo da; RAMOS, Francisco de Sousa. Evidências de subsídio cruzado no setor de saneamento básico nacional e suas consequências. *Nova Economia*, v. 26 n. 2 p. 623-651, 2016. Disponível em: https://doi.org/10.1590/0103-6351/2544.

DAL POZZO, Augusto Neves; FACCHINATTO, Renan Marcondes. O novo marco regulatório do saneamento básico e os modelos de emparceiramento com a iniciativa privada: a concessão e a Parceria Público-Privada. *In:* DAL POZZO, Augusto Neves (coord.). *Lei Federal nº 14.026/2020:* o Novo Marco Regulatório do Saneamento Básico. São Paulo: Thomson Reuters, 2020. p. 403- 406.

DIAS, Maria Tereza Fonseca. Compreenda as principais mudanças do marco legal do saneamento básico. *Informativo VLF – 70/2020*, Belo Horizonte, 28.07.2020. Disponível em: https://www.vlf.adv.br/noticia_aberta.php?id=804. Acesso em: 23 set. 2020.

DIAS, Maria Tereza Fonseca. Contratação de companhia estadual (CESB) para prestação dos serviços de saneamento básico: análise da jurisprudência do Tribunal de Justiça do Estado de Minas Gerais envolvendo a COPASA e Municípios mineiros. *In:* FROTA, Leandro; PEIXINHO, Manoel (coord.). *Marco regulatório do Saneamento Básico:* estudos em homenagem ao Ministro Luiz Fux. Brasília: OAB Editora, 2021. p. 473-508.

DIAS, Maria Tereza Fonseca; ALMEIDA, Matheus Emiliano; GONTIJO, Bruno Fontenelle. Qual será o destino das atribuições da ANA em matéria de saneamento básico? *Informativo VLF _* 100/2023, Belo Horizonte, 27.01.2023. Disponível em: http://www.vlf.adv.br/noticia_aberta.php?id=2110.

ENEI, José Virgílio Lopes. A Hora e a Vez do Setor Privado: modelagem de privatizações e concessões no setor de saneamento. *In:* DAL POZZO, Augusto Neves (coord.). *Lei Federal nº 14.026/2020:* o Novo Marco Regulatório do Saneamento Básico. São Paulo: Thomson Reuters, 2020. p. 411-422.

ESTATAIS de saneamento pedem para prorrogar contratos sem licitação. *Revista Exame*, 3 fev. 2023. Disponível em: https://exame.com/brasil/estatais-de-saneamento-pedem-para-prorrogar-contratos-sem-licitacao/. Acesso em: fev. 2023.

FERREIRA, Marcelo Lesniczki Martins de Campos. Desestatização do Setor de Saneamento Básico: uma nova perspectiva de reorganização e desenvolvimento do setor a fim de atrair investimentos de capital privado. *In:* SADDY, André; CHAUVET, Rodrigo da Fonseca (org.). *Aspectos jurídicos do saneamento*. Rio de Janeiro: Lumen Juris, 2017. p. 153-186.

GROTTI, Dinorá Adelaide Musetti. A evolução Jurídica do Serviço Público de Saneamento Básico. *In:* OLIVEIRA, José Roberto Pimenta; DAL POZZO, Augusto Neves (coord.). *Estudos sobre o marco regulatório de saneamento básico*. Belo Horizonte: Fórum, 2011, p. 22-23.

HIRATA, Taís. Novo decreto pode mudar regras da lei do saneamento. *Valor Econômico*, 16.02.2023. Disponível em: https://valor.globo.com/impresso/noticia/2023/02/16/acordo-pode-flexibilizar-lei-do-saneamento.ghtml. Acesso em: fev. 2023.

MONTEIRO, Renato. *Análise da evolução da prestação de serviços de abastecimento de água e esgotamento sanitário de Municípios regulador por Agências Municipais*. 2013. 165 f. Dissertação (Mestrado em Saúde Pública) – Fundação Oswaldo Cruz (FIOCRUZ), Rio de Janeiro, 2013.

NASCIMENTO, Carlos Alexandre; SODRÉ, Antônio; CASTILHO, Rafael. A economia política do novo marco legal do saneamento: do público vs. Privado para as Parcerias Público-Privadas. *In:* DAL POZZO, Augusto Neves (coord.). *Lei Federal nº 14.026/2020:* o Novo Marco Regulatório do Saneamento Básico. São Paulo: Thomson Reuters, 2020. p. 427-428.

PIGNATARO, Guilherme Villela. Remuneração pela Prestação de Serviços de Saneamento Básico. *In:* SADDY, André; CHAUVET, Rodrigo da Fonseca (org.). *Aspectos jurídicos do saneamento*. Rio de Janeiro: Lumen Juris, 2017. p. 207.

PIRES, Maria Coeli Simões. A Lei nº 14.026, de 1º de julho de 2020, e a ruptura com a hegemonia das empresas estatais de saneamento básico a partir da vedação de contrato de programa como alternativa de resiliência. *In:* FORTINI, C.; SALAZAR, G.; MASSARA, L. H. N.; CAMPOS, M. H. O. (org.). *Novo Marco Legal do Saneamento Básico:* aspectos administrativos, ambientais, regulatórios e tributários. Belo Horizonte: D'Plácido, 2021. p. 105-126.

PRADO, Jhonny; ANTUNES, Mariana; FORMIGOSA, Viviane. O "novo" marco do saneamento básico brasileiro: a importância do marco regulatório setorial e o mito da privatização *In:* DAL POZZO, Augusto Neves (coord.). *Lei Federal nº 14.026/2020:* o Novo Marco Regulatório do Saneamento Básico. São Paulo: Thomson Reuters, 2020. p. 369-388.

SOUSA, Ana Cristina A. de; COSTA, Nilson do Rosário. Política de saneamento básico no Brasil: discussão de uma trajetória. *História, Ciências, Saúde* – Manguinhos, Rio de Janeiro, v. 23, n. 3, p. 615-634, jul./set. 2016.

SOUSA, Ana Cristina. *Política de saneamento no Brasil:* atores, instituições e interesses. 2011. 98 f. Tese (Doutorado em Ciências) – Fundação Oswaldo Cruz (FIOCRUZ), Rio de Janeiro, 2011.

STROPPA, Christianne de Carvalho; BRAGAGNOLI, Renila Lacerda. A oportunidade de negócio como alternativa à desestatização das empresas estatais de saneamento básico. *In:* DAL POZZO, Augusto Neves (coord.). *Lei Federal nº 14.026/2020:* o Novo Marco Regulatório do Saneamento Básico. São Paulo: Thomson Reuters, 2020. p. 461-478.

VALIATI, Thiago Priess. O sistema duplo de regulação no Brasil: a regulação do contrato complementada pela regulação da Agência. *Revista de Direito Administrativo da Infraestrutura*, n. 8, p. 23-58, jan./mar. 2010.

VANZELLA, Rafael Domingos Faiardo; BORGES, Jéssica Suruagy Amaral. Notas sobre a Prestação Regionalizada dos Serviços Públicos de Saneamento Básico. *In:* DAL POZZO, Augusto Neves (coord.). *Lei Federal nº 14.026/2020:* o Novo Marco Regulatório do Saneamento Básico. São Paulo: Thomson Reuters, 2020. p. 221-250.

ZOCKUN, Maurício. As competências normativas da Agência Nacional das Águas e Saneamento Básico (ANA) em razão do advento da Lei Federal 14.026, de 2020, modificativa do "marco legal" do saneamento. *In:* DAL POZZO, Augusto Neves (coord.). *Lei Federal nº 14.026/2020:* o Novo Marco Regulatório do Saneamento Básico. São Paulo: Thomson Reuters, 2020. p. 307-322.

---

Informação bibliográfica deste texto, conforme a NBR 6023:2018 da Associação Brasileira de Normas Técnicas (ABNT):

DIAS, Maria Tereza Fonseca. Desafios para a implantação do novo Marco Regulatório do Saneamento Básico: regulação, titularidade, regionalização, atuação do setor privado e o futuro das CESBs. *In:* DIAS, Maria Tereza Fonseca. *Lei de Diretrizes Nacionais para o Saneamento Básico:* reflexões acerca das alterações introduzidas pela Lei nº 14.026/2020. Belo Horizonte: Fórum, 2023. p. 19-37. ISBN 978-65-5518-528-7.

# OS FUNDAMENTOS E OS EFEITOS DO RECONHECIMENTO DO DIREITO À ÁGUA E AO ESGOTAMENTO SANITÁRIO: UMA VISÃO DA JURISPRUDÊNCIA DO TRIBUNAL DE JUSTIÇA DE MINAS GERAIS[1]

AMAEL NOTINI MOREIRA BAHIA

## 1 Introdução

Ainda que seja inegável a importância da água e do esgotamento sanitário para a garantia da dignidade da pessoa humana, esse direito foi altamente negligenciado no Direito Internacional e no ordenamento jurídico brasileiro. Embora os direitos protegidos nas searas internacional e doméstica promovam a proteção do direito à água e ao esgotamento sanitário de forma reflexa, o reconhecimento desse direito ainda é controverso.

Assim, o presente artigo busca avaliar como o Tribunal de Justiça de Minas Gerais lida com a matéria do direito à água e ao esgotamento sanitário, tanto na acepção do reconhecimento deste enquanto direito autônomo ou derivação a partir de outros direitos como acerca das determinações judiciais para eventuais violações desse direito. O TJMG foi escolhido para análise por ter um espaço amostral mais amplo do

---

[1] Agradeço à Professora Maria Tereza Fonseca Dias e a Alex Aguiar pelas cuidadosas e essenciais contribuições a este trabalho.

que os tribunais superiores, assim como pela pertinência de seus julgados para a pesquisa desenvolvida no âmbito da Universidade Federal de Minas Gerais.

O conceito de direito à água e ao esgotamento sanitário é empregado de forma ampla, abrangendo o seu estudo enquanto direito humano, ou seja, a partir da avaliação dos instrumentos internacionais de direitos humanos, assim como a partir da vertente de direito fundamental, que consiste na gama de direitos previstos pelo ordenamento jurídico doméstico dos Estados.[2]

O trabalho se desenvolve a partir da vertente jurídico-social, com enfoque nas decisões proferidas pelo TJMG e a correspondente legislação aplicável, assim como ponderação dos elementos essenciais dessa jurisprudência. Para a coleta e análise de dados, foi efetuado estudo quantitativo e qualitativo de acórdãos do TJMG sobre o tema, com a utilização de combinação de palavras-chave.[3]

De forma a contextualizar a análise da jurisprudência do TJMG, o artigo inicia com a apresentação do cenário do reconhecimento do direito à água e ao esgotamento sanitário no Direito Internacional. Em seguida, são detalhadas as perspectivas de reconhecimento desse direito no âmbito do ordenamento jurídico brasileiro. Por fim, é realizada a análise da jurisprudência do TJMG em face das experiências e elementos normativos no Direito Internacional e no Direito brasileiro.

## 2    Desenvolvimento internacional do direito à água e ao esgotamento sanitário

Com o advento dos principais instrumentos de direitos humanos no âmbito do Direito Internacional, foram criadas garantias essenciais não só à sobrevivência humana, mas à vida digna e saudável.[4] O primeiro desses instrumentos, a Declaração Universal dos Direitos Humanos, ainda que não vinculante, foi essencial para o desenvolvimento

---

[2] SILVA, Virgílio. A evolução dos direitos fundamentais. *Revista Latino-Americana de Estudos Constitucionais*, vol. 6, 541-558, 2005.

[3] Foi utilizada a combinação das palavras-chave "direito humano, direito fundamental, água, esgotamento sanitário", para avaliar se e como ocorre o reconhecimento do direito à água e ao esgotamento sanitário. Foram identificados 89 acórdãos, tendo a pesquisa sido realizada em fevereiro de 2022. Esses acórdãos foram filtrados por pertinência temática para chegar à amostra final de 32 casos, que são analisados neste artigo.

[4] MCCAFFREY, Stephen. The Human Right to Water: A False Promise? *The University of the Pacific Law Review*, 2016. p. 221-232. p. 224.

progressivo dos direitos humanos. Posteriormente, em âmbito geral, os direitos humanos foram codificados no Pacto Internacional sobre Direitos Civis e Políticos (ICCPR) e no Pacto Internacional sobre Direitos Econômicos, Sociais e Culturais (ICESCR). No entanto, esses instrumentos não possuem qualquer menção específica ao direito à água, por mais fundamental que esse direito seja para a efetivação de grande parte de outros direitos humanos.[5]

De fato, o direito humano à água chegou a ser positivado apenas em alguns poucos tratados voltados à proteção de grupos específicos, como a Convenção sobre a Eliminação de Todas as Formas de Discriminação contra a Mulher,[6] a Convenção sobre os Direitos da Criança[7] e a Convenção sobre os Direitos das Pessoas com Deficiência.[8]

Contudo, gradualmente, o direito à água começou a ser reconhecido enquanto um pressuposto para a realização de outros direitos humanos.[9] Em 2002, o Comitê sobre Direitos Econômicos, Sociais e Culturais da Organização das Nações Unidas (ONU) adotou o Comentário Geral nº 15, intitulado "O Direito à Água", que esclarece que o direito à água se insere no conjunto de garantias essenciais para assegurar um padrão de vida adequado, sendo indispensável para a sobrevivência.[10] A diretiva interpretativa apresentada no Comentário Geral nº 15 não foi recepcionada de forma homogênea pelos Estados

---

[5] LANGFORD, Malcom. The United Nations Concept of Water as a Human Right: A New Paradigm foe Old Problems? *Water Resources Development*, vol. 21, n. 2, p. 273-282, 2005. p. 275.

[6] ORGANIZAÇÃO DAS NAÇÕES UNIDAS. *Convenção sobre a Eliminação de Todas as Formas de Discriminação contra a Mulher*, 1979. art. 14(2)(h).

[7] ORGANIZAÇÃO DAS NAÇÕES UNIDAS. *Convenção sobre os Direitos da Criança*, 1989. art. 24(2)(c).

[8] ORGANIZAÇÃO DAS NAÇÕES UNIDAS. *Convenção sobre os Direitos da Pessoa com Deficiência*, 2007. art. 28(2)(a).

[9] NOSCHANG, Patrícia; SCHELEDER, Adriana. A (In)sustentabilidade Hídrica Global e o Direito Humano à Agua. *Sequência*, Florianópolis, n. 79, p. 119-138, 2018. p. 123-124.

[10] "Article 11, paragraph 1, of the Covenant specifies a number of rights emanating from, and indispensable for, the realization of the right to an adequate standard of living "including adequate food, clothing and housing". The use of the word "including" indicates that this catalogue of rights was not intended to be exhaustive. The right to water clearly falls within the category of guarantees essential for securing an adequate standard of living, particularly since it is one of the most fundamental conditions for survival". COMITÊ DOS DIREITOS ECONÔMICOS, SOCIAIS E CULTURAIS. *General Comment 15*: The Right to Water (Arts. 11 and 12 of the Covenant), Document E/C.12/2002/11, 2002. p. 1-2.

parte da ICESCR, gerando controvérsias quanto ao reconhecimento do direito humano à água no âmbito da mencionada convenção.[11]

Em sentido similar, foi concebida uma teoria emergente de que o direito à água poderia também ser derivado do direito à vida previsto no ICCPR, de forma que os Estados teriam o dever de promover políticas que garantissem o acesso aos meios de subsistência a todos os povos e indivíduos sob sua jurisdição.[12]

Complementarmente, o Conselho de Direitos Humanos da ONU adotou um número expressivo de resoluções que afirmam o direito à água enquanto uma derivação do direito a um padrão de vida adequado, sendo assim uma proteção secundária que garante o direito à água enquanto um pressuposto à realização de outros direitos.[13] Entretanto, tais declarações não possuem valor vinculante no Direito Internacional, tratando-se de meras diretivas.[14]

Por fim, em âmbito regional na América Latina, a Corte Interamericana de Direitos Humanos (CIDH) reconheceu o direito humano à água a partir da expansão do direito humano à vida, previsto no art. 4º da Convenção Americana sobre Direitos Humanos.[15] Nesse sentido, a partir do conceito de vida digna, a Corte Interamericana de Direitos Humanos determinou que o direito humano à vida pressupõe não apenas obrigações negativas, que determinam que nenhuma pessoa será privada de sua vida, mas também obrigações positivas, que

---

[11] BROWN WEISS, Edith. The Evolution of International Water Law. *In*: *Collected Courses of the Hague Academy of International Law*, vol. 331. Leiden: Brill | Nijihoff, 2007. p. 309.

[12] WINKLER, Inga. *The Human Right to Water*: Significance, Legal Status and Implications for Water Allocation. Oxford: Hart Publishing, 2012. p. 54.

[13] Dentre as mais notórias, menciona-se: Resolução 15/9 (2010); Resolução 16/2 (2011); Resolução 18/1 (2011); Resolução 21/2 (2012); Resolução 24/18 (2013); e Resolução 27/7 (2014). THIELBÖRGER, Pierre. *The Right(s) to Water*: The Multi-Level Governance of a Unique Human Right. Berlin: Springer, 2014. p. 2. Há também uma mobilização pelo reconhecimento desse direito de forma independente, como pode ser observado na Resolução 64/292 da Assembleia Geral da ONU (2010) e na Resolução 64/24 da Assembleia Mundial da Saúde (2011). SALMAN, Salman; MCINERNEY-LANKFORD, Siobhán. *The Human Right to Water*: Legal and Policy Dimensions. Washington: The World Bank, 2004. p. 81.

[14] Essas diretivas podem chegar a se tornar vinculantes caso se consolidem no Direito costumeiro internacional, verificada a existência de prática estatal e *opinio juris*. JOYNER, Christopher. U.N. General Assembly Resolutions and International Law: Rethinking the Contemporary Dynamics of Norm-Creation. *California Western Journal of International Law*, vol. 11, n. 3, p. 445-478, 1981. p. 457-458.

[15] A primeira jurisprudência a ser consolidada nesse sentido foi o caso Villágran Morales v. Guatemala, mas o conceito foi refinado em diversas decisões posteriores. ANTKOQIAK, Thomas. A "Dignified Life" and the Resurgence of Social Rights. *Northwestern Journal of Human Rights*, vol. 18, n. 1, p. 1-51, 2020. p. 17.

ensejam a adoção de todas as medidas necessárias à garantia de uma existência digna, incluso o acesso à água.[16] Então, a CIDH desenvolveu os elementos normativos do direito humano à água em diversos casos, dedicados majoritariamente a grupos vulneráveis, como comunidades indígenas e pessoas privadas de liberdade.[17] Mais recentemente, a CIDH reconheceu o direito humano à água de forma autônoma,[18] mas a justiciabilidade desse direito foi objeto de intensa controvérsia e culminou na formação de dissidências ao julgado.[19]

## 3 O Direito à água e ao esgotamento sanitário no Brasil

Como se observa nas últimas décadas, a tentativa de consolidação do direito à água e ao esgotamento sanitário no âmbito constitucional tem sido um tema recorrente no parlamento brasileiro. Apesar de ser expressivo o número de Propostas de Emenda à Constituição com pretensão de proteção desse direito, ainda não se logrou sua inserção no rol de direitos fundamentais dispostos na Constituição Federal.[20]

---

[16] CHAVARRO, Jimena. The Emergence of the Right to Water in the Inter-American Court of Human Rights. *Inter-American and European Human Rights Journal*, vol. 8, p. 95-111, 2016. p. 110.

[17] Casos referentes a comunidades indígenas e povos tradicionais: CORTE INTERAMERICANA DE DIREITOS HUMANOS. *Caso das Comunidades Indígenas Yakie Axa v. Paraguay*, Sentença de 17 de junho de 2005; CORTE INTERAMERICANA DE DIREITOS HUMANOS. *Caso das Comunidades Indígenas Sawhoyamaxa v. Paraguay*, Sentença de 29 de março de 2006; CORTE INTERAMERICANA DE DIREITOS HUMANOS. *Caso do Povo Saramaka v. Suriname*, Sentença de 28 de novembro de 2007; CORTE INTERAMERICANA DE DIREITOS HUMANOS. *Caso das Comunidades Indígenas Xákmok Kásek v. Paraguay*, Sentença de 24 de agosto de 2010. Em outro sentido, mencionam-se os casos referentes a pessoas privadas de liberdade: CORTE INTERAMERICANA DE DIREITOS HUMANOS. *Caso López Alvarez v. Honduras*, Sentença de 01 de fevereiro de 2006; CORTE INTERAMERICANA DE DIREITOS HUMANOS. *Caso Vélez Loor v. Panama*, Sentença de 23 de novembro de 2010.

[18] CORTE INTERAMERICANA DE DIREITOS HUMANOS. *Opinião Consultiva nº 23/17, de 15 de novembro de 2017*. Obrigações Estatais em relação ao Meio Ambiente no marco da Proteção e Garantia dos Direitos à vida e à integridade pessoal – Interpretação e Alcance dos Artigos 4.1 e 5.1, em relação aos Artigos 1.1. e 2 da Convenção Americana sobre Direitos Humanos.

[19] O dissenso ocorreu primordialmente em razão da possibilidade de reconhecimento de direitos autônomos a partir do art. 26 da Convenção Americana de Direitos Humanos, ainda mais porque os elementos normativos do direito humano à água foram desenvolvidos a partir de instrumentos não vinculantes de Direito Internacional. SIERRA PORTO, Humberto. 2020. *Partially Dissenting Opinion to the Case of the Indigenous Communities of the Lhaka Honhat (Our Land) Association v. Argentina*, Judgment of February 6, 2020 (Merits, reparations and costs). Disponível em: https://www.corteidh.or.cr/docs/casos/articulos/seriec_400_ing.pdf. Acesso em: 16 jan. 2022. p. 3-4.

[20] Dentre outras, mencionam-se as seguintes: Senado Federal – PEC 07/2010, PEC 02/2016, PEC 07/2016 e PEC 04/2018; Câmara dos Deputados – PEC 39/2007, PEC 213/2012, PEC 93/2015, PEC 328/2017, PEC 425/2018, PEC 258/2016, PEC 430/2018 e PEC 232/2019.

Recentemente, a aprovação da PEC nº 04/2018 no Senado Federal reacendeu o debate acerca do tema no parlamento brasileiro, assim como as esperanças de positivação desse direito na seara constitucional. Essa proposta busca inserir o inciso LXXIX no art. 5º da Constituição Federal, de forma a prever:

> Art. 5º Todos são iguais perante a lei, sem distinção de qualquer natureza, garantindo-se aos brasileiros e aos estrangeiros residentes no País a inviolabilidade do direito à vida, à liberdade, à igualdade, à segurança e à propriedade, nos termos seguintes:
> (...)
> *LXXIX – é garantido a todos o acesso à água potável em quantidade adequada para possibilitar meios de vida, bem-estar e desenvolvimento socioeconômico.*

A iniciativa passou, então, a tramitar na Câmara dos Deputados sob o número de PEC nº 06/2021. Até a presente data, a proposta aguarda manifestação da Comissão de Constituição e Justiça (CCJ). Veja-se que, nesse caso, a proposta busca reconhecer apenas o direito à água, omitindo o direito ao esgotamento sanitário. Ainda, inclui o direito à água no art. 5º da Constituição da República, garantindo o "acesso à água potável".

Apesar da elevada importância dessa proposta, ela apresenta impropriedades quanto à predominância de dimensões desse direito fundamental e, consequentemente, à topografia desse direito no texto constitucional. Isso acontece porque os direitos fundamentais são categorizados em dimensões, ou gerações, que delineiam, de forma geral, os aspectos essenciais dos direitos fundamentais a partir de suas implicações diretas.

Nesse sentido, a primeira dimensão abrange os direitos relacionados à liberdade do indivíduo, que demandam prestações negativas do Estado. São direitos civis e políticos, que exigem que o Estado se abstenha de violar a autonomia do indivíduo, ao mesmo tempo em que o impulsionam a adotar medidas ativas para que os indivíduos possam exercer sua autonomia livremente. A segunda dimensão, composta de direitos de igualdade, exige do Estado a adoção de papel ativo na implementação de direitos sociais. Esses direitos são titularizados pelo indivíduo e oponíveis ao Estado. Dada a natureza prestacional desses direitos, sua implementação está intrinsecamente relacionada às políticas públicas e são realizadas por meio de desenvolvimento progressivo. A terceira dimensão abrange os direitos de solidariedade, de titularidade da comunidade e atinentes à proteção de direitos difusos relacionados à sobrevivência humana em um contexto de escassez de recursos.[21]

De todo modo, essa divisão não é estanque, o que pode ser observado no direito à água e ao esgotamento sanitário, dado que esse direito abrange elementos das três dimensões. Na primeira dimensão, o direito humano à água impõe que os atores públicos e privados não impeçam que o indivíduo acesse fisicamente os recursos hídricos que sejam necessários à sua sobrevivência. A PEC nº 04/2018 tem essa dimensão como foco central.

Entretanto, dificilmente pode-se afirmar que essa é a modalidade principal de usufruto do direito à água no atual modelo de organização da sociedade. Assim, com o advento da urbanização, o direito à água se tornou intrinsecamente prestacional, exigindo do Estado a adoção de medidas positivas para sua concretização. Dessa forma, ainda que seja possível vislumbrar a relevância da primeira dimensão do direito à água, esse direito é eminentemente um direito social, com predominância de sua segunda dimensão. A terceira dimensão também é relevante, em especial no que se refere ao esgotamento sanitário, omitido pela PEC nº 04/2018, na medida em que coloca esse direito em uma perspectiva mais abrangente de utilização de recursos finitos, mas também ocupa posição subsidiária no contexto das obrigações prestacionais do Estado.

À luz dessas considerações, a técnica legística mais adequada seria inserir o direito à água (e ao esgotamento sanitário) no rol de direitos sociais previsto no art. 6º da Constituição da República. De todo modo, são incertos os efeitos dessa inserção, podendo ser argumentado, inclusive, que essa alteração pouco afetaria a política pública de saneamento básico.[22] Ainda assim, para além dos potenciais efeitos jurídicos desse reconhecimento na esfera constitucional, é inegável que essa alteração representaria um marco simbólico para a implementação do direito à água e ao esgotamento sanitário.

Noutro giro, a despeito da omissão do texto constitucional, a doutrina brasileira apresenta algumas perspectivas acerca do reconhecimento do direito à água e ao esgotamento sanitário no âmbito do ordenamento jurídico brasileiro.

---

[21] RAMOS, André. *Curso de Direitos Humanos*. 7. ed. São Paulo: Saraiva Educação, 2020. p. 59-60.

[22] SILVA, Cintia da; MANDARINO, Luca Moura. O saneamento básico e a dogmática dos direitos fundamentais. *In*: SADDY, André; CHAUVET, Rodrigo da Fonseca (org.). *Aspectos jurídicos do saneamento*. Rio de Janeiro: Lumen Juris, 2017.p. 25-48.p. 43-44.

A teoria autônoma defende que esse direito estaria implícito no texto constitucional, em razão da água ser um elemento essencial para a vida humana.[23] Nesse sentido, essa teoria defende que, apesar da ausência de reconhecimento formal desse direito, seus aspectos materiais, como sua indispensabilidade para a sobrevivência humana, são suficientes para sua categorização enquanto direito fundamental. Essa teoria se aproxima do desenvolvimento de um direito ao mínimo existencial, que "alcança a manutenção e a prestação de meios necessários a uma existência digna".[24] Alguns elementos da Política Nacional de Recursos Hídricos, instituída pela Lei nº 9.433/1997, reforçam esse entendimento, como é o caso da priorização do consumo humano e da dessedentação de animais em situações de escassez hídrica (art. 1º, inciso III), bem como o objetivo de assegurar à atual e às futuras gerações a necessária disponibilidade de água, em padrões de qualidade adequados aos respectivos usos (art. 2º, inciso I).

Por sua vez, na via derivada, um entendimento possível seria que o direito à água e ao esgotamento sanitário deriva diretamente do direito à vida (art. 5º, *caput*) e do direito à saúde (art. 6º) da Constituição da República.[25] Ainda, verifica-se que vertentes similares argumentam que o direito à água e ao esgotamento sanitário deriva do direito ao meio ambiente ecologicamente equilibrado, previsto no art. 225 da Constituição da República.[26] Esses entendimentos também adotam, de certa forma, a concepção de que o direito à água e ao esgotamento sanitário é implicitamente tutelado pela Constituição da República. Entretanto, enquanto a teoria autônoma postula a natureza de direito fundamental pelas próprias características que são inerentes ao direito à água e ao esgotamento sanitário, a teoria derivada argumenta que esse direito fundamental emerge, de forma indireta, dos elementos normativos estabelecidos pelo texto constitucional em relação a outros direitos fundamentais. Nesse sentido, as obrigações imputadas ao Estado pela Constituição Federal na consecução de outros direitos fundamentais implicam, em alguma medida, o reconhecimento de outros direitos

---

[23] MAIA, Ivan. O Acesso à Água Potável como Direito Humano Fundamental no Direito Brasileiro. *Revista do CEPEJ*, vol. 20, p 301-338, 2017. p. 330.

[24] BITENCOURT NETO, Eurico. *O Direito ao Mínimo para uma Existência Digna*. Porto Alegre: Livraria do Advogado, 2010. p. 120.

[25] BRZEZINSKI, Maria Lúcia. O Direito à Água no Direito Internacional e no Direito Brasileiro. *Confluências*, vol. 14, n. 1, p. 60-82, 2012. p. 72.

[26] SANTIAGO, Nestor; VIEIRA, Patrícia. O Direito à Água e ao Saneamento Básico: Interlocuções com o Garantismo de Ferrajoli. *Veredas do Direito*, vol. 18, n. 40, p. 385-409, 2021. p. 389-390.

fundamentais que são pressupostos para a realização dos direitos fundamentais explícitos.[27]

Finalmente, há também o entendimento de que o direito à água e ao esgotamento sanitário não é direito fundamental, mas trata-se de política pública indispensável à concretização de direitos fundamentais, como o direito à saúde e o direito ao meio ambiente ecologicamente equilibrado.[28] Apesar de não reconhecer o direito à água e ao esgotamento sanitário como direito fundamental, essa corrente postula que as prestações estatais para a realização de outros direitos fundamentais passam necessariamente pela concretização desse direito.

À luz dessas doutrinas, é possível verificar que o STJ já se pronunciou acerca da existência do direito à água de forma autônoma:

> PROCESSUAL CIVIL. CONSUMIDOR. DISSÍDIO JURISPRUDENCIAL NÃO DEMONSTRADO. FORNECIMENTO DE ÁGUA. SERVIÇO ESSENCIAL. DIREITO HUMANO À ÁGUA. DEMORA EXCESSIVA NO REABASTECIMENTO. EXCESSO DE PRAZO SEM PRESTAÇÃO DE ASSISTÊNCIA AO CONSUMIDOR. FALHA NA PRESTAÇÃO DO SERVIÇO. PRESCRIÇÃO. 5 ANOS. ART. 27 DO CDC. (...) 8. *É inadmissível acatar a tese oferecida pela insurgente. A água é o ponto de partida, é a essência de toda vida, sendo, portanto, um direito humano básico, o qual deve receber especial atenção por parte daqueles que possuem o mister de fornecê-la à população.* 9. As nuances fáticas delineadas no acórdão recorrido demonstram claramente o elevado potencial lesivo dos atos praticados pela concessionária recorrente, tendo em vista os cinco dias sem abastecimento de água na residência da parte recorrida, o que configura notória falha na prestação de serviço, ensejando, portanto, a aplicação da prescrição quinquenal do art. 27 do Código de Defesa do Consumidor. 10. Recurso Especial não provido. (REsp 1629505/SE, Rel. Ministro HERMAN BENJAMIN, SEGUNDA TURMA, julgado em 13/12/2016, DJe 19/12/2016).

Nesse caso, o STJ se limitou a reconhecer o direito à água, mantendo-se omisso a respeito do direito ao esgotamento sanitário. É interessante notar que, ao adotar o entendimento refletido na passagem transcrita, o voto do Min. Rel. Herman Benjamin menciona o reconhecimento do direito à água pela Resolução nº 64/292 da Assembleia Geral

---

[27] PES, João. Água Potável: direito fundamental de acesso, dever fundamental de fornecimento. Rio de Janeiro: Lumen Juris, 2019. p. 106.

[28] RIBEIRO, Wladimir. O saneamento básico como um direito social. *R. de Dir. Público da Economia – RDPE*, ano 13, n. 52, p. 229-251, 2015. p. 238.

das Nações Unidas. A referência a esse instrumento foi realizada com o simples intuito de ilustrar a relevância do direito à água e ao esgotamento sanitário. Assim, o voto condutor teve o cuidado de manejar diligentemente a utilização do direito internacional, dado que a resolução em comento não possui valor vinculante e não poderia ensejar inovações no ordenamento jurídico internacional ou doméstico.[29] De todo modo, esse precedente exemplifica como o direito internacional pode influenciar, ou fundamentar, ainda que tangencialmente, a tomada de decisão na jurisdição doméstica dos Estados.

Em complementação ao precedente mencionado, o STJ reiterou posteriormente o reconhecimento direito à água, afirmando expressamente o seu caráter autônomo e a possibilidade de sua judicialização.[30] Nesses casos, para além de apontar o caráter autônomo do direito à água, o STJ ressalta a interconexão desse direito com outros direitos fundamentais.

Assim, verifica-se que, ainda que incipiente, a jurisprudência do STJ consolida o direito à água a partir da doutrina da essencialidade desse recurso para a vida humana, assim como referencia tangencialmente a interconexão desse direito com outros direitos fundamentais. Esses parâmetros iniciais indicam que existe um movimento doutrinário e jurisprudencial no sentido de reconhecer o direito à água no Brasil,

---

[29] KERWIN, Gregory. The Role of the United Nations General Assembly Resolutions in Determining Principles of International Law in United States Courts. *Duke Law Journal*, vol. 32, p. 876-899, 1983. p. 899.

[30] PROCESSUAL CIVIL E ADMINISTRATIVO. ARTIGOS 22 E 39 DO CÓDIGO DE DEFESA DO CONSUMIDOR. INDENIZAÇÃO POR DANOS MORAIS. ÁGUA COMO DIREITO HUMANO FUNDAMENTAL. CORTE NO SERVIÇO DE ABASTECIMENTO DE ÁGUA POTÁVEL. NECESSIDADE DE NOTIFICAÇÃO PRÉVIA. PRÁTICA ABUSIVA. RESPONSABILIDADE CIVIL OBJETIVA. QUANTUM INDENIZATÓRIO. REDUÇÃO. IMPOSSIBILIDADE NA ESPÉCIE. SÚMULA 7/STJ. (...) 2. Em razão de sua imprescindibilidade, o acesso à água potável é direito humano fundamental, de conformação autônoma e judicializável. Elemento essencial da e para a vida e pressuposto da saúde das pessoas, onde faltar água potável é impossível falar em dignidade humana plena. (...) (REsp 1697168/MS, Rel. Ministro HERMAN BENJAMIN, SEGUNDA TURMA, julgado em 10/10/2017, DJe 19/12/2018); CONSUMIDOR E PROCESSUAL CIVIL. ACESSO E FORNECIMENTO DE ÁGUA. DIREITO HUMANO FUNDAMENTAL. TARIFA MÍNIMA MULTIPLICADA PELO NÚMERO DE UNIDADES AUTÔNOMAS (ECONOMIAS). EXISTÊNCIA DE ÚNICO HIDRÔMETRO NO CONDOMÍNIO. TEMA 414/STJ. AUSÊNCIA PARCIAL DE PREQUESTIONAMENTO. SÚMULA 282/STF. (...) 2. (...) Considerando que o acesso à água potável é direito humano fundamental – autônomo e inalienável, já que imprescindível à vida com dignidade -, incumbe às pessoas jurídicas, públicas ou privadas, que a fornecem cumprir estritamente, quanto a preço e outras condições, o estabelecido na lei, regulamento e contrato. 3. Recurso Especial conhecido em parte e, nessa extensão, não provido (REsp 1740167/SE, Rel. Ministro HERMAN BENJAMIN, SEGUNDA TURMA, julgado em 11/06/2019, DJe 01/07/2019).

ainda que esse direito não tenha sido previsto expressamente pelo texto constitucional. Assim, o próximo capítulo avalia se, e em que medida, essa mobilização é espelhada pela jurisprudência do TJMG.

## 4 O TJMG e o direito humano à água e ao esgotamento sanitário

Em face do arcabouço jurídico internacional e brasileiro, passa-se a avaliar como o Tribunal de Justiça de Minas Gerais lida com a matéria do direito à água e ao esgotamento sanitário.

Utilizando a busca no portal de acórdãos do TJMG, com as palavras-chave "direito fundamental, direito humano, água e esgotamento sanitário", foram levantados 32 acórdãos que tratam da matéria do direito à água e ao esgotamento sanitário, como esquematizado no Anexo I deste artigo.

Nesse universo, 17 acórdãos lidam diretamente com o fornecimento de água, principalmente no que se refere à interrupção na prestação do serviço de abastecimento de água. Por sua vez, 15 acórdãos abordam a coleta e tratamento de esgoto, em especial no que tange à omissão do poder público em sua realização. Os 32 acórdãos serão avaliados a seguir a respeito da adoção de reconhecimento autônomo ou derivado do direito à água e ao esgotamento sanitário, para então identificar as medidas adotadas pelo TJMG em caso de violação desse direito.

### 4.1 Os fundamentos do reconhecimento do direito à água e ao esgotamento sanitário pelo TJMG

A respeito dos acórdãos identificados, verifica-se a predominância de referências a direitos fundamentais, em especial o direito à água, o direito à saúde e o direito ao meio ambiente equilibrado, que são mencionados na grande maioria dos acórdãos encontrados (24 casos ou 75% da amostra), em contraposição aos instrumentos e conceitos de direitos humanos, que não são utilizados na fundamentação de nenhum dos acórdãos. Evidentemente, esses temas são correlatos e se interconectam no mérito de seus elementos normativos, mas essa disparidade é relevante para demonstrar a ausência de preocupação do TJMG com a incorporação, em sua jurisprudência, de análises a respeito de instrumentos de direitos humanos e da compatibilização com os entendimentos adotados pela Corte Interamericana de Direitos Humanos.

Ademais, os direitos fundamentais abordados pelo TJMG variam conforme a temática do respectivo acórdão. Importante notar que nem todos os casos lidam com o reconhecimento do direito à água e ao esgotamento sanitário, seja de forma autônoma ou derivada, ainda que as determinações adotadas pressuponham, em alguma medida, a tutela desse direito.

No que concerne ao fornecimento de água, verifica-se a existência de três correntes jurisprudenciais, que se traduzem no reconhecimento do direito à água enquanto: (i) direito autônomo; (ii) direito derivado do direito à saúde; ou (iii) direito ao meio ambiente ecologicamente equilibrado.

Na primeira corrente, o TJMG adotou o entendimento de que o direito à água é direito fundamental autônomo em 6 acórdãos. Apesar da inovação do posicionamento adotado, as decisões não se preocupam com a fundamentação da consolidação da natureza autônoma desse direito fundamental. Assim, em regra, os referidos acórdãos tomam como pressuposto a natureza do direito à água enquanto direito fundamental. Nesse sentido:

EMENTA: APELAÇÃO CÍVEL – AÇÃO INDENIZATÓRIA – FALHA NA PRESTAÇÃO DE SERVIÇOS DE FORNECIMENTO DE ÁGUA – RESPONSABILIDADE OBJETIVA – INTERRUPÇÃO DO FORNECIMENTO DE AGUA DE FORMA INJUSTIFICADA – NÃO COMPROVAÇÃO – INEXISTÊNCIA DE CONDUTA IRREGULAR – AUSÊNCIA DOS ELEMENTOS ENSEJADORES DE REPARAÇÃO CIVIL. SENTENÇA MANTIDA. 1. *O direito ao fornecimento de água potável se traduz em direito fundamental, além do que, na sociedade urbana atual, a sobrevivência fica comprometida sem o fornecimento de água e tratamento de esgoto.* 2. Nos termos do art. 37, §6º, da CR/88, a responsabilidade da Administração Pública e, consequentemente, das concessionárias de serviço público, é objetiva, sob a modalidade do risco administrativo. 3. Não demonstrado nos autos a interrupção do abastecimento de água da residência do apelante, não há como reconhecer falha na prestação de serviços e, por consequência, conduta irregular praticada, caindo por terra a pretensão indenizatória. 4. Sentença mantida. (TJMG – Apelação Cível 1.0672.13.000671-7/001, Relator(a): Des.(a) Afrânio Vilela, 2ª CÂMARA CÍVEL, julgamento em 26/10/2021, publicação da súmula em 28/10/2021).

Foram encontrados apenas dois acórdãos que apresentam, ainda que timidamente, uma argumentação a respeito do reconhecimento do direito à água. O primeiro justifica que o direito fundamental à água se trata de direito garantido implicitamente no texto constitucional.[31]

O segundo, por sua vez, fez referência à Resolução nº 64/292 da Assembleia Geral das Nações Unidas para denotar a origem do direito fundamental à água.[32] Diferentemente da jurisprudência do STJ, que meramente utiliza a resolução como instrumento de complementação da justificativa referente à emergência do direito à água e ao esgotamento sanitário, o TJMG utilizou esse instrumento não vinculante como um meio de constituição de obrigações autônomas no ordenamento jurídico brasileiro. A despeito dessa interpretação atípica, esse precedente exemplifica, assim como no caso da jurisprudência do STJ, a potencialidade do *soft law* de influenciar a tomada de decisão do juízo doméstico. Ademais, esse acórdão foi o único, da amostragem analisada, que, além de reconhecer o direito à água de forma autônoma, também o reconhece enquanto um direito derivado do direito à saúde.

No que tange ao segundo entendimento, referente ao direito à água derivado do direito à saúde, o TJMG julgou, em 3 casos, que

---

[31] EMENTA: AGRAVO DE INSTRUMENTO – AÇÃO CIVIL PÚBLICA – DIREITO À ÁGUA POTÁVEL – DIREITO FUNDAMENTAL – LIMINAR PARCIALMENTE MANTIDA – DETERMINAÇÕES QUE SE CONFUNDEM COMO MÉRITO DA AÇÃO – RECURSO PARCIALMENTE PROVIDO – Inquestionável o direito de todo o cidadão receber água potável, por ser um direito garantido constitucionalmente, implicitamente garantido. (...) – Recurso parcialmente provido. (TJMG – Agravo de Instrumento-Cv 1.0521.17.002668-1/001, Relator(a): Des.(a) Carlos Roberto de Faria, 8ª CÂMARA CÍVEL, julgamento em 27/10/2017, publicação da súmula em 08/11/2017).

[32] EMENTA: AGRAVO DE INSTRUMENTO – AÇÃO DE OBRIGAÇÃO DE FAZER – GRATUIDADE DA JUSTIÇA – MISERABILIDADE JURÍDICA – COMPROVAÇÃO – TUTELA DE URGÊNCIA – FORNECIMENTO/TRATAMENTO DE ÁGUA – ÁGUA POTÁVEL – DIREITO À SAÚDE – SERVIÇO PÚBLICO ESSENCIAL – REQUISITOS. (...) – A controvérsia recursal consiste na alegação de deficiência no serviço de abastecimento e tratamento de água. – A água tratada se trata de um direito à saúde, que por sua vez é um direito social, nos termos do art. 6º da CR/88. *O direito à água potável é um direito fundamental, visto o comprometimento do Brasil, nesse sentido, junto às Nações Unidas, a partir da Resolução nº 64/292, de 28 de julho de 2010.* – O tratamento e abastecimento de água são serviços/atividade essenciais, nos termos do art. 10, I, da Lei nº 7.783/1989. – Em se tratando de serviço público é necessária a observância ao princípio da continuidade, somente podendo ser suspenso em razão de emergência ou, após aviso prévio, por questões técnicas. – O c. STJ possui entendimento que a privação do fornecimento de água e a irregularidade de tal serviço implicam em violação à dignidade da pessoa humana, à saúde pública e ao meio ambiente equilibrado. – Constatando-se a deficiência na prestação do fornecimento e tratamento de água deve ser determinada a regularização de seu fornecimento. (TJMG – Agravo de Instrumento-Cv 1.0000.20.530732-5/001, Relator(a): Des.(a) Ângela de Lourdes Rodrigues, 8ª CÂMARA CÍVEL, julgamento em 25/02/2021, publicação da súmula em 05/03/2021).

o tratamento e o fornecimento de água estão fortemente atrelados à garantia do direito social à saúde, previsto no art. 6º da Constituição da República.

Ademais, um dos casos coletados tratou, em seu inteiro teor, da garantia do tratamento de água a partir de parâmetros da potabilidade em razão da proteção conferida pelo direito fundamental ao meio ambiente ecologicamente equilibrado, conforme o art. 225 da Constituição da República.

Importante notar que 6 dos casos identificados na busca de jurisprudência do TJMG, referentes ao fornecimento de água, não abordam diretamente a proteção de direitos fundamentais específicos, apesar de estarem intrinsecamente relacionados e fazerem referência expressa a direitos fundamentais. Essas vertentes podem ser visualizadas no gráfico:

Gráfico 1 – Fundamentos do direito à água

FORNECIMENTO DE ÁGUA

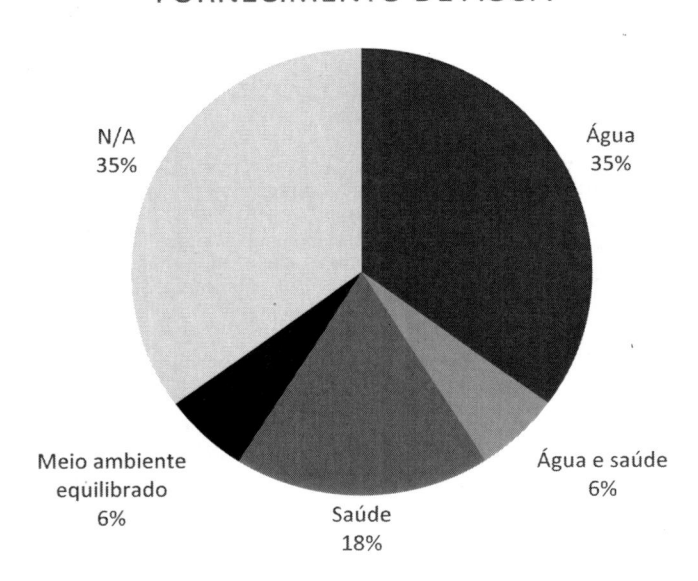

N/A 35%
Água 35%
Meio ambiente equilibrado 6%
Saúde 18%
Água e saúde 6%

Em relação ao tema da coleta e tratamento de esgoto, 13 acórdãos abordam a questão a partir do direito fundamental ao meio ambiente equilibrado, previsto no art. 225 da Constituição da República. Por outro lado, 2 acórdãos não explicitam o direito fundamental analisado, apesar de tratarem diretamente da intervenção judicial em políticas públicas de esgotamento sanitário a partir da tutela de direitos fundamentais. Essas vertentes podem ser observadas no gráfico seguinte:

Gráfico 2 – Fundamentos do direito ao esgotamento sanitário

**COLETA E TRATAMENTO DE ESGOTO**

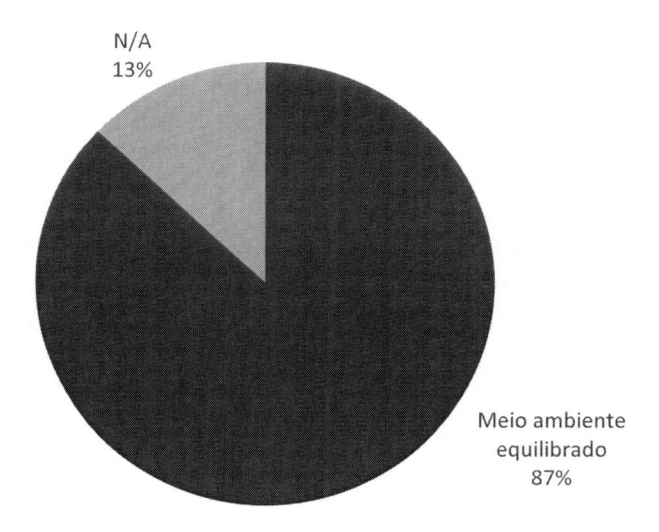

N/A
13%

Meio ambiente equilibrado
87%

Em suma, o direito à água possui uma proeminência quanto ao reconhecimento autônomo na esfera jurisprudencial, apesar da ausência de justificativa dessa construção. Essa despreocupação com a fundamentação do caráter autônomo do direito à água pode indicar que este já se consolidou de tal forma que é tomado como pressuposto. Entretanto, pode indicar também a falta de rigor do TJMG na criação e instrumentalização de direitos fundamentais, sem atenção ao texto constitucional ou a outros instrumentos jurídicos relevantes. Veja-se, ainda, que essa vertente não é absoluta e não exclui a proteção do direito à água de forma derivada, a partir do direito à saúde e do direito ao meio ambiente equilibrado.

Por sua vez, o direito ao esgotamento sanitário é tutelado exclusivamente a partir do direito fundamental ao meio ambiente equilibrado, de forma que é imperceptível, na amostra analisada, seu reconhecimento enquanto direito autônomo.

## 4.2 Os efeitos do reconhecimento do direito à água e ao esgotamento sanitário

Em relação aos efeitos decorrentes do reconhecimento do direito à água e ao esgotamento sanitário, foram observadas diferentes determinações judiciais, a partir dos pleitos das partes e da natureza do processo. Especificamente no caso dos 17 processos envolvendo fornecimento de água, foram localizadas 6 ações ordinárias, 2 mandados de segurança e 9 ações civis públicas (ACPs).

De um lado, as ações ordinárias e os mandados de segurança tinham por objeto o restabelecimento da prestação do serviço de abastecimento de água para usuários específicos, sendo que, em 3 ações ordinárias, foi pleiteada também indenização por danos morais. No contexto dessas ações, o reconhecimento do direito à água, seja de forma autônoma ou derivada, cumpriu a função de qualificar o referido serviço público em razão de sua imprescindibilidade para a sobrevivência humana. Dessa forma, o reconhecimento desse direito impactou diretamente na avaliação do dano moral indenizável decorrente da interrupção indevida do serviço de abastecimento de água, bem como restringiu as hipóteses em que essa interrupção poderia ser realizada.

A tensão entre a continuidade da prestação dos serviços públicos e o direito de crédito dos prestadores desses serviços é um assunto particularmente delicado quando envolve direitos fundamentais. Ainda que a Lei Federal nº 8.987/1995 preveja as hipóteses legais de interrupção, há que se reconhecer as especificidades dos serviços públicos diretamente atrelados à realização de direitos fundamentais. Justamente por esses motivos, em dois casos, o TJMG pontuou que não seria possível a interrupção do abastecimento de água para a prestação de serviços públicos considerados essenciais, ou seja, serviços ligados aos direitos fundamentais dos cidadãos, como hospitais, centros de saúde, escolas e creches.[33] Ademais, em outro caso, foi decidido que era ilegal o corte

---

[33] DIREITO ADMINISTRATIVO – MANDADO DE SEGURANÇA – INTERRUPÇÃO DO FORNECIMENTO DE ÁGUA AO MUNICÍPIO – INADIMPLÊNCIA – POSSIBILIDADE – MANUTENÇÃO DO ABASTECIMENTO DE UNIDADES QUE DESEMPENHAM SERVIÇOS ESSENCIAIS – VIOLAÇÃO DE DIREITO LÍQUIDO E CERTO – AUSÊNCIA – SENTENÇA REFORMADA. – Em razão do disposto no artigo 6º, parágrafo 3º, inciso II, da Lei nº 8.987/95, e ante a inequívoca existência do débito, cabível a interrupção do fornecimento de água às "unidades administrativas" do Município, porque estas não estão relacionadas diretamente com a prestação de serviços públicos considerados essenciais, ou seja, serviços ligados aos direitos fundamentais dos cidadãos, como hospitais, centro de saúde, escolas e creches. (TJMG – Reexame Necessário-Cv 1.0313.11.009661-4/003, Relator(a): Des.(a) Moreira Diniz, 4ª

no abastecimento de água para pressionar a realização do pagamento das taxas condominiais, especialmente porque o condomínio dispõe de outros meios para buscar o adimplemento do débito, além de que a medida ultrapassava as hipóteses legalmente autorizadas para essa interrupção.[34]

Ainda, uma ação ordinária foi utilizada como instrumento de judicialização coletiva, estabelecendo obrigações de fazer em benefício de uma comunidade específica e seu acesso à água. Nesse caso, o TJMG decidiu que a teoria da reserva do possível não pode ser oposta ao mínimo existencial, determinando a adoção de providências necessárias para que haja fornecimento de água em região distrital, no prazo de 6 meses, dentre outras medidas relacionadas à garantia de potabilidade da água e utilização sustentável dos recursos hídricos na respectiva bacia hidrográfica.[35]

---

CÂMARA CÍVEL, julgamento em 08/08/2013, publicação da súmula em 14/08/2013); DIREITO PROCESSUAL CIVIL – DIREITO ADMINISTRATIVO – AGRAVO DE INSTRUMENTO – MANDADO DE SEGURANÇA – LIMINAR – INTERRUPÇÃO DO FORNECIMENTO DE ÁGUA AO MUNICÍPIO – INADIMPLÊNCIA – POSSIBILIDADE – MANUTENÇÃO DO ABASTECIMENTO DE UNIDADES QUE DESEMPENHAM SERVIÇOS ESSENCIAIS – RECURSO PROVIDO. – Em razão do disposto no artigo 6º, parágrafo 3º, inciso II, da Lei nº 8.987/95, se não há dúvida de que existe débito pendente, a princípio não se mostra ilegal a interrupção do fornecimento de água às "unidades administrativas" do Município, porque estas não estão relacionadas, diretamente, com a prestação de serviços públicos considerados essenciais, ou seja, serviços ligados aos direitos fundamentais dos cidadãos, como hospitais, centro de saúde, escolas e creches. (TJMG – Agravo de Instrumento-Cv 1.0313.11.009661-4/001, Relator(a): Des.(a) Moreira Diniz, 4ª CÂMARA CÍVEL, julgamento em 12/04/2012, publicação da súmula em 23/04/2012).

[34] EMENTA: AGRAVO DE INSTRUMENTO – TAXAS CONDOMINIAIS – COBRANÇA – LIMITES – CORTE FORNECIMENTO DE AGUA – TUTELA ANTECIPADA. Deve-se deferira a tutela antecipada quando o meio de cobrança – corte no fornecimento de agua, extrapola os limites da legalidade, ofendendo direitos fundamentais dos condôminos. Hipótese em que o credor dispõe de outros meios de cobrança da taxa de condomínio. (TJMG – Agravo de Instrumento-Cv 1.0000.20.501782-5/001, Relator(a): Des.(a) Marco Aurélio Ferrara Marcolino, 15ª CÂMARA CÍVEL, julgamento em 17/12/2020, publicação da súmula em 22/01/2021).

[35] EMENTA: AGRAVO DE INSTRUMENTO – AÇÃO OBRIGAÇÃO DE FAZER – TUTELA ANTECIPADA DE URGÊNCIA – SANEAMENTO BÁSICO – FORNECIMENTO ÁGUA MUNICÍPIO – REQUISITOS DO ART. 300 DO CPC – PRESENÇA – MULTA – CABIMENTO – RECURSO NÃO PROVIDO.
O pedido de reforma da decisão agravada submete-se à analise do preenchimento ou não dos pressupostos para a concessão da tutela de urgência, previstos no art. 300 do Código de Processo Civil, a saber, a probabilidade do direito e o perigo de dano ou o risco ao resultado útil do processo.
O saneamento sanitário básico é um direito de todos, cumprindo à Administração disponibilizá-lo, em tempo razoável, pois as condições de higiene e saúde são direitos fundamentais de todo cidadão.

Em seu turno, no que tange às ACPs, foram pleiteadas medidas de manutenção, melhoramento e/ou expansão dos serviços de abastecimento de água no âmbito comunitário, ou mesmo regional. No âmbito dessas ações, o direito à água foi especialmente relevante para justificar a possibilidade de interferência do Poder Judiciário na esfera privativa do Poder Executivo em situações excepcionais, para a garantia de direitos fundamentais. Dentre 9 ACPs relacionadas ao fornecimento de água, em 7 casos o TJMG entendeu cabível a intervenção judiciária, enquanto em 2 casos esse pleito foi negado, respectivamente pelo caráter genérico do pedido[36] e pela existência de medidas do poder público para sanar as irregularidades da política pública.[37]

---

A teoria da reserva do possível não pode ser oposta ao mínimo existencial. O direito à saúde e ao mínimo existencial se sobrepõe aos entraves burocráticos, bem como às dificuldades governamentais de viabilizar a alocação de recursos financeiros.
A multa diária cominatória está devidamente autorizada no art. 461, §4º, do Código de Processo Civil e tem como objetivo compelir a parte a cumprir a obrigação de fazer a qual lhe foi imposta, não havendo óbices para sua fixação em face da Fazenda Pública. (TJMG – Agravo de Instrumento-Cv 1.0000.20.058629-5/001, Relator(a): Des.(a) Leite Praça, 19ª CÂMARA CÍVEL, julgamento em 23/07/2020, publicação da súmula em 29/07/2020).
As medidas complementares impostas foram: 1) implementar programa de proteção de nascentes e de bacia hidrográfica; 2) implementar programa de medição de vazões, quer seja na chegada e na saída da água para o Distrito; 3) monitorar a qualidade da água bruta; 4) obter, se caso, autorização ambiental de funcionamento; 5) obter outorga de água; 6) instalar dispositivo de proteção antigolpe no reservatório; 7) elaborar plano de contingência emergencial; 8) promover o tratamento da água, a fim de que sejam mantidas condições mínimas de potabilidade (Decreto n. 79.367/77 e Portaria GM n. 2.914, de 12 de dezembro de 2011).

[36] EMENTA: AGRAVO DE INSTRUMENTO – AÇÃO CIVIL PÚBLICA – PRELIMINAR – ILEGITIMIDADE ATIVA DA DEFENSORIA PÚBLICA – REJEITADA – MÉRITO – TUTELA ANTECIPADA RECURSAL – INDEFERIDA – COPASA – FORNECIMENTO DE ÁGUA PARA TODAS AS UNIDADES CONSUMIDORAS NO PERÍODO DA PANDEMIA – RESTABELECIMENTO DO FORNECIMENTO PARA AS QUE TENHAM SOFRIDO CORTE – FORNECIMENTO PARA LOCALIDADES AINDA NÃO ATENDIDAS – AMPLITUDE DAS MEDIDAS – INTERVENÇÃO INDEVIDA DO PODER JUDICIÁRIO NO CASO CONCRETO – RECURSO NÃO PROVIDO. (...) – Pretensão da Defensoria Pública a que a COPASA seja compelida a manter o fornecimento de água a todas as unidades consumidoras do Estado de Minas Gerais, ao longo do período de emergência, de modo a restabelecer o serviço àquelas que tiverem sofrido corte por inadimplência, a regularizar o fornecimento nas localidades ainda não atendidas, e a manter a ligação de todos os pontos públicos de água dos municípios mineiros.- Em se tratando de matéria que envolve política pública, a intervenção judicial, se necessária, deve ser mínima, sempre em defesa e para garantir direito fundamental. Por envolver questões de ordem técnica, econômica e política, o pedido da agravante, apresentado de forma genérica, desautoriza a intervenção do Judiciário. (TJMG – Agravo de Instrumento-Cv 1.0000.20.046473-3/001, Relator(a): Des.(a) Luís Carlos Gambogi, 5ª CÂMARA CÍVEL, julgamento em 03/12/2020, publicação da súmula em 03/12/2020).

[37] EMENTA: REEXAME NECESSÁRIO E APELAÇÃO CÍVEL – AÇÃO CIVIL PÚBLICA – IMPLEMENTAÇÃO DE POLÍTICAS PÚBLICAS – FORNECIMENTO DE ÁGUA POTÁVEL – CRISE HÍDRICA – INFLUÊNCIA DE QUESTÕES CLIMÁTICAS – POLÍTICA PÚBLICA EXISTENTE – INDEVIDA INTERFERÊNCIA DO PODER JUDICIÁRIO NAS POLÍTICAS

Nos casos em que a intervenção judicial foi autorizada, foram impostas diferentes medidas para cada caso concreto. Um dos assuntos mais recorrentes é a garantia da qualidade da água fornecida aos usuários, tendo o TJMG decidido, em 4 casos, pela necessidade de realização de avaliações periódicas, contemplando os parâmetros federais de potabilidade, bem como prestação de contas referente aos resultados obtidos. É de especial relevância também a decisão que impôs a necessidade de garantir a continuidade do serviço de abastecimento de água ainda em caso de estiagem, inclusive, se for o caso, pela utilização de caminhões-pipa para encher os reservatórios, perfuração de poços artesianos, dentre outras medidas cabíveis.[38] Outro precedente digno de nota foi a determinação da impossibilidade de interrupção do fornecimento de água a uma ocupação enquanto durarem as medidas oficiais de combate à disseminação da covid-19 no Estado de Minas Gerais, dado que a higienização é um meio de diminuir a propagação do vírus, sendo, pois, de interesse público.[39]

---

PÚBLICAS A CARGO DO PODER EXECUTIVO – PONDERAÇÃO NO PROTAGONISMO PARA AS HIPÓTESES EXCEPCIONAIS. 1- A interferência do Poder Judiciário na esfera privativa do Poder Executivo se justifica em situações excepcionais, para a garantia de direitos fundamentais constitucionalmente assegurados. 2- Decorrendo a escassez de água de forte estiagem, com repercussão regional, não se pode atribuir exclusivamente ao Município e à concessionária de serviço público a responsabilidade pelo flagelo decorrente da falta de água; 3- Constatando-se a adoção de política pública no âmbito municipal para a construção de barragem que suprirá o problema da escassez de água em caso de nova estiagem, afigura-se indevida a interferência Poder Judiciário em substituição ao Administrador Público. (TJMG – Ap Cível/Rem Necessária 1.0327.15.003684-3/001, Relator(a): Des.(a) Renato Dresch, 4ª CÂMARA CÍVEL, julgamento em 22/02/2018, publicação da súmula em 27/02/2018).

[38] EMENTA: REMESSA NECESSÁRIA/RECURSO VOLUNTÁRIO. AÇÃO CIVIL PÚBLICA. FORNECIMENTO DE ÁGUA POTÁVEL. DIREITO FUNDAMENTAL. OBRIGAÇÃO DA ADMINISTRAÇÃO PÚBLICA. INTERRUPÇÃO. POSSIBILIDADE NOS CASOS EXPRESSAMENTE PREVISTOS NA LEGISLAÇÃO DE REGULAÇÃO. MULTA COMINATÓRIA. POSSIBILIDADE DE FIXAÇÃO. SENTENÇA REFORMADA EM PARTE. – O direito ao fornecimento de água potável se traduz em direito fundamental, além do que, na sociedade urbana atual, a sobrevivência fica comprometida sem o fornecimento de água e tratamento de esgoto. – No entanto, a suspensão do fornecimento de água, nas hipóteses expressamente previstas nas legislações de regulação, é considerado procedimento lícito e não caracteriza descontinuidade na prestação do serviço público. – Não há óbice à imposição de multa cominatória em desfavor do Poder Público e, consequentemente, das concessionárias de serviço público, na medida em que constitui meio coercitivo legítimo a promover o cumprimento da determinação judicial. (TJMG – Ap Cível/Rem Necessária 1.0301.15.014182-0/003, Relator(a): Des.(a) Moacyr Lobato, 5ª CÂMARA CÍVEL, julgamento em 27/02/2020, publicação da súmula em 03/03/2020).

[39] EMENTA: AGRAVO DE INSTRUMENTO – AÇÃO CIVIL PÚBLICA – TUTELA ANTECIPADA RECURSAL – INDEFERIDA – COPASA – FORNECIMENTO DE ÁGUA PARA OS MORADORES DA OCUPAÇÃO ESPERANÇA NO PERÍODO DA PANDEMIA – DIREITO À SAÚDE E À VIDA – DIREITO FUNDAMENTAL – INTERVENÇÃO DEVIDA DO PODER JUDICIÁRIO NO CASO CONCRETO – MANUTENÇÃO DA DECISÃO – RECURSO

Por sua vez, nos casos relacionados à coleta e tratamento de esgoto, todos os 15 processos analisados consistiam em ACPs, com o objetivo de regularizar ou aprimorar os referidos serviços no âmbito distrital, ou mesmo em todo o território municipal. Assim como no caso do fornecimento de água, a pauta dos direitos fundamentais foi essencial para autorizar a intervenção excepcional do Poder Judiciário em políticas públicas no caso de omissão injustificada das autoridades competentes.

Dos 15 casos analisados, a intervenção judicial foi realizada em 11, tendo sido rechaçada em 4. Dentre os casos em que a intervenção judicial foi negada, 3 estavam intrinsecamente relacionados à atuação concreta do poder público, de forma que o TJMG foi relutante de interferir em política pública em desenvolvimento no contexto local. Assim, diante da existência de medidas adotadas pela autoridade competente,[40] ou

---

NÃO PROVIDO. – A Pandemia provocada pelo COVID-19 deu ensejo à edição da Lei Federal n. 13.979/2020 e da Portaria n. 188/2020, pelo Ministério da Saúde, com a declaração de Emergência em Saúde Pública de Importância Nacional (ESPIN) em decorrência da Infecção Humana pelo novo Coronavírus (2019-nCoV). – O Decreto n. 10.282/2020, com alterações conferidas pelo Decreto n. 10.329/2020, regulamentou a Lei Federal n. 13.979/2020, definindo que serviços essenciais são aqueles indispensáveis ao atendimento das necessidades inadiáveis da comunidade, assim considerados aqueles que, se não atendidos, colocam em perigo a vida, a saúde ou a segurança da população. – Pretensão da Defensoria Pública a que a COPASA seja compelida a providenciar o abastecimento regular de água potável na Ocupação Esperança, por meio de caminhão pipa para encher as caixas d'águas existentes nos barracões ou outros meios de armazenamento utilizados pelos habitantes ou qualquer outro meio que garanta o abastecimento da Ocupação Liberdade. – Em se tratando de matéria que envolve política pública, a intervenção judicial, se necessária, deve ser mínima, sempre em defesa e para garantir direito fundamental. – Tendo em vista ser a água um bem de primeira necessidade, diretamente relacionada ao direito à saúde e à vida, morment em se considerando o momento atual de pandemia, em que se mostra um recurso essencial para se prevenir e combater o coronavírus, deve o Poder Judiciário, excepcionalmente, intervir, a fim de garantir direito fundamental insculpido em nossa Constituição Federal, pelo que deve ser mantida a decisão de primei ro grau. – Recurso não provido. (TJMG – Agravo de Instrumento-Cv 1.0000.20.078066-6/001, Relator(a): Des.(a) Roberto Apolinário de Castro (JD Convocado), 5ª CÂMARA CÍVEL, julgamento em 08/04/2021, publicação da súmula em 08/04/2021).

[40] EMENTA: AGRAVO DE INSTRUMENTO – AÇÃO CIVIL PÚBLICA – LIMINAR – INTERRUPÇÃO DO LANÇAMENTO DE ESGOTO NOS CURSOS D'ÁGUA – POLÍTICA PÚBLICA EXISTENTE – AUSÊNCIA DOS PRESSUPOSTOS PARA A CONCESSÃO DA LIMINAR SEM OITIVA DA PARTE CONTRÁRIA – OBRA DE ALTO VALOR – DEPENDÊNCIA DE DOTAÇÃO ORÇAMENTÁRIA – DISTINÇÃO DA TUTELA DE URGÊNCIA COM JURISDIÇÃO DE URGÊNCIA. (...) 4- Comprovado, pela concessionária de serviço público responsável pelo abastecimento de água e tratamento de esgoto, que tem adotado providências para sanar o problema de coleta de esgoto e instalação de interceptores, mas depende de atos do Poder Executivo para desapropriação de imóveis, não se justifica a intervenção do Poder Judiciário, em caráter liminar e sem oitiva da parte contrária, sob pena de intervenção indevida e prejuízo ao projeto em curso; 5- A realização de obras de alto valor dependem de dotação orçamentária de modo que a concessão de liminar deve ser

mesmo de inexistência de prova conclusiva da omissão da autoridade competente,[41] o TJMG negou a intervenção judicial. No caso restante, a intervenção judicial foi negada a partir de uma posição minoritária, ou mesmo excêntrica, de que a competência pelos serviços de saneamento básico em área rural seria competência da União.[42]

---

concedida apenas em situação de interesse público extremo; 6- Não se aconselha transformar a tutela de urgência em jurisdição de urgência, sobretudo quando a pretensão tem natureza satisfativa. (TJMG – Agravo de Instrumento-Cv 1.0000.17.086555-4/001, Relator(a): Des. (a) Renato Dresch, 4ª CÂMARA CÍVEL, julgamento em 08/03/2018, publicação da súmula em 09/03/2018); EMENTA: AGRAVO DE INSTRUMENTO – AÇÃO CIVIL PÚBLICA – INVERSÃO DO ÔNUS DA PROVA – DESCABIMENTO – LIMINAR – INTERRUPÇÃO DO LANÇAMENTO DE ESGOTO NOS CURSOS D'ÁGUA – POLÍTICA PÚBLICA EXISTENTE – CONVÊNIO CELEBRADO COM A FUNASA – DANO AMBIENTAL ANTIGO – AUSÊNCIA DE URGÊNCIA. (...) 5- Comprovado que o Município celebrou convênio com a FUNASA para a implantação de rede coletora de esgoto e estação de tratamento, cujos repasses observarão cronograma preestabelecido, afigura-se indevida a interferência do Poder Judiciário. (TJMG – Agravo de Instrumento-Cv 1.0000.17.032869-4/001, Relator(a): Des. (a) Renato Dresch, 4ª CÂMARA CÍVEL, julgamento em 09/10/2017, publicação da súmula em 10/10/2017).

[41] EMENTA: REEXAME NECESSÁRIO \\ APELAÇÃO CÍVEL – AÇÃO CIVIL PÚBLICA – DIREITO ADMINISTRATIVO E AMBIENTAL – REFLUXO DE ESGOTO PARA AS VIAS PÚBLICAS DO MUNICÍPIO DE BOA ESPERANÇA – PEDIDO COMINATÓRIO FORMULADO PELO MINISTÉRIO PÚBLICO EM FACE DO SERVIÇO AUTÔNOMO DE ÁGUA E ESGOTO DO MUNICÍPIO – OBRIGAÇÃO DE EFETUAR OBRAS DE ADEQUAÇÃO E MELHORIA DO SISTEMA MUNICIPAL COLETOR DE ESGOTOS "CONFORME PERÍCIA" – PROVAS QUE DESCARACTERIZAM A INÉRCIA DA AUTARQUIA MUNICIPAL – PERÍCIA INCONCLUSIVA ACERCA DAS PROVIDÊNCIAS TÉCNICAS FALTANTES À COMPLETA SOLUÇÃO DO PROBLEMA – ATUAÇÃO DO PODER JUDICIÁRIO – IMPOSSIBILIDADE, EM OBSERVÂNCIA A PRINCÍPIOS CONSTITUCIONAIS E LEGAIS – SENTENÇA REFORMADA, EM REEXAME NECESSÁRIO. (...) 5. Perícia inconclusiva, que apenas realiza apanhado do cenário fático evidenciado nos autos, a partir de dados extraídos do inquérito civil, de informações prestadas pela própria autarquia e da legislação pertinente. Confirmação de que a deficiência não está integralmente solucionada, sem indicação, todavia, das eventuais providências técnicas faltantes, em relação às quais o réu estaria omisso. 6. Acolhimento da pretensão – para determinar o cumprimento, pela autarquia, de prestações sequer conhecidas nos autos – que resultaria em ingerência indevida do Poder Judiciário no mérito dos atos administrativos. 7. Sentença reformada, em reexame necessário. Prejudicado o recurso voluntário. (TJMG – Apelação Cível 1.0071.11.002115-2/001, Relator(a): Des.(a) Áurea Brasil, 5ª CÂMARA CÍVEL, julgamento em 03/03/2016, publicação da súmula em 15/03/2016).

[42] EMENTA: APELAÇÃO CÍVEL – AÇÃO CIVIL PÚBLICA – MEIO AMBIENTE – POLÍTICA PÚBLICA – COLETA E TRATAMENTO DE ESGOTO – ÁREA RURAL – COMPETÊNCIA DA UNIÃO. – A interferência do Poder Judiciário na esfera privativa do Poder Executivo se justifica em situações excepcionais, para a garantia de direitos fundamentais constitucionalmente assegurados. – Compete à União a universalização dos serviços de saneamento básico no meio rural, por meio do Programa Saneamento Brasil Rural (PSBR), cabendo à Fundação Nacional de Saúde – Funasa – a coordenação da implementação do Programa e apresentação de proposta de criação de colegiado para sua execução. (...) (TJMG – Apelação Cível 1.0000.19.112039-3/002, Relator(a): Des.(a) Ana Paula Caixeta, 4ª CÂMARA CÍVEL, julgamento em 04/11/2021, publicação da súmula em 05/11/2021).

Em relação aos 11 casos em que foi realizada a intervenção judicial, 9 estipularam prazo para o cumprimento da decisão, tendo os prazos variado entre 60 dias até 5 anos, dependendo da complexidade das determinações do TJMG, que englobaram medidas como a construção de sistemas de esgotamento sanitário em distritos específicos, bem como a ampliação do sistema de esgotamento sanitário para abastecimento de parcela significativa da população municipal, incluindo sede e distritos.

Foram vislumbradas determinações específicas em 6 casos, que disciplinam obras de implementação e ampliação do sistema público de coleta e tratamento de esgoto. Nos casos restantes, o TJMG impôs determinações gerais, a partir da obrigação de não realizar o lançamento de esgoto sanitário sem o devido tratamento prévio.

A partir desses precedentes, é possível observar que o TJMG adotou medidas concretas e arbitrou prazos específicos para sua implementação, de forma a realizar o direito à água e ao esgotamento sanitário. Essas determinações foram autorizadas a partir da omissão do poder público, tendo as decisões do TJMG promovido a implementação de políticas públicas em matéria de saneamento básico. De todo modo, as medidas adotadas ainda carecem de uma padronização e previsibilidade da aplicação do direito à água e ao esgotamento sanitário, que ainda se encontra em desenvolvimento na jurisprudência da corte mineira.

## 5 Conclusão

O direito à água e ao esgotamento sanitário percorreu um longo caminho até o seu atual estado de maturação. Ainda assim, esse direito continua ocupando uma função secundária, voltada primordialmente à implementação de outros direitos. De todo modo, o reconhecimento do direito à água e ao esgotamento sanitário, seja de forma autônoma ou derivada, impulsionou a consideração dos elementos normativos desse direito, elucidando novos aspectos para a satisfação das condições mínimas para uma vida digna.

No âmbito do TJMG, é de especial relevância a constatação de que, ainda que não previsto em instrumentos internacionais ou no texto constitucional, a jurisprudência não hesita em dar aplicabilidade, em tese, ao direito à água e ao esgotamento sanitário nos casos concretos analisados, ainda que em razão de especificidades de cada caso concreto. Ademais, vislumbra-se uma preocupação maior do TJMG em relação ao reconhecimento do direito à água, se comparado com o direito ao esgotamento sanitário. Nesse sentido, enquanto o direito à água é justificado de forma autônoma ou conexa a outros direitos fundamentais, o esgotamento sanitário é tutelado exclusivamente a partir do direito ao meio ambiente equilibrado, relegando a segundo plano a sua imprescindibilidade para a saúde pública, bem como outras especificidades que poderiam ser desenvolvidas a partir de um direito autônomo. Essa diferenciação pode denotar, inclusive, que enquanto o direito à água possui caráter primordialmente prestacional, sendo classificado essencialmente como um direito de segunda dimensão, o direito ao esgotamento sanitário, na percepção do TJMG, se aproxima mais de um direito de terceira dimensão.

A maior proeminência do direito à água também espelha a maior preocupação política e social com o acesso à água do que com o esgotamento sanitário. Essa priorização fez com que a universalização dos serviços de abastecimento de água tenha sido muito mais significativa do que aquela referente ao esgotamento sanitário. Entretanto, justamente em razão do maior déficit no que tange ao usufruto dos serviços de esgotamento sanitário, o desenvolvimento de elementos normativos relativos ao direito correspondente se faz ainda mais necessário.

Ainda que alguns casos sejam omissos na motivação da consolidação do direito à água e ao esgotamento sanitário, o reconhecimento é uma etapa essencial para que o direito à água e ao esgotamento sanitário seja posteriormente desenvolvido e aplicado de forma mais elaborada pela jurisprudência mineira. O desenvolvimento desse direito possibilitará, ainda que na ausência de previsão expressa pelo texto constitucional, que sua realização seja verificada de forma mais concreta, e judicializada de forma estratégica, quando necessário.

## Referências

ANTKOQIAK, Thomas. A "Dignified Life" and the Resurgence of Social Rights. *Northwestern Journal of Human Rights*, vol. 18, n. 1, p. 1-51, 2020.

BITENCOURT NETO, Eurico. *O Direito ao Mínimo para uma Existência Digna*. Porto Alegre: Livraria do Advogado, 2010.

BROWN WEISS, Edith. The Evolution of International Water Law. In: *Collected Courses of the Hague Academy of International Law*, vol. 331. Leiden: Brill | Nijihoff, 2007.

BRZEZINSKI, Maria Lúcia. O Direito à Água no Direito Internacional e no Direito Brasileiro. *Confluências*, vol. 14, n. 1, p. 60-82, 2012.

CHAVARRO, Jimena. The Emergence of the Right to Water in the Inter-American Court of Human Rights. *Inter-American and European Human Rights Journal*, vol. 8, p. 95-111, 2016.

COMITÊ DOS DIREITOS ECONÔMICOS, SOCIAIS E CULTURAIS. *General Comment 15*: The Right to Water (Arts. 11 and 12 of the Covenant), Document E/C.12/2002/11, 2002.

CORTE INTERAMERICANA DE DIREITOS HUMANOS. *Caso das Comunidades Indígenas Sawhoyamaxa v. Paraguay*, Sentença de 29 de março de 2006.

CORTE INTERAMERICANA DE DIREITOS HUMANOS. *Caso das Comunidades Indígenas Xákmok Kásek v. Paraguay*, Sentença de 24 de agosto de 2010.

CORTE INTERAMERICANA DE DIREITOS HUMANOS. *Caso das Comunidades Indígenas Yakie Axa v. Paraguay*, Sentença de 17 de junho de 2005.

CORTE INTERAMERICANA DE DIREITOS HUMANOS. *Caso do Povo Saramaka v. Suriname*, Sentença de 28 de novembro de 2007.

CORTE INTERAMERICANA DE DIREITOS HUMANOS. *Caso López Alvarez v. Honduras*, Sentença de 01 de fevereiro de 2006.

CORTE INTERAMERICANA DE DIREITOS HUMANOS. *Caso Vélez Loor v. Panama*, Sentença de 23 de novembro de 2010.

CORTE INTERAMERICANA DE DIREITOS HUMANOS. *Opinião Consultiva nº 23/17, de 15 de novembro de 2017*. Obrigações Estatais em relação ao Meio Ambiente no marco da Proteção e Garantia dos Direitos à vida e à integridade pessoal – Interpretação e Alcance dos Artigos 4.1 e 5.1, em relação aos Artigos 1.1. e 2 da Convenção Americana sobre Direitos Humanos.

JOYNER, Christopher. U.N. General Assembly Resolutions and International Law: Rethinking the Contemporary Dynamics of Norm-Creation. *California Western Journal of International Law*, vol. 11, n. 3, p. 445-478, 1981.

KERWIN, Gregory. The Role of the United Nations General Assembly Resolutions in Determining Principles of International Law in United States Courts. *Duke Law Journal*, vol. 32, p. 876-899, 1983.

LANGFORD, Malcom. The United Nations Concept of Water as a Human Right: A New Paradigm foe Old Problems? *Water Resources Development*, vol. 21, n. 2, p. 273-282, 2005. p. 275.

MAIA, Ivan. O Acesso à Água Potável como Direito Humano Fundamental no Direito Brasileiro. *Revista do CEPEJ*, vol. 20, p 301-338, 2017.

MCCAFFREY, Stephen. The Human Right to Water: A False Promise? *The University of the Pacific Law Review*, 2016. p. 221-232.

NOSCHANG, Patrícia; SCHELEDER, Adriana. A (In)sustentabilidade Hídrica Global e o Direito Humano à Agua. *Sequência*, Florianópolis, n. 79, p. 119-138, 2018.

ORGANIZAÇÃO DAS NAÇÕES UNIDAS. *Convenção sobre os Direitos da Criança*, 1989.

ORGANIZAÇÃO DAS NAÇÕES UNIDAS. *Convenção sobre os Direitos da Pessoa com Deficiência,* 2007.

ORGANIZAÇÃO DAS NAÇÕES UNIDAS. *Convenção sobre a Eliminação de Todas as Formas de Discriminação contra a Mulher,* 1979.

PES, João. Água Potável: direito fundamental de acesso, dever fundamental de fornecimento. Rio de Janeiro: Lumen Juris, 2019.

RAMOS, André. *Curso de Direitos Humanos.* 7. ed. São Paulo: Saraiva Educação, 2020.

RIBEIRO, Wladimir. O saneamento básico como um direito social. *R. de Dir. Público da Economia – RDPE,* ano 13, n. 52, p. 229-251, 2015.

SALMAN, Salman; MCINERNEY-LANKFORD, Siobhán. *The Human Right to Water:* Legal and Policy Dimensions. Washington: The World Bank, 2004.

SANTIAGO, Nestor; VIEIRA, Patrícia. O Direito à Água e ao Saneamento Básico: Interlocuções com o Garantismo de Ferrajoli. *Veredas do Direito,* vol. 18, n. 40, p. 385-409, 2021.

SIERRA PORTO, Humberto. 2020. *Partially Dissenting Opinion to the Case of the Indigenous Communities of the Lhaka Honhat (Our Land) Association v. Argentina,* Judgment of February 6, 2020 (Merits, reparations and costs). Disponível em: https://www.corteidh.or.cr/docs/casos/articulos/seriec_400_ing.pdf. Acesso em: 16 jan. 2022.

SILVA, Cintia da; MANDARINO, Luca Moura. O saneamento básico e a dogmática dos direitos fundamentais. *In:* SADDY, André; CHAUVET, Rodrigo da Fonseca (org.). *Aspectos jurídicos do saneamento.* Rio de Janeiro: Lumen Juris, 2017. p. 25-48.

SILVA, Virgílio. A evolução dos direitos fundamentais. *Revista Latino-Americana de Estudos Constitucionais,* vol. 6, p. 541-558, 2005.

THIELBÖRGER, Pierre. *The Right(s) to Water:* The Multi-Level Governance of a Unique Human Right. Berlin: Springer, 2014.

WINKLER, Inga. *The Human Right to Water:* Significance, Legal Status and Implications for Water Allocation. Oxford: Hart Publishing, 2012.

# ANEXO 1
## Grade de decisões do TJMG acerca do direito à água e ao esgotamento sanitário

| Nº | Caso | Categoria | Direito reconhecido | Natureza | Efeitos |
|----|------|-----------|---------------------|----------|---------|
| 1 | TJMG – Apelação Cível 1.0672.13.000671-7/001, Relator(a): Des.(a) Afrânio Vilela, 2ª CÂMARA CÍVEL, julgamento em 26/10/2021, publicação da súmula em 28/10/2021 | Fornecimento de água | Água | Ação ordinária – indenizatória | Indenização não provida. Interrupção de abastecimento de água não demonstrada. |
| 2 | TJMG – Apelação Cível 1.0000.21.150229-9/001, Relator(a): Des.(a) Moacyr Lobato, 5ª CÂMARA CÍVEL, julgamento em 04/11/2021, publicação da súmula em 09/11/2021 | Fornecimento de água | Água | Ação ordinária – indenizatória | Indenização provida. Danos morais decorrentes de interrupção do abastecimento de água. |
| 3 | TJMG – Apelação Cível 1.0000.19.112039-3/002, Relator(a): Des.(a) Ana Paula Caixeta, 4ª CÂMARA CÍVEL, julgamento em 04/11/2021, publicação da súmula em 05/11/2021 | Coleta e tratamento de esgoto | Meio ambiente equilibrado | Ação civil pública | Possibilidade de interferência do Poder Judiciário na esfera privativa do Poder Executivo em situações excepcionais, para a garantia de direitos fundamentais. Competência da União para universalização dos serviços de saneamento básico no meio rural. |

(continua)

(continua)

| Nº | Caso | Categoria | Direito reconhecido | Natureza | Efeitos |
|---|---|---|---|---|---|
| 4 | TJMG – Apelação Cível 1.0026.10.002616-5/003, Relator(a): Des.(a) Raimundo Messias Júnior, 2ª CÂMARA CÍVEL, julgamento em 05/10/2021, publicação da súmula em 15/10/2021 | Coleta e tratamento de esgoto | Meio ambiente equilibrado | Ação civil pública | Possibilidade de interferência do Poder Judiciário na esfera privativa do Poder Executivo em situações excepcionais, para a garantia de direitos fundamentais. Obrigação do Município de não provocar a poluição dos corpos de água que circundam a sede do Município, através de lançamento de esgoto sanitário sem o devido tratamento prévio. |
| 5 | TJMG – Agravo de Instrumento-Cv 1.0000.19.162234-9/001, Relator(a): Des.(a) Carlos Roberto de Faria, 8ª CÂMARA CÍVEL, julgamento em 27/05/2021, publicação da súmula em 09/06/2021 | Fornecimento de água | Água | Ação civil pública | Inaplicabilidade da reserva do possível para justificar a omissão do Poder Público em implementar direitos fundamentais de natureza essencial. Obrigação do Município de (i) realizar análise semestral da qualidade da água fornecido a seus moradores, incluindo os distritos e a zona rural, contemplando os parâmetros de potabilidade da Portaria MS 2914/2011; (ii) cadastrar no prazo de 90 dias, a população não atendida com fornecimento de água potável nos Distritos e comunidades rurais; (iii) fornecer água potável, no prazo de 120 dias, até que implantado Sistema de Abastecimento Público de Água ou Solução Alternativa Coletiva de Abastecimento de Água. |
| 6 | TJMG – Remessa Necessária-Cv 1.0034.05.035084-1/001, Relator(a): Des.(a) Alberto Vilas Boas, 1ª CÂMARA CÍVEL, julgamento em 03/08/2021, publicação da súmula em 06/08/2021 | Coleta e tratamento de esgoto | Meio ambiente equilibrado | Ação civil pública | Obrigação do Município de não provocar a poluição dos corpos de água que circundam a sede do Município, através de lançamento de esgoto sanitário sem o devido tratamento prévio. |

(continua)

| Nº | Caso | Categoria | Direito reconhecido | Natureza | Efeitos |
|---|---|---|---|---|---|
| 7 | TJMG – Agravo de Instrumento-Cv 1.0000.20.078066-6/001, Relator(a): Des.(a) Roberto Apolinário de Castro (JD Convocado), 5ª CÂMARA CÍVEL, julgamento em 08/04/2021, publicação da súmula em 08/04/2021 | Fornecimento de água | Saúde | Ação civil pública | Possibilidade de interferência do Poder Judiciário na esfera privativa do Poder Executivo em situações excepcionais, para a garantia de direitos fundamentais. Obrigação da COPASA de fornecer água tratada a moradores de ocupação enquanto durarem as medidas oficiais de combate à disseminação do COVID-19 no Estado de Minas Gerais. |
| 8 | TJMG – Apelação Cível 1.0486.16.002583-0/001, Relator(a): Des.(a) Bitencourt Marcondes, 19ª CÂMARA CÍVEL, julgamento em 11/03/2021, publicação da súmula em 09/04/2021 | Coleta e tratamento de esgoto | Meio ambiente equilibrado | Ação civil pública | Possibilidade de interferência do Poder Judiciário na esfera privativa do Poder Executivo em situações excepcionais, para a garantia de direitos fundamentais. Obrigação do Município e da COPASA de realizar obras para implantação de sistema de esgotamento sanitário. Prazo de um ano, a contar do trânsito em julgado, para cumprimento da decisão. |
| 9 | TJMG – Agravo de Instrumento-Cv 1.0000.20.530732-5/001, Relator(a): Des.(a) Ângela de Lourdes Rodrigues, 8ª CÂMARA CÍVEL, julgamento em 25/02/2021, publicação da súmula em 05/03/2021 | Fornecimento de água | Água e Saúde | Ação ordinária – obrigação de fazer | Constatada a deficiência na prestação de fornecimento e tratamento de água, foi determinada a regularização dos serviços no prazo de 30 dias. |

(continua)

| Nº | Caso | Categoria | Direito reconhecido | Natureza | Efeitos |
|---|---|---|---|---|---|
| 10 | TJMG – Agravo de Instrumento-Cv 1.0148.18.006983-0/001, Relator(a): Des.(a) Edilson Olímpio Fernandes, 6ª CÂMARA CIVEL, julgamento em 02/02/2021, publicação da súmula em 10/02/2021 | Coleta e tratamento de esgoto | Meio ambiente equilibrado | Ação civil pública | Possibilidade de interferência do Poder Judiciário na esfera privativa do Poder Executivo em situações excepcionais, para a garantia de direitos fundamentais. Obrigação do Município de planejar e executar obras de ampliação do sistema público de coleta e tratamento de esgoto, a fim de atender ao menos 80% da população urbana do Município. Prazo de 5 anos, contados da data do trânsito em julgado da decisão. |
| 11 | TJMG – Agravo de Instrumento-Cv 1.0000.20.501782-5/001, Relator(a): Des.(a) Marco Aurélio Ferrara Marcolino, 15ª CÂMARA CIVEL, julgamento em 17/12/2020, publicação da súmula em 22/01/2021 | Fornecimento de água | N/A | Ação ordinária – declaratória | Restabelecimento do fornecimento de água que havia sido interrompido para pressionar a realização do pagamento das taxas condominiais. |
| 12 | TJMG – Agravo de Instrumento-Cv 1.0000.20.046473-3/001, Relator(a): Des.(a) Luís Carlos Gambogi, 5ª CÂMARA CIVEL, julgamento em 03/12/2020, publicação da súmula em 03/12/2020 | Fornecimento de água | N/A | Ação civil pública | Possibilidade de interferência do Poder Judiciário na esfera privativa do Poder Executivo em situações excepcionais, para a garantia de direitos fundamentais. Por envolver questões de ordem técnica, econômica e política, o pedido, apresentado de forma genérica, desautoriza a intervenção do Judiciário. Tratava-se de pretensão para que a COPASA fosse compelida a manter o fornecimento de água a todas as unidades consumidoras enquanto |

(continua)

| Nº | Caso | Categoria | Direito reconhecido | Natureza | Efeitos |
|----|------|-----------|---------------------|----------|---------|
|    |      |           |                     |          | durassem as medidas oficiais de combate à disseminação do COVID-19 no Estado de Minas Gerais, bem como a restabelecer o serviço àquelas que tiverem sofrido corte por inadimplência, a regularizar o fornecimento nas localidades ainda não atendidas, e a manter a ligação de todos os pontos públicos de água dos municípios mineiros. |
| 13 | TJMG – Agravo de Instrumento-Cv 1.0000.20.453878-9/001, Relator(a): Des.(a) Moreira Diniz, Relator(a) para o acórdão: Des.(a) Dárcio Lopardi Mendes, 4ª CÂMARA CÍVEL, julgamento em 05/11/2020, publicação da súmula em 06/11/2020 | Coleta e tratamento de esgoto | Meio ambiente equilibrado | Ação civil pública | Possibilidade de interferência do Poder Judiciário na esfera privativa do Poder Executivo em situações excepcionais, para a garantia de direitos fundamentais. Obrigação do Município de por fim ao lançamento irregular de esgoto. Prazo de um ano, a contar do trânsito em julgado, para cumprimento da decisão. |
| 14 | TJMG – Agravo de Instrumento-Cv 1.0000.20.058629-5/001, Relator(a): Des.(a) Leite Praça, 19ª CÂMARA CÍVEL, julgamento em 23/07/2020, publicação da súmula em 29/07/2020 | Fornecimento de água | Saúde | Ação ordinária – obrigação de fazer | Inaplicabilidade da reserva do possível frente ao mínimo existencial. Obrigação do Município de, no prazo de 6 meses, adotar medidas para viabilizar o abastecimento intermitente de água em área rural, mantendo condições mínimas de potabilidade. |

(continua)

| Nº | Caso | Categoria | Direito reconhecido | Natureza | Efeitos |
|---|---|---|---|---|---|
| 15 | TJMG – Apelação Cível 1.0000.20.002779-5/001, Relator(a): Des.(a) Moacyr Lobato, 5ª CÂMARA CÍVEL, julgamento em 23/04/2020, publicação da súmula em 27/04/2020 | Fornecimento de água | Água | Ação ordinária – indenizatória | Indenização provida. Danos morais decorrentes de interrupção do abastecimento de água. |
| 16 | TJMG – Ap Cível/ Rem Necessária 1.0301.15.014182-0/003, Relator(a): Des.(a) Moacyr Lobato, 5ª CÂMARA CÍVEL, julgamento em 27/02/2020, publicação da súmula em 03/03/2020 | Fornecimento de água | Água | Ação civil pública | Diante de cenário de crise hídrica, foi determinado que a COPASA deveria adotar e executar todas as providências necessárias para garantir o abastecimento contínuo e regular de água potável no Município, utilizando, inclusive, se for o caso, caminhões-pipa para encher os reservatórios, perfuração de poços artesianos, realizando tudo mais que for necessário para o abastecimento de toda a população local. |
| 17 | TJMG – Apelação Cível 1.0377.14.001748-6/001, Relator(a): Des.(a) Carlos Roberto de Faria, 8ª CÂMARA CÍVEL, julgamento em 13/02/2020, publicação da súmula em 28/02/2020 | Coleta e tratamento de esgoto | Meio ambiente equilibrado | Ação civil pública | Possibilidade de interferência do Poder Judiciário na esfera privativa do Poder Executivo em situações excepcionais, para a garantia de direitos fundamentais. Obrigação do Município de regularizar o esgotamento sanitário. Prazo de um ano, a contar do trânsito em julgado, para cumprimento da decisão. |

(continua)

| Nº | Caso | Categoria | Direito reconhecido | Natureza | Efeitos |
|---|---|---|---|---|---|
| 18 | TJMG – Apelação Cível 1.0439.10.002324-1/003, Relator(a): Des.(a) Carlos Levenhagen, 5ª CÂMARA CÍVEL, julgamento em 28/02/2019, publicação da súmula em 08/03/2019 | Coleta e tratamento de esgoto | Meio ambiente equilibrado | Ação civil pública | Possibilidade de interferência do Poder Judiciário na esfera privativa do Poder Executivo em situações excepcionais, para a garantia de direitos fundamentais. Obrigação da COPASA de não lançar o lodo proveniente do tratamento de água sem o prévio tratamento ambiental. Prazo de 18 meses, a contar do trânsito em julgado, para cumprimento da decisão. |
| 19 | TJMG – Agravo de Instrumento-Cv 1.0005.16.000743-0/001, Relator(a): Des.(a) Raimundo Messias Júnior, 2ª CÂMARA CÍVEL, julgamento em 21/08/2018, publicação da súmula em 31/08/2018 | Fornecimento de água | Meio ambiente equilibrado | Ação civil pública | Possibilidade de interferência do Poder Judiciário na esfera privativa do Poder Executivo em situações excepcionais, para a garantia de direitos fundamentais. Obrigação do Município de realizar análise semestral da qualidade da água fornecida aos moradores da sede e dos distritos, bem como de apresentar, em 30 dias, medidas de urgência para o abastecimento público de água potável na sede e nos distritos. |
| 20 | TJMG – Agravo de Instrumento-Cv 1.0487.16.004227-0/001, Relator(a): Des.(a) Dárcio Lopardi Mendes, 4ª CÂMARA CÍVEL, julgamento em 05/04/2018, publicação da súmula em 11/04/2018 | Coleta e tratamento de esgoto | Meio ambiente equilibrado | Ação civil pública | Possibilidade de interferência do Poder Judiciário na esfera privativa do Poder Executivo em situações excepcionais, para a garantia de direitos fundamentais. Obrigação do Município e da COPASA de implantar sistema de coleta, de transporte, de tratamento e de disposição final adequada do esgoto sanitário na e distritos. Prazo de 18 meses, a contar do trânsito em julgado, para cumprimento da decisão. |

(continua)

| Nº | Caso | Categoria | Direito reconhecido | Natureza | Efeitos |
|----|------|-----------|---------------------|----------|---------|
| 21 | TJMG – Agravo de Instrumento-Cv 1.0000.17.086555-4/001, Relator(a): Des.(a) Renato Dresch, 4ª CÂMARA CÍVEL, julgamento em 08/03/2018, publicação da súmula em 09/03/2018 | Coleta e tratamento de esgoto | Meio ambiente equilibrado | Ação civil pública | Intervenção do Poder Judiciário na conformação e aplicação de políticas públicas somente se justifica quando evidenciada inexistência ou ineficácia das políticas públicas existentes; Em face de comprovação de adoção de providências para sanar o problema de coleta de esgoto e instalação de interceptores, não se justifica a intervenção do Poder Judiciário, em caráter liminar. |
| 22 | TJMG – Ap Cível/ Rem Necessária 1.0327.15.003684-3/001, Relator(a): Des.(a) Renato Dresch, 4ª CÂMARA CÍVEL, julgamento em 22/02/2018, publicação da súmula em 27/02/2018 | Fornecimento de água | N/A | Ação civil pública | Possibilidade de interferência do Poder Judiciário na esfera privativa do Poder Executivo em situações excepcionais, para a garantia de direitos fundamentais. Constatando-se a adoção de política pública no âmbito municipal para a construção de barragem que suprirá o problema da escassez de água em caso de nova estiagem, afigura-se indevida a interferência Poder Judiciário em substituição ao Administrador Público. |
| 23 | TJMG – Agravo de Instrumento-Cv 1.0693.16.000770-6/002, Relator(a): Des.(a) Áurea Brasil, 5ª CÂMARA CÍVEL, julgamento em 09/11/2017, publicação da súmula em 21/11/2017 | Coleta e tratamento de esgoto | N/A | Ação civil pública | Possibilidade de interferência do Poder Judiciário na esfera privativa do Poder Executivo em situações excepcionais, para a garantia de direitos fundamentais. Obrigação do Estado de reparar o sistema de tratamento de esgoto da Penitenciária do Município de Três Corações e de interromper o lançamento de efluentes sanitários sem tratamento no solo e cursos d'água no local. |

(continua)

| Nº | Caso | Categoria | Direito reconhecido | Natureza | Efeitos |
|---|---|---|---|---|---|
| 24 | TJMG – Agravo de Instrumento-Cv 1.0521.17.002668-1/001, Relator(a): Des.(a) Carlos Roberto de Faria, 8ª CÂMARA CÍVEL, julgamento em 27/10/2017, publicação da súmula em 08/11/2017 | Fornecimento de água | Água | Ação civil pública | Obrigação do Município de realizar análise semestral da qualidade da água oferecida nos Distritos e localidades rurais, contemplando os parâmetros de portabilidade. |
| 25 | TJMG – Agravo de Instrumento-Cv 1.0000.17.032869-4/001, Relator(a): Des.(a) Renato Dresch, 4ª CÂMARA CÍVEL, julgamento em 09/10/2017, publicação da súmula em 10/10/2017 | Coleta e tratamento de esgoto | Meio ambiente equilibrado | Ação civil pública | Tratando-se de dano ambiental que se prolonga por longo período e cuja resolução encontra-se em vias de implantação, por meio de política pública iniciada pelo Município (convênio com a FUNASA), não há razoabilidade em se exigir solução imediata, o que retira a urgência para a concessão da liminar. |
| 26 | TJMG – Agravo de Instrumento-Cv 1.0481.15.003373-8/001, Relator(a): Des.(a) Raimundo Messias Júnior, 2ª CÂMARA CÍVEL, julgamento em 05/07/2016, publicação da súmula em 15/07/2016 | Coleta e tratamento de esgoto | Meio ambiente equilibrado | Ação civil pública | Possibilidade de interferência do Poder Judiciário na esfera privativa do Poder Executivo em situações excepcionais, para a garantia de direitos fundamentais. Obrigação de construir a rede coletora de esgoto e estação de tratamento de esgoto em distrito. Prazo de 360 dias, a contar do trânsito em julgado, para cumprimento da decisão. |

(continua)

| Nº | Caso | Categoria | Direito reconhecido | Natureza | Efeitos |
|---|---|---|---|---|---|
| 27 | TJMG – Apelação Cível 1.0071.11.002115-2/001, Relator(a): Des.(a) Áurea Brasil, 5ª CÂMARA CÍVEL, julgamento em 03/03/2016, publicação da súmula em 15/03/2016 | Coleta e tratamento de esgoto | N/A | Ação civil pública | Possibilidade de interferência do Poder Judiciário na esfera privativa do Poder Executivo em situações excepcionais, para a garantia de direitos fundamentais. Perícia inconclusiva, sem indicação, todavia, das eventuais providências técnicas faltantes, em relação às quais o réu estaria omisso. Acolhimento da pretensão para determinar o cumprimento de prestações sequer conhecidas nos autos resultaria em ingerência indevida do Poder Judiciário no mérito dos atos administrativos. |
| 28 | TJMG – Agravo de Instrumento-Cv 1.0261.14.000749-1/001, Relator(a): Des.(a) Belizário de Lacerda, 7ª CÂMARA CÍVEL, julgamento em 10/03/2015, publicação da súmula em 17/03/2015 | Fornecimento de água | N/A | Ação civil pública | Interrupção no fornecimento de água em face de pessoas jurídicas de direito público, notadamente entes federativos, é possível, mas deve observar a cláusula de preservação do núcleo dos direitos fundamentais – limitando-se, portanto, a afetar a prestação de serviços considerados não essenciais. Obrigação de normalização do abastecimento de água para penitenciária. |
| 29 | TJMG – Reexame Necessário-Cv 1.0313.11.009661-4/003, Relator(a): Des.(a) Moreira Diniz, 4ª CÂMARA CÍVEL, julgamento em 08/08/2013, publicação da súmula em 14/08/2013 | Fornecimento de água | N/A | Mandado de segurança | Cabível a interrupção do fornecimento de água às "unidades administrativas" do Município, porque estas não estão relacionadas diretamente com a prestação de serviços públicos considerados essenciais, ou seja, serviços ligados aos direitos fundamentais dos cidadãos, como hospitais, centro de saúde, escolas e creches. |

(conclusão)

| Nº | Caso | Categoria | Direito reconhecido | Natureza | Efeitos |
|---|---|---|---|---|---|
| 30 | TJMG – Reexame Necessário-Cv 1.0417.04.000832-4/001, Relator(a): Des.(a) Belizário de Lacerda, 7ª CÂMARA CÍVEL, julgamento em 14/08/2012, publicação da súmula em 24/08/2012 | Fornecimento de água | N/A | Ação civil pública | Obrigação do Município de não distribuir água contaminada, mantendo, dentro da determinação constitucional, a prestação do serviço de água de qualidade. |
| 31 | TJMG – Agravo de Instrumento-Cv 1.0313.11.009661-4/001, Relator(a): Des.(a) Moreira Diniz, 4ª CÂMARA CÍVEL, julgamento em 12/04/2012, publicação da súmula em 23/04/2012 | Fornecimento de água | Saúde | Mandado de segurança | Cabível a interrupção do fornecimento de água às "unidades administrativas" do Município, porque estas não estão relacionadas diretamente com a prestação de serviços públicos considerados essenciais, ou seja, serviços ligados aos direitos fundamentais dos cidadãos, como hospitais, centro de saúde, escolas e creches. |
| 32 | TJMG – Apelação Cível 1.0079.00.021828-3/001, Relator(a): Des.(a) Mauro Soares de Freitas, 5ª CÂMARA CÍVEL, julgamento em 14/02/2008, publicação da súmula em 28/03/2008 | Coleta e tratamento de esgoto | Meio ambiente equilibrado | Ação civil pública | Possibilidade de interferência do Poder Judiciário na esfera privativa do Poder Executivo em situações excepcionais, para a garantia de direitos fundamentais. Obrigação do Município de iniciar obras para captação e tratamento das águas servidas. Prazo de 60 dias, a contar do trânsito em julgado, para cumprimento da decisão. |

Informação bibliográfica deste texto, conforme a NBR 6023:2018 da Associação Brasileira de Normas Técnicas (ABNT):

BAHIA, Amael Notini Moreira. Os fundamentos e os efeitos do reconhecimento do direito à água e ao esgotamento sanitário: uma visão da jurisprudência do Tribunal de Justiça de Minas Gerais. *In*: DIAS, Maria Tereza Fonseca. *Lei de Diretrizes Nacionais para o Saneamento Básico*: reflexões acerca das alterações introduzidas pela Lei nº 14.026/2020. Belo Horizonte: Fórum, 2023. p. 39-75. ISBN 978-65-5518-528-7.

# SANEAMENTO BÁSICO E OS *IMPACT BONDS*: A UTILIZAÇÃO DE NOVAS FORMAS DE PARCERIAS DE IMPACTO SOCIAL ENTRE A ADMINISTRAÇÃO PÚBLICA E O SETOR PRIVADO

**BRUNA DE PAULA FERREIRA COSTA**

## 1 Introdução

Se abrir as torneiras de casa e tomar um banho quente é algo corriqueiro para alguns, para muita gente, infelizmente, ainda não é uma realidade. Afinal, no país, aproximadamente 40 milhões de pessoas ainda não são beneficiados com redes públicas de abastecimento, ao passo que metade da população não possui acesso ao esgotamento sanitário.[1] Percebe-se, então, que o setor de saneamento básico é, lamentavelmente, muito incipiente no Brasil. E foi exatamente buscando investir nessa infraestrutura que foi promulgada a Lei nº 14.026/2020, que, denominada "Novo Marco do Saneamento Básico", tem o intuito de promover a universalização do serviço para toda a população brasileira.

Dentre as inúmeras mudanças trazidas pela nova norma, destacam-se aquelas mais favoráveis à participação da iniciativa privada no setor, seja por meio da privatização de empresas estatais, seja através

---

[1] SISTEMA NACIONAL DE INFORMAÇÕES SOBRE SANEAMENTO (SNIS). Diagnóstico Temático – Serviços de Água e Esgoto (Visão Geral – ano de referência 2020), 2021.

da exigência de licitação e concessão para a contratação do prestador de serviços pelos entes federativos.

Ocorre que, não obstante o setor de saneamento estar, sim, sofrendo mudanças impactantes e significativas, no intuito de ser expandido e abranger parte da população ainda não atingida pelo serviço, os juristas e técnicos da área têm focado, simplesmente, na possibilidade e fomento da utilização de instrumentos já previstos no ordenamento jurídico brasileiro, como as privatizações, desinvestimentos, concessões comuns e Parcerias Público-Privadas (PPPs). Perde-se a oportunidade, então, de se utilizar novas formas de parcerias entre a Administração Pública e os particulares, que já vêm surgindo não só no país, mas, também, ao redor do mundo.

É o caso dos *Impact Bonds*, que surgiram no Reino Unido e já estão sendo disseminados ao redor do globo, caracterizando-se como parcerias que envolvem múltiplos atores e que buscam a melhora dos resultados sociais através de contratos com foco nos resultados, e não nos insumos e atividades. Para tanto, utiliza-se de investimentos privados para financiar a execução dos serviços, sendo o investidor reembolsado com juros, ao final do projeto, caso as metas de impacto social sejam alcançadas.

Diante do contexto apresentado, indaga-se, então, se esses arranjos contratuais já estão sendo utilizados no desenvolvimento do setor de saneamento básico no mundo. Objetiva-se, assim, verificar se os *Impact Bonds* já vêm sendo aplicados como alternativa à prestação do serviço de forma direta pelo Estado ou mediante as tradicionais concessões, sem adentrar a discussão de legalidade ou ilegalidade deste procedimento no Brasil, tampouco se posicionar de modo favorável ou contrário a esse tipo de modelagem contratual.

A investigação, portanto, desenvolveu-se por meio de metodologia jurídico-social. Buscou-se levantar fontes primárias – especialmente legislação vigente – e secundárias – bibliografia especializada e levantamentos jurídicos já realizados – de dados para aplicação das técnicas de análise de legislação e conteúdo. Para a verificação da existência de casos de *Impact Bonds* no setor de saneamento básico, utilizou-se do mecanismo de pesquisa da base de dados fornecida pelo *Government Outcomes Lab* (GO Lab) da Escola de Governo Blavatnik da Universidade de Oxford.

Assim, tem-se que o presente artigo se encontra estruturado em 5 seções, incluindo esta introdução. A seção 2 traz um panorama geral sobre a situação atual do saneamento básico no contexto brasileiro. Na seção 3, discorre-se acerca dos *Impact Bonds* como uma nova forma de parceria entre particulares e a Administração Pública. Finalmente, na seção 4 realiza-se um diagnóstico da utilização dos *Impact Bonds* para o atingimento de resultados sociais no âmbito do saneamento básico. Por fim, faz-se uma conclusão a respeito da temática exposta.

## 2 O panorama do saneamento básico no Brasil

O dia 19 de novembro é marcado pela Organização das Nações Unidas (ONU) como o "Dia Mundial do Toalete". Considerando que alguns podem achar o nome estranho, é importante destacar que, na verdade, esquisito mesmo é o fato de ser necessária a criação de uma data comemorativa não para celebrar conquistas, mas para pedir ao mundo mais ação no combate à chamada "crise global" sobre tema.[2] Afinal, "em todo o globo, 4,2 bilhões de pessoas não têm acesso ao serviço" de saneamento adequado, cerca de 2,2 bilhões "não têm serviços de água tratada" e "3 bilhões não possuem instalações básicas para a higienização das mãos".[3]

O Brasil, infelizmente, faz parte dessa triste realidade.

De acordo com o Diagnóstico Temático – Serviços de Água e Esgoto (Visão Geral – ano de referência 2020), publicado em dezembro de 2021 pelo Sistema Nacional de Informações sobre Saneamento (SNIS),[4] o índice de atendimento total de água com redes públicas de abastecimento é de 84,1%, o que equivale a 175.451.089 habitantes. Já o índice de atendimento urbano é de 93,4%. Percebe-se, então, que quase 40 milhões de brasileiros[5] não têm acesso ao abastecimento de água e,

---

[2] Mais de 4,2 bilhões de pessoas vivem sem acesso a saneamento básico. ONU News, 2020. Disponível em: https://news.un.org/pt/story/2020/11/1733352.
[3] 1 em cada 3 pessoas no mundo não tem acesso a água potável, dizem o UNICEF e a OMS. Unicef, 2019. Disponível em: https://www.unicef.org/brazil/comunicados-de-imprensa/1-em-cada-3-pessoas-no-mundo-nao-tem-acesso-agua-potavel-dizem-unicef-oms.
[4] O Sistema Nacional de Informações sobre Saneamento (SNIS) compõe a estrutura da Secretaria Nacional de Saneamento (SNS) do Ministério do Desenvolvimento Regional.
[5] De acordo com o Instituto Brasileiro de Geografia e Estatística (IBGE), em 10 de janeiro de 2022, a população do Brasil é de 214.088.093 pessoas.

dentre aqueles que possuem, a maior parte está concentrada em zonas urbanas e na Região Sudeste.[6] [7]

Já no tocante às redes de esgoto, somente 55% da população total (114,6 milhões de habitantes) e 63,2% da população urbana (112,4 milhões habitantes) são abrangidos pelo serviço, sendo que "os maiores índices são os da macrorregião Sudeste (80,5% e 84,9%, respectivamente) e os menores, da Norte (13,1% e 17,2%)". Ainda, do esgoto coletado, 20,2% não recebem o devido tratamento.[8]

Percebe-se, então, que "não é um exagero afirmar que o saneamento básico é um dos setores mais atrasados da infraestrutura brasileira".[9] E foi nesse contexto que, em 15 de julho de 2020, foi promulgada a Lei nº 14.026, atualizando a Lei nº 11.445/2007, que estabelece as diretrizes nacionais para o saneamento básico, a Lei nº 11.107/2005, que dispõe sobre os consórcios públicos, entre outras.[10]

Dentre as inúmeras mudanças trazidas pela nova norma, destacam-se aquelas mais favoráveis à participação da iniciativa privada no setor. Isso porque, atualmente, dos 1.324 prestadores de serviço de abastecimento de água, somente 119 são particulares, sendo 6 deles organizações sociais e os 113 restantes, empresas privadas. Já no âmbito do esgotamento sanitário, tem-se a participação de 126 particulares, dos quais 6 são organizações sociais e 120, empresas privadas.[11] Os gráficos a seguir expressam de forma clara a realidade do saneamento básico no Brasil:

---

[6] "O menor índice de atendimento das populações total e urbana com redes públicas de abastecimento de água são da macrorregião Norte (58,9% e 72,0%, respectivamente). Em relação à população total o maior índice é registrado na macrorregião Sudeste (91,3%), já em relação à população urbana, o maior registro é no Sul (98,8%)".

[7] SISTEMA NACIONAL DE INFORMAÇÕES SOBRE SANEAMENTO (SNIS). Diagnóstico Temático – Serviços de Água e Esgoto (Visão Geral – ano de referência 2020), 2021. Disponível em: http://www.snis.gov.br/downloads/diagnosticos/ae/2020/DIAGNOSTICO_TEMATICO_VISAO_GERAL_AE_SNIS_2021.pdf.

[8] *Idem.*

[9] BERTOCCELLI, Rodrigo de Pinho. Saneamento básico: a evolução jurídica do setor. *In:* DAL POZZO, Augusto Neves (coord.). *O Novo Marco Regulatório do Saneamento Básico.* 1. ed. São Paulo: Thomson Reuters Brasil, 2020, p. 19.

[10] De acordo com o art. 3º, inc. I, da Lei nº 11.445/2007, saneamento básico é o conjunto de serviços públicos, infraestruturas e instalações operacionais de abastecimento de água potável, esgotamento sanitário, limpeza urbana e manejo de resíduos sólidos e drenagem e manejo das águas pluviais urbanas.

[11] SISTEMA NACIONAL DE INFORMAÇÕES SOBRE SANEAMENTO (SNIS), *op. cit.*, 2021.

Gráfico 1 – Prestadores de serviços de abastecimento de água

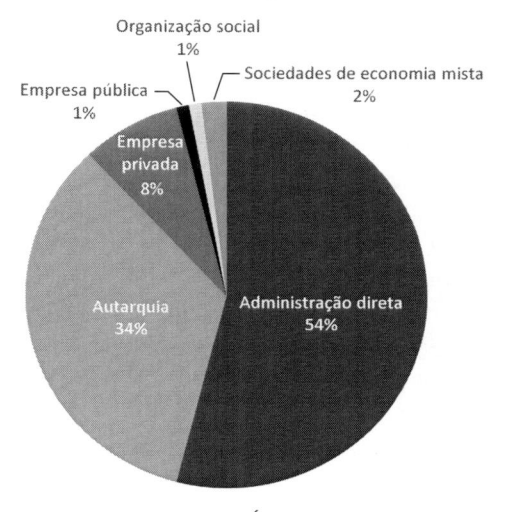

[Gráfico de pizza com os seguintes dados:
- Organização social: 1%
- Empresa pública: 1%
- Sociedades de economia mista: 2%
- Empresa privada: 8%
- Autarquia: 34%
- Administração direta: 54%]

Fonte: Diagnóstico Temático – Serviços de Água e Esgoto (Visão Geral – ano de referência 2020), publicado em dezembro de 2021 pelo Sistema Nacional de Informações sobre Saneamento (SNIS). Disponível em: http://www.snis.gov.br/diagnosticos. Acesso em: jan. 2022.

Gráfico 2 – Prestadores de serviços de esgotamento sanitário

[Gráfico de pizza com os seguintes dados:
- Organização social: 0%
- Empresa pública: 0%
- Empresa privada: 4%
- Sociedades de economia mista: 1%
- Autarquia: 14%
- Administração direta: 81%]

Fonte: Diagnóstico Temático – Serviços de Água e Esgoto (Visão Geral – ano de referência 2020), publicado em dezembro de 2021 pelo Sistema Nacional de Informações sobre Saneamento (SNIS). Disponível em: http://www.snis.gov.br/diagnosticos. Acesso em: jan. 2022.

Pela análise dos gráficos, pode-se aferir que, no momento atual, os serviços de abastecimento de água e esgotamento sanitário são fornecidos, em sua maioria, pela própria Administração Pública, de forma direta ou por meio de suas entidades, restando ao mercado uma parcela pouco expressiva na sua prestação (8% e 4%, respectivamente). O setor, então, ainda permanece "com forte presença estatal, necessitando a entrada de novos investidores para fomentar a competição".[12] Diante disso, vêm em boa hora as alterações trazidas pela Lei nº 14.026/2020.

Inicialmente, destaca-se a revogação do §6º do art. 13[13] da Lei nº 11.107/2005,[14] que determinava a perda de vigência automática dos contratos de programa no caso de o contratado não mais integrar a administração indireta do ente da Federação que autorizou a gestão associada de serviços públicos. Esse dispositivo constituía um obstáculo à privatização, uma vez que a extinção imediata dos instrumentos contratuais vigentes minava as receitas presentes e futuras dessas empresas, diminuindo significativamente seus ativos e, por consequência, seu valor de mercado. Isso acabava, então, tornando a empresa estatal sem valor para a venda, não atraindo possíveis investidores.

Nesse contexto, não só se extinguiu um empecilho à alienação do controle das empresas estatais prestadoras de serviço de saneamento básico, como, também, incentivaram-se tais operações, por meio da possibilidade de prorrogação dos instrumentos contratuais como etapa preparatória para a privatização, nos termos do art. 14, §2º, da Lei nº 14.026/2020.[15]

Para além, o art. 10 impõe a obrigatoriedade de licitação para a prestação de serviços, que deverá ser realizada na modalidade de concessão, sendo vedada a sua disciplina mediante contrato de programa, convênio, termo de parceria ou outros instrumentos de natureza

---

[12] FERREIRA, Marcelo Lesniczki Martins de Campos. Desestatização do setor de saneamento básico: uma nova perspectiva de reorganização e desenvolvimento do setor a fim de atrair investimentos de capital privado. In: SADDY, André; CHAUVET; Rodrigo da Fonseca (coord.). *Aspectos jurídicos do saneamento básico*. Rio de Janeiro: Lumen Juris, 2017, p. 165.

[13] §6º O contrato celebrado na forma prevista no §5º deste artigo será automaticamente extinto no caso de o contratado não mais integrar a administração indireta do ente da Federação que autorizou a gestão associada de serviços públicos por meio de consórcio público ou de convênio de cooperação.

[14] Dispõe sobre normas gerais de contratação de consórcios públicos e dá outras providências.

[15] ENEI, José Virgílio Lopes. A Hora e a Vez do Setor Privado: Modelagem de Privatizações e Concessões no Setor de Saneamento. In: DAL POZZO, Augusto Neves (coord.). *O Novo Marco Regulatório do Saneamento Básico*. 1. ed. São Paulo: Thomson Reuters Brasil, 2020, p. 413.

precária. Institui-se, então, a concorrência no setor e, com isso, busca-se "atrair investimentos privados e permitir o aumento gradual da desestatização do setor, estimulando também a privatização das atuais empresas estatais de saneamento".[16]

Ocorre que, não obstante o setor de saneamento estar, sim, sofrendo mudanças impactantes e significativas, no intuito de ser expandido e abranger parte da população ainda não atingida pelo serviço, os juristas e técnicos da área têm focado, simplesmente, na possibilidade e fomento da utilização de instrumentos já previstos no ordenamento jurídico brasileiro, como as privatizações, desinvestimentos, concessões comuns e Parcerias Público-Privadas (PPPs).[17] Perde-se a oportunidade, então, de se utilizar novas formas de parcerias entre a Administração Pública e os particulares, que já vêm surgindo não só no país, mas, também, ao redor do mundo.

É o caso dos *Impact Bonds*, que nasceram no Reino Unido e já estão sendo disseminados pelo globo.

## 3 As parcerias público-privadas e os *Impact Bonds*

A cooperação entre particulares e a Administração Pública para a prestação de serviços públicos desenvolveu-se no século XIX, não obstante o advento dessas ideias ter se dado em momento anterior na história.[18] Porém, nem tudo são flores. Afinal, essa associação viveu intensos altos e baixos, alternando-se entre períodos em que o particular

---

[16] ARAGÃO, Alexandre Santos; D'OLIVEIRA, Rafael Daudt. Considerações iniciais sobre a Lei nº 14.026/2020 – Novo Marco Regulatório do Saneamento Básico. *In:* DAL POZZO, Augusto Neves (coord.). *O Novo Marco Regulatório do Saneamento Básico*. 1. ed. São Paulo: Thomson Reuters Brasil, 2020, p. 36.

[17] José Virgílio Lopes Enei (2020, p. 411; 414), por exemplo, exclui as modalidades mais tradicionais de obra pública e simples contratos administrativos de serviços, elencando as seguintes formas de exploração do serviço: privatização (em sentido estrito); capitalização estratégica; concessão administrativa (PPP) a serviço da Estatal; locação de ativos; subconcessão ou subdelegação; concessão de serviço público; concessões patrocinadas ou administrativas (PPP) contratadas pelo titular do serviço; modelo "Unbundled" – Concessão do Serviço Público de Saneamento em que a Estatal de Saneamento é mantida na Captação e Fornecimento de Água à Concessionária. Já Edgard Hermelino Leite Júnior e Márcia Buccolo (2020, p. 454) afirmam que, "nos termos da nova lei, o instrumento adequado para as contratações que tenham por objeto a prestação dos serviços públicos de saneamento básico é o contrato de concessão, seja ele na forma clássica, seja com a formatação de Parceria Público-Privada".

[18] ESTORNINHO, Maria João. *Réquiem pelo contrato administrativo*. Coimbra: Livraria Almedina, 2003, p. 53,

era considerado o salvador da pátria, pronto para resolver todas as mazelas do Estado, e momentos em que ele assumia um papel de vilão e de adversário da Administração, uma vez que buscava, tão somente, o alcance do lucro.[19]

Já no século XX, após a Segunda Guerra Mundial, essa realidade começou a mudar. Isso porque com a destruição por ela causada, a sociedade passou a necessitar e exigir do Estado uma presença mais ativa na prestação dos serviços públicos, em detrimento da atuação mais liberal da Administração Pública que anteriormente vigorava no contexto mundial. O que ocorreu foi que a atuação agressiva e autoritária, que até então caracterizava a atuação do Poder Público, deu lugar ao Estado Social prestador, garantidor dos direitos fundamentais.[20] Diante disso, a gestão impositiva não era mais aceita pelos cidadãos e o Estado "aprendeu que é preferível ter o particular como participante (quase coautor) do que como mero destinatário ou subordinado".[21]

Nesse contexto, passaram a ocorrer grandes modificações nas relações entre o Estado e os particulares, permitindo-se deixar para trás a fase de atritos para se iniciar uma nova etapa de verdadeira colaboração.[22] Hoje, pode-se dizer que "os anos se passaram, mas o reconhecimento de que a presença privada pode ser importante, sobretudo no setor de infraestrutura pública, permanece intacto".[23]

No Brasil, a participação da iniciativa privada nessa seara já existe desde os tempos do Império, citando-se, como exemplo, o Decreto Imperial nº 641, de 26 de junho de 1852, que dispunha acerca de concessões ferroviárias. "Todavia, o modelo de concessão acabou ficando em segundo plano ao longo do século XX, em que o Estado brasileiro se tornou o protagonista da expansão da infraestrutura e da prestação de serviços públicos".[24] Foi com o art. 175 da Constituição de 1988, todavia,

---

[19] *Ibidem*, p. 55-56.
[20] BITENCOURT NETO, Eurico. *Concertação Administrativa Interorgânica* – Direito Administrativo e organização do século XXI. Belo Horizonte: Editora Almedina, 2017, p. 39.
[21] ESTORNINHO, *op. cit.*, p. 59-60.
[22] ESTORNINHO, *op. cit.*, p. 57.
[23] FORTINI, Cristiana. O regime jurídico das Parcerias Voluntárias com as Organizações da Sociedade Civil: inovações da Lei nº 13.019/2014. *A&C – Revista de Direito Administrativo & Constitucional*, Belo Horizonte, ano 15, n. 61, p. 93-116, jul./set. 2014. Disponível em: http://www.revistaaec.com/index.php/revistaaec/article/view/24/368.
[24] DAL POZZO, Augusto Neves; FACCHINATTO, Renan Marcondes. O Novo Marco Regulatório do Saneamento Básico e os modelos de emparceiramento com a Iniciativa Privada: a Concessão e a Parceria Público-Privada. *In*: DAL POZZO, Augusto Neves (coord.).

que ele acabou tendo um novo destaque, "o que abriu caminho para a retomada da participação privada em infraestrutura".[25]

Para Di Pietro, o que se almeja não é mais um Estado prestador de serviços, mas um Estado mais democrático, com uma maior participação dos cidadãos e colaboração entre o público e o privado na execução das atividades administrativas, e flexível em seus modos de atuação, no intuito de se alcançar maior eficiência. Nesse sentido, ela afirma que "as ideias de parceria e colaboração dominam todos os setores (...)".[26]

Com base nisso, não há como negar que é cada vez mais visível a presença de agentes privados atuando em colaboração com o Poder Público na prestação de serviços coletivos. E foi exatamente dentro de todo esse cenário que surgiram vários instrumentos inovadores, como os *Impact Bonds* (IBs), parcerias envolvendo múltiplos atores e realizados sob a égide de *pay-for-success* (pago pelo sucesso), que objetivam a melhora dos resultados sociais para os usuários dos serviços.[27] Eles são, então, contratos cujo foco é nos resultados e não nos insumos e atividades, e

> (...) que incorporam o uso de financiamento privado de investidores para cobrir o capital inicial necessário para que um provedor estabeleça e preste um serviço. O serviço é estabelecido para alcançar resultados mensuráveis estabelecidos pela autoridade comissionada (ou pagador de resultados) e o investidor é reembolsado somente se esses resultados forem alcançados. Os títulos de impacto abrangem tanto os vínculos de impacto social quanto os vínculos de impacto de desenvolvimento (tradução nossa).[28]

Nesse tipo de acordo, existem três atores principais: o financiador externo (*outcome payer*), o prestador de serviços (*service provider*) e o investidor (*investor*), sendo possível que cada um desses papéis seja preenchido por mais de uma organização. Ainda, em muitos casos, poderá ser necessário proceder à contratação de intermediários, como consultores para os projetos e avaliadores independentes, externos ao

---

*O Novo Marco Regulatório do Saneamento Básico*. 1. ed. São Paulo: Thomson Reuters Brasil, 2020, p. 392-393.

[25] Idem.

[26] DI PIETRO, Maria Sylvia. *Parcerias na administração pública*: concessão, permissão, franquia, terceirização, parceria público-privada. Rio de Janeiro, Forense, 2019, p. 31.

[27] Impact bonds. Government Outcomes Lab (GO Lab). Disponível em: https://golab.bsg.ox.ac.uk/the-basics/impact-bonds/#what-are-impact-bonds.

[28] Idem.

governo e às organizações privadas, responsáveis pelo controle dos indicadores, visando-se mensurar os resultados e verificar se as metas foram atingidas.[29] O formato do acordo, então, será modelado a partir do caso concreto.

O financiador externo do projeto é aquele que identificará uma população-alvo vulnerável e estará disposto a pagar por um resultado social específico, podendo ser uma entidade governamental – como, por exemplo, o Departamento do Trabalho do Estado de Nova York, nos Estados Unidos – ou doadores privados, como organizações filantrópicas. Já o prestador de serviços é aquele que vai oferecer o serviço ou a intervenção necessária para atingir os objetivos predefinidos, podendo ser uma entidade não lucrativa, uma ONG e, até mesmo, uma companhia privada. Por fim, os investidores – que poderão ser fundações, empresas privadas, bancos – fornecerão o capital inicial necessário para a execução do projeto e serão ressarcidos, com juros e correção monetária, ao final, caso as metas pactuadas sejam atingidas (total ou parcialmente, a depender do modelo).[30]

Destaca-se que, a depender do objeto a ser alcançado, o *Impact Bond* poderá mudar de nome. Cita-se o *Social Impact Bond (SIB)*, cujo intuito é a realização de projetos sociais e que, em geral, tem o governo como *Outcome Payer*; o *Development Impact Bond (DIB)*, que busca fomentar o progresso, em especial, de países menos desenvolvidos por meio do financiamento de doadores externos; o *Healthy Impact Bond* e *Environment Impact Bond*, com o intuito de promover impactos na saúde e meio ambiente, respectivamente.

Percebe-se que o que se busca com esses novos arranjos é atrair os particulares para a realização de projetos sociais de interesse público, sem que haja necessariamente o intuito de filantropia. "A ideia é que esses sujeitos (que visam primordialmente ao lucro) passem a enxergar em projetos sociais verdadeiras oportunidades de negócio".[31]

O primeiro *Impact Bond* surgiu no Reino Unido, em 2010, quando diversas entidades filantrópicas enviaram fundos para uma organização

---

[29] *Idem.*
[30] *Idem.*
[31] MONTEIRO, Vera; ROSILHO, André. Como o Estado pode celebrar Contrato de Impacto Social/CIS? In: WALD, Arnaldo; JUSTEN FILHO, Marçal; PEREIRA, Cesar Augusto Guimarães (org.). *O Direito Administrativo na atualidade*: Estudos em homenagem ao centenário de Hely Lopes Meirelles (1917-2017). 1. ed. São Paulo: Malheiros Editores, 2017, p. 1174.

intermediária (*Social Finance*³²) no intuito de promover melhorias para os prisioneiros que cumpriam sentenças curtas na Prisão de Peterborough.³³

De acordo com informações da organização *Social Finance*, em julho de 2017, o Ministro da Justiça anunciou que o *SIB* conseguiu reduzir o índice de reincidência da população-alvo em 9%, quando comparado com a população-controle, excedendo a meta de 7,5% estabelecida em contrato. Com esse resultado, os 17 investidores receberiam um único pagamento, que englobaria o capital inicial mais um valor que representaria um retorno de mais de 3% por ano de investimento.³⁴

A partir dessa primeira experiência, outros países começaram a utilizar esse instrumento e, atualmente, existem diversos *Impact Bonds* em execução em todo o mundo que buscam inovar em áreas sociais, tais quais desenvolvimento de força de trabalho, saúde, educação, justiça criminal.³⁵

No caso do Brasil, a primeira tentativa se deu no Estado de São Paulo, em 2017, a partir da realização de uma consulta pública acerca da Minuta do Edital para a implementação de um *Social Impact Bond* que visava reduzir a evasão escolar de alunos da rede pública de ensino.³⁶

> Contudo, o projeto não seguiu adiante por, pelo menos, dois motivos que foram identificados. Primeiro, tal modelo gerou muito rumor político, sendo que vários agentes públicos, da oposição ou não, ficaram bastante receosos que tal modelo consubstanciasse em uma privatização do ensino público básico, conforme os modelos de privatização inseridos nas reformas típicas da nova gestão pública (como ocorreu com o caso das Organizações Sociais). (...) Além disso, em segundo lugar, foi possível constatar rumores de insegurança acerca da necessária *retaguarda jurídica*. (...).³⁷

---

32   A entidade se define como "uma organização sem fins lucrativos que faz parceria com governos, prestadores de serviços, setor voluntário e comunidade financeira", encontrando "melhores maneiras de lidar com os problemas sociais no Reino Unido e globalmente" (tradução nossa). (About Us. Social Finance, 2022. Disponível em: https://www.socialfinance.org.uk/about-us).
33   World's first Social Impact Bond to reduce reoffending in Peterborough. Social Finance, 2020B. Disponível em: https://www.socialfinance.org.uk/peterborough-social-impact-bond.
34   *Idem*.
35   *Idem*.
36   ESTADO DE SÃO PAULO. Educação tem Consulta Pública sobre Contrato de Impacto Social. Portal do Governo, 2017. Disponível em: https://www.saopaulo.sp.gov.br/ultimas-noticias/educacao-tem-consulta-publica-sobre-contrato-de-impacto-social/.
37   VALE, Murilo Melo; BATISTA JÚNIOR, Onofre Alves. Os "Contratos de Impacto Social": uma nova modalidade de parceria público-privada da nova governança pública. *In*: Congresso Mineiro de Direito Administrativo – Instituto Mineiro de Direito Administrativo,

Todavia, novos projetos continuaram a ser desenvolvidos e, em fevereiro de 2020, após a realização de um pregão eletrônico, a Secretaria Especial de Produtividade, Emprego e Competitividade (Sepec), do Ministério da Economia do Governo Federal, assinou o primeiro *SIB*, com o objetivo de realizar a qualificação profissional de jovens entre 18 (dezoito) e 29 (vinte e nove) anos.[38][39]

O Estado do Ceará também firmou um termo de cooperação técnica para a criação de um CIS com SITAWI Finanças do Bem.[40][41] Essa organização, inclusive, abriu a "Chamada SITAWI de Contratos de Impacto Social", apoiada pela FAPERJ e Instituto Sabin, intentando "reconhecer e apoiar governos – municipais, estaduais ou federal – a buscar soluções inovadoras para problemas com alto potencial de impacto social em qualquer área temática que seja adequada à implementação como CIS".[42]

Ademais, o Projeto de Lei nº 338/2018, de autoria do Senador Tasso Jereissati (PSDB/CE), que dispõe sobre o *SIB*, encontra-se em tramitação, tendo sido aprovado pela Comissão de Constituição, Justiça e Cidadania (CCJ) o requerimento para realização de audiência pública em 5 de fevereiro de 2020.[43]

---

XI, 2019, Belo Horizonte, MG. Anais (on-line). Belo Horizonte: IMDA, 2019. Disponível em: https://www.academia.edu/39108707/OS_CONTRATOS_IMPACTO_SOCIAL_UMA_NOVA_MODALIDADE_DE_PARCERIA_P%C3%9ABLICO_PRIVADA_DA_NOVA_GOVERNAN%C3%87A_P%C3%9ABLICA, p. 15.

[38] Assinado o primeiro Contrato de Impacto Social no Brasil. Insper, 2020. Disponível em: https://www.insper.edu.br/noticias/contrato-de-impacto-social-metricis/.

[39] Não se sabe, contudo, o *status* dos projetos e da tramitação legislativa, considerando o contexto de pandemia (covid-19) vivido no Brasil desde março de 2020.

[40] A SITAWI é "organização social de interesse público (OSCIP) pioneira no desenvolvimento de soluções financeiras para impacto social e na análise da performance socioambiental de empresas e instituições financeiras" (SITAWI, 2020).

[41] COIMBRA, Luiza. Sitawi assina 1º Termo de Cooperação para estruturação de Social Impact Bond no Brasil. SITAWI, 2016. Disponível em: https://www.sitawi.net/noticias/sitawi-assina-1-titulo-de-impacto-social-no-brasil/.

[42] PANTOJO, Bruno. Parceria entre governo e sociedade para resolver problemas não só é possível como já acontece na América Latina. Folha de S. Paulo, São Paulo, 17 de setembro de 2019. Opinião. Disponível em: https://www1.folha.uol.com.br/empreendedorsocial/2019/09/parceria-entre-governo-e-sociedade-para-resolver-problemas-nao-so-e-possivel-como-ja-acontece-na-america-latina.shtml.

[43] Projeto de Lei do Senado nº 338, de 2018. Senado Federal, 2018A. Disponível em: https://www25.senado.leg.br/web/atividade/materias/-/materia/133946.

## 4 *Impact Bonds* no saneamento básico

Diante do contexto apresentado, passa-se, então, a se verificar se já há utilização desses arranjos contratuais para o desenvolvimento do setor de saneamento básico no mundo. Para tanto, analisou-se a base de dados fornecida pelo *Government Outcomes Lab* (GO Lab) da Escola de Governo Blavatnik da Universidade de Oxford.[44]

De acordo com o GO Lab,[45] já foram lançados 226 *Impact Bonds* no mundo que, a partir da captação de mais de 547 milhões de dólares, beneficiaram mais de 947 mil indivíduos, em diversas áreas de atuação, como trabalho e emprego, habitação e saúde.

No tocante ao saneamento básico, considerando o conceito trazido pelo art. 3º, inc. I, da Lei nº 11.445/2007 (água potável, esgotamento sanitário, limpeza urbana e manejo de resíduos sólidos e drenagem e manejo das águas pluviais urbanas), verificou-se a existência de dois projetos sobre o tema: *"Cambodia Rural Sanitation Development Impact Bond"* e *"DC Water Environmental Bond"*.[46]

### 4.1 O caso do Camboja (*Cambodia Rural Sanitation Development Impact Bond*)

O Camboja é um pequeno país localizado no Sudeste Asiático, a noroeste da Tailândia, e possui a agricultura como sua principal atividade econômica, sendo uma das nações economicamente mais pobres da Ásia.[47] Um dos grandes gargalos enfrentados pelo país diz respeito à precária rede de esgotamento sanitário, que resulta em altas taxas de defecação a céu aberto.

Diante disso, têm-se empenhado esforços para sanar esse problema, já tendo havido um significativo progresso no aumento da

---

[44] O Government Outcomes Lab (GO Lab) é um centro de pesquisa e políticas situado na Escola de Governo Blavatnik da Universidade de Oxford. Foi criado como uma parceria entre a Escola de Governo e o Governo do Reino Unido e é financiado por uma série de organizações. Seu papel é investigar como os governos fazem parcerias com o setor privado para melhorar os resultados sociais.

[45] Impact bonds. Government Outcomes Lab (GO Lab). Disponível em: https://golab.bsg.ox.ac.uk/the-basics/impact-bonds/#what-are-impact-bonds.

[46] Para a realização da pesquisa, consultou-se a ferramenta de busca do banco de dados da GO Lab, utilizando-se dos seguintes termos-chave: "hygiene" (higiene); "water" (água); "sanitation" (saneamento); "sanitary" (sanitário); "sewer" (esgoto); "solid waste" (resíduo sólido); "drainage" (drenagem).

[47] FRANCISCO, Wagner de Cerqueira e. "Camboja"; Brasil Escola. Disponível em: https://brasilescola.uol.com.br/geografia/camboja.htm.

cobertura de saneamento rural nos últimos 15 anos, elevando-se o acesso de 20% para mais de 60%, em 2019. A cobertura universal, então, passa a ser o desafio, cada vez mais difícil de ser alcançado, uma vez que o foco da política passa a se voltar para os mais pobres e marginalizados, ou seja, para aquela parcela da população mais difícil de se alcançar.[48]

Nesse contexto, iniciou-se em 2019 o primeiro *DIB*, com duração de 4 anos, visando-se alcançar metas de impacto social na área de esgotamento sanitário em aproximadamente 1.600 comunidades rurais do país, localizadas nas províncias de Svay Rieng, Kandal, Prey Veng, Kampong Thom, Siem Reap, e Oddar Meanchey.[49]

Modelado pela *Social Finance*, o *DIB* está sendo executado pela *International Development Entreprises (iDE)*[50] e tem como financiador externo *The U.S. Agency for International Development (USAID))*,[51] que aportará o valor de U$ 9.999.999,00, a ser utilizado para o pagamento da *Stone Family Foundation*,[52] único investidor privado do projeto, caso as metas sejam alcançadas. Essa verificação se dará mediante o ateste do governo cambojano de que as 1.600 comunidades atingiram o *status* de *Open Defecation Free (ODF)*, que envolve:

- 100% dos núcleos familiares não mais praticarem a defecação a céu aberto, seja por meio da utilização de um banheiro em sua própria casa, seja por meio do uso de banheiros compartilhados;

---

[48] Cambodia Rural Sanitation Development Impact Bond. iDE Global, 2019. Disponível em: https://s3.amazonaws.com/www.ideglobal.org/files/public/CAMBODIA-DIB-FACTSHEET_LONG_19.11.18.pdf?mtime=20191118173639.

[49] *Idem*.

[50] A iDE é entidade composta por uma equipe de 1.200 agentes de mudança, localizados em diversos países do mundo, que atuam no desenvolvimento internacional ou no setor privado. O que eles têm em comum é "a crença de que um empreendedor pode mudar sua comunidade e milhões podem mudar o mundo" (Who We Are. iDE Global, 2021. Disponível em: https://www.ideglobal.org/who-we-are).

[51] Criada pelo antigo presidente estadunidense John F. Kennedy em 1961, a entidade envida "esforços humanitários e de desenvolvimento internacional para salvar vidas, reduzir a pobreza, fortalecer a governança democrática e ajudar as pessoas a progredir além da assistência" (Who We Are. USAID, 2021. Disponível em: https://www.usaid.gov/who-we-are. Acesso em: 21 jan. 2022).

[52] "A Stone Family Foundation foi criada em 2005 por John Stone e sua esposa, Vanessa, após a venda do negócio que ele fundou em 1991. A Fundação compartilha o mesmo objetivo fundamental que a maioria das instituições de caridade, que é ajudar as pessoas a sair da pobreza". No entanto, possui uma abordagem mais empresarial para um setor que geralmente não é empresarial (tradução nossa) (About Us. The Stone Family Foundation, 2021. Disponível em: https://www.thesff.com/about/).

- Pelo menos 85% dos núcleos familiares deverão ter acesso a um banheiro funcional em sua própria casa, sendo permitido, no máximo, 15% de banheiros compartilhados;
- 100% dos núcleos familiares deverão depositar as fezes infantis em banheiros próprios ou compartilhados;
- Não deverá haver qualquer evidência de excrementos humanos no ambiente da aldeia;
- Poder-se-á implementar dispositivos para lavagem de mãos com sabão e;
- A comunidade deverá formular a aplicar ações formais e informais contra a defecação a céu aberto.[53]

Destaca-se que, em maio de 2021, o projeto tornou-se finalista do prêmio *World Changing Ideas Awards* promovido pela *Fast Company*,[54] na categoria de Investimentos de Impacto. Até esse momento, o *DIB* já havia ajudado mais de 500 aldeias e 88.000 pessoas a eliminarem a defecação a céu aberto.[55]

## 4.2 O caso de Columbia (*DC Water Environmental Bond*)

Em outubro de 2016, a organização responsável pelo abastecimento de água potável e esgotamento sanitário do Distrito de Columbia, nos Estados Unidos, *District of Columbia Water and Sewer Authority (DC Water)*, anunciou o primeiro *Environmental Impact Bond (EIB)* do país.[56] A motivação para sua implementação se deu pelo fato de que, todo ano, a entidade enviava mais de dois bilhões de galões de transbordamento de esgoto (combinação de águas residuais e águas pluviais) para os rios Potomac (*Potomac River*) e Anacostia (*Anacostia River*) e para os afluentes do riacho Rock (*Rock Creek*), prejudicando a qualidade da

---

[53] Cambodia Rural Sanitation Development Impact Bond, *op. cit.*, 2019.
[54] A Fast Company é a marca líder mundial em mídia de negócios progressiva, com foco editorial exclusivo em inovação em tecnologia, liderança e design" (tradução nossa) (ON TOP of a Mountain with Tyler, The Creator. Fast Company, 2022. Disponível em: https://www.youtube.com/watch?v=ywlWU6nDDRA).
[55] The Cambodia Rural Sanitation DIB selected as finalist in impact investing category of Fast Company's 2021 World Changing Ideas Awards. USAID, 2021. Disponível em: https://www.usaid.gov/cambodia/press-releases/may-10-2021-cambodia-rural-sanitation-dib-selected-finalist-impact-investing.
[56] FACT SHEET: DC Water Environmental Impact Bond. Goldman Sachs, 2016. Disponível em: https://www.goldmansachs.com/media-relations/press-releases/current/dc-water-environmental-impact-bond-fact-sheet.pdf.

água e afetando o equilíbrio necessário para a manutenção dos peixes e da vida selvagem.[57][58]

Por conta desse contexto, em 2005, a *DC Water* assinou um Termo de Consentimento com o Departamento de Justiça nos Estados Unidos, a Agência de Proteção Ambiental e o Distrito de Columbia para mitigar esses problemas. Inicialmente, o acordo se baseava em soluções focadas em túneis de águas profundas, porém, em 2015, ele foi renegociado para abarcar a implementação de infraestrutura verde.[59]

Buscando atingir o objetivo pactuado, modelou-se e implementou-se o *EIB*, que contou com o aporte de capital de US$ 25.000.000,00, advindo de dois investidores externos (*Goldman Sachs Urban Investment Group*[60] e *Calvert Foundation*[61]), que esperavam, ao final do projeto, o recebimento do montante investido acrescido de juros semestrais de 3,43%. Responsável pela execução do plano, caberia a *DC Water* o pagamento ao final de 5 anos, caso as metas de efetividade tivessem sido atingidas. Assim, se a redução de despejamento de esgoto no Rock Creek tivesse sido melhor que o esperado (acima de 41,3%), os investidores receberiam um adicional de pagamento de US$ 3,3 milhões; se alcançasse o esperado (entre 18,6% e 41,3%), não haveria pagamento de juros; contudo, se a execução tivesse ficado abaixo do esperado (menor que 18,6%), os investidores deveriam pagar US$ 3,3 milhões a

---

[57] DC Water Environmental Impact Bond. Harvard Kennedy School (Government Performance Lab), 2017. Disponível em: https://govlab.hks.harvard.edu/files/govlabs/files/dc_water_environmental_impact_bond.pdf.

[58] DC Water's Environmental Impact Bond: A First of its Kind. U.S. EPA Water Infrastructure and Resiliency Finance Center. Disponível em: https://www.epa.gov/sites/default/files/2017-04/documents/dc_waters_environmental_impact_bond_a_first_of_its_kind_final2.pdf.

[59] "Infraestrutura verde é um termo abrangente que se refere a um conjunto de intervenções que inclui a biorretenção (também chamados de bioswales ou jardins de chuva), pavimentos permeáveis, telhados verdes e barris de chuva" (tradução nossa) (DC Water Environmental Impact Bond, *op. cit.*).

[60] Fundada em 1869, "o Goldman Sachs Group, Inc. é uma instituição financeira líder global que oferece uma ampla gama de serviços financeiros em banco de investimento, títulos, gestão de investimentos e banco de consumo para uma base de clientes grande e diversificada que inclui corporações, instituições financeiras, governos e indivíduos" (tradução nossa). (About Us. Goldman Sachs, 2022. Disponível em: https://www.goldmansachs.com/about-us/index.html).

[61] A Calvert Foundation é uma instituição que levanta capital de investidores individuais e institucionais para financiar setores com os quais os principais mercados de capitais ainda não se sentem confortáveis para investir, "mas que têm potencial de impacto transformador" (tradução nossa). (About. Calvert Impact Capital, 2022. Disponível em: https://calvertimpactcapital.org/about).

DC Water a título de Pagamento de Compartilhamento de Risco (*Risk Share Payment*).[62]

Encerrado em 2021, o projeto foi um sucesso, atingindo um percentual de quase 20% a título de redução de despejamento de esgoto no Rock Creek. Houve, então, o atingimento da meta pactuada, ainda que não tenha sido realizado o pagamento de juros aos investidores ou de *Risk Share Payment* à DC Water.

## 5 Considerações finais

Promulgado em 2020, o Novo Marco do Saneamento Básico estabeleceu diversas mudanças nas diretrizes nacionais para a prestação de serviços nesse setor. Dentre elas, destacam-se as que possibilitam maior participação da iniciativa privada, buscando-se fomentar a concorrência e, assim, trazer resultados mais positivos, tanto no tocante à qualidade dos serviços quanto à universalização da sua prestação.

Ovacionada pelos juristas brasileiros, tem-se a esperança de que, agora, com uma norma que cria ambiente mais favorável às privatizações e determina a obrigatoriedade da concessão como formato para as contratações, a partir da realização de procedimento licitatório, a seara do saneamento básico sofrerá uma grande evolução no país, se comparada ao seu estado atual. Vê-se a lei, então, como a salvadora da pátria, e as concessões comuns e as parceiras público-privadas, especialmente, como soluções milagrosas para tanto.

Contudo, conforme demonstrado, diferentes formas de parcerias já vêm surgindo no mundo, trazendo novas modelagens de prestação de serviços públicos para além daqueles formatos de concessão usualmente utilizados. É o caso dos *Impact Bonds*, que surgiram no Reino Unido em 2010 e vêm se difundindo pelo globo.

Nesse contexto, o intuito deste artigo foi diagnosticar se já há utilização dos *Impact Bonds* para o desenvolvimento do setor de saneamento básico no mundo. Buscou-se, tão somente, verificar se esse instrumento já vem sendo utilizado como alternativa à prestação do serviço de forma direta pelo Estado ou mediante as tradicionais concessões.

A partir da pesquisa realizada, pode-se concluir que a aplicação do *Impact Bond* como solução de impacto social no âmbito de saneamento

---

[62] DC Water Environmental Impact Bond, *op. cit.*, 2017.

básico ainda está se dando de forma incipiente, havendo, até o momento, somente dois projetos dessa natureza. O primeiro deles ainda está em implementação no Camboja e busca reduzir a defecação a céu aberto em determinadas comunidades rurais, a partir da construção de banheiros privativos ou compartilhados. O segundo foi realizado no Distrito de Columbia, nos Estados Unidos, e visava diminuir o despejamento de esgoto nos afluentes do riacho Rock. Encerrado em 2021, o projeto foi um sucesso, atingindo um percentual de quase 20% a título de redução.

Tem-se, então, que os resultados, por enquanto, têm sido positivos, aguardando-se, contudo, uma maior difusão desse instrumento para se averiguar se ele, de fato, vale a pena. Se sim, ter-se-á mais uma forma de beneficiar a população com uma prestação de serviços efetiva. Se não, será o momento de repensar o modelo, fazendo ajustes para resolver os gargalos ou, se for o caso, descartá-lo e pensar em novas formas.

Por fim, importante afirmar que não se discute que essas alterações legislativas do marco legal do saneamento básico poderão, sim, impactar de forma direta e positiva na prestação de serviços de saneamento básico no Brasil. O que se percebe, é que se tem focado, simplesmente, na possibilidade e fomento da utilização de instrumentos já previstos no ordenamento jurídico brasileiro, perdendo-se a oportunidade, então, de se utilizar novas formas de parcerias entre a Administração Pública e os particulares, que já vêm surgindo ao redor do mundo.

Assim, atualmente, o Brasil tão somente celebra a possibilidade de utilização de instrumentos já existentes em nosso ordenamento jurídico há quase 30 anos, depositando neles uma fé inabalável de que, agora, finalmente, o problema será resolvido.

Em outros países: evolução e inovação.

No Brasil: mais do mesmo.

## Referências

1 em cada 3 pessoas no mundo não tem acesso a água potável, dizem o UNICEF e a OMS. Unicef, 2019. Disponível em: https://www.unicef.org/brazil/comunicados-de-imprensa/1-em-cada-3-pessoas-no-mundo-nao-tem-acesso-agua-potavel-dizem-unicef-oms. Acesso em: 21 jan. 2022.

About. *Calvert Impact Capital*, 2022. Disponível em: https://calvertimpactcapital.org/about. Acesso em: 9 fev. 2022.

About Us. *Goldman Sachs*, 2022. Disponível em: https://www.goldmansachs.com/about-us/index.html. Acesso em: 9 fev. 2022.

About Us. *Social Finance*, 2022. Disponível em: https://www.socialfinance.org.uk/about-us. Acesso em: 12 fev. 2022.

About Us. *The Stone Family Foundation*, 2021. Disponível em: https://www.thesff.com/about/. Acesso em: 21 jan. 2022.

ARAGÃO, Alexandre Santos; D'OLIVEIRA, Rafael Daudt. Considerações iniciais sobre a Lei nº 14.026/2020 – Novo Marco Regulatório do Saneamento Básico. *In*: DAL POZZO, Augusto Neves (coord.). *O Novo Marco Regulatório do Saneamento Básico*. 1. ed. São Paulo: Thomson Reuters Brasil, 2020, p. 35-70.

Assinado o primeiro Contrato de Impacto Social no Brasil. *Insper*, 2020. Disponível em: https://www.insper.edu.br/noticias/contrato-de-impacto-social-metricis/. Acesso em: 21 jan. 2022.

BERTOCCELLI, Rodrigo de Pinho. Saneamento básico: a evolução jurídica do setor. *In*: DAL POZZO, Augusto Neves (coord.). *O Novo Marco Regulatório do Saneamento Básico*. 1. ed. São Paulo: Thomson Reuters Brasil, 2020, p. 17-34.

BITENCOURT NETO, Eurico. *Concertação Administrativa Interorgânica* – Direito Administrativo e organização do século XXI. Belo Horizonte: Almedina, 2017.

Cambodia Rural Sanitation Development Impact Bond. iDE Global, 2019. Disponível em: https://s3.amazonaws.com/www.ideglobal.org/files/public/CAMBODIA-DIB-FACTSHEET_LONG_19.11.18.pdf?mtime=20191118173639. Acesso em: 21 jan. 2022.

COIMBRA, Luiza. Sitawi assina 1º Termo de Cooperação para estruturação de Social Impact Bond no Brasil. *SITAWI*, 2016. Disponível em: https://www.sitawi.net/noticias/sitawi-assina-1-titulo-de-impacto-social-no-brasil/. Acesso em: 21 jan. 2022.

DAL POZZO, Augusto Neves; FACCHINATTO, Renan Marcondes. O Novo Marco Regulatório do Saneamento Básico e os modelos de emparceiramento com a Iniciativa Privada: a Concessão e a Parceria Público-Privada. *In*: DAL POZZO, Augusto Neves (coord.). *O Novo Marco Regulatório do Saneamento Básico*. 1. ed. São Paulo: Thomson Reuters Brasil, 2020, p. 389-410.

DC Water Environmental Impact Bond. *Harvard Kennedy School (Government Perfomance Lab)*, 2017. Disponível em: https://govlab.hks.harvard.edu/files/govlabs/files/dc_water_environmental_impact_bond.pdf. Acesso em: 21 jan. 2022.

DC Water's Environmental Impact Bond: A First of its Kind. *U.S. EPA Water Infrastructure and Resiliency Finance Center*. Disponível em: https://www.epa.gov/sites/default/files/2017-04/documents/dc_waters_environmental_impact_bond_a_first_of_its_kind_final2.pdf. Acesso em: 21 jan. 2022.

DI PIETRO, Maria Sylvia. *Parcerias na administração pública*: concessão, permissão, franquia, terceirização, parceria público-privada. Rio de Janeiro: Forense, 2019.

ENEI, José Virgílio Lopes. A Hora e a Vez do Setor Privado: Modelagem de Privatizações e Concessões no Setor de Saneamento. *In:* DAL POZZO, Augusto Neves (coord.). *O Novo Marco Regulatório do Saneamento Básico*. 1. ed. São Paulo: Thomson Reuters Brasil, 2020, p. 411-422.

ESTADO DE SÃO PAULO. Educação tem Consulta Pública sobre Contrato de Impacto Social. *Portal do Governo*, 2017. Disponível em: https://www.saopaulo.sp.gov.br/ultimas-noticias/educacao-tem-consulta-publica-sobre-contrato-de-impacto-social/. Acesso em: 21 jan. 2022.

ESTORNINHO, Maria João. *Réquiem pelo contrato administrativo*. Coimbra: Livraria Almedina, 2003.

FACT SHEET: DC Water Environmental Impact Bond. *Goldman Sachs*, 2016. Disponível em: https://www.goldmansachs.com/media-relations/press-releases/current/dc-water-environmental-impact-bond-fact-sheet.pdf. Acesso em: 21 jan. 2022.

FERREIRA, Marcelo Lesniczki Martins de Campos. Desestatização do setor de saneamento básico: uma nova perspectiva de reorganização e desenvolvimento do setor a fim de atrair investimentos de capital privado. *In:* SADDY, André; CHAUVET; Rodrigo da Fonseca (coord.). *Aspectos Jurídicos do saneamento básico*. Rio de Janeiro: Lumen Juris, 2017, p. 153-186.

FORTINI, Cristiana. O regime jurídico das parcerias voluntárias com as organizações da sociedade civil: inovações da Lei nº 13.019/2014. *A&C – Revista de Direito Administrativo & Constitucional*, Belo Horizonte, ano 15, n. 61, p. 93-116, jul./set. 2014. Disponível em: http://www.revistaaec.com/index.php/revistaaec/article/view/24/368. Acesso em: 21 jan. 2022.

FRANCISCO, Wagner de Cerqueira e. "Camboja"; *Brasil Escola*. Disponível em: https://brasilescola.uol.com.br/geografia/camboja.htm. Acesso em: 21 jan. 2022.

Impact bonds. Government Outcomes Lab (GO Lab). Disponível em: https://golab.bsg.ox.ac.uk/the-basics/impact-bonds/#what-are-impact-bonds. Acesso em: 21 jan. 2022.

Mais de 4,2 bilhões de pessoas vivem sem acesso a saneamento básico. ONU News, 2020. Disponível em: https://news.un.org/pt/story/2020/11/1733352. Acesso em: 21 jan. 2022.

MONTEIRO, Vera; ROSILHO, André. Como o Estado pode celebrar Contrato de Impacto Social/CIS? *In:* WALD, Arnaldo; JUSTEN FILHO, Marçal; PEREIRA, Cesar Augusto Guimarães (org.). *O Direito Administrativo na atualidade:* Estudos em homenagem ao centenário de Hely Lopes Meirelles (1917-2017). 1. ed. São Paulo: Malheiros Editores, 2017, p. 1172-1188.

ON TOP of a Mountain with Tyler, The Creator. *Fast Company*, 2022. Disponível em: https://www.youtube.com/watch?v=ywlWU6nDDRA. Acesso em: 21 jan. 2022.

PANTOJO, Bruno. Parceria entre governo e sociedade para resolver problemas não só é possível como já acontece na América Latina. *Folha de S. Paulo*, São Paulo, 17 de setembro de 2019. Opinião. Disponível em: https://www1.folha.uol.com.br/empreendedorsocial/2019/09/parceria-entre-governo-e-sociedade-para-resolver-problemas-nao-so-e-possivel-como-ja-acontece-na-america-latina.shtml. Acesso em: 21 jan. 2022.

Projeto de Lei do Senado nº 338, de 2018. Senado Federal, 2018. Disponível em: https://www25.senado.leg.br/web/atividade/materias/-/materia/133946. Acesso em: 21 jan. 2022.

SISTEMA NACIONAL DE INFORMAÇÕES SOBRE SANEAMENTO (SNIS). Diagnóstico Temático – Serviços de Água e Esgoto (Visão Geral – ano de referência 2020), 2021. Disponível em: http://www.snis.gov.br/downloads/diagnosticos/ae/2020/DIAGNOSTICO_TEMATICO_VISAO_GERAL_AE_SNIS_2021.pdf. Acesso em: 21 jan. 2022.

The Cambodia Rural Sanitation DIB selected as finalist in impact investing category of Fast Company's 2021 World Changing Ideas Awards. *USAID*, 2021. Disponível em: https://www.usaid.gov/cambodia/press-releases/may-10-2021-cambodia-rural-sanitation-dib-selected-finalist-impact-investing. Acesso em: 21 jan. 2022.

VALE, Murilo Melo; BATISTA JÚNIOR, Onofre Alves. Os "Contratos Impacto Social": uma nova modalidade de parceria público-privada da nova governança pública. In: *Congresso Mineiro de Direito Administrativo* – Instituto Mineiro de Direito Administrativo, XI, 2019, Belo Horizonte, MG. Anais (on-line). Belo Horizonte: IMDA, 2019. Disponível em: https://www.academia.edu/39108707/OS_CONTRATOS_IMPACTO_SOCIAL_UMA_NOVA_MODALIDADE_DE_PARCERIA_P%C3%9ABLICO_PRIVADA_DA_NOVA_GOVERNAN%C3%87A_P%C3%9ABLICA. Acesso em: 21 jan. 2022.

Who We Are. iDE Global, 2021. Disponível em: https://www.ideglobal.org/who-we-are. Acesso em: 21 jan. 2022.

Who We Are. *USAID*, 2021. Disponível em: https://www.usaid.gov/who-we-are. Acesso em: 21 jan. 2022.

World's first Social Impact Bond to reduce reoffending in Peterborough. *Social Finance*, 2020B. Disponível em: https://www.socialfinance.org.uk/peterborough-social-impact-bond. Acesso em: 21 jan. 2022.

---

Informação bibliográfica deste texto, conforme a NBR 6023:2018 da Associação Brasileira de Normas Técnicas (ABNT):

COSTA, Bruna de Paula Ferreira. Saneamento básico e os *Impact Bonds*: a utilização de novas formas de parcerias de impacto social entre a Administração Pública e o setor privado. *In*: DIAS, Maria Tereza Fonseca. *Lei de Diretrizes Nacionais para o Saneamento Básico*: reflexões acerca das alterações introduzidas pela Lei nº 14.026/2020. Belo Horizonte: Fórum, 2023. p. 77-97. ISBN 978-65-5518-528-7.

# O QUE SE DEVE ESPERAR DA RELAÇÃO ENTRE A ANA E O TCU NO NOVO MARCO LEGAL DO SANEAMENTO BÁSICO? UMA ANÁLISE DO EXERCÍCIO DAS ATRIBUIÇÕES DO REGULADOR E DO CONTROLADOR À LUZ DA JURISPRUDÊNCIA DO TRIBUNAL DE CONTAS DA UNIÃO

**BIANCA ROCHA BARBOSA**

## 1 Introdução

Em julho de 2020 foi sancionada a Lei Federal nº 14.026, que teve por objetivo, como denuncia a própria ementa da norma, atualizar o Marco Legal do Saneamento Básico no Brasil.

Para tanto, dentre outras alterações, a Lei Federal nº 14.026/2020 promoveu modificações significativas na Lei Federal nº 9.984/2000, que criou a então Agência Nacional de Águas – agora denominada Agência Nacional de Águas e Saneamento Básico (ANA) –, para lhe atribuir, de forma inaugural, a competência de edição de normas de referência para a regulação dos serviços públicos de saneamento básico.[1]

---

[1] Saneamento básico deve aqui ser entendido, tal como previsto no art. 7º da Lei Federal nº 14.026/2020, como o conjunto de serviços públicos, infraestruturas e instalações operacionais das atividades de abastecimento de água, esgotamento sanitário, limpeza urbana e manejo de resíduos sólidos e drenagem e manejo de águas pluviais urbanas.

A atualização do regime regulatório incidente sobre o setor de saneamento básico com a convergência da regulação de referência em torno da ANA, por ser um dos pontos-chave do novo marco, acende questionamentos a respeito da atuação que o legislador imaginou para essa agência reguladora nacional.

A busca de respostas a esses questionamentos, por sua vez, remonta à preocupação que não é exatamente recente: como devem coexistir de forma harmoniosa as esferas regulatória e controladora – mais especificamente aquela referente ao controle externo desempenhado pelos Tribunais de Contas? A preocupação se deve ao receio das consequências de eventual sobreposição das funções do regulador e do controlador.

O fato de o próprio Tribunal de Contas da União (TCU) já há algum tempo enfrentar, em suas decisões, o tema da interação entre os órgãos de controle externo e as agências reguladoras de infraestrutura justifica a pertinência de se estender essa preocupação ao caso da ANA, sobretudo a partir do advento do Novo Marco Legal do Saneamento Básico, que ampliou as atribuições dessa agência reguladora nacional.

O enfrentamento do assunto, no passado, pela Corte de Contas da União é exatamente o que permite agora a investigação, em análise prospectiva, do que se deve esperar da relação entre a ANA e o TCU daqui em diante, já que a promulgação da Lei Federal nº 14.026/2020 é recente e os tribunais pátrios ainda não enfrentaram discussões que envolvessem especificamente o caso da Agência Nacional de Águas e Saneamento Básico.

Justificada a pertinência do trabalho que ora se propõe, é preciso evidenciar ainda que a relevância de se investigar a reação esperada do TCU frente às novas atribuições conferidas à ANA reside no fato de que quaisquer descompassos entre as normas de referência e o entendimento do órgão controlador podem acarretar conflitos interpretativos com repercussões para os titulares dos serviços, os gestores públicos e as agências reguladoras locais, inclusive com risco de responsabilização dos agentes púbicos. Isso sem dizer da possível insegurança jurídica daí decorrente, que termina por ser precificada nos custos dos serviços públicos de saneamento básico ofertados à sociedade.

Dado o cenário exposto e considerando a ausência de entendimento jurisprudencial a respeito da atuação da ANA por ora – em face do curto prazo de vigência da lei –, o presente trabalho pretende realizar uma análise prospectiva que responda à seguinte indagação: o que se deve esperar da relação entre a ANA e o TCU a partir do advento do Novo Marco Legal do Saneamento Básico?

A investigação se desenvolve por meio de vertente metodológica jurídico-social. Tem-se como ponto de partida uma análise retrospectiva da jurisprudência do TCU, que permitiu mapear como a Corte de Contas da União entende o tema da interação entre as figuras do regulador e do controlador nos setores de infraestrutura. Além do levantamento jurisprudencial,[2] a pesquisa contou com a análise de outras fontes primárias – legislação vigente – e secundárias de pesquisa – bibliografia especializada –, por meio da aplicação de técnicas de análise de legislação e conteúdo.

O marco teórico que guia toda esta pesquisa é a afirmação no sentido de que, apesar da inegável expansão da abrangência do controle exercido pelo TCU, suas competências são bem delimitadas pela ordem jurídica, e sua histórica vocação e orientação institucional – controle da atividade financeira do Estado – não foi substancialmente alterada, pelo menos não pelas normas em vigor.[3]

O resultado da investigação é apresentado neste artigo estruturado em cinco seções, incluindo a presente introdução. A segunda seção aborda as alterações inauguradas pelo Novo Marco Legal do Saneamento Básico no tocante à ANA. Na terceira seção, analisam-se os julgados selecionados, com o intuito de concluir o entendimento do TCU sobre a coexistência harmônica das esferas regulatória e controladora. Já na quarta seção, a partir dos levantamentos feitos, realiza-se um diagnóstico prospectivo sobre o que se deve esperar da relação entre a ANA e o TCU. Por fim, fazem-se, nas duas últimas seções, as considerações conclusivas a respeito da temática exposta.

---

[2] Como se verá melhor mais adiante, para o levantamento dos julgados, utilizou-se a ferramenta de busca de decisões intitulada Jurisprudência Selecionada disponibilizada no sítio eletrônico do TCU. Dentre os 29 (vinte e nove) resultados obtidos, selecionaram-se 22 (vinte e dois) acórdãos para análise, priorizando aqueles que guardavam estreita correlação temática com a discussão que ora se propõe.

[3] PEREIRA, Gustavo Leonardo Maia. *O TCU e o controle das agências reguladoras de infraestrutura*: controlador ou regulador? Dissertação (Mestrado) – Curso de Mestrado em Direito da Escola de Direito de São Paulo da Fundação Getúlio Vargas – FGV, 2019, p. 51.

## 2 O papel da ANA no Novo Marco Legal do Saneamento Básico

Em 16 de julho de 2020 foi publicada a Lei Federal nº 14.026/2020, após a aprovação, no Senado Federal, do Projeto de Lei (PL) nº 4.162/2019, resultante de ampla discussão legislativa e decorrente de duas medidas provisórias com vigências encerradas.

A lei, que ficou conhecida como Novo Marco Legal do Saneamento Básico, teve por objetivo atualizar todo o marco legal do saneamento básico do país[4] e gerou expectativas, entre agentes públicos e privados, de que pudesse contribuir para a melhoria do nível de governança das entidades responsáveis pelo saneamento básico, para a universalização dos serviços e para a atração de novos investimentos privados para o setor.

Uma das alterações mais significativas do novo marco diz respeito à padronização das diretrizes regulatórias a nível nacional, mediante a atribuição à ANA da competência para instituição de normas de referência para a regulação dos serviços públicos de saneamento básico realizada por seus titulares e pelas entidades reguladoras e fiscalizadoras locais.[5]

---

[4] A Lei Federal nº 14.026/2020 promoveu alterações (i) na Lei Federal nº 9.984/2000, para atribuir à ANA competência para editar normas de referência sobre o serviço de saneamento; (ii) na Lei Federal nº 10.768/2003, para alterar o nome e as atribuições do cargo de Especialista em Recursos Hídricos; (iii) na Lei Federal nº 11.107/2005, para vedar a prestação por contrato de programa dos serviços públicos de que trata o art. 175 da Constituição Federal; (iv) na Lei Federal nº 11.445/2007, que estabelece diretrizes nacionais para o saneamento básico, para aprimorar as condições estruturais do saneamento básico no país; (v) na Lei Federal nº 12.305/2010, que instituiu a Política Nacional de Resíduos Sólidos, para tratar dos prazos para a disposição final ambientalmente adequada dos rejeitos; (vi) na Lei Federal nº 13.089/2015, que instituiu o Estatuto da Metrópole, para estender seu âmbito de aplicação às microrregiões; e (vii) na Lei Federal nº 13.529/2017, para autorizar a União a participar de fundo com a finalidade exclusiva de financiar serviços técnicos especializados.

[5] Além dessa atribuição, a Lei Federal nº 14.026/2020 também acresce às competências da ANA (i) a declaração da situação crítica de escassez quantitativa ou qualitativa de recursos hídricos nos corpos hídricos que impacte o atendimento aos usos múltiplos localizados em rios de domínio da União; (ii) o estabelecimento de regras de uso da água, a fim de assegurar os usos múltiplos durante a vigência da declaração de situação crítica de escassez; (iii) a disponibilização, em caráter voluntário e com sujeição à concordância entre as partes, de ação mediadora ou arbitral nos conflitos que envolvam titulares, agências reguladoras ou prestadores de serviços públicos de saneamento básico; (iv) a elaboração de estudos técnicos para o desenvolvimento das melhores práticas regulatórias para os serviços públicos de saneamento básico, bem como guias e manuais para subsidiar o desenvolvimento das referidas práticas; (v) a capacitação de recursos humanos para a regulação adequada e eficiente do setor; (vi) a contribuição para a articulação entre o Plano Nacional de Saneamento Básico, o Plano Nacional de Resíduos Sólidos e o Plano Nacional de Recursos

Nesse sentido, a Lei Federal nº 14.026/2020 promove alterações na lei de criação da ANA[6] para lhe permitir regular, por meio da edição progressiva de normas de referência de abrangência nacional, temas como a qualidade e eficiência dos serviços de saneamento, política tarifária, padronização do conteúdo dos contratos e metas de universalização dos serviços.[7]

Como forma de incentivar a adoção dessas referências regulatórias nacionais pelos titulares dos serviços e entes reguladores locais, o novo marco também confere à ANA a atribuição de disponibilizar relação atualizada das entidades reguladoras e fiscalizadoras dos serviços de saneamento básico que adotam as normas de referência. O intuito é que a adesão a essas normas seja critério obrigatório para a viabilização de acesso a recursos públicos federais ou de contratação de financiamento com recursos da União ou geridos ou operados por órgãos ou entidades da Administração Pública federal. Não obstante, vale pontuar que a nova legislação não disciplina a aplicação de penalidades para as entidades reguladoras locais que não aderirem às normas de referência, tampouco prevê a decretação de nulidade para as regras regulatórias locais que contrariarem as diretrizes de referência nacional.

É certo que, além da comprovação da adoção das normas regulatórias de referência poder ser gradual – de forma a preservar expectativas e direitos decorrentes das normas a serem substituídas e propiciar a adequada preparação das entidades reguladoras[8] –, a regulação deverá ser complementada pelos entes reguladores subnacionais indicados pelos titulares dos serviços,[9] possibilitando a observância às especificidades de cada estado e/ou município.[10]

---

Hídricos; (vii) a publicidade dos pedidos de outorga de direito de uso de recursos hídricos de domínio da União; e (viii) a possibilidade de criação de mecanismos de credenciamento e descredenciamento de técnicos, empresas especializadas, consultores independentes e auditores externos para obter, analisar e atestar informações ou dados necessários ao desempenho de suas atividades.

[6] Lei Federal nº 9.984/2000.
[7] Vide art. 3º da Lei Federal nº 14.026/2020.
[8] Vide alteração promovida pela Lei Federal nº 14.026/2020 no art. 4º-B da Lei Federal nº 9.984/2000.
[9] A Lei Federal nº 14.026/2020 propõe uma alteração no art. 23 da Lei Federal nº 11.445/2007, que estabelece as diretrizes nacionais para o saneamento básico, de forma a prever que "a entidade reguladora [dos serviços de saneamento básico], observadas as diretrizes determinadas pela ANA, editará normas relativas às dimensões técnica, econômica e social de prestação dos serviços públicos de saneamento básico (...)".
[10] Vale destacar que, pelas regras instituídas pelo Novo Marco Legal do Saneamento Básico, exercem a titularidade dos serviços de saneamento básico: (i) os municípios e o Distrito

É importante pontuar também como o novo marco se cerca de previsões para que a regulação siga as melhores práticas em busca de tecnicidade, independência, participação e transparência. Estabelece, nesse sentido, que as normas de referência deverão ser elaboradas mediante a realização de consultas e audiências públicas[11] e da Análise de Impacto Regulatório (AIR),[12] e que a função de regulação local deverá ser desempenhada com independência decisória e autonomia administrativa.[13]

Fica claro que essas inovações propostas buscam confrontar o problema da fragmentação regulatória do setor, de forma a propiciar um cenário de maior segurança jurídica para a prestação dos serviços de saneamento básico. Consta da própria Exposição de Motivos Interministerial (EMI) nº 00184/2019 do PL nº 4.162/2019, assinada pelo Ministério da Economia e Ministério de Desenvolvimento Regional, que "a grande variabilidade de regras regulatórias se consolidou como um obstáculo ao desenvolvimento do setor e à universalização dos serviços",[14] de forma que as diferentes capacidades regulatórias dos vários titulares resultaram numa miríade de situações regulatórias distintas.

Como consequências negativas desse cenário jurídico-regulatório que antecede a edição do novo marco, citam-se, na EMI, o comprometimento da eficiência e desenvolvimento do setor; a influência inadequada na qualidade e preço dos serviços; a existência de custos de transação relevantes aos prestadores desses serviços que trabalham para diferentes titulares e são obrigados a se adaptar a regras regulatórias potencialmente muito distintas; e, até mesmo, a dificuldade de acesso para novos atores nesse mercado.

Dessa forma, com a convergência da regulação de referência em torno da ANA, espera-se não só uma maior uniformização regulatória em

---

Federal, em caso de interesse local; e (ii) o estado, em conjunto com os municípios que compartilham efetivamente instalações operacionais integrantes de regiões metropolitanas, aglomerações urbanas e microrregiões, instituídas por lei complementar estadual, no caso de interesse comum.

[11] Vide alteração feita pela Lei Federal nº 14.026/2020 no art. 4º-A, §4º, II da Lei Federal nº 9.984/2000.
[12] *Idem*.
[13] Vide alteração promovida pela Lei Federal nº 14.026/2020 no art. 21 da Lei Federal nº 11.445/2007.
[14] BRASIL. Exposição de Motivos Interministerial nº 00184/2019/ME/MDR, de 8 de julho de 2019. *Arquivo da Presidência da República*, Brasília, DF.

todo o território nacional, ao menos em relação aos temas que competem às regras gerais, como também uma elevação na qualidade das normas regulatórias para o setor. Inclusive, é alteração instituída pelo novo marco a previsão, na Lei Federal nº 9.984/2000, de que a ANA deverá zelar pela uniformidade regulatória do setor de saneamento básico e pela segurança jurídica na prestação e na regulação dos serviços.[15]

Desde o surgimento das primeiras agências reguladoras em meados de 1996[16] e, especialmente, com o advento da Lei Federal nº 13.848/2019 – conhecida como o Marco Legal das Agências Reguladoras –, a condução da regulação por entidades independentes, ao estilo das agências reguladoras, tem sido vista com bons olhos. A linha central do desenho institucional das agências reguladoras criadas no Brasil é "a autonomia reforçada, assegurada por meio de decisões colegiadas, especialização técnica, estabilidade dos dirigentes, certo grau de independência financeira, participação pública nos processos decisórios, e sujeita a variados mecanismos de controle".[17] Isso é de especial cuidado em um setor atravessado pela carência e pela possibilidade de impacto social, como é o de saneamento básico.

Por essas razões é que se espera que esse modelo de nacionalização das regras de referência, com possibilidade não só de aplicação, mas de complementação pelos entes reguladores locais, traga mais segurança jurídica para o setor e aumente a qualidade das normas regulatórias editadas. Para muitos, a ANA se torna, então, a reguladora das reguladoras,[18] em referência à atuação diretiva que assume perante os entes reguladores e fiscalizadores dos serviços de saneamento em atuação nos estados e municípios.

É justamente esse cenário de edição do Novo Marco Legal do Saneamento Básico, no qual a ANA ocupa papel de destaque com a ampliação de suas competências, que atrai uma preocupação há tempos

---

[15] Vide alteração promovida pela Lei Federal nº 14.026/2020 no §7º do art. 4º-A da Lei Federal nº 9.984/2000.

[16] Sobre o tema, ver ARAGÃO, Alexandre Santos de. *Agências reguladoras e a evolução do direito administrativo econômico*. 3. ed. Rio de Janeiro: Forense, 2013.

[17] PEREIRA, Gustavo Leonardo Maia. *O TCU e o controle das agências reguladoras de infraestrutura*: controlador ou regulador? Dissertação (Mestrado) – Curso de Mestrado em Direito da Escola de Direito de São Paulo da Fundação Getúlio Vargas – FGV, 2019, p. 23.

[18] OLIVEIRA, Gustavo Justino de; FERREIRA, Kaline. A mediação e a arbitragem dos conflitos no setor de saneamento básico à luz da Lei Federal nº 14.026/2020. In: OLIVEIRA, Carlos Roberto de; GRANZIERA, Maria Luiza Machado (org.). *Novo marco do saneamento básico no Brasil*. Indaiatuba: Editora Foco, 2021.

discutida pelo TCU: a interação das figuras do controlador e do regulador. O justificado receio quando se discute o tema – tal como explicitado por Daniela Haikal e Pedro Henrique Azevedo[19] – é de que as esferas de atuação das agências reguladoras e dos Tribunais de Contas se sobreponham e conflitem entre si.

## 3 A coexistência harmônica das esferas regulatória e controladora à luz da jurisprudência do TCU

Como dito, a discussão acerca dos limites da interferência do controlador externo sobre a atuação do regulador não é assunto de inclusão recente na pauta do TCU. Pelo contrário, a Corte de Contas da União vem sistematicamente construindo entendimento a respeito da relação jurídica esperada entre as esferas regulatória e controladora pelo menos desde 2004.[20]

Considerando, portanto, a profusão de julgados do Tribunal sobre o assunto, bem como o largo lapso temporal durante o qual essas decisões vêm sido proferidas – que, se em mesmo sentido, acredita-se ser suficiente para a afirmação de que há um entendimento consolidado pela Corte sobre o tema –, é que se decidiu investigar a pauta ora em discussão sob a ótica da jurisprudência criada pelo TCU.

Mesmo que o Tribunal de Contas da União ainda não tenha enfrentado especificamente casos que versem sobre a atuação da ANA após a edição da Lei Federal nº 14.026/2020, espera-se ser possível, a partir da compreensão dos contornos gerais do entendimento já firmado em relação à atuação de outras agências reguladoras, traçar de forma prospectiva o que se deve esperar da relação entre a ANA e o TCU,

---

[19] "Discute-se, nesse contexto [de edição do Novo Marco Legal do Saneamento Básico], se a ampliação das competências regulatórias da antiga Agência Nacional de Águas pode acarretar aparente conflito com as atribuições de controle e fiscalização dos Tribunais de Contas" (HAIKAL, Daniela Mello Coelho; AZEVEDO, Pedro Henrique Magalhães. Serviço público de saneamento básico e controle externo: impactos decorrentes das modificações introduzidas na Lei nº 11.445, de 2007, com a promulgação da Lei nº 14.026, de 2020. In: FORTINI, Cristiana; SALAZAR, Gabriela; MASSARA, Luiz Henrique Nery; CAMPOS, Marcelo Hugo de Oliveira (org.). *Novo marco legal do saneamento básico*: aspectos administrativos, ambientais, regulatórios e tributários. Belo Horizonte: D'Plácido, 2021, p. 333-355).

[20] Ressalte-se que a ferramenta de busca de jurisprudência utilizada quando da elaboração deste artigo, que será mais bem descrita a seguir, retorna apenas com acórdãos proferidos a partir do ano de 2003.

sob a égide do Novo Marco Legal do Saneamento Básico, para que se garanta uma coexistência harmônica dessas duas esferas.

Para localizar os julgados mais relevantes sobre o assunto, utilizou-se a ferramenta de busca de jurisprudência contida no sítio eletrônico do Tribunal de Contas da União denominada Jurisprudência Selecionada.[21] Isso porque a busca nessa base de dados retorna não só com os acórdãos, mas também com enunciados elaborados pela Diretoria de Jurisprudência da Secretaria das Sessões do próprio Tribunal a partir de deliberações selecionadas sob o critério de relevância jurisprudencial. Os enunciados têm por intuito retratar o entendimento contido na deliberação da qual foi extraído, ainda que não constitua resumo oficial da deliberação proferida pela Corte.[22]

Como na base de dados da ferramenta Jurisprudência Selecionada é possível fazer pesquisa livre por termos e expressões, optou-se pela utilização conjunta das exatas expressões "competência do TCU" e "agências reguladoras". A busca retornou 29 (vinte e nove) resultados de acórdãos e seus respectivos enunciados, todos eles classificados, pela árvore de classificação dos enunciados disponibilizada pelo TCU, na área "competência do TCU"; tema "agência reguladora"; e subtema "abrangência". Selecionaram-se para análise, então, 22 (vinte e dois) deles que guardavam estreita relação temática com o assunto versado neste artigo.

Da análise das decisões em questão foi possível extrair os contornos gerais do entendimento da Corte de Contas sobre a coexistência das esferas regulatória e controladora. Para fins didáticos, embora estejam todos interligados, esses contornos foram divisados em três argumentos, que são analisados a seguir.

---

[21] O TCU disponibiliza 5 (cinco) bases de dados para pesquisa de sua jurisprudência: (i) por acórdãos; (ii) por jurisprudência selecionada, (iii) por publicações; (iv) por súmulas; e (v) por respostas a consultas. Pelas razões já citadas, escolheu-se a segunda opção.

[22] Vide manual de pesquisa de jurisprudência elaborado pelo TCU disponível em: https://portal.tcu.gov.br/data/files/10/94/CC/39/F8610710F5680BF6F18818A8/Manual_Completo_Pesquisa_Jurisprudencia_TCU.PDF.

## 3.1 Atuação do TCU como fiscalizador de segunda ordem

Dá-se início pelo Acórdão nº 1.703/2004,[23] considerado um *leading case* na matéria,[24] em que o TCU se valeu da expressão "fiscalização de segunda ordem" para se referir ao controle que deve ser realizado pela própria Corte de Contas da União sobre as agências reguladoras.

Isso porque, na visão dos ministros, deve ser objeto da fiscalização dos Tribunais de Contas a "atuação das agências reguladoras como agentes estabilizadores e mediadores do jogo regulatório", e não "o jogo regulatório em si mesmo considerado".

Essa narrativa de que o controle é de segunda ordem, em última instância, quer dizer que o espaço de discricionariedade administrativa que detém as agências reguladoras deve ser respeitado, de forma que "cabe aos entes reguladores a fiscalização de primeira ordem, bem como as escolhas regulatórias".[25] Aos Tribunais de Contas, por sua vez, cabe "respeitar a discricionariedade das agências quanto à escolha da estratégia e das metodologias utilizadas para o alcance dos objetivos delineados",[26] não podendo "estabelecer o conteúdo do ato de competência do órgão regulador".[27]

A ideia, reforçada ao longo do tempo, se mantém até os julgados mais atuais, de forma que o argumento da fiscalização de segunda ordem foi replicado em mais quatorze dos julgados analisados, sendo eles os Acórdãos nºs 1.757/2004, 632/2007, 2.138/2007, 602/2008, 620/2008, 2.302/2012, 402/2013, 2.241/2013, 2.314/2014, 2.071/2015, 2.121/2017; 1.704/2018, 1.166/2019 e 3.251/2020.

---

[23] BRASIL. Tribunal de Contas da União. *Acórdão nº 1703/2004*. Plenário. Relator: Ministro Benjamin Zymler. Sessão de 03.11.2004.

[24] PEREIRA, Gustavo Leonardo Maia. *O TCU e o controle das agências reguladoras de infraestrutura*: controlador ou regulador? Dissertação (Mestrado) – Curso de Mestrado em Direito da Escola de Direito de São Paulo da Fundação Getúlio Vargas – FGV, 2019, p. 102.

[25] BRASIL. Tribunal de Contas da União. *Acórdão nº 2.302/2012*. Plenário. Relator: Ministro Raimundo Carreiro. Sessão de 29.08.2012.

[26] BRASIL. Tribunal de Contas da União. *Acórdão nº 1.166/2019*. Plenário. Relator: Ministro Augusto Nardes. Sessão de 22.05.2019.

[27] BRASIL. Tribunal de Contas da União. *Acórdão nº 715/2008*. Plenário. Relator: Ministro Augusto Nardes. Sessão de 23.04.2008.

## 3.2 Deferência ao espaço de discricionariedade das agências reguladoras

Ainda no Acórdão nº 1.703/2004 e de forma umbilicalmente ligada à tese do fiscalizador de segunda ordem, o TCU sustenta que, no exercício do controle externo das concessões de serviços públicos, os Tribunais de Contas se defrontam com dois tipos de atos praticados pelas agências reguladoras: os atos discricionários e os atos vinculados.

É válido, nesse ponto, um adendo para esclarecer que a doutrina administrativista brasileira entende que a Administração Pública atua de forma discricionária naqueles casos em que, diante da situação concreta, tem a possibilidade de apreciar o caso e, segundo critérios de conveniência e oportunidade, escolher entre soluções igualmente válidas para o Direito.[28] Já a atuação administrativa vinculada ocorre nos demais casos em que a tomada de decisão do gestor público está estritamente vinculada ao previsto na legislação, atuando ele, portanto, como mero executor da lei.[29]

Dito isso, quando os atos irregulares sob investigação da Corte de Contas forem atos vinculados e havendo as entidades reguladoras violado expressa disposição legal, o Tribunal entende que as Cortes de Contas podem determinar a adoção, pelas agências, das providências necessárias à correção das irregularidades detectadas.

Por outro lado, em se tratando de atos discricionários, praticados de forma motivada e com vistas a satisfazer o interesse público, o entendimento é de que a Corte de Contas pode unicamente fazer recomendações acerca de providências que considerar pertinentes, sob pena de eliminar a margem de liberdade conferida ao administrador pelo legislador.

Indo além, no Acórdão nº 2.138/2007 o TCU fala em recomendação da "implementação das providências consideradas oportunas e convenientes visando tornar mais eficiente a atuação finalística e discricionária das agências reguladoras",[30] de maneira semelhante ao que se verifica nas auditorias operacionais realizadas pelos Tribunais

---

[28] DI PIETRO, Maria Sylvia Zanella. *Direito administrativo*. 32. ed. São Paulo: Atlas, 2019, p. 482.

[29] CARVALHO FILHO, José dos Santos. *Manual de Direito Administrativo*. 33. ed. rev., ampl. e atual. Rio de Janeiro: Lumen Juris, 2019, p. 239.

[30] BRASIL. Tribunal de Contas da União. *Acórdão nº 2.138/2007*. Plenário. Relator: Ministro Benjamin Zymler. Sessão de 10.10.2007.

de Contas, cujo produto final é um "conjunto de propostas e recomendações, cuja implementação propiciará uma maior qualidade na prestação de serviços públicos".[31]

Contudo, caso o ato discricionário contenha vício de ilegalidade, é competência do Tribunal avaliá-lo para determinar a adoção das providências necessárias ao saneamento do ato, podendo, inclusive, determinar a sua anulação nesse caso se a irregularidade for grave.[32] Essa mesma possibilidade de interferência pela Corte de Contas, entende o TCU, seria possível nos casos de omissão no tratamento concedido pelas agências reguladoras à matéria sob sua tutela.[33]

Isso porque "discricionariedade não significa arbitrariedade",[34] de forma que o poder discricionário, por não ser imune ao controle, permite a sindicância dos atos que dele decorrem quanto aos seus requisitos de validade e critérios de legalidade.

Reforça esse entendimento a decisão contida no Acórdão nº 402/2013,[35] em que o TCU analisou reclamação da ocorrência de irregularidades nas atividades portuárias, envolvendo a regulação do setor promovida pela Agência Nacional de Transportes Aquaviários (ANTAQ). Na oportunidade, o ministro relator indicou serem duas as preocupações do Tribunal: a "primeira: verificar se a ANTAQ violou o ordenamento jurídico, quando da prática dos atos que (...) se analisa" e a "segunda: não invadir a esfera de discricionariedade da ANTAQ nem pretender substituí-la nas suas funções privativas".

Ainda concluiu com o entendimento de que eventuais disfunções que possam ocorrer no exercício da atividade regulada devem, ao menos em primeiro momento, ser resolvidas no âmbito da competência dos órgãos responsáveis pelo setor e da(s) agência(s) reguladora(s) respectiva(s). Dessa forma, caberia aos Tribunais de Contas intervir apenas se apurados atos contrários ao Direito, com vistas a exigir a

---

[31] *Idem.*
[32] BRASIL. Tribunal de Contas da União. *Acórdão nº 602/2008*. Plenário. Relator: Ministro Benjamin Zymler. Sessão de 11.03.2008; e BRASIL. Tribunal de Contas da União. *Acórdão nº 435/2020*. Plenário. Relator: Ministro Augusto Nardes. Sessão de 04.03.2020.
[33] BRASIL. Tribunal de Contas da União. *Acórdão nº 1.704/2018*. Plenário. Relator: Ministro Ana Arraes. Sessão de 25.07.2018.
[34] BRASIL. Tribunal de Contas da União. *Acórdão nº 1.704/2018*. Plenário. Relator: Ministro Ana Arraes. Sessão de 25.07.2018.
[35] BRASIL. Tribunal de Contas da União. *Acórdão nº 402/2013*. Plenário. Relator: Ministro Raimundo Carreiro. Sessão de 06.03.2013.

adoção de providências voltadas ao exato cumprimento do ordenamento jurídico.

Sobre as hipóteses de atos contrários ao Direito que possibilitariam a determinação, pelas Cortes de Contas, de adoção de providências saneadoras, o Acórdão nº 2.138/2007[36] exemplifica: atos que contiverem vício de ilegalidade ou se tiverem sido praticados por autoridade incompetente, se não tiver sido observada a forma devida, se o motivo determinante e declarado de sua prática não existir ou, ainda, se estiver configurado desvio de finalidade. Isso significa que, em se tratando de ato discricionário, via de regra, é necessária uma análise caso a caso para determinar a existência de um dos vícios ensejadores da ação corretiva dos Tribunais de Contas.

Em suma, portanto, a jurisprudência do TCU também demarca a tese de que aos Tribunais de Contas só cabe intervir em casos de ilegalidade estrita, quando o regulador deixar de observar uma orientação legal expressa ou em casos de flagrante omissão das agências reguladoras sobre temas sob sua tutela. Caso contrário, estariam as Cortes de Contas a "substituir o órgão regulador", o que representaria atuação "contrária à Constituição Federal".[37]

O mesmo entendimento acerca da necessidade de deferência ao espaço de discricionariedade administrativa das agências reguladoras é estampado também nos Acórdãos nºs 1.369/2006, 200/2007, 2.138/2007, 602/2008, 620/2008, 1.131/2009, 402/2013, 2.241/2013, 644/2016, 1.704/2018, 1.166/2019, 435/2020 e 3.251/2020.

### 3.3 Controle das atividades finalísticas das agências reguladoras

Além desses dois argumentos, o TCU também reforça no Acórdão nº 1.703/2004 a tese de que os Tribunais de Contas possuem apenas "competência para fiscalizar as atividades finalísticas das agências reguladoras".[38] Também chamada de "competência para fiscalizar as atividades-fim das agências reguladoras", essa tese é replicada nos

---

[36] BRASIL. Tribunal de Contas da União. *Acórdão nº 2.138/2007*. Plenário. Relator: Ministro Benjamin Zymler. Sessão de 10.10.2007.
[37] BRASIL. Tribunal de Contas da União. *Acórdão nº 1.703/2004*. Plenário. Relator: Ministro Benjamin Zymler. Sessão de 03.11.2004.
[38] *Idem*.

Acórdãos nºs 1.757/2004, 1.369/2006, 632/2007, 620/2008, 715/2008, 210/2013, 2.314/2014 e 1.166/2019.

O controle finalístico, diferentemente do controle hierárquico,[39] sobre determinada atividade é definido como aquele "estabelecido legalmente para entidades autônomas, objetivando a verificação do enquadramento das atividades por elas desenvolvidas conforme o programa geral do governo e acompanhamento dos atos dos dirigentes (tutela)".[40]

Embora não se tenham pretensões de aprofundar o assunto nessa oportunidade, vale pontuar, a despeito do que entende o TCU, a existência de entendimento no sentido da ausência de previsão constitucional explícita a possibilitar o controle finalístico das agências reguladoras pelas Contes de Contas, de forma que a atuação nesse sentido também violaria o princípio da separação de poderes.[41]

De volta ao entendimento do TCU ora em análise, a afirmação da existência de competência para fiscalizar apenas as atividades finalísticas das agências reguladoras se liga ao entendimento também manifestado em alguns julgados de que os Tribunais de Contas devem atuar somente "de forma complementar à ação das entidades reguladoras no que concerne ao acompanhamento da outorga e da execução contratual dos serviços concedidos".[42]

Em outras palavras, cabe ao TCU:

> o controle indireto do setor, voltado exclusivamente para a atuação do órgão regulador, sem prejuízo da responsabilização direta dos administradores do órgão ou entidade regulada que, exorbitando do

---

[39] Em contraponto ao controle finalístico, o controle hierárquico é entendido como aquele que decorre automaticamente "das relações que se estabelecem nos órgãos executivos pressupondo as faculdades de supervisão, coordenação, orientação, fiscalização, aprovação, rescisão e avocação" (FERRAZ, Luciano. *Controle e consensualidade*: fundamentos para o controle consensual da Administração Pública [TAG, TAC, SUSPAD, acordos de leniência, acordos substitutivos e instrumentos afins]. 2. ed. Belo Horizonte: Fórum, 2020, p. 96).

[40] *Idem*.

[41] Entendem nesse sentido Marçal Justen Filho (JUSTEN FILHO, Marçal. *O Direito das Agências Reguladoras Independentes*. Dialética, 2002, p. 588-589) e Marcos Juruena Vilella Souto (VILELLA SOUTO, Marcos Juruena. *Direito Administrativo Regulatório*. Rio de Janeiro: Lumen Juris, 2002, p. 370).

[42] BRASIL. Tribunal de Contas da União. *Acórdão nº 1.757/2004*. Plenário. Relator: Ministro Benjamin Zymler. Sessão de 10.11.2004; BRASIL. Tribunal de Contas da União. *Acórdão nº 1.369/2006*. Plenário. Relator: Ministro Valmir Campelo. Sessão de 09.08.2006; e BRASIL. Tribunal de Contas da União. *Acórdão nº 2.314/2014*. Plenário. Relator: Ministro José Jorge. Sessão de 03.09.2014.

controle e supervisão da agência competente, ou à sua revelia, tenham praticado irregularidade afeta a matéria de competência do Tribunal.⁴³

Fala-se em controle complementar ou indireto do setor porque, de fato, não compete às Cortes de Contas fiscalizar diretamente a atuação das empresas prestadoras dos serviços públicos, mas sim "examinar se o poder concedente fiscaliza de forma adequada a execução dos contratos celebrados",⁴⁴ sob pena de invasão indevida na seara de atuação das agências reguladoras.

### 3.4 Contornos gerais do entendimento do TCU

A partir da análise dos julgados conclui-se que, em linhas gerais, o TCU entende ser possível – e até inquestionável – o exercício do controle externo sobre a atuação das agências reguladoras. Tal controle, todavia, como já exposto, adstringe-se a certos limites.

Esses limites analisados ao longo deste artigo foram segmentados em três argumentos apenas para fins didáticos da exposição pretendida, mas estão todos eles entrelaçados: o controle que os Tribunais de Contas podem exercer sobre as agências reguladoras é de segunda ordem, na medida em que o limite a eles imposto esbarra na esfera de discricionariedade conferida ao ente regulador pelo legislador. Essa lógica permite às Cortes de Contas verificar a regularidade da atuação das agências apenas no exercício de suas atividades finalísticas, jamais com o intuito de substituir a figura do regulador.

Nas palavras do ministro Bruno Dantas, relator do Acórdão nº 2.121/2017,⁴⁵ os Tribunais de Contas não são "instância revisora ou recursal das decisões da[s] agência[s]".

Os limites do exercício do controle externo sobre a atuação das agências reguladoras, como visto, se fundam nas justificativas de (i) impossibilidade de o controle externo invadir o mérito de decisões administrativas discricionárias; (ii) impossibilidade de as decisões técnicas de mérito das agências reguladoras serem substituídas por decisões técnico-políticas dos Tribunais de Contas; e (iii) impossibilidade

---

⁴³ BRASIL. Tribunal de Contas da União. *Acórdão nº 632/2007*. Plenário. Relator: Ministro Augusto Nardes. Sessão de 18.04.2007.
⁴⁴ BRASIL. Tribunal de Contas da União. *Acórdão nº 210/2013*. Plenário. Relator: Ministro José Jorge. Sessão de 20.02.2013.
⁴⁵ BRASIL. Tribunal de Contas da União. *Acórdão nº 2.121/2017*. Plenário. Relator: Ministro Bruno Dantas. Sessão de 27.09.2017.

de sobreposição de atribuições, de forma a possibilitar a substituição da atuação técnica das agências reguladoras pela atuação das Cortes de Contas.

Resume bem, por fim, a construção feita neste capítulo o enunciado elaborado pela Diretoria de Jurisprudência da Secretaria das Sessões do TCU para o Acórdão nº 2.138/2007:[46] no que tange ao acompanhamento de outorgas ou execução contratual de serviços públicos concedidos, a fiscalização exercida pelo TCU, nas atividades regulatórias, possui caráter de ancilaridade ao Poder Concedente. Trata-se de um controle de segunda ordem, cujos limites se estabelecem na esfera de discricionariedade conferida ao agente regulador.

Feita a análise sobre a jurisprudência selecionada, passa-se, a seguir, a examinar de forma prospectiva o que se deve esperar da relação entre a ANA e o TCU sob a égide do Novo Marco Legal do Saneamento Básico.

## 4 O que se deve esperar da relação entre a ANA e o TCU no setor de saneamento?

Como sabido, o objetivo deste trabalho com o levantamento jurisprudencial retratado no segundo capítulo é de compreender os contornos gerais do entendimento firmado pelo TCU a respeito da relação entre as Cortes de Contas e as agências reguladoras para que se possa apontar, em análise prospectiva, o que se deve esperar da relação entre a ANA e o TCU a partir da promulgação da Lei Federal nº 14.026/2020.

É oportuno pontuar, antes que se passe ao exercício prospectivo propriamente, que se tomou por base para esta investigação os órgãos regulador e controlador de envergadura nacional em razão das novas atribuições conferidas à ANA, que a tornam a agência reguladora das reguladoras, e do caráter paradigmático do TCU, que é tomado como espelho para os demais Tribunais de Contas estaduais, dos municípios e municipais.[47] O que não impede, todavia, que essa mesma discussão

---

[46] BRASIL. Tribunal de Contas da União. *Acórdão nº 2.138/2007*. Plenário. Relator: Ministro Benjamin Zymler. Sessão de 10.10.2007.

[47] Na maioria dos estados brasileiros, o Tribunal de Contas estadual fiscaliza tanto as contas do estado quanto as dos municípios. Em alguns estados – Bahia, Ceará, Goiás e Pará –, todavia, há dois Tribunais de Contas na estrutura estadual: um estadual e um dos municípios. Embora o §4º do art. 31 da Constituição Federal vede a criação de Tribunais de Contas na esfera municipal, permitiu que seguissem atuando as Cortes de Contas municipais

seja levada ao nível da relação entre as agências reguladoras locais – que terão a competência de aplicar e complementar as referências regulatórias gerais – e as Cortes de Contas subnacionais, observadas, é claro, as especificidades dos entendimentos adotados por esses demais órgãos de controle.

Feita essa consideração preliminar, a análise realizada sobre as decisões do TCU não deixa dúvidas: o que se espera da interação entre a ANA e o TCU, sob a égide do Novo Marco Legal do Saneamento Básico, é o exercício, pela Corte de Contas da União, de controle externo de segunda ordem sobre a atuação da ANA; se limitando a expedir recomendações que não tenham caráter de execução obrigatória quando se tratar de atuação discricionária regularmente exercida pela agência; de forma a não interferir indevidamente na margem de discricionariedade da ANA com o intuito de estabelecer a metodologia ou estratégia a ser utilizada pela agência no desempenho de suas atribuições ou, ainda, opinar no conteúdo das normas de referência a serem editadas.

Em outras palavras, o que se deve esperar é a atuação deferente do TCU para com a atuação técnica da ANA, desde que essa última seja lícita e observe as exigências formais para a edição dos atos regulatórios. Uma vez atendidos esses requisitos, a tendência é que o controle externo exercido sobre a atuação da agência reguladora seja praticamente reduzido a zero, de modo a respeitar a atuação finalística da ANA e evitar sobreposição de atuações técnicas, com invasão de competências e violação do pacto da separação de poderes.

Vale dizer ainda que mais do que uma deferência pelo resultado – com manutenção da decisão da agência reguladora –, deve se esperar por parte do TCU uma deferência pela amplitude do controle, em verdadeira atitude de autocontenção do órgão controlador.[48] Nesse sentido, explica Gustavo Leonardo Maia Pereira que "a deferência pelo resultado pode perfeitamente significar uma postura intrusiva do controlador, caso este realize o controle da substância do ato".[49] Já com

---

que já existiam à época da promulgação do Texto Constitucional de 1988, a saber, os dos municípios do Rio de Janeiro e de São Paulo. No total, o Brasil conta com 34 Tribunais de Contas, sendo 1 da União, 27 estaduais, 4 dos municípios e 2 municipais.

[48] Sobre a distinção entre deferência pelo resultado e deferência pela amplitude do controle, ver JORDÃO, Eduardo; CABRAL JUNIOR, Renato Toledo. A teoria da deferência e a prática judicial: um estudo empírico sobre o controle do TJRJ à ANERSA. *Revista Estudos Institucionais*, v. 4, n. 2, p. 537-571, 2018.

[49] PEREIRA, Gustavo Leonardo Maia. O TCU e a deferência ao regulador: quando as aparências enganam. *Revista Jota*, publicado em 24.04.2019. Disponível em: https://www.jota.info/

a atitude deferente em relação à amplitude do controle, o TCU tem o alcance do seu exercício, enquanto órgão controlador, limitado, o que garante o respeito à margem de livre decisão da ANA, reduzido o risco de disputas e sobreposições na atuação das duas esferas.

Nesse sentido, resgata-se trecho de importante decisão proferida pelo TCU e consubstanciada no Acórdão nº 1.947/2020, que não consta dentre os julgados selecionados pela metodologia de busca indicada no segundo capítulo:

> Pode se dizer que o exercício do poder de controle de atos regulatórios e relacionados à definição de políticas públicas encontra-se em uma tênue fronteira que demanda constante exercício de autocontenção para que este Tribunal, no exercício de suas competências, evite o voluntarismo e respeite o legítimo espaço de discricionariedade do gestor e do regulador.[50]

Dito isso, é válido esclarecer a adoção proposital da construção frasal que compõe o título deste capítulo como sendo "o que se deve esperar da relação entre a ANA e o TCU no setor de saneamento?". O entendimento consolidado da Corte de Contas da União sobre o tema, com decisões nesse mesmo sentido pelo menos desde 2004, nos leva inegavelmente ao que, em tese, deveria acontecer: o TCU, na linha do próprio entendimento já consolidado, observar as limitações no exercício do controle externo sobre a atuação da ANA.

Ocorre que, na prática, nem sempre o que deve acontecer coincide com o que, de fato, acontece. Diz-se isso pois a oportuna análise de outras decisões do TCU acerca do controle exercido sobre as agências reguladoras, que avalie cuidadosamente o mérito dos casos concretos julgados, pode ilustrar situações em que a Corte de Contas, a despeito do consolidado entendimento analisado neste trabalho, segue fazendo as vezes de regulador ao impor às agências reguladoras a adoção de soluções regulatórias específicas. Denuncia-se, pois, que, em certas

---

opiniao-e-analise/colunas/controle-publico/o-tcu-e-a-deferencia-ao-regulador-quando-as-aparencias-enganam-24042019. Acesso em: 13 fev. 2022.

[50] BRASIL. Tribunal de Contas da União. *Acórdão nº 1.947/2020*. Plenário. Relator: Ministro Bruno Dantas. Sessão de 29.07.2020. Disponível em: https://pesquisa.apps.tcu.gov.br/#/documento/acordao-completo/*/NUMACORDAO%253A1947%2520ANOACORDAO%253A2020/DTRELEVANCIA%2520asc%252C%2520NUMACORDAOINT%2520asc/2/%2520. Acesso em: 10 fev. 2022.

situações, o TCU não coloca em prática o entendimento que ele próprio consolidou.

Ademais, não são poucas as críticas na doutrina sobre a recorrente extrapolação de suas competências quando do exercício do controle externo pelo TCU.[51] Nesse sentido, Eduardo Ferreira Jordão afirma:

> A recorrente atuação do TCU fora destes limites tem desmantelado o desenho institucional do Estado Regulador brasileiro, transformando um Tribunal de Contas numa espécie de autoridade supra-reguladora, usurpando e menoscabando as competências que as leis atribuem às agências reguladoras.[52]

Por isso é que, por mais óbvia que a resposta à pergunta "o que se deve esperar da relação entre a ANA e o TCU no setor de saneamento?" possa parecer, após se constatar a profusão de decisões já proferidas pela própria Corte de Contas da União sobre esse tema, o cotidiano da atuação do TCU revela a importância de, por vezes, se reafirmar o óbvio, sobretudo nesse caso em que se tem a recente ampliação das atribuições da Agência Nacional de Águas e Saneamento Básico pela Lei Federal nº 14.026/2020.

Mais do que uma proposta prospectiva, então, a conclusão deste trabalho também é uma aposta para o futuro: espera-se que o TCU não substitua a ANA em suas competências finalísticas, bem como que eventuais descompassos de entendimento entre a ANA e o TCU sobre os temas tratados nas normas de referência sejam solucionados observados seus respectivos nichos de especialização funcional. Só assim se poderá evitar conflitos interpretativos, o temor dos gestores públicos e das agências reguladoras locais na aplicação das regras regulatórias e repercussões na seara de responsabilização dos agentes púbicos.

---

[51] "O TCU, por sua vez, foi estruturado para fazer controle da atividade financeira do Estado, não para produzir regulação setorial. Mas o Tribunal tem feito um controle cada vez mais amplo sobre toda a Administração Pública, que abrange as despesas públicas, a performance dos órgãos e entidades públicos, e até mesmo a regulação setorial" (PEREIRA, Gustavo Leonardo Maia. *O TCU e o controle das agências reguladoras de infraestrutura*: controlador ou regulador? Dissertação [Mestrado] – Curso de Mestrado em Direito da Escola de Direito de São Paulo da Fundação Getúlio Vargas – FGV, 2019, p. 182).

[52] JORDÃO, Eduardo Ferreira. Quais os limites das competências do TCU sobre as agências reguladoras? *Revista Direito do Estado*, n. 476, ano 2021. Disponível em: http://www.direitodoestado.com.br/colunistas/eduardo-ferreira-jordao/quais-os-limites-das-competencias-do-tcu-sobre-as-agencias-reguladoras. Acesso em: 16 fev. 2022.

Se assim não for, prevê-se que o problema da insegurança jurídica que pairava sobre a regulação do setor, ponto crítico que tentou ser resolvido pelo Novo Marco Legal do Saneamento Básico, não será de uma vez por todas solucionado.

## 5 Considerações finais

Como já se afirmou, o intuito deste artigo é, em análise prospectiva, responder o que se deve esperar da relação entre a Agência Nacional de Águas e Saneamento Básico e o Tribunal de Contas da União após a edição da Lei Federal nº 14.026/2020, que instituiu o Novo Marco Legal do Saneamento Básico.

Isso porque, dentre suas disposições, o novo marco, de forma inédita, ampliou as atribuições dessa agência reguladora nacional para permitir-lhe a edição de normas de referência que devem ser observadas pelos titulares dos serviços de saneamento básico e pelas entidades reguladoras e fiscalizadoras locais quando da regulação desses serviços. A ANA passa a ser, então, no setor de saneamento básico, a reguladora das reguladoras.

Dado o ainda curto prazo de vigência da nova lei e a ausência de decisões jurisprudenciais que analisem exatamente a questão ora discutida, partiu-se do sólido conjunto de decisões proferidas pelo próprio TCU desde, pelo menos, 2004 sobre o tema da interação harmônica das esferas regulatória e controladora para se analisar os desdobramentos possíveis e esperados para a relação entre a ANA e o TCU ora discutida.

A metodologia de análise de conteúdo de decisões utilizada nesta investigação permitiu o exame de 22 (vinte e dois) acórdãos proferidos pela Corte de Contas da União que consubstanciam o entendimento do Tribunal sobre o tema. Da análise, concluiu-se que (i) o controle que os Tribunais de Contas podem exercer sobre as agências reguladoras deve ser de segunda ordem; (ii) esse controle encontra limites na deferência à esfera de discricionariedade conferida ao ente regulador pelo legislador, podendo os Tribunais intervir somente em caso de ilegalidade estrita; e (iii) a competência das Cortes de Contas resume-se na fiscalização da atuação das agências no exercício de suas atividades finalísticas, de forma a evitar que o controlador faça as vezes do regulador.

Diante do que se examinou, a conclusão e resposta ao questionamento que guiou toda a pesquisa parecem ser evidentes: o TCU deve nortear sua atuação, enquanto controlador externo, pelo mesmo entendimento que ele próprio consolidou ao longo dos anos.

Seria, de fato, óbvia a conclusão se estudos empíricos e a doutrina não apontassem para uma atuação prática da Corte de Contas da União que recorrentemente amplia, de forma indevida, suas competências, exorbitando sua esfera de atuação. Por isso, a necessidade de se afirmar mais uma vez aquilo que parece óbvio, como forma de garantir que o TCU atue para/com a ANA em linha com o entendimento que ele mesmo consolidou ao longo dos últimos anos.

## Referências

ACHKAR, Azor El. O controle externo operacional no saneamento básico. *Revista Técnica dos Tribunais de Contas – RTTC*, Belo Horizonte, ano 2, n. 1, p. 311-335, set. 2011.

BRASIL. Exposição de Motivos Interministerial nº 00184/2019/ME/MDR, de 8 de julho de 2019. *Arquivo da Presidência da República*, Brasília, DF.

BRASIL. Tribunal de Contas da União. *Acórdão nº 1.703/2004*. Plenário. Relator: Ministro Benjamin Zymler. Sessão de 03.11.2004. Disponível em: https://pesquisa.apps.tcu.gov.br/#/documento/jurisprudencia-selecionada/%2522compet%25C3%25AAncia%2520do%2520TCU%2522%2520%2522ag%25C3%25AAncias%2520reguladoras%2522/%2520/score%2520desc%252C%2520COLEGIADO%2520asc%252C%2520ANOACORDAO%2520desc%252C%2520NUMACORDAO%2520desc/11/sinonimos%253Dtrue. Acesso em: 10 fev. 2022.

BRASIL. Tribunal de Contas da União. *Acórdão nº 1.757/2004*. Plenário. Relator: Ministro Benjamin Zymler. Sessão de 10.11.2004. Disponível em: https://pesquisa.apps.tcu.gov.br/#/documento/jurisprudencia-selecionada/%2522compet%25C3%25AAncia%2520do%2520TCU%2522%2520%2522ag%25C3%25AAncias%2520reguladoras%2522/%2520/score%2520desc%252C%2520COLEGIADO%2520asc%252C%2520ANOACORDAO%2520desc%252C%2520NUMACORDAO%2520desc/9/sinonimos%253Dtrue. Acesso em: 10 fev. 2022.

BRASIL. Tribunal de Contas da União. *Acórdão nº 1.369/2006*. Plenário. Relator: Ministro Valmir Campelo. Sessão de 09.08.2006. Disponível em: https://pesquisa.apps.tcu.gov.br/#/documento/jurisprudencia-selecionada/%2522compet%25C3%25AAncia%2520do%2520TCU%2522%2520%2522ag%25C3%25AAncias%2520reguladoras%2522/%2520/score%2520desc%252C%2520COLEGIADO%2520asc%252C%2520ANOACORDAO%2520desc%252C%2520NUMACORDAO%2520desc/14/sinonimos%253Dtrue. Acesso em: 10 fev. 2022.

BRASIL. Tribunal de Contas da União. *Acórdão nº 200/2007*. Plenário. Relator: Ministro Valmir Campelo. Sessão de 28.02.2007. Disponível em: https://pesquisa.apps.tcu.gov.br/#/documento/jurisprudencia-selecionada/%2522compet%25C3%25AAncia%2520do%2520TCU%2522%2520%2522ag%25C3%25AAncias%2520reguladoras%2522/%2520/score%2520desc%252C%2520COLEGIADO%2520asc%252C%2520ANOACORDAO%2520desc%252C%2520NUMACORDAO%2520desc/7/sinonimos%253Dtrue. Acesso em: 10 fev. 2022.

BRASIL. Tribunal de Contas da União. *Acórdão nº 632/2007*. Plenário. Relator: Ministro Augusto Nardes. Sessão de 18.04.2007. Disponível em: https://pesquisa.apps.tcu.gov.br/#/documento/jurisprudencia-selecionada/%2522compet%25C3%25AAncia%2520do%2520TCU%2522%2520%2522ag%25C3%25AAncias%2520reguladoras%2522/%2520/score%2520desc%252C%2520COLEGIADO%2520asc%252C%2520ANOACORDAO%2520desc%252C%2520NUMACORDAO%2520desc/22/sinonimos%253Dtrue. Acesso em: 10 fev. 2022.

BRASIL. Tribunal de Contas da União. *Acórdão nº 2.138/2007*. Plenário. Relator: Ministro Benjamin Zymler. Sessão de 10.10.2007. Disponível em: https://pesquisa.apps.tcu.gov.br/#/documento/jurisprudencia-selecionada/%2522compet%25C3%25AAncia%2520do%2520TCU%2522%2520%2522ag%25C3%25AAncias%2520reguladoras%2522/%2520/score%2520desc%252C%2520COLEGIADO%2520asc%252C%2520ANOACORDAO%2520desc%252C%2520NUMACORDAO%2520desc/23/sinonimos%253Dtrue. Acesso em: 10 fev. 2022.

BRASIL. Tribunal de Contas da União. *Acórdão nº 602/2008*. Plenário. Relator: Ministro Benjamin Zymler. Sessão de 11.03.2008. Disponível em: https://pesquisa.apps.tcu.gov.br/#/documento/jurisprudencia-selecionada/%2522compet%25C3%25AAncia%2520do%2520TCU%2522%2520%2522ag%25C3%25AAncias%2520reguladoras%2522/%2520/DTRELEVANCIA%2520desc%252C%2520COLEGIADO%2520asc%252C%2520ANOACORDAO%2520desc%252C%2520NUMACORDAO%2520desc/20/sinonimos%253Dtrue. Acesso em: 10 fev. 2022.

BRASIL. Tribunal de Contas da União. *Acórdão nº 620/2008*. Plenário. Relator: Ministro Benjamin Zymler. Sessão de 11.03.2008. Disponível em: https://pesquisa.apps.tcu.gov.br/#/documento/jurisprudencia-selecionada/%2522compet%25C3%25AAncia%2520do%2520TCU%2522%2520%2522ag%25C3%25AAncias%2520reguladoras%2522/%2520/score%2520desc%252C%2520COLEGIADO%2520asc%252C%2520ANOACORDAO%2520desc%252C%2520NUMACORDAO%2520desc/12/sinonimos%253Dtrue. Acesso em: 10 fev. 2022.

BRASIL. Tribunal de Contas da União. *Acórdão nº 715/2008*. Plenário. Relator: Ministro Augusto Nardes. Sessão de 23.04.2008. Disponível em: https://pesquisa.apps.tcu.gov.br/#/documento/jurisprudencia-selecionada/%2522compet%25C3%25AAncia%2520do%2520TCU%2522%2520%2522ag%25C3%25AAncias%2520reguladoras%2522/%2520/score%2520desc%252C%2520COLEGIADO%2520asc%252C%2520ANOACORDAO%2520desc%252C%2520NUMACORDAO%2520desc/3/sinonimos%253Dtrue. Acesso em: 10 fev. 2022.

BRASIL. Tribunal de Contas da União. *Acórdão nº 1.131/2009*. Plenário. Relator: Ministro Aroldo Cedraz. Sessão de 27.05.2009. Disponível em: https://pesquisa.apps.tcu.gov.br/#/documento/jurisprudencia-selecionada/%2522compet%25C3%25AAncia%2520do%2520TCU%2522%2520%2522ag%25C3%25AAncias%2520reguladoras%2522/%2520/score%2520desc%252C%2520COLEGIADO%2520asc%252C%2520ANOACORDAO%2520desc%252C%2520NUMACORDAO%2520desc/16/sinonimos%253Dtrue. Acesso em: 10 fev. 2022.

BRASIL. Tribunal de Contas da União. *Acórdão nº 2.302/2012*. Plenário. Relator: Ministro Raimundo Carreiro. Sessão de 29.08.2012. Disponível em: https://pesquisa.apps.tcu.gov.br/#/documento/jurisprudencia-selecionada/%2522compet%25C3%25AAncia%2520do%2520TCU%2522%2520%2522ag%25C3%25AAncias%2520reguladoras%2522/%2520/score%2520desc%252C%2520COLEGIADO%2520asc%252C%2520ANOACORDAO%2520desc%252C%2520NUMACORDAO%2520desc/10/sinonimos%253Dtrue. Acesso em: 10 fev. 2022.

BRASIL. Tribunal de Contas da União. *Acórdão nº 210/2013*. Plenário. Relator: Ministro José Jorge. Sessão de 20.02.2013. Disponível em: https://pesquisa.apps.tcu.gov.br/#/documento/jurisprudencia-selecionada/%2522compet%25C3%25AAncia%2520do%2520TCU%2522%2520%2522ag%25C3%25AAncias%2520reguladoras%2522/%2520/score%2520desc%252C%2520COLEGIADO%2520asc%252C%2520ANOACORDAO%2520desc%252C%2520NUMACORDAO%2520desc/20/sinonimos%253Dtrue. Acesso em: 10 fev. 2022.

BRASIL. Tribunal de Contas da União. *Acórdão nº 402/2013*. Plenário. Relator: Ministro Raimundo Carreiro. Sessão de 06.03.2013. Disponível em: https://pesquisa.apps.tcu.gov.br/#/documento/jurisprudencia-selecionada/%2522compet%25C3%25AAncia%2520do%2520TCU%2522%2520%2522ag%25C3%25AAncias%2520reguladoras%2522/%2520/score%2520desc%252C%2520COLEGIADO%2520asc%252C%2520ANOACORDAO%2520desc%252C%2520NUMACORDAO%2520desc/25/sinonimos%253Dtrue. Acesso em: 10 fev. 2022.

BRASIL. Tribunal de Contas da União. *Acórdão nº 2.241/2013*. Plenário. Relator: Ministro José Mucio Monteiro. Sessão de 21.08.2013. Disponível em: https://pesquisa.apps.tcu.gov.br/#/documento/jurisprudencia-selecionada/%2522compet%25C3%25AAncia%2520do%2520TCU%2522%2520%2522ag%25C3%25AAncias%2520reguladoras%2522/%2520/score%2520desc%252C%2520COLEGIADO%2520asc%252C%2520ANOACORDAO%2520desc%252C%2520NUMACORDAO%2520desc/4/sinonimos%253Dtrue. Acesso em: 10 fev. 2022.

BRASIL. Tribunal de Contas da União. *Acórdão nº 2.314/2014*. Plenário. Relator: Ministro José Jorge. Sessão de 03.09.2014. Disponível em: https://pesquisa.apps.tcu.gov.br/#/documento/jurisprudencia-selecionada/%2522compet%25C3%25AAncia%2520do%2520TCU%2522%2520%2522ag%25C3%25AAncias%2520reguladoras%2522/%2520/score%2520desc%252C%2520COLEGIADO%2520asc%252C%2520ANOACORDAO%2520desc%252C%2520NUMACORDAO%2520desc/8/sinonimos%253Dtrue. Acesso em: 10 fev. 2022.

BRASIL. Tribunal de Contas da União. *Acórdão nº 2.071/2015*. Plenário. Relator: Ministro Vital do Rêgo. Sessão de 19.08.2015. Disponível em: https://pesquisa.apps.tcu.gov.br/#/documento/jurisprudencia-selecionada/%2522compet%25C3%25AAncia%2520do%2520TCU%2522%2520%2522ag%25C3%25AAncias%2520reguladoras%2522/%2520/score%2520desc%252C%2520COLEGIADO%2520asc%252C%2520ANOACORDAO%2520desc%252C%2520NUMACORDAO%2520desc/13/sinonimos%253Dtrue. Acesso em: 10 fev. 2022.

BRASIL. Tribunal de Contas da União. *Acórdão nº 644/2016*. Plenário. Relator: Ministro Walton Alencar Rodrigues. Sessão de 23.03.2016. Disponível em: https://pesquisa.apps.tcu.gov.br/#/documento/jurisprudencia-selecionada/%2522compet%25C3%25AAncia%2520do%2520TCU%2522%2520%2522ag%25C3%25AAncias%2520reguladoras%2522/%2520/score%2520desc%252C%2520COLEGIADO%2520asc%252C%2520ANOACORDAO%2520desc%252C%2520NUMACORDAO%2520desc/28/sinonimos%253Dtrue. Acesso em: 10 fev. 2022.

BRASIL. Tribunal de Contas da União. *Acórdão nº 2.121/2017*. Plenário. Relator: Ministro Bruno Dantas. Sessão de 27.09.2017. Disponível em: https://pesquisa.apps.tcu.gov.br/#/documento/jurisprudencia-selecionada/%2522compet%25C3%25AAncia%2520do%2520TCU%2522%2520%2522ag%25C3%25AAncias%2520reguladoras%2522/%2520/score%2520desc%252C%2520COLEGIADO%2520asc%252C%2520ANOACORDAO%2520desc%252C%2520NUMACORDAO%2520desc/5/sinonimos%253Dtrue. Acesso em: 10 fev. 2022.

BRASIL. Tribunal de Contas da União. *Acórdão nº 1.704/2018*. Plenário. Relator: Ministro Ana Arraes. Sessão de 25.07.2018. Disponível em: https://pesquisa.apps.tcu.gov.br/#/documento/jurisprudencia-selecionada/%2522compet%25C3%25AAncia%2520do%2520TCU%2522%2520%2522ag%25C3%25AAncias%2520reguladoras%2522/%2520/score%2520desc%252C%2520COLEGIADO%2520asc%252C%2520ANOACORDAO%2520desc%252C%2520NUMACORDAO%2520desc/15/sinonimos%253Dtrue. Acesso em: 10 fev. 2022.

BRASIL. Tribunal de Contas da União. *Acórdão nº 1.166/2019*. Plenário. Relator: Ministro Augusto Nardes. Sessão de 22.05.2019. Disponível em: https://pesquisa.apps.tcu.gov.br/#/documento/jurisprudencia-selecionada/%2522compet%25C3%25AAncia%2520do%2520TCU%2522%2520%2522ag%25C3%25AAncias%2520reguladoras%2522/%2520/score%2520desc%252C%2520COLEGIADO%2520asc%252C%2520ANOACORDAO%2520desc%252C%2520NUMACORDAO%2520desc/6/sinonimos%253Dtrue. Acesso em: 10 fev. 2022.

BRASIL. Tribunal de Contas da União. *Acórdão nº 435/2020*. Plenário. Relator: Ministro Augusto Nardes. Sessão de 04.03.2020. Disponível em: https://pesquisa.apps.tcu.gov.br/#/documento/jurisprudencia-selecionada/%2522compet%25C3%25AAncia%2520do%2520TCU%2522%2520%2522ag%25C3%25AAncias%2520reguladoras%2522/%2520/DTRELEVANCIA%2520desc%252C%2520COLEGIADO%2520asc%252C%2520ANOACORDAO%2520desc%252C%2520NUMACORDAO%2520desc/2/sinonimos%253Dtrue. Acesso em: 10 fev. 2022.

BRASIL. Tribunal de Contas da União. *Acórdão nº 1.947/2020*. Plenário. Relator: Ministro Bruno Dantas. Sessão de 29/07/2020. Disponível em: https://pesquisa.apps.tcu.gov.br/#/documento/acordao-completo/*/NUMACORDAO%253A1947%2520ANOACORDAO%253A2020/DTRELEVANCIA%2520asc%252C%2520NUMACORDAOINT%2520asc/2/%2520. Acesso em: 10 fev. 2022.

BRASIL. Tribunal de Contas da União. *Acórdão nº 3.251/2020*. Plenário. Relator: Ministro Raimundo Carreiro. Sessão de 02.12.2020. Disponível em: https://pesquisa.apps.tcu.gov.br/#/documento/jurisprudencia-selecionada/%2522compet%25C3%25AAncia%2520do%2520TCU%2522%2520%2522ag%25C3%25AAncias%2520reguladoras%2522/%2520/DTRELEVANCIA%2520desc%252C%2520COLEGIADO%2520asc%252C%2520ANOACORDAO%2520desc%252C%2520NUMACORDAO%2520desc/0/sinonimos%253Dtrue. Acesso em: 10 fev. 2022.

BOGÉA, Daniel. TCU e o aperfeiçoamento regulatório: como controlar sem se substituir ao regulador? *Revista Jota*, 11 de agosto de 2021. Disponível em: https://www.jota.info/opiniao-e-analise/colunas/controle-publico/tcu-e-o-aperfeicoamento-regulatorio-11082021. Acesso em: 17 fev. 2022.

CARVALHO FILHO, José dos Santos. *Manual de Direito Administrativo*. 33. ed. rev., ampl. e atual. Rio de Janeiro: Lumen Juris, 2019.

COELHO, Hamilton Antônio. O papel dos Tribunais de Contas na busca da efetividade do controle externo. *Revista do TCE/MG*, Belo Horizonte, v. 75, n. 2, p. 66-76, abr./jun. 2010.

DI PIETRO, Maria Sylvia Zanella. *Direito administrativo*. 32. ed. São Paulo: Atlas, 2019.

DUTRA, Pedro; REIS, Thiago. *O soberano da regulação*: o TCU e a infraestrutura. 1. ed. São Paulo: Singular, 2020.

FERRAZ, Luciano. *Controle e consensualidade:* fundamentos para o controle consensual da Administração Pública [TAG, TAC, SUSPAD, acordos de leniência, acordos substitutivos e instrumentos afins]. 2. ed. Belo Horizonte: Fórum, 2020.

GUERRA, Evandro Martins; CASTRO, Sebastião Helvecio Ramos de (coord.). *Controle Externo:* estudos temáticos. Belo Horizonte: Fórum, 2012.

GUSTIN, Miracy Barbosa de Sousa; DIAS, Maria Tereza Fonseca. *(Re)pensando a pesquisa jurídica*: teoria e prática. Belo Horizonte: Del Rey, 2002.

HAIKAL, Daniela Mello Coelho; AZEVEDO, Pedro Henrique Magalhães. Serviço público de saneamento básico e controle externo: impactos decorrentes das modificações introduzidas na Lei nº 11.445, de 2007, com a promulgação da Lei nº 14.026, de 2020. *In*: FORTINI, Cristiana; SALAZAR, Gabriela; MASSARA, Luiz Henrique Nery; CAMPOS, Marcelo Hugo de Oliveira [org.]. *Novo marco legal do saneamento básico*: aspectos administrativos, ambientais, regulatórios e tributários. Belo Horizonte: D'Plácido, 2021, p. 333-355.

JORDÃO, Eduardo Ferreira. Quais os limites das competências do TCU sobre as agências reguladoras? *Revista Direito do Estado*, ano 2021, n. 476, 4 fev. 2021. Disponível em: http://www.direitodoestado.com.br/colunistas/eduardo-ferreira-jordao/quais-os-limites-das-competencias-do-tcu-sobre-as-agencias-reguladoras. Acesso em: 16 fev.2022.

OLIVEIRA, Gustavo Justino de; FERREIRA, Kaline. A mediação e a arbitragem dos conflitos no setor de saneamento básico à luz da Lei Federal nº 14.026/2020. *In*: OLIVEIRA, Carlos Roberto de; GRANZIERA, Maria Luiza Machado [org.]. *Novo marco do saneamento básico no Brasil*. Indaiatuba: Editora Foco, 2021.

PEREIRA, Gustavo Leonardo Maia. *O TCU e a deferência ao regulador*: quando as aparências enganam. *Revista Jota*, 24 de abril de 2019. Disponível em: http://sbdp.org.br/wp/wp-content/uploads/2019/10/O-TCU-e-a-defer%C3%AAncia-ao-regulador-quando-as-apar%C3%AAncias-enganam-JOTA-Info.pdf. Acesso em: 13 fev. 2022.

PEREIRA, Gustavo Leonardo Maia. *O TCU e o controle das agências reguladoras de infraestrutura*: controlador ou regulador? Dissertação (Mestrado) – Curso de Mestrado em Direito da Escola de Direito de São Paulo da Fundação Getúlio Vargas – FGV, 2019.

PEREIRA, Gustavo Leonardo Maia. *Quando o TCU produz regras setoriais, o controlador substitui o regulador*. Revista Consultor Jurídico, 18 de abril de 2018. Disponível em: https://www.conjur.com.br/2018-abr-18/gustavo-pereira-quando-tcu-produz-ou-barra-regulacoes-especificas. Acesso em: 11 fev. 2022.

PEREIRA, Gustavo Leonardo Maia. TCU como regulador de segunda ordem. *Revista Migalhas*, 27 de novembro de 2018. Disponível em: https://www.migalhas.com.br/depeso/291733/tcu-como-regulador-de-segunda-ordem. Acesso em: 11 fev. 2022.

## ANEXO
## Acórdãos do TCU analisados neste capítulo e seus respectivos enunciados

1. Acórdão nº 1.703/2004: "A fiscalização do TCU, em processo de regulação, deve ser sempre de segunda ordem, sendo seu objetivo a atuação das agências reguladoras como agentes estabilizadores e mediadores do jogo regulatório, não devendo versar sobre esse jogo regulatório em si mesmo considerado".

2. Acórdão nº 1.757/2004: "O TCU possui competência para fiscalizar as atividades finalísticas das agências reguladoras, devendo atuar de forma complementar à ação dessas entidades no que concerne ao acompanhamento da outorga e da execução contratual dos serviços concedidos".

3. Acórdão nº 1.369/2006: "O TCU tem competência para emitir determinações à agência reguladora, tratando-se de matérias às quais a entidade está vinculada por disposições legais expressas ou inferidas a partir de interpretação sistemática do ordenamento jurídico. A atuação do TCU deve se dar de forma complementar à ação das entidades reguladoras no que concerne ao acompanhamento da outorga e da execução contratual dos serviços concedidos".

4. Acórdão nº 200/2007: "Em se tratando de atos discricionários de agência reguladora, o TCU se limita a recomendar a adoção de providências consideradas por ele mais adequadas".

5. Acórdão nº 632/2007: "Compete às agências criadas para o acompanhamento das atividades sujeitas a regulação pública resolverem autonomamente os problemas detectados em suas respectivas áreas de atuação. Cabe ao TCU o controle indireto do setor, voltado exclusivamente para a atuação do órgão regulador, sem prejuízo da responsabilização direta dos administradores do órgão ou entidade regulada que, exorbitando do controle e supervisão da agência competente, ou à sua revelia, tenham praticado irregularidade afeta a matéria de competência do Tribunal".

6. Acórdão nº 2138/2007: "No que tange ao acompanhamento de outorgas ou execução contratual de serviços públicos concedidos, a fiscalização exercida pelo TCU, nas atividades regulatórias, possui caráter de ancilaridade ao Poder Concedente. Trata-se de um controle de segunda ordem, cujos limites se estabelecem na esfera de discricionariedade conferida ao agente regulador".

7. Acórdão nº 602/2008: "O controle do TCU sobre os atos de regulação é de segunda ordem, na medida que o limite a ele imposto esbarra na esfera de discricionariedade conferida ao ente regulador. No caso de ato discricionário praticado de forma motivada e em prol do interesse público, cabe ao TCU, tão-somente, recomendar a adoção das providências que reputar adequadas. Não é suprimida a competência do Tribunal para determinar medidas corretivas a ato praticado na esfera de discricionariedade das agências reguladoras, desde que viciado em seus requisitos, a exemplo da competência, da forma, da finalidade ou, ainda, inexistente o motivo determinante e declarado. Em tais hipóteses e se a irregularidade for grave, pode até mesmo determinar a anulação do ato".

8. Acórdão nº 620/2008: "O controle exercido pelo Tribunal de Contas da União sobre a área-fim das agências reguladoras deve ser um controle de segunda ordem, vocacionado para exarar determinações apenas quando for constatada a prática de atos ilegais".

9. Acórdão nº 715/2008: "Na fiscalização das atividades-fim das agências reguladoras, o TCU não deve substituir-se aos órgãos que controla, nem estabelecer o conteúdo do ato de competência do órgão regulador, determinando-lhe a adoção de medidas, salvo quando verificar a ocorrência de ilegalidade ou de omissão da autarquia no cumprimento das normas jurídicas pertinentes".

10. Acórdão nº 1.131/2009: "Quando os atos irregulares praticados pelas agências reguladoras forem vinculados, caberá ao TCU realizar determinações com o objetivo de que sejam corrigidas as irregularidades detectadas. Na hipótese em que os atos são discricionários, o Tribunal deve realizar recomendações. Todavia, caso o ato discricionário contenha vício de ilegalidade, a Corte de Contas será competente para avaliá-lo e para determinar a adoção das providências necessárias ao respectivo saneamento, podendo, inclusive, determinar a sua anulação".

11. Acórdão nº 2.302/2012: "A fiscalização do TCU sobre as agências reguladoras é de segunda ordem, cabendo a estas a fiscalização de primeira ordem, bem como as escolhas regulatórias, e ao TCU verificar se não houve ilegalidade ou irregularidade na atuação dessas autarquias especiais".

12. Acórdão nº 210/2013: "Não compete ao TCU fiscalizar diretamente as empresas delegatárias de serviço público, mas sim examinar se o poder concedente fiscaliza de forma adequada a execução dos contratos celebrados, visto que entendimento contrário implicaria invasão

do TCU na seara de atuação das agências reguladoras, esvaziando a competência dessas entidades. Tratando-se da atividade-fim das referidas autarquias especiais, não deve o TCU se substituir à entidade controlada, tampouco estabelecer o conteúdo do ato de competência da agência, determinando-lhe a adoção de medidas, salvo quando for constatada ilegalidade ou omissão no cumprimento de normas jurídicas pertinentes".

13. Acórdão nº 402/2013: "Eventuais disfunções na atividade portuária devem, ao menos em um primeiro momento, ser resolvidas no âmbito da competência dos órgãos do setor portuário, especialmente a Secretaria Especial de Portos (SEP) e a Agência Nacional e Transportes Aquaviários (ANTAQ). Somente se forem verificados atos contrários ao Direito caberá ao TCU exigir a adoção das necessárias providências para o exato cumprimento do ordenamento jurídico".

14. Acórdão nº 2.241/2013: "A competência do TCU incide estritamente sobre a legalidade dos atos das agências reguladores, excluindo-se a possibilidade de formulação de determinações sobre matéria técnica de competência delas".

15. Acórdão nº 2.314/2014: "Ao exercer o controle externo das atividades finalísticas das agências reguladoras, o TCU deve atuar de forma complementar, exercendo uma fiscalização de segunda ordem, preservando ao máximo o âmbito de competência dessas entidades públicas".

16. Acórdão nº 2.071/2015: "A atuação do controle externo nas atividades finalísticas das agências reguladoras limita-se a fiscalização de segunda ordem, respeitando os limites de atuação e a autonomia funcional daquelas entidades, não cabendo ao TCU avaliar, em casos concretos específicos, a correção das normas editadas por entidades regulatórias".

17. Acórdão nº 644/2016: "O TCU pode determinar medidas corretivas a ato praticado na esfera de discricionariedade das agências reguladoras, desde que esse ato viole o ordenamento jurídico, do qual fazem parte os princípios da economicidade da Administração Pública e da modicidade tarifária na prestação de serviços públicos".

18. Acórdão nº 2.121/2017: "Não é da competência do TCU, em tese ou no caso concreto, aprovar ou reprovar TAC celebrado por agência reguladora, tampouco decidir sobre a opção regulatória adotada, sem prejuízo da sua prerrogativa de se posicionar quanto à legalidade e à legitimidade de cláusulas inseridas no acordo".

19. Acórdão nº 1.704/2018: "É possível a expedição de determinação pelo TCU para a correção de ato normativo elaborado por agência reguladora quando verificada ineficácia nas ações de regulação ou omissão no tratamento concedido à matéria sob sua tutela, sem que isso caracterize intromissão na autonomia funcional da agência, uma vez que é dever do Tribunal verificar se as agências estão a cumprir adequadamente seus objetivos institucionais, entre os quais o de fiscalizar e regular as atividades sob sua esfera de competência".

20. Acórdão nº 1.166/2019: "A competência do TCU para fiscalizar as atividades-fim das agências reguladoras caracteriza-se como controle de segunda ordem, cabendo respeitar a discricionariedade das agências quanto à escolha da estratégia e das metodologias utilizadas para o alcance dos objetivos delineados. Isso não impede, todavia, que o TCU determine a adoção de medidas corretivas a ato praticado na esfera discricionária dessas entidades, quando houver violação ao ordenamento jurídico, do qual fazem parte os princípios da finalidade, da economicidade e da modicidade tarifária na prestação dos serviços públicos".

21. Acórdão nº 435/2020: "O TCU pode determinar medidas corretivas a ato praticado na esfera de discricionariedade das agências reguladoras, desde que viciado em seus requisitos, a exemplo da inexistência do motivo determinante e declarado. Em tais hipóteses, se a irregularidade for grave, pode até mesmo determinar a anulação do ato".

22. Acórdão nº 3.251/2020: "O TCU pode determinar medidas corretivas a ato praticado na esfera de discricionariedade das agências reguladoras, desde que esse ato viole o ordenamento jurídico, do qual fazem parte os princípios da economicidade da Administração Pública e da modicidade tarifária na prestação de serviços públicos".

---

Informação bibliográfica deste texto, conforme a NBR 6023:2018 da Associação Brasileira de Normas Técnicas (ABNT):

BARBOSA, Bianca Rocha. O que se deve esperar da relação entre a ANA e o TCU no Novo Marco Legal do Saneamento Básico? Uma análise do exercício das atribuições do regulador e do controlador à luz da jurisprudência do Tribunal de Contas da União. In: DIAS, Maria Tereza Fonseca. *Lei de Diretrizes Nacionais para o Saneamento Básico*: reflexões acerca das alterações introduzidas pela Lei nº 14.026/2020. Belo Horizonte: Fórum, 2023. p. 99-127. ISBN 978-65-5518-528-7.

# REESTATIZAÇÃO DOS SERVIÇOS DE SANEAMENTO BÁSICO AO REDOR DO MUNDO: O BRASIL ESTÁ NA CONTRAMÃO?

**IVANICE MILAGRES PRESOT PASCHOALINI**

## Introdução

É inegável que a água, saúde e saneamento são essenciais para a vida e encontram proteção de forma expressa ou implícita na Carta Constitucional de 1988. Em 2010, a Organização das Nações Unidas – ONU reconheceu a água e o saneamento básico como direito humano, por intermédio da Resolução nº 64/262.

Apesar da fundamentalidade, no que se refere à água, mesmo sabendo da sua abundância no planeta, suficiente para atender as necessidades de toda a população humana e dos demais seres vivos, há mais de um bilhão de pessoas que não têm acesso a esse recurso em qualidade e quantidade suficientes para as suas necessidades vitais básicas (ONU, 2003). Tudo isso em razão de uma gestão precária da água no planeta.

Situação semelhante ocorre com o saneamento básico, em que cerca de 2,4 bilhões de pessoas no mundo não são atendidas com nenhum tipo deste importante serviço (ONU, 2003). No Brasil, segundo o Sistema Nacional de Informações sobre Saneamento (SNIS), estes números chegam a 35 milhões de brasileiros que não têm acesso à água tratada e 100 milhões não possuem coleta de esgoto (SNIS, 2020).

A tendência mundial nos últimos quinze anos tem sido no sentido de extinguir os contratos de concessão e parcerias público-privadas ou até mesmo de aquisição das ações disponíveis em bolsa de valores, de empresas privadas de capital aberto no setor do saneamento básico de maneira que a execução da prestação dos serviços, tão essenciais à existência humana, voltasse a ser pública.

Com o advento da Lei nº 14.026/2020, espera-se criar um ambiente regulatório mais seguro. Contudo, há necessidades de estruturação da Agência Nacional de Águas (ANA), em todos os sentidos, para que esta agência consiga efetivamente exercer este papel regulatório nas questões que envolvem o saneamento básico. Com isso, estima-se que a ANA seja capaz de estabelecer um patamar mínimo de qualidade a ser atingido por todos os prestadores dos serviços, sejam públicos ou privados, independente da região do país em que atuem.

Observando as últimas legislações vigentes sobre o saneamento básico no Brasil, notadamente a Lei nº 14.026/2020 e os Decretos nºs 10.588/2020 e 10.710/2021, vê-se que a opção político-legislativa é pela privatização do setor.

Sendo assim, este estudo buscou identificar e caracterizar quais cidades passaram pelo processo de reestatização ou remunicipalização dos serviços de água e esgotamento sanitário retratados no quadro 1; e ainda aquelas que estão no decorrer deste processo, que foram identificadas no quadro 2; o levantamento foi feito a partir de dados secundários, iniciando a coleta a partir dos dados do Transnational Institute (TNI), que é um instituto internacional de pesquisa e defesa comprometido com a construção de um planeta justo, democrático e sustentável, com sede em Washington DC, há mais de 40 anos, e em sequência utilizou-se o processo de amostragem por saturação, a partir dos artigos científicos e livros acadêmicos indicados além da complementação dos dados a partir dos sítios oficiais das prefeituras das cidades dos casos que foram relatados e outros artigos científicos e literatura específica. Pode-se dizer, portanto, que sua natureza é diagnóstica e descritivo-compreensiva.

A partir dos resultados encontrados desenvolveram-se as avaliações e projeções para o Brasil após o Novo Marco Legal do Saneamento Básico, constatando-se que o Brasil está na contramão do mundo.

# 1 A reestatização ao redor do mundo

## 1.1 Conceituação

Analisando as tendências mundiais sobre os serviços de saneamento básico, especificamente tratando-se dos serviços de água e esgotamento sanitário, percebe-se cada vez mais um crescente movimento de retorno dos serviços privados aos entes públicos, de maneira que o Estado seja não só o responsável, mas também o executor direto dos serviços que envolvem saneamento básico.

De acordo com Houaiss (2009), privatizar é realizar a aquisição ou incorporação de empresa do setor público por empresa privada; colocar sob o controle de empresa particular a gestão de bem público. O antônimo é estatizar, tornar estatal, colocar sob o domínio do Estado. Sendo assim, quando o serviço volta a ser público diz-se que é reestatizado, pode-se utilizar de forma mais específica, dizendo respeito ao estado-membro, como sendo estadualizado e quando se refere ao município, voltando o serviço a ser público no município como sendo remunicipalizado. Daí por que se pode utilizar os termos reestatização, em sentido amplo, ou remunicipalização, em sentido estrito, já que, no Brasil, a titularidade da prestação dos serviços de saneamento básico é dos municípios ou das regiões metropolitanas. O sentido denotativo trazido pelo verbo privatizar alcança, do ponto de vista jurídico, o conceito amplo de privatização, já que engloba toda e qualquer transferência da prestação dos serviços ao ente privado como sendo privatização.

No ordenamento jurídico brasileiro, somente a transferência definitiva é nomeada como a privatização propriamente dita. As demais transferências provisórias ou temporárias são efetuadas através de contratos de concessão comum ou de parcerias público-privadas. Nestes dois últimos casos, não se reconhece uma desresponsabilização do Estado, contudo há uma mercantilização dos serviços essenciais.

Seguem as palavras de Emanuelle Lobina sobre as definições e o entendimento sobre o processo de remunicipalização:

> A remunicipalização refere-se ao retorno dos serviços de abastecimento de água e saneamento anteriormente privatizados para o âmbito público. Mais precisamente, a remunicipalização é a passagem dos serviços de água privatizados, em qualquer uma de suas várias formas – incluindo a, terceirização de serviços e parcerias público-privadas (PPPs) – para a propriedade pública plena, com gestão e controle democrático. De fato, concessões, contratos de arrendamento, outras PPPs e privatização são a

mesma coisa: todos esses termos referem-se à transferência do controle de gestão para o setor privado, em vários graus. A privatização da água e as PPPs são igualmente problemáticas, e seus problemas são profundos. Isso explica por que a remunicipalização normalmente ocorre após os governos locais rescindirem contratos privados insatisfatórios ou não os renovarem após o vencimento.[1]

Pode-se abstrair dessa citação que a intenção do autor foi considerar a privatização em sentido amplo, ou seja, dizendo respeito tanto à privatização quanto às concessões e às parcerias público-privadas.

Quando se aborda a concepção de reestatização ou remunicipalização, depara-se com um processo contemporâneo, recente, emergente e, de fato, sem qualquer possiblidade de previsão, seja no contexto histórico, seja no contexto legal. Trata-se de um fator marcante mundialmente apto a redesenhar a forma como se trata a água – enquanto recurso natural e bem comum – e o saneamento.

Reestatizar ou remunicipalizar pode ser um verdadeiro imbróglio. Trata-se de processos demorados, que exigem muitas fases de negociação, que envolvem altos custos para o ente público. No entanto, não se pode perder de vista que, quando envolvem direitos fundamentais, a prestação dos serviços deve ter como objetivo, para além da prestação do serviço propriamente dita, a diminuição das desigualdades sociais na busca por uma sociedade cada vez mais livre, justa e solidária, conforme preleciona a Constituição de 1988.

A remunicipalização dos serviços de água e esgotamento sanitário em várias cidades do mundo se deu de diversas formas. Em Berlim, na

---

[1] *Remunicipalisation refers to the return of previously privatised water supply and sanitation services to public service delivery. More precisely, remunicipalisation is the passage of water services from privatisation in any of its various forms – including private ownership of assets, outsourcing of services, and public-private partnerships (PPPs) – to full public ownership, management and democratic control. Indeed, concessions, lease contracts, other PPPs, and water privatisation are one and the same thing: all these terms refer to the transfer of management control to the private sector, at various degrees. Water privatisation and PPPs are equally problematic, and their problems are deep-sea-ted. This explains why remunicipalisation typically occurs after local governments terminate unsatisfactory private contracts or do not renew them after expiry.*
LOBINA, Emanuele (2018). The necessity of wickedness and the possibilities of participation: Reframing dilemmas on water planning between conceptual fuzziness and real-world practice. University of Greenwich. First published as LOBINA, E. A necessidade de insolubilidade e as possibilidades de participação. *In*: HELLER, L.; AGUIAR, M.; REZENDE, S. (ed.) *Participação e controle social em saneamento básico*: conceitos, potencialidades e limites. Belo Horizonte: UFMG Editora, 2016, p. 51-73. Disponível em: http://gala.gre.ac.uk/14984/7/14984_LOBINA_The_Necessity_of_Wickedness_and_the_Possibilities_of_Participation_2018.pdf. Acesso em: 10 ago. 2021.

Alemanha, a privatização da empresa de água ocorreu em 1999 e em 2012 houve a aquisição da empresa pelo município. Na França, país historicamente dependente dos serviços privados para o abastecimento de água potável, houve na cidade de Paris uma transição mais tranquila dos serviços para a cidade. No Brasil, há sete formas de extinção dos contratos de concessão ou de parcerias público-privadas, definidas por Ribeiro (2011), quais sejam:

> Há basicamente sete casos de extinção de contrato de concessão comum ou PPP, que são os seguintes:
> i) término do prazo do contrato;
> ii) encampação, que é a forma de extinção prematura do contrato de concessão comum ou PPP, por decisão política;
> iii) caducidade, que ocorre por iniciativa da Administração no caso de descumprimento relevante do contrato pelo parceiro privado;
> iv) rescisão, que ocorre por iniciativa do parceiro privado, no caso de descumprimento relevante do contrato pela Administração Pública;
> v) anulação, para o caso de contrato inválido, seja por vícios no processo da sua celebração ou no seu conteúdo;
> vi) ocorrência de caso fortuito ou de força maior, regularmente comprovada, impeditiva da execução do Contrato;
> vii) falência ou extinção da empresa concessionária.[2]

De forma bastante resumida em relação ao cenário global, passa-se à descrição de quatro casos de remunicipalização ocorridos ao redor do mundo, selecionados por conta da repercussão internacional de retomada dos serviços para o controle estatal, apontando também a lista completa dos municípios que já concluíram o processo de reestatização e contam com a prestação pública dos serviços de saneamento básico, que se encontra ao final deste tópico (quadro 1).

## 1.2 As reestatizações realizadas

Quando se constata que diversos e importantes municípios pelo mundo afora questionam suas prestações de serviço público por empresas privadas em razão da ausência de melhoria da qualidade dos serviços e aumento dos custos da prestação, percebe-se a opção política

---

[2] RIBEIRO, Maurício Portugal. *Concessões e PPPs*: melhores práticas em licitações e contratos. São Paulo: Atlas, 2011, p. 172.

e social pela prestação direta dos serviços pelo Estado como forma de efetivação dos direitos fundamentais, razão de ser da sua existência.

A estes pequenos desarranjos o Direito denomina concausas, são causas acessórias ou indiretas que somadas podem culminar na caducidade ou encampação dos contratos pelo ente público.

### 1.2.1 O caso de Berlim

Preliminarmente, torna-se necessária uma breve explanação sobre a organização político-administrativa alemã, importante para compreender os eventos de privatização e reestatização dos serviços de saneamento básico, referentes ao fornecimento de água e esgotamento sanitário, que ocorreram em Berlim.

A República Federal da Alemanha é estruturada como Estado Federal e uma democracia parlamentar. Sendo assim, o presidente (*Bundespräsident*) é o chefe de Estado e o Chanceler (*Bundeskanzler*) o chefe de governo. O Poder Legislativo federal possui duas casas: o *Bundestag* (câmara baixa, com deputados federais eleitos pelos cidadãos) e o *Bundesrat* (câmara alta, com representantes dos estados). O Poder Judiciário tem como instância máxima o Tribunal Constitucional Federal (*Bundesverfassungsgericht*).[3] A organização política dos estados e municípios alemães replica o que ocorre na esfera federal, quanto ao sistema parlamentarista, de maneira que os prefeitos e governadores são escolhidos pelas assembleias legislativas e pelas câmaras municipais e não pelo voto direto dos eleitores.

No sistema político alemão, pode-se compreender o Senat das cidades-estado como sendo os parlamentos das três cidades com *status* de estado (Berlim, Bremen e Hamburgo). Também as duas turmas do Tribunal Constitucional Federal (*Bundesverfassungsgericht*) são, em alemão, chamadas de Senat.

Acerca da competência político-administrativa dos municípios, no intuito de trazer maior compreensão para o tema do saneamento básico, parecem adequadas as palavras de Meyer:

> Ao governo municipal, considerado quase que verdadeira subdivisão administrativa do Estado-membro, compete os assuntos mais importantes para o cidadão, tais como o fornecimento de água e energia, serviço de

---

[3] Disponível em: www.dw.com. Acesso em: 31 jul. 2021.

coleta de lixo, trabalho para jovens, educação e lazer. Conforme dito anteriormente, é um tanto peculiar esse nível de estrutura político-administrativa na Alemanha, porém neste estudo apenas apontaremos sua existência e algumas singularidades.[4]

A privatização da empresa pública *Berliner Wasserbetriebe de Berlim* (BWB), na Alemanha, teve início em 1994, com a abertura de capital sob o regime de direito privado, através de uma iniciativa do Senat de Berlim. Em 1999, o prefeito Eberhard vendeu 49,9% da BWB por DM 3,3 bilhões (€ 1,69 bilhão) em ações iguais para as empresas RWE Aqua Ltd. e Vivendi Environment, que posteriormente tornou-se Veolia. O processo que levou à privatização foi extremamente criticado por ser antidemocrático e secreto.[5]

Em 2004, após aumentos bruscos de preços das tarifas, e a organização social formada a partir da inspiração da 'guerra da água' na Bolívia dá origem, em 2006, ao *Berliner Wassertisch*, que é uma rede local de representantes de diferentes grupos, iniciativas e cidadãos interessados que se reuniram sob o tema comum: "A água é de todos nós – a água é um direito humano." Do ponto de vista jurídico não era possível exigir remunicipalização, mas foi lançada uma campanha para que os contratos secretos fossem divulgados e deixassem de existir.

Em fevereiro de 2011, na fase final do referendo popular, 666.235 berlinenses votaram a favor da proposição "Os berlinenses querem sua água de volta". Apesar das tentativas do Senat de obstruí-lo, este referendo foi o primeiro referendo popular bem-sucedido em Berlim e é amplamente reconhecido como um grande sucesso para a democracia.

Diante da manifestação popular, com uma mudança considerável no cenário político, o governo local se viu obrigado a promover a remunicipalização. Para tanto, foi criada uma comissão especial parlamentar de contratos de água (*Sonderausschuss aufgrund Art. 3 des "Volksgesetzes"*). O Senat então argumentou que a única opção para a remunicipalização seria adquirir novamente a empresa, uma alternativa bem cara e que sequenciou uma série de debates públicos em torno da melhor forma de desprivatizar a BWB. O Senat negociou a aquisição

---

[4] MEYER, Lucia Luz. Noções básicas sobre a atual organização político-administrativa da República Federal da Alemanha. Ensaio comparativo com o Brasil. Disponível em: https://jus.com.br/artigos/14257. Acesso em: 20 ago. 2021.

[5] KLAUS, Lanz; KERSTIN, Eitner (2005). WaterTime case study – Berlin, Germany. WaterTime. Disponível em: http://www.watertime.net/docs/WP2/D12_Berlin.doc. Acesso em: 9 ago. 2021.

das ações, indiscutivelmente caras da RWE por € 618 milhões em 2012 e das ações da Veolia por € 590 milhões em 2013.

De acordo com o Trasnational Institute, apesar da mudança de propriedade ter sido favorável, não houve qualquer reorganização formal da concessionária. O pagamento às empresas foi financiado por um empréstimo de 30 anos, que será reembolsado com tarifas pagas pelos usuários da água.

Em novembro de 2013, o Conselho da Água de Berlim foi fundado como um fórum aberto "para todos que desejam se envolver no planejamento e implementação deste novo *Wasserbetriebe Berliner* sob o controle dos cidadãos". Além disso, uma Carta da Água de Berlim[6] foi elaborada pelo BWT em 2013, como um meio de propor e discutir princípios políticos, econômicos, ecológicos e legais para uma nova empresa pública de água nas mãos dos cidadãos. O período após a recompra é uma fase particular do processo de remunicipalização.

A Alemanha é notadamente um dos países mais democráticos do mundo e seus cidadãos extremamente politizados. Ainda assim, passa por experiências antidemocráticas e de falta de transparência, contudo restou claro que a formulação e implementação de políticas públicas principalmente no Senat de Berlim devem contar com a participação social e culminarem na democratização do tema.

### 1.2.2 Os casos de Paris e de Lyon

Historicamente, a França é um dos países da Europa que mais delegou os serviços de fornecimento de água potável a empresas privadas, desde o século XIX. Mais recentemente, a privatização dos serviços de água teve seu início em Paris em janeiro de 1985, quando foram contratadas duas empresas transnacionais por 25 anos, divididas ao norte e sul do rio Sena, quais sejam: à margem direita, norte do rio Sena, foi terceirizada com a *Compagnie des Eaux de Paris*, criada em 1778, enquanto a margem esquerda foi terceirizada com a *Eau et Force*, subsidiária da *Suez-Lyonnaise des Eaux*.

Em 1987, a produção de água e o mecanismo de controle das duas empresas privadas responsáveis pelo abastecimento também foram parcialmente privatizados com a criação de uma sociedade de

---

[6] A integralidade da Carta da Agua de Berlim, Berliner Wasser Charta, Stand 03.09.2013, disponível em: http://berliner-wassertisch.net.

economia mista, SAGEP – *Société Anonyme de Gestion des Eaux de Paris*. Um contrato de terceirização foi assinado entre Paris e a SAGEP, cujo capital era detido 70% (setenta por cento) pela cidade, 28% (vinte e oito por cento) pela Veolia e Suez, cada qual possuindo 14% (catorze por cento) e 2% pela *Caisse des Dépôts et Consignations*, um banco de investimento público nacional. No entanto, fica evidente a existência de um conflito de interesses, já que a empresa de gestão deveria controlar as atividades das empresas privadas.

Importante esclarecer que a coleta de águas residuais permaneceu integralmente pública, administrada pela *Section de l'assainissement de Paris*, enquanto as operações de transporte e purificação eram e ainda são realizadas pelo *Syndicat interdépartemental pour l'assainissement de l'agglomération parisienne*, também um organismo público que envolve cidades vizinhas.

A cidade também começou a perder o controle sobre o conhecimento técnico do sistema de modo que nenhuma avaliação patrimonial da rede de abastecimento havia sido realizada antes da privatização e as autoridades ficaram totalmente dependentes das empresas privadas para obter informações sobre o estado da rede.

De acordo com Anne Le Strat, (2013), o período envolvendo 2001 a 2009 foi determinante para o processo de remunicipalização do serviço de fornecimento de água. O prefeito eleito em 2001, Bertrand Delanoë, publicou um comunicado sobre a necessidade de assumir o controle dos serviços de água da cidade e elaborar um planejamento para que o controle das competências relevantes fosse recuperado. Tão logo as funções públicas foram assumidas percebeu-se que a capacidade de controlar o serviço prestado pelas empresas privadas "era severamente limitada e que a opacidade financeira era absoluta", nas palavras de Anne Le Strat, à época vice-prefeita de Paris e nomeada diretora geral da *Société Anonyme de Gestion des Eaux de Paris*, foi também a primeira presidente da empresa pública municipal, *Eau de Paris*.

No que tange às tarifas de água aumentaram maciçamente, em mais de 265% (duzentos e sessenta e cinco por cento) entre 1985 e 2009, com atualizações automáticas de tarifas a cada três meses; em contraste, a inflação aumentou aproximadamente 70% (setenta por cento) no mesmo período. Esse aumento gerou fortes indícios de que as taxas de lucro estivessem excessivamente altas para as duas empresas.

De acordo com diversas auditorias, dentre elas técnicas, jurídicas e financeiras para avaliar a rescisão antecipada do contrato, concluiu-se que seria menos prejudicial aguardar seu termo. O banco de investimento nacional francês CDC adquiriu as ações da Veolia e Suez da *Société Anonyme de Gestion des Eaux de Paris*, após deliberação do conselho municipal. Em 2008, o referido banco comprou mais 30% (trinta por cento) das ações, de maneira que a empresa se tornou integralmente pública e municipal.

Ao final de 2008, a Câmara Municipal de Paris votou para que todo o sistema de água, desde a proteção dos recursos ao usuário final, fosse operado por uma entidade pública unificada a partir de 1º de janeiro de 2010, ratificando, assim, a remunicipalização do serviço.

A *Eau de Paris* iniciou suas atividades de operação dos sistemas de água de Paris na data acordada sem qualquer divergência no atendimento aos usuários finais. Os seus gestores/diretores são nomeados pela Câmara Municipal. O conselho é o órgão máximo da organização e inclui um presidente, 10 membros do Conselho Municipal, dois representantes da equipe e cinco pessoas 'qualificadas', incluindo dois especialistas em água e saneamento, uma ONG ambiental, uma organização de consumidores e um membro do *Observatoire Municipal de l'Eau* (Observatório Municipal da Água).

A natureza jurídica da *Eau de Paris*, por sua vez, tem *status* de entidade pública de caráter industrial e comercial (*établissement public à caractère industriel et commercial* ou EPIC),[7] tem uma personalidade jurídica separada da municipalidade de Paris, autonomia orçamentária que permite, por exemplo, ter seu próprio corpo de funcionários sem ter que recrutá-los entre os funcionários da municipalidade.

Na fase de transição, segundo Anne Le Strat, (2013), os prazos foram cumpridos conforme preestabelecidos e os resultados financeiros muito satisfatórios, já que houve uma economia de aproximadamente 15% (quinze por cento) no primeiro ano e as tarifas de água foram reduzidas em 8% no ano seguinte. A *Eau de Paris* conseguiu promover a integração das partes fragmentadas do sistema de consumo de água, possibilitando uma organização e planejamento mais eficiente, eficaz

---

[7] EPIC (*Établissement Public à Caractère Industriel et Comercial*) é uma pessoa coletiva de direito público cujo objetivo é a gestão de uma atividade de serviço público de natureza industrial e comercial. Essa figura institucional foi criada em prol da eficiência e do controle de setores sensíveis, cujo funcionamento adequado é essencial. Os EPICs foram criados para atender a uma necessidade que poderia ser fornecida por uma empresa industrial ou comercial, mas que, dadas as circunstâncias, não pode ser adequadamente executada por uma empresa privada, nem sujeita a concorrência. Informações obtidas no sítio oficial da Prefeitura de Paris: https://www.paris.fr/municipalite. Acesso em: 30 jul. 2021.

e de longo prazo, bem como instituindo novamente as atividades de proteção de recursos hídricos, pesquisa, inovação e conscientização.

Em entrevista realizada por Britto[8] com o atual diretor geral da *Eau de Paris*, Benjamin Gestin, pode-se extrair alguns pontos bastante relevantes. O entrevistado aponta como sendo as principais motivações para a remunicipalização dos serviços de água a retomada do controle dos serviços e o fato de que a água é considerada um bem comum, essencial e vital e que por isso deve ser acessível a todos.

Outro ponto de questionamento foi sobre a regulação dos serviços e a fixação das tarifas e seus critérios. Nas palavras de Benjamin Gestin ele esclarece que não existe a figura do regulador e explica que isso acontece porque

> ... não existe privatização completa como no modelo "à inglesa". O que há é uma delegação da prestação, um controle pela legislação que passa pelas diferentes autoridades públicas, a partir do Estado. São os Ministérios que vão estabelecer as normas de regulação e controlar a sua aplicação: o Ministério da Saúde, com relação à qualidade sanitária da água; o Ministério do Meio Ambiente que vai tratar da qualidade dos recursos hídricos e controlar a quantidade de água captada no meio natural.

No que tange à fixação das tarifas e seus critérios, o entrevistado afirma que o Conselho de Administração de *Eau de Paris* fixa anualmente as tarifas, que são previamente aprovadas e validadas pelo prefeito, deixando evidente que se trata de um assunto de caráter bastante político.

Questionado sobre como a declaração pela ONU da água e do esgotamento sanitário como direito humano é considerada pela *Eau de Paris* e pela prefeitura na prestação do serviço e sobre como é abordado o problema das populações consideradas vulneráveis no que diz respeito ao abastecimento com água potável, especialmente considerando que a gestão do abastecimento de água é um assunto político, vale a transcrição na íntegra:

> ... Esse tema é abordado de diferentes maneiras. A primeira é que desde sua criação Eau de Paris não executa corte de água para os usuários

---

[8] Profª. Drª. Ana Lucia Britto, pesquisadora do Observatório das Metrópoles e coordenadora de projetos do Observatório Nacional dos Direitos à Água e ao Saneamento (ONDAS), realizada em 15.08.2019, disponível em: www.observatoriodasmetropoles.net.br. Acesso em: 6 ago. 2021.

habitacionais, entendendo que o acesso à água para uso doméstico é uma questão vital. Em termos de assistência, existe um certo número de dispositivos sociais que nos permitem contribuir de forma bastante significativa à garantia do direito à água, para que todos os usuários de Paris possam ter acesso. Vou citar alguns. O primeiro é a tarifa mais baixa de todo o Departamento de Île de France. O preço é bastante acessível, mesmo para as famílias mais modestas. O valor da tarifa baixou 8% desde quando foi feita a municipalização. O valor das tarifas, depois de 10 anos, ficou 20% mais barato do que o das tarifas praticadas pelos operadores privados. Segundo, a Eau de Paris contribui com 500 mil euros por ano para o Fundo de Solidariedade para a Habitação, que é o programa social no qual se inscrevem as famílias que têm necessidade de um auxílio do Estado para garantir a moradia, e este valor vai subsidiar as tarifas dessas famílias. Em terceiro lugar, para as pessoas que estão em situação de grande precariedade, e eu me refiro sobretudo aos moradores de rua e aos refugiados que nesse momento são muito numerosos em Paris, o acesso à água se faz por uma rede de fontes públicas que tem uma enorme densidade (1200 fontes mais 40 recém criadas) e é gerida por Eau de Paris, de forma que haja acesso à água em todos os lugares. Em situações muito particulares, como uma concentração de moradores de rua ou de imigrantes, nós levamos e instalamos um sistema com várias torneiras que permite às pessoas terem acesso à água para beber e para sua higiene pessoal. Nós temos também uma política para as famílias modestas que estejam em habitações sociais ou em habitações particulares para auxiliá-los a economizar água, ajudá-los recorrer aos instrumentos de assistência social de que elas necessitam e a lhes informar sobre a qualidade da água potável disponibilizada. Essa política foi formulada porque nos demos conta de que muitas das pessoas que não consomem a água diretamente da torneira, porque não confiam na sua qualidade, são das categorias de renda mais modestas, e não têm o mesmo nível de informação que as outras. Essa política é colocada em prática em parceria com associações da sociedade civil de apoio social, de educação e inserção.

Quando foi questionado sobre se o exemplo de Paris foi seguido por outras municipalidades francesas e se a remunicipalização de serviços públicos de abastecimento de água é uma tendência na França e na Europa, Benjamin Gestin destaca que a onda de remunicipalização na França e na Europa começou antes e esclarece todavia que o que Paris fez, em razão da sua fama de ser uma cidade símbolo, uma cidade forte, foi acelerar e intensificar essa onda, que, desde então, tem tido forte repercussão na França, em diferentes cidades, como Montepellier e Nice. Benjamin Gestin diz:

... Nice é um exemplo que eu gosto de mencionar porque é uma cidade rica e com governos de direita. O prefeito, de um partido de direita, Christian Estrosi, compreendeu como Bertrand Delanoe, antigo prefeito de Paris, que ele não tinha controle sobre os serviços de abastecimento de água. Os serviços foram retomados da empresa privada Veolia e foi criada em 2014 a Eau d'Azur, empresa pública que atende toda a Região Metropolitana de Nice (42 municípios). Esse movimento de retomada do serviço público também se reflete na Europa. É possível observá-lo por meio de uma Associação que se chama Acqua Publica Europea. Um outro exemplo que pode ser citado é Budapeste que também é uma grande cidade. É um movimento que ocorre, com debate bastante forte em Barcelona e em outras cidades da Catalunha e da Espanha. Este debate também se coloca hoje na Grã-Bretanha que é o país e que foi mais longe no movimento de privatização. Os debates atuais são bastante interessantes, notadamente entre a oposição ao governo nacional.

Daí pode-se concluir que um fato marcante sobre a remunicipalização das águas de Paris é que foi um movimento altamente político realizado com pouca pressão ou participação pública, ao contrário do caso de Berlim, em que a sociedade organizada, se utilizando da sua democracia participativa, manifestou publicamente seus anseios por uma gestão pública da água. As auditorias numerosas e detalhadas, comprovando que haveria economia financeira, certamente foi o que convenceu o prefeito à época a apoiar a causa.

Passando à narração do caso de Lyon, ainda com base nos dados obtidos através do Trasnacional Institute, cumpre destacar que Lyon é a segunda maior cidade da França, a gestão privada da água se dá desde 1853, quando a *Compagnie Générale des Eaux* foi fundada para fornecer água à cidade de Lyon. Posteriormente, esta companhia foi absorvida pelo conglomerado Vivendi e se separou novamente em 2003 sob o nome de Veolia Environnement. Esta, por sua vez, assumiu operações em vários países em todo o mundo.

Num passado recente, Lyon teve o serviço de água privatizado em uma *joint-venture* entre a Veolia e a Suez Environnement desde 1986, divididas com 85% (oitenta e cinco por cento) e 15% (quinze por cento) das ações, respectivamente. O alto preço da água, o baixo desempenho e o suposto lucro excessivo das companhias têm sido fortemente criticados como em muitos contratos semelhantes de grande escala na França. O preço da água em Lyon é considerado o terceiro mais caro da França, depois de Marselha e Toulon, enquanto o preço do saneamento, que sempre foi administrado diretamente pela cidade por meio de uma *régie*, é um dos mais baixos do país.

Fator especialmente curioso para o caso de Lyon é que o contrato assinado em 1986 não foi precedido de licitação e era aumentado anualmente sem qualquer conexão com as despesas reais das operadoras nem vinculação de melhorias nas redes nem renovação dos equipamentos.

Em 2008, foi criada uma "comissão de conciliação" para renegociar os termos do contrato de água e, em particular, para acordar uma redução nas tarifas de água, somente alcançando um aumento menor em comparação com o ano anterior. Sem muita perspectiva de retorno dos serviços ao município.

Em 2014, o contrato foi renovado pelo período de oito anos somente com a empresa Veolia. O conselho da Grande Lyon afirma ter conseguido impor um corte adicional de 24 por cento nas tarifas de água, bem como metas mais rígidas para a redução do vazamento de água e, supostamente, maior controle público e transparência financeira graças à criação da subsidiária *Eau du Grand Lyon*, com orçamento próprio para administrar a água de Lyon. Este foi o passo precursor importante para que se obtivesse controle e conhecimento do fornecimento da água em Lyon.

De acordo com o último contrato assinado em 2015, a Veolia foi responsável pela gestão da água na área da grande Lyon sob um mandato de serviço público no valor de mais de € 90 milhões por ano.

Em dezembro de 2020, o Conselho Metropolitano de Lyon decidiu não renovar o contrato da Veolia novamente. A água ganhou *status* de bem comum, sendo garantida mais proteção a este recurso já escasso, e a gestão será pública, realizada pela municipalidade. Dessa forma, a partir de janeiro de 2023 a gestão da água será realizada pela municipalidade na Grande Lyon.

A mudança de paradigma político-administrativo a respeito dos serviços de saneamento básico na França teve envolvimento com a conscientização dos grupos políticos de que a água é um bem comum, um direito humano e que como tal deve ser administrado e controlado pelo poder público.

Dentre as previsões de extinção das concessões, no ordenamento jurídico brasileiro, Paris e Lyon encerraram seus contratos aguardando o termo final, de forma bastante estratégica já que, assim, evitaram-se os pagamentos de multas contratuais por rescisão antecipada.

### 1.2.3 O caso de Buenos Aires

Uma breve análise histórica possibilitará uma melhor compreensão sobre a prestação dos serviços de saneamento na Argentina, especificamente no caso de Buenos Aires. Em 1880, foram instaladas as primeiras obras de saneamento básico na capital argentina pela Comissão Nacional de Obras de Salubridade, que em pouco tempo foi renomeada como Obras Sanitárias da Nação (OSN).

De 1880 até 1945, a OSN foi responsável pela construção e prestação dos serviços de saneamento como órgão governamental, mas os serviços eram prestados por empresas privadas de capital inglês. Durante 35 anos, no período de 1945 a 1980, a OSN esteve desvinculada do Ministério de Obras Públicas e Transporte da Nação.

A partir de 1988, o SNAP transforma-se no Conselho Nacional de Água Potável e Saneamento (COFAPyS), com a finalidade de gestão de financiamentos para a infraestrutura do saneamento em todo o território nacional. Em 1989, a Lei nº 23.696/89 declara que o saneamento básico no país se encontrava em estado de emergência, fazendo-se necessária, então, uma reforma do Estado, estabelecendo o "marco legal" para o setor, no intuito de privatizar em todo o país sua prestação de serviços.

O COFAPyS acompanhou todo o processo de implantação de financiamentos do BID e do Banco Mundial pelo chamado PRONAPAC, que representou um avanço na concepção de projetos a serem financiados no setor de saneamento.

No ano de 1995, a Lei nº 24.583 pôs fim ao COFAPyS, dando lugar ao *Ente Nacional de Obras Hídricas de Saneamiento* (ENOHSA).

Atualmente, a ENOHSA é o organismo descentralizado do Estado Nacional da Argentina, dotado de personalidade jurídica sob a forma de autarquia administrativa, vinculada à Secretaria de Obras Públicas do Ministério do Planejamento Federal.

Voltando um pouco na linha do tempo, em 1993, o consórcio privado Águas Argentinas S.A. (AASA), liderado pela multinacional francesa Suez, assinou um contrato de concessão pelo prazo de 30 anos, que englobava a operação dos serviços integrados de água e o saneamento da área metropolitana de Buenos Aires. À época, este era o maior contrato de concessão privadas do mundo, com vistas a atender cerca de nove milhões de pessoas na Argentina.

Este primeiro ciclo de privatização, compreendido de 1993 a 2002, foi marcado por modificações contratuais recorrentes, principalmente associadas a reajustes tarifários e por reiteradas reclamações governamentais sobre o descumprimento do contrato pelas Águas Argentinas S.A. (AASA).[9]

A concessão das Águas Argentinas S.A. teve como principal característica um agravamento do descumprimento de metas contratuais, principalmente no que se refere ao ritmo dos investimentos, à ampliação da cobertura e à qualidade dos serviços. Outro ponto foi a forma como a operadora pressionava para que suas demandas fossem atendidas, especialmente no que tange à tarifação em dólar, e o combate ao não pagamento generalizado da taxa de infraestrutura por novos usuários, demonstrando uma clara confusão entre o risco e a inadimplência contratual. O governo respondeu favoravelmente às demandas da empresa e em 1997 iniciou um processo de renegociação do contrato de concessão que trouxe modificações substantivas aos termos originais.

Apesar de todas as revisões introduzidas em favor da concessionária privada, o *Ente Regulador de Agua e Saneamiento* (ERAS) constatou que, entre 1993 e 2002, a AASA cumpriu somente 60,9% das metas contratuais de investimentos e expansão dos serviços. No que diz respeito à preservação ambiental, o Agente Regulador constatou também o descumprimento da meta por parte da concessionária.

Para se ter uma ideia concreta do desempenho da empresa, o acordo original de ampliar o abastecimento de água de 70% (setenta por cento) para 100% (cem por cento) da população, em 2003, foi alterado para uma meta de 88% (oitenta e oito por cento), mas em 2002, a cobertura alcançada pela AASA não passava de 79% (setenta e nove por cento). Igualmente, os serviços de esgotamento sanitário, que previam, originalmente, uma ampliação de 58% (cinquenta e oito por cento) para 95% (noventa e cinco por cento) da população, tiveram metas reduzidas para 74% (setenta e quatro por cento), mas alcançaram, em 2002, somente 63% (sessenta e três por cento) da população. Isso significava que, em 2002, oitocentas mil pessoas não tinham acesso à água potável e mais de um milhão de pessoas estavam sem serviços de esgotamento sanitário.

Em suma, o primeiro período de concessão foi marcado por uma série de alterações contratuais, principalmente relacionadas com aumentos de tarifas, e pelo não cumprimento de compromissos de

---

[9] As informações centrais sobre os ciclos de privatizações de Buenos Aires foram extraídos do sítio www.tni.ogr.

investimento, metas de expansão, proteção ambiental e qualidade dos serviços. O tempo todo, a empresa acumulava lucros e dívidas.

O segundo período se refere ao longo e exaustivo processo de renegociação de contratos que foi desencadeado pelo abandono da paridade fixa do peso argentino com o dólar norte-americano com a aprovação da Lei de Emergência Econômica e Regime Cambial (Lei nº 25.561) no início de 2002. A legislação acabou com a paridade fixa entre o peso argentino e o dólar dos Estados Unidos e estabeleceu um novo contexto operacional para as empresas privatizadas durante a década de 1990. Desta feita, cancelou os mecanismos de indexação anteriormente impostos para aumentar as tarifas e reverteu para as tarifas de serviço público em moeda local (pesificación). Estipulava que todos os contratos com empresas privatizadas estariam sujeitos a renegociação, entretanto os operadores privados não podiam suspender ou alterar os termos de cumprimento das suas obrigações contratuais.

A AASA reagiu imediatamente, pressionando o governo, diretamente e por meio de seus acionistas estrangeiros, principalmente apelando para o Centro Internacional para Resolução de Disputas sobre Investimentos (ICSID) do Banco Mundial. Além disso, o governo argentino sofria a pressão do Fundo Monetário Internacional (FMI) para solucionar a questão. Esses desdobramentos impuseram severas restrições e agravaram as condições para o demorado e já conflituoso processo de renegociação de contratos. Não foi possível um acordo, as autoridades argentinas consideraram a proposta inaceitável, marcando um ponto de inflexão nas renegociações.

Por fim, superados os confrontos, o governo aprovou os Decretos de Necessidade e Urgência nºs 303/2006 e 304/2006 em março de 2006 para cancelar a concessão da AASA e criar a empresa pública Agua y Saneamientos Argentinos S.A.[10] (AySA).

Quando a AySA iniciou suas operações em março de 2006, o déficit na cobertura do serviço era de 16% (1,5 milhão de pessoas) para água potável e 36% (3,5 milhões de pessoas) para esgotamento sanitário. Em resposta, AySA implementou o Plano de Ação Imediata

---

[10] Agua y Saneamientos Argentinos S.A. (AySA) foi criada em 21 de março de 2006 pelo Decreto nº 304/2006 do Poder Executivo Nacional e posteriormente ratificado pelo Poder Legislativo por meio da Lei nº 26.100. A composição é o Estado Nacional com 90% do capital social, enquanto os 10% restantes correspondem ao pessoal por meio de Programa de Participação em Ações (PPA), o único do gênero. Disponível em: https://www.aysa.com.ar/Quienes-Somos/sobre_nosotros. Acesso em: 8 ago. 2021.

(PIA), envolvendo investimentos em infraestrutura de cerca de US $ 40 milhões. O PIA tinha vários subcomponentes e era principalmente orientado para: 1) recuperar a qualidade dos serviços, especificamente ao que se denominou Plano de Nitratos, que se deteriorou em algumas áreas devido à má gestão ambiental anterior; 2) expandir a capacidade de tratamento e transporte de água potável e aumentar o acesso a novos usuários; e 3) reabilitar e renovar a infraestrutura para garantir a prestação do serviço durante os períodos de pico de demanda (www.aysa.com.ar, 2021).

Logo depois foi criado o Plano Diretor de Abastecimento de Água e Saneamento 2006-2020, que tinha o objetivo prioritário de garantir o acesso universal rápido aos serviços de água e saneamento para o AySA. Para 2020, o Plano Diretor tinha o objetivo de estender a cobertura dos serviços de esgotamento sanitário a 95% (noventa e cinco por cento) da população, estabelece ainda a manutenção e renovação da infraestrutura e melhoria da saúde ambiental.

Segue quadro com os países, as cidades, o número de habitantes e os anos em que ocorreram as reestatizações e as privatizações:

Quadro 1

(continua)

| País | Cidade | População | Ano da reestatização | Ano da privatização |
|---|---|---|---|---|
| Camarões | Camarões | 380.000 | 2018 | 2008 |
| Gana | Gana | 24,2 milhões | 2011 | 2006 |
| Mali | Mali | 13,5 milhões | 2005 | 2000 |
| Marrocos | Rabat Salé | 3.123.595 | 2015 | 1990/2000 |
| Marrocos | Tétouan | 3.003.006 | 2015 | 1990/2000 |
| Moçambique | Maputo | 2.008.327 | 2010 | 1999 |
| Tanzânia | Dar es Salaam | 3.123.595 | 2005 | 2003 |
| Índia | Latur | 390.000 | 2011 | 2001 |
| Índia | Mysore | 920.000 | 2015 | 2008 |
| Indonésia | Badung Regency | 543.332 | 2012 | 1992 |
| Indonésia | Batam | 1.546.000 | 2020 | 1995 |
| Cazaquistão | Almaty | 1.600.000 | 2003 | 1998-2001 |
| Cazaquistão | Astana | 835.153 | 2003 | 1998-2001 |
| Malásia | Indah Water Konsortium | 28.310.000 | | 2014 |

(continua)

| País | Cidade | População | Ano da reestatização | Ano da privatização |
|---|---|---|---|---|
| Malásia | Selangor State | 5.411.324 | 2014 | 2006 |
| França | Bordéux | 774.929 | 2023 | 1991 |
| França | Brest | 142.097 | 2012 | 1923 |
| França | Castres | 43.496 | 2004 | 1991 |
| França | Comunidade Urbana de Cherbourg | 91.717 | 2005 | 1960 |
| França | Durance-Luberon | 21 comunes | 1997 | 1954 |
| França | Grenoble | 158.000 | 2001 | 1989 |
| França | Lacs de l'Essonne | 60.000 | 2010 | |
| França | Lyon | 1.310.000 | 2023 | 1986 |
| França | Montbeliard | 162.284 | 2013 | 1998 |
| França | Montpellier | 424.000 | 2015 | 1990 |
| França | Nice | 538.613 | 2013 | 1864 |
| França | Paris | 2,2 milhões | 2001 | 1985 |
| França | Rennes | 413,953 | 2013 | 1892 |
| França | Varages | 880 | 2002 | 1990 |
| Alemanha | Berlim | 3.501.870 | 2011 | 1999 |
| Alemanha | Potsdam | 159,456 | 2000 | 1997 |
| Alemanha | Rostock | 208.409 | 2018 | 1993 |
| Alemanha | Estugarda | 597.939 | 2010 | |
| Hungria | Borsodviz | 190.000 | 2010 | 2001 |
| Hungria | Budapeste | 1.740.000 | 2012 | 1997 |
| Itália | Nápoles | 970.012 | | |
| Portugal | Paredes | 86.067 | 2020 | 2001 |
| Espanha | Arenys de Munt | 8.588 | 2010 | 1999 |
| Espanha | Medina Sidonia | 11.500 | 2003 | |
| Espanha | Montornès del Vallès | 16.313 | 2014 | 1964 |
| Espanha | Rascafría | 2000 | | Negou a privatização |
| Espanha | Santa Maria de Palautordera | 9.138 | 2014 | 1972 |
| Espanha | Sevilha | 250.000 | 2007 | 1994 |
| Espanha | Valladolid | 344.791 | 2017 | 1997 |
| Suécia | Norrköping | Sem dados | Sem dados | |

(continua)

| País | Cidade | População | Ano da reestatização | Ano da privatização |
|---|---|---|---|---|
| Turquia | Antália | 2.158.000 | 2002 | 1996 |
| Turquia | Izmit | Sem dados | Sem dados | |
| Canadá | Hamilton | 504.559 | 2004 | 1994 |
| México | Ramos Arizpe | 75.461 | 2014 | 2012 |
| Estados Unidos da América | Apple Valley | 69.135 | 2016 | 2002 |
| Estados Unidos da América | Atlanta | 1,2 milhão | 2002 | 1999 |
| Estados Unidos da América | Cave Creek | 5,015 | 2008 | |
| Estados Unidos da América | Edison | 99.967 | 2019 | 1996 |
| Estados Unidos da América | Felton | 3000 | 2008 | |
| Estados Unidos da América | Gary | 80.294 | 2010 | 1998 |
| Estados Unidos da América | Gladewater | 6.275 | 2012 | 1996 |
| Estados Unidos da América | Montara | 2.950 | 2003 | 1999 |
| Estados Unidos da América | Pittsburgh | 305.704 | 2015 | 2012 |
| Argentina | Buenos Aires | 12.801.364 | 2006 | 1993 |
| Argentina | Buenos Aires Province | 15 milhões | 1999 | 1993 |
| Argentina | Santa Fé | 3 milhões | 2005 | 1995 |
| Bolívia | Cochabamba | 900.000 | 2000 | 1999 |
| Bolívia | La Paz e El Alto | 789.585 | 2004 | 1997 |
| Brasil | Itu | 172.268 | 2017 | 2007 |
| Brasil | Estado do Tocantins - 79 municípios | 326.114 | 2010 | 1998 |

(conclusão)

| País | Cidade | População | Ano da reestatização | Ano da privatização |
|---|---|---|---|---|
| Peru | Tumbes | 202.430 | 2018 | 2005 |
| Uruguai | Uruguai | 3,4 milhões | 2004 | 1993 |

Fonte: elaborado pela autora a partir dos dados do TNI www.remunicipalisation.org.

De acordo com Lobina,[11] os casos de remunicipalização ocorridos nos últimos 20 anos em países desenvolvidos e em transição envolveram três principais motes, quais sejam: a) problemas gerenciais gerais que afetam a privatização da água, independentemente do país e/ou do regime regulatório; b) prestação pública mais eficiente ou igual à privada, cumulada com preços mais baixos já que se rechaçam os lucros excessivos; e c) vantagem comparativa do setor público quando se atribui o caráter de direitos humanos à água e ao saneamento, como também em alcançar outros objetivos socioambientais.

Pode-se observar, por conseguinte, que nos últimos anos elevou-se a reestatização dos serviços de fornecimento de água e de esgotamento sanitário com representatividade em quase todos os continentes e em diversos países do mundo, tendo ocorrido em diversas cidades notadamente conhecidas, independente do seu território ou população, por meio de mudanças de paradigma político-administrativo, como o caso de Paris, ou por iniciativa popular, como foi o caso de Berlim.

Dos casos analisados, pode-se perceber que, com o retorno dos serviços de fornecimento de água e esgotamento sanitário para a tutela estatal, a população em geral teve a garantia desses direitos sociais realizada.

## 1.3 Os processos de reestatização em andamento

Além dos municípios que passaram pelo processo de reestatização devolvendo a prestação dos serviços de água e esgotamento sanitário

---

[11] LOBINA, Emanuele. (2018) The necessity of wickedness and the possibilities of participation: Reframing dilemmas on water planning between conceptual fuzziness and real-world practice. University of Greenwich. First published as LOBINA, E. A necessidade de insolubilidade e as possibilidades de participação. *In*: HELLER, L.; AGUIAR, M.; REZENDE, S. (ed.) *Participação e controle social em saneamento básico*: conceitos, potencialidades e limites. Belo Horizonte: UFMG Editora, p. 51-73, 2016. Disponível em: http://gala.gre.ac.uk/14984/7/14984_LOBINA_The_Necessity_of_Wickedness_and_the_Possibilities_of_Participation_2018.pdf. Acesso em: 10 ago. 2021.

ao ente público, demonstrando dados de performance e de resultados, especialmente os econômicos vêm estimulando outras cidades para que façam o mesmo.

No quadro seguinte, a lista das cidades que estão iniciando seus processos de reestatização:

Quadro 2

| País | Cidade | População | Ano da privatização | Indícios de reestatização |
|---|---|---|---|---|
| Índia | Aurangabad | 1.100.000 | 2009 | 2011 |
| Índia | Khandwa | 215.000 | 2008 | 2004 |
| Índia | Nagpur | 2,4 milhões | 2012 | |
| Indonésia | Jacarta | 11.063.324 | 1998 | 2019 |
| Malásia | Malásia | 28.334.135 | - | - |
| Bulgária | Sófia | 1.402.657 | 1990 | 2000 |
| França | Ile-de-France | 11,5 milhões | | |
| França | Lille | 1.000.900 | 1985 | 2015 |
| França | Marselha | 1.042.671 | 2013 | 1960 |
| França | Toulouse | 435.000 | 1990 | 2020 |
| Hungria | Pecs | 150.000-200.000 | 1995 | 2009 |
| Itália | Turim | 2.277.857 | 1945 | 1997 |
| Espanha | Barcelona | 1.615.448 | 2012 | |
| Canadá | Rocha Branca | 20.000 | 1969 | 2014 |
| Estados Unidos da América | Península de Monterey | 112.000 | 2013 | 2018 |

Fonte: elaborado pela autora a partir dos dados do TNI www.remunicipalisation.org.

## 1.3.1 O caso de Jacarta

A questão ambiental em Jacarta não é recente e é vem sendo amplamente divulgada pela mídia, já que se constatou que em certos pontos da cidade este afundamento chega a 4 (quatro) metros desde a década de 70. Jacarta é banhada pelo mar de Java e por 13 rios, mas a população não confia na água que é fornecida pelas empresas privatizadas e 60% (sessenta por cento) da população utiliza águas subterrâneas para consumo e uso em geral. Quando a água é bombeada, a superfície do solo cede fazendo com que os prédios e casas também afundem. Além disso, as águas não conseguem escoar para o mar, o que provoca as inundações que agravam o problema.

Jacarta é a capital da Indonésia, o maior arquipélago do mundo e localizado entre dois continentes, Ásia e Austrália. Quanto à sua organização político-administrativa, a Indonésia é uma república presidencialista, com sufrágio universal. É um estado unitário, dividido em 33 províncias, dentre as quais, três são territórios de regime especial, Achém e Joguejacarta, e o território da cidade capital, Jacarta. Portanto é o governo central quem decide sobre a prestação dos serviços de saneamento básico.

A privatização dos serviços de água em Jacarta não funcionou. A cobertura dos serviços de água alcança somente 28% (vinte e oito por cento) da população e as perdas nos processos de captação e fornecimento chegam a 43% (quarenta e três por cento). De acordo com o Transnational Institute, esta situação foi reiteradas vezes denunciada por muitos governadores.

Em 2015, o Tribunal Distrital de Jacarta Central anulou o contrato de água privatizado na sequência de um processo civil. A privatização da água foi considerada negligente no cumprimento do direito humano à água para os residentes de Jacarta e os serviços devolvidos à companhia de água estatal. No entanto, a decisão foi anulada com base em critérios técnicos da contratação pelo Tribunal Superior de Jacarta.

Em 2016, a Suprema Corte anulou a decisão do Tribunal Superior de Jacarta sob o argumento de que a privatização não melhorou o serviço de abastecimento de água em termos de qualidade, quantidade e continuidade. A Suprema Corte ordenou o encerramento da privatização da água, uma vez que infringia o Estatuto nº 13/1992 de Jacarta sobre a companhia de água municipal PAM Jaya.

O governo central, por meio do Ministério das Finanças, respondeu propondo uma revisão judicial sobre a decisão do Supremo Tribunal nº 31K/Pdt/2017 sobre o encerramento da privatização da água potável na província de Jacarta e o Supremo Tribunal decidiu pela revisão judicial em 30 de novembro de 2018. A decisão do Supremo Tribunal deu provimento ao recurso da decisão de revisão do Ministério da Fazenda, revogando a decisão anterior para encerrar a privatização da água. A judicialização da questão não trouxe celeridade para a solução do problema.

Diante disso, em fevereiro de 2019, o governador de Jacarta, Anies Baswedan, anunciou que o governo assumiria a gestão da água de operadores privados. A aquisição envolve todo o serviço de água, conforme afirmou o governador em conferência de imprensa. Esta decisão foi tomada apesar da decisão do tribunal. Uma decisão política foi tomada, mas a implementação, a preparação e a negociação real permanecem desconhecidas.

Com isso, o termo final do contrato se aproxima, qual seja, fevereiro de 2023. Possivelmente, a extinção do contrato se dará pelo seu termo final, muito embora não tenha havido soluções para a questão do saneamento básico em Jacarta.

Os processos de reestatização ou remunicipalização são processos difíceis, longos, caros, por isso devem ser bem analisados e sopesados os prós e contras antes da efetiva privatização, a fim de se evitar imbróglios futuros.

## 2 O atual cenário brasileiro

No Brasil, segundo o Sistema Nacional de Informações sobre Saneamento (SNIS), 35 milhões de brasileiros não têm acesso à água tratada e 100 milhões não possuem coleta de esgoto.[12]

Dentre os objetivos do desenvolvimento sustentável para o Brasil, o objetivo 6 trata da água potável e saneamento e as metas a serem realizadas até 2030 para alcançar o objetivo de assegurar a disponibilidade e gestão sustentável de água e saneamento. De acordo com o V Relatório Luz da Sociedade Civil para a Agenda 2030 para o Desenvolvimento Sustentável, o Brasil está em risco e as metas não serão alcançadas, pretende-se, pelo menos, estancar o retrocesso que já está acontecendo.

Quadro 3 – V Relatório Luz (2021, p. 40 e 45)

(continua)

| | Metas do Objetivo 6 | Classificação das metas |
|---|---|---|
| 6.1 | Até 2030, alcançar o acesso universal e equitativo à água potável, segura e acessível para todos; | ESTAGNADA |
| 6.2 | Até 2030, alcançar o acesso a saneamento e higiene adequados e equitativos para todos, e acabar com a defecação a céu aberto, com especial atenção para as necessidades das mulheres e meninas e daqueles em situação de vulnerabilidade; | AMEAÇADA |

---

[12] SNIS – PAINEL DE INFORMAÇÕES SOBRE SANEAMENTO. Abastecimento de água. Disponível em: http://www.snis.gov.br/painel-informacoes-saneamento-brasil/web/painel-esgotamento-sanitario. Acesso em: 14 jul. 2021.

(conclusão)

| | Metas do Objetivo 6 | Classificação das metas |
|---|---|---|
| 6.3 | Até 2030, melhorar a qualidade da água, reduzindo a poluição, eliminando despejo e minimizando a liberação de produtos químicos e materiais perigosos, reduzindo à metade a proporção de águas residuais não tratadas, e aumentando substancialmente a reciclagem e reutilização segura globalmente; | AMEAÇADA |
| 6.4 | Até 2030, aumentar substancialmente a eficiência do uso da água em todos os setores e assegurar retiradas sustentáveis e o abastecimento de água doce para enfrentar a escassez de água, e reduzir substancialmente o número de pessoas que sofrem com a escassez de água; | RETROCESSO |
| 6.5 | Até 2030, implementar a gestão integrada dos recursos hídricos em todos os níveis, inclusive via cooperação transfronteiriça, conforme apropriado; | ESTAGNADA |
| 6.6 | Até 2020, proteger e restaurar ecossistemas relacionados com a água, incluindo montanhas, florestas, zonas úmidas, rios, aquíferos e lagos; | RETROCESSO |
| 6.a | Até 2030, ampliar a cooperação internacional e o apoio ao desenvolvimento de capacidades para os países em desenvolvimento em atividades e programas relacionados à água e ao saneamento, incluindo a coleta de água, a dessalinização, a eficiência no uso da água, o tratamento de efluentes, a reciclagem e as tecnologias de reuso; | ESTAGNADA |
| 6.b | Apoiar e fortalecer a participação das comunidades locais, para melhorar a gestão da água e do saneamento. | RETROCESSO |

A partir da análise dos dados pode-se observar que a não realização das metas da Agenda 2030 não tem qualquer relação com o fato de o prestador dos serviços ser público ou privado e sim com vontade política e disponibilização de recursos para sua melhoria, com foco na questão da saúde pública e dos direitos humanos.

De acordo com o Sistema Nacional de Informações sobre o Saneamento,[13] a participação nos municípios dos operadores de serviços de água e esgoto é de 5,2% por empresas privadas; 25,7% por serviços municipais e 72% por companhias estaduais.

---

[13] SNIS – PAINEL DE INFORMAÇÕES SOBRE SANEAMENTO. Abastecimento de água. Disponível em: http://www.snis.gov.br/painel-informacoes-saneamento-brasil/web/painel-esgotamento-sanitario. Acesso em: 14 jul. 2021.

Daí se abstrai que, mesmo num número pequeno, as empresas privadas também tiveram casos de reestatização. Destacam-se os casos da cidade de Itu, em São Paulo, e do Estado do Tocantins, envolvendo 79 municípios, os quais tinham serviços prestados por entre privado.

Bonecini-Almeida[14] relata que, em Itu/SP, há anos, o município sofria com fraco desempenho por parte dos operadores privados, podendo-se destacar, dentre os principais, problemas de infraestrutura que acarretavam atrasos de construções, falta de preparo para lidar com eventuais casos de racionamento de água, aumento de taxa, muito comum nos casos em que os serviços são transferidos à esfera privada, e falta de transparência.

Em 2017, o controle dos serviços de água e saneamento foi devolvido para o setor público com a criação de uma nova empresa pública, a Companhia Ituana de Saneamento ou Empresa de Saneamento de Itu. A partir daí, Itu ocupa o 111º lugar em qualidade de serviços de água e sanitários, considerando os 5.570 municípios brasileiros.[15] Tudo isso aconteceu porque é o setor público, de fato, o responsável pelo planejamento, pela execução, pela operação, bem como pela recuperação de custos dos serviços de abastecimento de água e esgotamento sanitário.

No Estado do Tocantins, 79 municípios encerraram a concessão privada em razão do fracasso generalizado dos sistemas privatizados de abastecimento de água potável, serviços de esgoto, saneamento e gestão e drenagem de resíduos sólidos na prestação dos serviços. A empresa pública Agência Tocantinense de Saneamento foi criada para executar a instalação e manutenção dos sistemas de abastecimento de água e esgoto para clientes residenciais e comerciais, fornecendo as instalações, gerenciando as contas e pagamentos pelos serviços, dentre outras atividades. Hoje a empresa pública fornece água para cerca de 400 mil pessoas nas zonas rurais dos 139 municípios do Tocantins e cerca de 250 mil pessoas nas áreas urbanas de 79 municípios (BONECINI-ALMEIDA).[16]

É de suma importância a participação e o controle social, ante as responsabilidades do setor público. Os cidadãos precisam se reconhecer e serem reconhecidos como parceiros e não apenas como clientes na prestação de serviços públicos. No que tange aos serviços

---

[14] BONECINI-ALMEIDA, Leandro (2019). Water Remunicipalisation Tracker. Disponível em: http:// www.remunicipalisation.org/. Acesso em: 10 ago. 2021.
[15] *Idem.*
[16] BONECINI-ALMEIDA, Leandro (2019). Water Remunicipalisation Tracker. Disponível em: http:// www.remunicipalisation.org/. Acesso em: 10 ago. 2021.

de fornecimento de água, já se percebe um movimento social maior implicando um cenário mais deliberativo e de exercício da cidadania, o que de fato é fundamental para os processos de remunicipalização.

## 2.1  O caso de Ouro Preto

A histórica cidade de Ouro Preto em Minas Gerais, famosa por seus chafarizes, fontes de água datadas dos séculos XVIII e XIX, conta com uma população de 70.281 habitantes (IBGE, 2010), e salário médio mensal de 3,1 salários mínimos (IBGE, 2019), sendo 35% (trinta e cinco por cento) da população com rendimentos mensais de até meio salário mínimo por pessoa.

Os números do saneamento do município indicam 96% (noventa e seis por cento) dos domicílios urbanos e 74% (setenta e quatro por cento) dos domicílios rurais com acesso pela rede geral de abastecimento de água, e 85% (oitenta e cinco por cento) dos domicílios urbanos e 54% (cinquenta e quatro por cento) dos domicílios rurais com rede geral de esgoto ou pluvial (PNSR, 2019).

A Prefeitura Municipal de Ouro Preto publicou, pela primeira vez, em 7 de junho de 2018, a abertura de procedimento licitatório nº 06/2018, na modalidade concorrência, do tipo técnica e preço, para concessão patrocinada da prestação dos serviços públicos municipais de água potável e esgotamento sanitário do perímetro urbano do município de Ouro Preto, nos termos da Lei nº 11.079/2004.

No curso do processo de licitação perceberam-se inúmeros percalços; embora os requisitos formais exigidos pela Lei das PPPs estivessem presentes, como exemplo, as atas de reunião do Conselho Gestor do Programa de PPP no município de Ouro Preto, decreto municipal para manifestação de interesse privado (MIP) e em concessão patrocinada (MICP); legislações municipais autorizativas para a Concessão dos serviços, além da previsão na Lei Orgânica do Município; estudo de viabilidade técnica; publicações de convocação e atas de realização das audiências públicas. Por outro lado, iniciada a fase externa da licitação, após a efetiva publicação do edital, houve muitos pedidos de esclarecimentos, impugnação ao edital, o que culminou na revogação do edital. Na revisão e alteração do edital a fim de torná-lo mais claro e o mais competitivo possível, finalidade precípua da licitação; o edital trouxe alteração para que o tipo de licitação fosse o de menor preço e, por último, mas não menos importante, houve a suspensão do processo pelo Tribunal de Contas do Estado de MG para diligências, após denúncias. Novo certame lançado, uma única concorrente e objeto adjudicado e homologado.

Ao cabo, em 16 de outubro de 2019, o contrato de concessão patrocinada foi assinado entre o Município de Ouro Preto e a Sociedade de Propósito Específico Saneouro. Sendo assim, a Saneouro passa a ser a responsável pelos serviços de abastecimento de água potável e esgotamento sanitário do município por 35 anos. A Saneouro é um consórcio formado pelas empresas GS Inima Brasil e MIP Engenharia, braço brasileiro do Grupo GS, grande conglomerado empresarial sul-coreano, presente em diversos países da América Latina e África.

O contrato de concessão prevê como metas a universalização dos serviços de água em cinco anos, investimentos em obras de infraestrutura, redução do volume de perdas de água tratada, ampliação da coleta de esgoto para 90% (noventa por cento) em 15 (quinze) anos e tratamento de todo o esgoto coletado em 60 (sessenta) meses, além da hidrometração dos imóveis. Há que se esclarecer que, até a data da assunção dos serviços pela concessionária, os usuários destes serviços em Ouro Preto pagavam somente uma taxa de fixa, no valor de R$ 22,00 (vinte dois reais), sem qualquer aferição das métricas de consumo.

Em meio a debates, resistências populares e uma Comissão Parlamentar de Inquérito (nomeada pela Portaria nº 36/2021 da Câmara Municipal de Ouro Preto), levantam-se discussões como acessibilidade econômica às tarifas dos serviços, privatização dos serviços de saneamento, universalização e direito humano à água e ao esgotamento sanitário.

A cidade vive hoje um cenário de incertezas quanto ao setor de saneamento básico com a migração da titularidade dos serviços da autarquia municipal Serviço Municipal de Água e Esgoto de Ouro Preto (SEMAE-OP) para o consórcio de empresas Ouro Preto Serviços de Saneamento (Saneouro).

Considerando o contexto atual da cidade de Ouro Preto, com amplas manifestações dos cidadãos contra o modelo atual de prestação de serviços de saneamento pela Saneouro, surgem questionamentos de como o Poder Executivo e o Legislativo podem agir frente ao descontentamento da população.

Especificamente para o caso do Município de Ouro Preto, a possibilidade jurídica para a extinção do contrato, a princípio, seria a encampação, por decisão política devidamente fundamentada pela resistência legítima da população ouro-pretana em garantir seus direitos humanos. Contudo, há um alto custo financeiro para a municipalidade, já que a concessionária deverá ser ressarcida nos seus custos reais e multas contratuais e ainda na previsão de lucros cessantes, previstos contratualmente. As análises deverão ser feitas previamente por um verificador independente que também deverá ser contratado e pago pelo município para então serem submetidas à arbitragem para a solução de controvérsias.

A resolução desses imbróglios é complexa, contudo, o Município de Ouro Preto deve avaliar a questão sem se esquecer da faceta econômica obviamente, mas observando as necessidades de seus administrados, garantindo-lhes condições de vida e moradia dignas, garantindo-lhes saúde, ou seja, garantindo a prestação dos serviços de saneamento básico como um direito social.

## 3 Tendências para o setor de saneamento básico no Brasil

O Novo Marco Legal trouxe importantes modificações, conferindo à Agência Nacional de Águas (ANA) a competência em instituir normas referenciais de regulação do serviço público de saneamento básico, o que pode ser entendido como tentativa de padronização dos serviços, para atender as diretrizes já postas pela Lei nº 11.445/2007.

Cabe ressaltar ainda que a determinação da competência sobre normas gerais de regulação pela Agência Nacional de Águas não significa a anulação das agências reguladoras locais, muito antes pelo contrário, pois caberá às reguladoras estaduais ou municipais acompanhar as normas referenciais elaboradas pela ANA, para a aplicação em âmbito municipal ou regional. É nítido que o Governo Federal teve três principais intenções na análise dos vetos e aprovação da lei: a) modernizar o serviço; b) diminuir a estatização indireta e aumentar os serviços privados; e c) propiciar maior competitividade entre o setor público e privado. A breve análise serve para sopesar os princípios e a vedação ao retrocesso, mas reforça a intenção de modernizar os serviços e a iniciativa privada. Dessa forma, com a maior participação do capital privado na prestação dos serviços de abastecimento de água e esgotamento sanitário surgem novos contextos acerca dos direitos dos cidadãos ao acesso à água segura e esgotamento sanitário.

Fica evidente que o marco legal e os Decretos nºs 10.588/2020 e 10.710/2021, que associam regionalização com acesso aos recursos e ao apoio técnico e financeiro da União, e que tratam da comprovação da capacidade econômico-financeira dos prestadores contratados, respectivamente tendem a estrangular os prestadores públicos, tanto os serviços municipais ou as companhias estaduais.[17]

Por outro lado, não se pode esquecer que, em 2010, a Assembleia Geral das Nações Unidas, através da Resolução A/RES/64/292, reconheceu o direito à água potável e ao saneamento como um direito humano, como também a responsabilidade dos Estados pela promoção e proteção destes direitos.[18] Do direito humano à água e ao esgotamento sanitário decorrem cinco princípios básicos, quais sejam: (i) igualdade e não discriminação; (ii) participação e o acesso à informação; (iii) universalidade; (iv) sustentabilidade; e (v) *accountability* (responsabilização). Juntamente com estes princípios, compõem o arcabouço teórico dos direitos humanos à água e ao esgotamento sanitário o conteúdo normativo específico destes direitos, quais sejam: (i) aceitabilidade; (ii) acessibilidade física; (iii) acessibilidade econômica; (iv) disponibilidade; e (v) qualidade e segurança.

Não menos importante é a discussão acerca da tarifação dos serviços de saneamento, diretamente relacionada com a acessibilidade econômica a estes serviços. A acessibilidade econômica é um componente essencial para a realização dos direitos humanos à água e esgotamento sanitário, pois se refere à variedade de condições particulares e necessidades de uma determinada população.[19]

O acesso aos serviços de saneamento não deve comprometer a realização de outros direitos sociais, como a habitação, alimentação, saúde e educação, por exemplo, sob o risco de acentuar situações de vulnerabilidade social e econômica, desvirtuando dos objetivos constitucionais de diminuição das desigualdades sociais e erradicação da pobreza.

---

[17] BRITTO, Ana Lúcia; HELLER, Léo. O saneamento privado: nova fronteira, velhos interesses, mesmos sofismas. ONDAS, 2021. Disponível em: https://ondasbrasil.org/o-saneamento-privado-nova-fronteira-velhos-interesses-mesmos-sofismas. Acesso em: 10/08/2021.

[18] United Nations General Assembly (UNGA). Human Right to Water and Sanitation. Geneva: UNGA; 2010. UN Document A/RES/64/292. Disponível em português: https://ondasbrasil.org/relatorios-sobre-direito-humano-a-agua-potavel-e-ao-esgotamento-sanitario-autor-leo-heller/. Acesso em: 23 abr. 2021.

[19] MAGALHÃES, Laura; PASCHOALINI, Ivanice; VICTRAL, Davi. *Tarifação, direitos humanos e acessibilidade*: a crise no saneamento em Ouro Preto-MG. 2021 (no prelo).

É importante ressaltar que a acessibilidade econômica possui uma relação próxima com o princípio da igualdade e não discriminação, pois a impossibilidade de pagar pelos serviços de abastecimento de água e esgotamento sanitário pode levar à desconexão de comunidades e indivíduos que já se encontram em situação de vulnerabilidade social e econômica. Limitar o acesso à água segura e ao esgotamento sanitário é violação grave aos direitos humanos à água e ao esgotamento sanitário. Cabe ao Estado o papel de monitorar as empresas prestadoras de serviço quanto ao cumprimento do conteúdo normativo e princípios decorrentes destes direitos.

Em 2020, quando foi publicado o relatório "Direitos humanos e a privatização dos serviços de água e esgotamento sanitário", pela Relatoria Especial sobre os direitos humanos à água potável e ao esgotamento sanitário da ONU, foram elencados os três principais fatores de risco da privatização do setor de saneamento, quais sejam: a maximização do lucro, o desequilíbrio de poder e o monopólio natural que caracteriza a prestação dos serviços de água e esgotamento sanitário.

Estes três fatores afetam diretamente a acessibilidade econômica aos serviços de abastecimento de água e esgotamento sanitário, principalmente no que tange à formação de um monopólio natural e o ideal de maximização dos lucros. Para estes dois fatores existe o controle estatal materializado na figura da regulação dos serviços. Todavia, o ente regulador deve estar presente em todas as etapas da desestatização dos serviços realizando um controle prévio, contribuindo de forma efetiva na modelagem, visando um contrato simétrico e inclusivo.

Portanto, reforçar a importância da regulação no setor de saneamento é fundamental, não apenas por se tratar de um setor marcado por monopólios naturais, mas também por se encontrar em um ponto equidistante em relação aos interesses dos cidadãos, dos prestadores de serviços e do próprio Poder Executivo. Dessa forma, é indispensável buscar o equilíbrio e blindagem às pressões políticas e interesses de atores econômicos, procurando a melhor forma de se realizar os direitos sociais.

## 3.1 Projetos de regionalização dos serviços em andamento

Para além das mudanças acerca da atividade regulatória do setor de saneamento, o Novo Marco Legal do Saneamento Básico, Lei nº 14.026, de 15 de julho de 2020, determina o fim dos contratos de programa entre as empresas estaduais e os municípios, prevendo que qualquer contrato assinado entre os municípios, entidades titulares e os prestadores de serviços seja sujeito a licitação pública, podendo, assim, facilitar a entrada de agentes econômicos privados.[20]

A partir da figura 1, pode-se ter uma ideia dos arranjos que têm sido feitos para facilitar a privatização do setor de saneamento básico no Brasil.

Figura 1

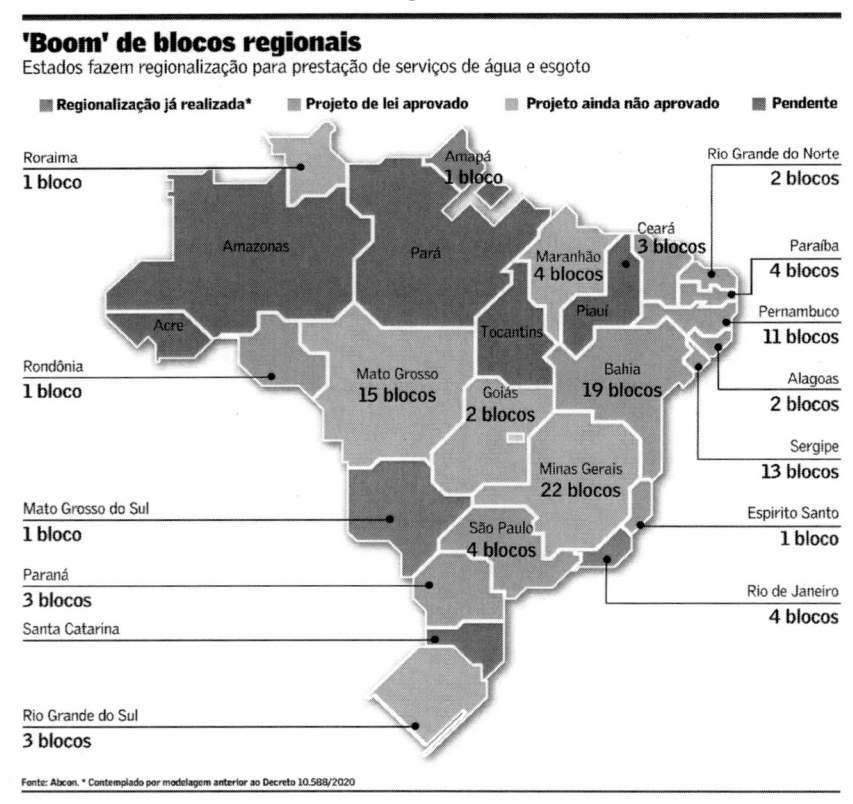

**'Boom' de blocos regionais**
Estados fazem regionalização para prestação de serviços de água e esgoto

■ Regionalização já realizada*   ■ Projeto de lei aprovado   ■ Projeto ainda não aprovado   ■ Pendente

- Roraima: 1 bloco
- Amapá: 1 bloco
- Rio Grande do Norte: 2 blocos
- Ceará: 3 blocos
- Maranhão: 4 blocos
- Paraíba: 4 blocos
- Pernambuco: 11 blocos
- Rondônia: 1 bloco
- Mato Grosso: 15 blocos
- Bahia: 19 blocos
- Alagoas: 2 blocos
- Goiás: 2 blocos
- Sergipe: 13 blocos
- Minas Gerais: 22 blocos
- Mato Grosso do Sul: 1 bloco
- São Paulo: 4 blocos
- Espírito Santo: 1 bloco
- Paraná: 3 blocos
- Rio de Janeiro: 4 blocos
- Rio Grande do Sul: 3 blocos

Fonte: Abcon. * Contemplado por modelagem anterior ao Decreto 10.588/2020

Fonte: ABCon.

---

[20] MARQUES, Rui Cunha. A reforma do setor de saneamento no Brasil: o reforço da regulação e do papel da ANA. *In*: OLIVEIRA, Carlos Roberto de; GRANZIERA, Maria Luiza Machado. *Novo Marco do Saneamento Básico no Brasil*. 1. ed. Indaiatuba: Editora Foco, 2021.

Em vigor há um ano, o Novo Marco do Saneamento Básico foi pensado para estimular a participação de empresas privadas no setor. A regionalização dos serviços é uma das primeiras etapas para viabilizar este processo, já que as companhias estaduais detêm a maior concentração da prestação dos serviços.

A questão central envolve o fato de a Lei nº 14.026 mencionar que a titularidade dos serviços é também dos Estados membros. Com isso, o argumento é de que, sendo a estatal uma empresa do governo estadual, a prestação direta, sem licitação, seria possível, no entanto, a busca por competição, respeitado o princípio da igualdade entre os licitantes, coloca em xeque esta manobra de alguns Estados.

Coube aos Estados a tarefa de estruturar unidades para a prestação regionalizada para o saneamento básico. A estruturação da prestação regionalizada, comumente referida como "regionalização", é o processo por meio do qual os serviços de saneamento básico são planejados, organizados, regulados e prestados de modo harmônico em dois ou mais municípios, compondo assim uma "região" definida.

As unidades regionais são blocos de municípios que visam atender a exigências de higiene e saúde pública ou para dar viabilidade econômica e técnica aos municípios menos favorecidos; deve ser aprovada por lei ordinária e a participação dos municípios não é obrigatória. Mas os recursos serão direcionados para os municípios que tiverem aderido aos blocos.

Já as microrregiões têm o mesmo objetivo das unidades, porém seguindo o conceito de interesse comum, devem ser aprovadas por lei complementar. Há a interpretação de que a participação do município é obrigatória nesse caso.

No relatório anual sobre o Panorama da Participação Privada no Saneamento 2021, intitulado "Uma nova fronteira social e econômica para o Brasil", a ABCon se esforça para demonstrar que, com a gestão privada do saneamento básico, o país terá ganhos nunca anteriormente vistos e alcançará as metas da Agenda 2030 até 2033. Todavia, as estatísticas que a entidade traz apresentam indicadores comparativamente positivos para o setor público em relação ao privado, especialmente no quesito índice total de abastecimento de água (89,6% para os serviços municipais e 91,2% para as empresas privadas) e sobretudo no índice de coleta de esgotos (73,1% para os serviços municipais e 63,6% para as empresas privadas), tendo por base a média dos índices de cobertura de água e esgoto por tipo de operador em 2019. Neste caso, os dados nos impedem de julgar o serviço público como sendo ruim. Além disso, é importante considerar que a prestação destes serviços protege os direitos humanos.

Segue quadro com os estados-membros que já criaram legislação específica para a regionalização (Quadro 4):

| LEIS DE REGIONALIZAÇÃO APROVADAS | | |
|---|---|---|
| Estado | legislação | microrregião ou bloco |
| PB | LC 168/2021 | 4 microrregiões |
| PE | LC 455/2021 | 2 microrregiões |
| RN | LC 682/2021 | 2 microrregiões |
| CE | LC 247/2021 | 3 microrregiões |
| PI | LC 257/2021 | 11 microrregiões |
| SE | LC 176/2009 | 13 microrregiões |
| AL | L 8358/2020 | 2 regiões |
| BA | LC 48/2019 | 19 microrregiões |
| ES | LC 986/2021 | 1 bloco |
| RJ | RES. CD 08/2020 | 4 blocos |
| SP | L 17.383/2021 | 4 regionais |
| RO | LC 4955/2020 | 1 bloco |
| PR | LC 237/2021 | 3 microrregiões |
| SC | Dec 1372/2021 | região metropolitana |
| RS | PL 211/2021-LC* | |

\* O PL foi aprovado pela Assembleia Legislativa do Rio Grande do Sul no dia 31/08/2021.
Fonte: elaborado pela autora a partir dos dados das Assembleias Legislativas dos Estados.

A tendência para o saneamento básico no Brasil, especialmente após as aprovações das legislações estaduais, é de que haja uma infinitude de licitações para concessões, parcerias público-privadas e leilões das companhias estaduais de maneira que a prestação de serviços de água e esgotamento sanitário seja realizada pela iniciativa privada. Resta saber se a iniciativa privada estará disposta a realizar os direitos humanos, prestando os serviços de fornecimento de água e esgotamento sanitário independentemente de pagamento, o que pode afetar a maximização do seu lucro.

Por todo o exposto, considerando a motivação da proteção da água como bem comum nos diversos municípios da Europa, da América Latina e do mundo, bem como o elevado custo da prestação dos serviços pelas empresas privadas, podendo comprometer o acesso à água e ao esgotamento sanitário, causando assim ofensa grave aos direitos humanos, os diversos processos de remunicipalização dos serviços de saneamento básico, em todos os continentes do mundo, com representação em quase todos os países, inclusive no Brasil, demonstrando que o retorno pode ser mais justo do ponto de vista social e econômico, é que se questiona que o Brasil está na contramão do mundo, buscando privatizar suas companhias estatais.

## 4 Considerações finais

Não se espera apresentar soluções definitivas e concretas para o tema, considerando o contexto recente em que o Novo Marco Regulatório para o Saneamento Básico completa pouco mais de um ano de vigência e sequer teve a apreciação da sua constitucionalidade pelo Supremo Tribunal Federal. Por outro lado, é inerente à sua condição de Estado Democrático de Direito promover a garantia dos direitos humanos à água e ao esgotamento sanitário como condição de vida digna.

Os casos de reestatização em andamento mostram que há mais populações insatisfeitas com a gestão privada dos serviços de fornecimento de água e de esgotamento sanitário.

Os casos já finalizados nos países mais desenvolvidos, como é o caso da Alemanha e da França, em que a população já encontra resguardados satisfatoriamente seus direitos fundamentais, bem como o sentimento de pertencimento enquanto cidadãos, tornam a defesa dos direitos sociais mais vigorosa devendo alcançar a todos, indistintamente.

Esta é a razão por que se diz que o Brasil está na contramão do mundo. Todos os países que viveram sua fase de privatização e estabelecimento de concessões e parcerias público-privadas para estes serviços na década de 90 e anos 2000 estão revendo seus contratos e novamente garantindo a prestação para toda a população, a fim de respeitar os direitos humanos. Enquanto isso, o Brasil sinaliza no sentido da privatização e prestação pelo ente privado.

A efetivação dos direitos sociais, previstos constitucionalmente ou deles decorrentes, como é o caso do direito à água e ao esgotamento sanitário, de um modo geral, é o fim precípuo do Estado e a sua razão de ser. Não se desconsideram, por outro lado, as questões econômicas inerentes à realização das políticas públicas, referentes ao aludido intento. Destarte, é também dever do Estado promover uma gestão responsável, na qual se garanta o mínimo existencial sem, contudo, conduzir o Estado à bancarrota.

Quando a prestação destes serviços se encontra nas mãos do Estado, há a garantia de sua realização para todos, indistintamente. Com isso, as desigualdades são progressivamente diminuídas e as diretrizes constitucionais para uma sociedade livre, justa e solidária são alcançadas. Por conseguinte, o que deve ser considerado irrefutavelmente quando se trata de direitos sociais é se a prestação dos serviços por empresas privadas, tanto na privatização *stricto sensu* quanto nas concessões ou nas parcerias público-privadas, é adequada para a realização desses direitos.

## Referências

BONECINI-ALMEIDA, Leandro. *Water Remunicipalisation Tracker*. Recuperado de http://www.remunicipalisation.org/. Acesso em: 10 ago. 2021.

BRASIL. Lei nº 14.026, de 15 de julho de 2020. Disponível em: http://www.planalto.gov.br/ccivil_03/_ato2019-2022/2020/lei/L14026.htm. Acesso em: 15/12/2020.

BRITTO, Ana Lúcia; HELLER, Léo. *O saneamento privado*: nova fronteira, velhos interesses, mesmos sofismas. ONDAS, 2021. Disponível em: https://ondasbrasil.org/o-saneamento-privado-nova-fronteira-velhos-interesses-mesmos-sofismas. Acesso em: 10 ago. 2021.

BRITTO, Ana Lúcia. Entrevista realizada em 15 de agosto de 2019 com o diretor geral da Eau de Paris, Benjamin Gustin. Disponível em: www.observatoriodasmetropoles.net.br. Acesso em: 6 ago. 2021.

BROWN, Colin; NEVES-SILVA, Priscila; HELLER, Leo. The human right to water and sanitation: a new perspective for public policies. *Ciência & saúde coletiva*, 21, p. 661-670, 2016. Disponível em: https://www.scielo.br/j/csc/a/tdGCjy6td3bw3mRbkmGn5LS/?lang=en Acesso em: 9 ago. 2021.

GUSTIN, Miracy; DIAS, Maria Tereza Fonseca; NICÁCIO, Camila Silva. *(Re)pensando a Pesquisa Jurídica*: Teoria e Prática. 5. ed. rev. ampl. e atual. São Paulo: Almedina, 2020.

KLAUS, Lanz; KERSTIN, Eitner. WaterTime case study – Berlin, Germany. WaterTime. Disponível em: http://www.watertime.net/docs/WP2/D12_Berlin.doc. Acesso em: 9 ago. 2021.

LOBINA, Emanuele; KISHIMOTO, Satoko; PETITJEAN, Olivier. Veio pra ficar: a remunicipalização da água como uma tendência global. Unidade Internacional de Pesquisa de Serviços Públicos (PSIRU), Instituto Transnacional (TNI) e Observatório Multinacional, 2015. Disponível em: https://www.tni.org/files/download/heretostay-pt.pdf. Acesso em: 11 jan. 2021.

LOBINA, Emanuele. Calling for progressive water policies. *In*: KISHIMOTO, S.; LOBINA, E.; PETITJEAN, O. (ed.). *Our public water future*: the global experience with remunicipalisation, 2015, p. 6-17. Disponível em: https://www. tni.org/en/publication/our-public-water-future. Acesso em: 10 ago. 2021.

LOBINA, Emanuele. The necessity of wickedness and the possibilities of participation: Reframing dilemmas on water planning between conceptual fuzziness and real-world practice. University of Greenwich. First published as LOBINA, E. A necessidade de insolubilidade e as possibilidades de participação. *In*: HELLER, L.; AGUIAR, M.; REZENDE, S. (ed.). *Participação e controle social em saneamento básico*: conceitos, potencialidades e limites. Belo Horizonte: UFMG Editora, 2018, p. 51-73. Disponível em: http://gala.gre.ac.uk/14984/7/14984_LOBINA_The_Necessity_of_Wickedness_and_the_Possibilities_of_Participation_2018.pdf. Acesso em: 10 ago. 2021.

MAGALHÃES, Laura; PASCHOALINI, Ivanice; VICTRAL, Davi. *Tarifação, direitos humanos e acessibilidade*: a crise no saneamento em Ouro Preto-MG. 2021 (no prelo).

MARQUES, Rui Cunha. A reforma do setor de saneamento no Brasil: o reforço da regulação e do papel da ANA. *In*: OLIVEIRA, Carlos Roberto de; GRANZIERA, Maria Luiza Machado. *Novo Marco do Saneamento Básico no Brasil*. 1. ed. Indaiatuba: Editora Foco, 2021.

MÉNARD, Claude. Is Public-Private Partnership Obsolete? Assessing the Obstacles and Shortcomings of PPP. *In:* VRIES, Piet de; YEHOUE, Etienne B. *The Routledge Companion to Public-Private Partnerships*. Londres: Routledge, 2013. p.149-174, 2013, 978-0-415-78199-2.

MEYER, Lucia Luz. Noções básicas sobre a atual organização político-administrativa da República Federal da Alemanha. Ensaio comparativo com o Brasil. Disponível em: https://jus.com.br/artigos/14257. Acesso em: 20 ago. 2021.

NAYAK, Bhabani Shankar. Reification and praxis of public private partnerships in history. *Society and Business Review*, v. 14, n. 1, p. 63-70, 2019. Disponível em: https://doi.org/10.1108/SBR-04-2018-0034. Acesso em: fev. 2019.

SNIS – PAINEL DE INFORMAÇÕES SOBRE SANEAMENTO. Abastecimento de água. Disponível em: http://www.snis.gov.br/painel-informacoes-saneamento-brasil/web/painel-esgotamento-sanitario. Acesso em: 14 jul. 2021.

SNIS – PAINEL DE INFORMAÇÕES SOBRE SANEAMENTO. Esgotamento sanitário. Disponível em: http://www.snis.gov.br/painel-informacoes-saneamento-brasil/web/painel-esgotamento-sanitario. Acesso em: 14 jul. 2021.

RIBEIRO, Maurício Portugal. *Concessões e PPPs*: melhores práticas em licitações e contratos. São Paulo: Atlas, 2011.

RIBEIRO, Wladimir António. O saneamento básico como um direito social. *Revista de Direito Público da Economia – RDPE*, Belo Horizonte, ano 13, n. 52, p. 229-251, out./dez. 2015.

SARLET, Ingo Wolfgang. *A eficácia dos direitos fundamentais*: uma teoria geral dos direitos fundamentais na perspectiva constitucional. 11. ed. rev. atual. Porto Alegre: Livraria do Advogado Editora, 2012.

SARLET, Ingo Wolfgang. *Dignidade (da pessoa) humana e direitos fundamentais na Constituição Federal de 1988*. 10. ed. rev. atual. e ampl. Porto Alegre: Livraria do Advogado, 2015.

United Nations General Assembly (UNGA). Human Right to Water and Sanitation. Geneva: UNGA; 2010. UN Document A/RES/64/292. Disponível em português: https://ondasbrasil.org/relatorios-sobre-direito-humano-a-agua-potavel-e-ao-esgotamento-sanitario-autor-leo-heller/. Acesso em: 23 abr. 2021.

WATER REMINICIPALISATION TRACKER. Disponível em: http://remunicipalisation.org/front/page/home#case_Berlin. Acesso em: 29 dez. 2020.

WORLD HEALTH ORGANIZATION. Guidelines on sanitation and health. Geneva. 2018. Disponível em: https://apps.who.int/iris/bitstream/handle/10665/274939/9789241514705-eng.pdf?ua=1. Acesso em: 14 dez. 2020.

5-minute video animation (English, Spanish, French, Italian, Portuguese, German, Turkish, Greek). Disponível em: http://www.youtube.com/watch?v=BlSM1TPm_k8 e https://www.dw.com/.

---

Informação bibliográfica deste texto, conforme a NBR 6023:2018 da Associação Brasileira de Normas Técnicas (ABNT):

PASCHOALINI, Ivanice Milagres Presot. Reestatização dos serviços de saneamento básico ao redor do mundo: o Brasil está na contramão? *In*: DIAS, Maria Tereza Fonseca. *Lei de Diretrizes Nacionais para o Saneamento Básico*: reflexões acerca das alterações introduzidas pela Lei nº 14.026/2020. Belo Horizonte: Fórum, 2023. p. 129-166. ISBN 978-65-5518-528-7.

# A AGÊNCIA DAS AGÊNCIAS DE SANEAMENTO? O PAPEL INSTITUCIONAL DA ANA NO ARRANJO REGULATÓRIO APÓS A LEI Nº 14.026/2020

**REGIS DUDENA**

## 1 Introdução

A Lei nº 14.026, de 15 de julho de 2020, que realizou a atualização do Marco Legal do Saneamento Básico (Lei nº 11.445, de 5 de janeiro de 2007), ganhando a alcunha de "Novo Marco do Saneamento", buscou avançar com a formatação de uma regulação setorial para o saneamento que, ao mesmo tempo, procurasse garantir a universalização e a melhoria da qualidade dos serviços prestados por um lado e, por outro lado, trouxesse fundamentos jurídicos mais sólidos para a entrada e a permanência de "parcerias de investimento",[1] na prestação de serviços de saneamento básico. Se é verdade que o espírito da Lei é bastante impregnado pela desconfiança na prestação pública e a crença profunda na solução privada dos problemas, por outro lado, o normativo busca apresentar caminhos jurídicos institucionais para a efetivação de políticas públicas, reconhecendo não só a relevância social

---

[1] Para usar a expressão cunhada pela Medida Provisória nº 727, de 12 de maio de 2016, convertida na Lei nº 13.334, de 13 de setembro de 2016, que criou o Programa de Parcerias de Investimentos – PPI.

do saneamento, mas também assumindo sua dimensão constitucional de direito fundamental.

Este arranjo jurídico gerou inúmeras produções dogmáticas[2] e ensejaria ainda outras tantas para buscar a compreensão de todos os seus desdobramentos e potencialidades, mas também lacunas e dubiedades. Aqui se pretende focar em uma novidade bastante específica, qual seja, as novas atribuições dadas à então nomeada Agência Nacional de Águas – ANA. Dentre as diversas leis que foram alteradas pela Lei nº 14.026, de 2020, a primeira a ter sua redação trazida à baila é a Lei nº 9.984, de 17 de julho de 2000, que dispõe agora sobre a renomeada Agência Nacional de Águas e Saneamento Básico – ANA.[3] As alterações iniciam-se em sua ementa, passando pelo artigo de delimitação de escopo, chegando ao ponto central, justamente da ampliação de suas competências.[4] A agência de água tornou-se também de saneamento básico.

Ainda em sede de introdução, cabe mencionar, *en passant*, mudanças recentes sobre o tema e a forma como se optou por endereçá-las aqui. A Medida Provisória nº 1.154, de 1º de janeiro de 2023, que "[e]stabelece a organização básica dos órgãos da Presidência da República e dos Ministérios", ao trazer as novas bases organizacionais do Governo iniciado naquele dia, em seu art. 60, acabou por alterar a Lei nº 9.984, de 17 de julho de 2000, em seu art. 3º, com três efeitos práticos: i. retomou o nome "Agência Nacional de Águas – ANA", sem menção a saneamento básico; ii. alterou a vinculação da ANA do Ministério do Desenvolvimento Regional – MDR para o Ministério do Meio Ambiente e Mudança do Clima – MMA; e, mais relevante para o tema deste artigo, iii. revogou a parte final do artigo, que previa como uma das finalidades da Agência "instituir normas de referência para a regulação dos serviços públicos de saneamento básico". Contudo, notam-se diversas incongruências no texto. Por exemplo, na Lei nº 9.984, de 2000 é mantido tanto o nome da agência com referência ao saneamento quanto a menção às normas de referência em sua ementa e, no art. 1º, além da atribuição de edição destas normas, de forma mais substancial, nos arts. 4º-A e 4º-B. Adicionalmente, observando as

---

[2] Por exemplo, ver o volume de artigos organizado DAL POZZO (2020).
[3] Para além da alteração da Lei nº 10.768, de 19 de novembro de 2003, que dispõe do Quadro de Pessoal da ANA, que alterou o nome e as atribuições do cargo de Especialista em Recursos Hídricos.
[4] Ver sobre tal ampliação, por exemplo, ARAGÃO; D'OLIVEIRA (2020, p. 39 ss.).

alterações na Lei nº 11.445, de 5 de janeiro de 2007, resta igualmente salvaguardada a atribuição à ANA da edição de normas de referência, como se depreende do art. 22, inc. I, art. 23, § 1º-A, inc. I e §1º-B, assim como no art. 25-A e art. 50, inc. III.

Outro ponto que poderia ser abordado seria o sombreamento de competências do Ministério das Cidades com as da ANA, relacionadas a saneamento, por força do art. 20, da MP nº 1.154, de 2023. Estas ficam ainda mais complexas quando associadas ao que dispõe o Decreto nº 11.333, de 1º de janeiro de 2023, que "[a]prova a Estrutura Regimental e o Quadro Demonstrativo dos Cargos em Comissão e das Funções de Confiança do Ministério das Cidades", cujo art. 22, inc. XVII, do Anexo I, estabelece à Secretaria Nacional de Saneamento Ambiental a competência de "instituir as normas de referência para a regulação dos serviços públicos de saneamento básico e acompanhar o seu processo de implementação", o que parece estar em desacordo com o arcabouço legal, mesmo depois da edição da MP de 1º de janeiro. Fato é que posteriormente à publicação no Diário Oficial da União destes novos atos normativos, o Governo sinalizou pela intenção de manutenção do arranjo tal qual trazido pela Lei nº 14.026, de 2020, com a ANA com o papel de instituição de normas de referência para a regulação dos serviços públicos de saneamento básico, além de outras competências atreladas a este setor. Adicionando a isto a natureza precária de medidas provisórias, que requerem tramitação no Congresso Nacional para sua perenização legal no ordenamento jurídico, optou-se por abordar neste texto o arranjo como positivado na inovação legal de 2020.

Assim, a pergunta-problema, que se busca endereçar, pode ser, resumidamente, assim postulada: qual o papel institucional da Agência Nacional de Águas e Saneamento Básico, no arranjo regulatório trazido com a sanção da Lei nº 14.026, de 2020? Como hipótese para enfrentar tal questão, o que se pretende com este texto passa por entender a ANA no contexto da busca por segurança jurídica,[5] como pressuposto necessário da atração de investimentos privados. Importante rememorar que houve sempre questionamentos acerca da formulação e execução de políticas públicas para projetos de saneamento, o que foi potencializado pela pluralidade normativa e baixa densidade jurídica das decisões administrativas, quando se trata do tema. Esta questão encontra-se, já no

---

[5] O lugar comum "segurança jurídica" será traduzido, no contexto teórico que a seguir se apresenta, como "estabilização de expectativas normativas".

contexto do Marco de Saneamento da Lei nº 11.445, de 5 de janeiro de 2007, até a edição da Lei de 2020, fortemente associada à discussão da titularidade constitucional dos municípios para a prestação de serviços desta natureza. Isto é, os agentes privados, ao avaliar as possibilidades de engajamento no setor de saneamento, se defrontavam com diversos municípios, a praticarem suas próprias políticas e, ainda mais grave, suas próprias leituras e interpretações da lei federal, de aplicação nacional. O Novo Marco de 2020 parece ter trazido a nova ANA para assumir papel institucional de grande relevância, por um lado, no estabelecimento das tais "normas de referência" e, por outro, a Agência parece assumir papel de reguladora não apenas dos prestadores de serviços, mas também de outros reguladores locais, sejam os municipais ou outros reguladores nos contextos regionalizados, dentro das novas possibilidades trazidas pela Lei. Daí a hipótese guia deste texto, de que a ANA tenha se tornado a Agência das Agências de Saneamento do país, uma espécie de reguladora de segunda ordem.

Dada a compreensão do contexto teórico que se vai apresentar, que entende a regulação como mecanismo jurídico específico de estabilização de expectativas normativas de um determinado setor social, é possível identificar alguns traços da vertente de pesquisa jurídico-social, já que pretende estudar a "realização concreta de objetivos propostos pela lei" (GUSTIN; DIAS; NICÁCIO, 2020, posição 1123). Contudo, parece também acertado alocar uma segunda dimensão do estudo na vertente jurídico-dogmática.[6] Ao lidar com previsões normativas e preocupar-se com o arranjo institucional, que se buscou formatar na regulação de determinado setor ou atividade da sociedade, qual seja, a prestação de serviço público de saneamento, tal tarefa foi realizada "com vistas à compreensão das relações normativas (...) e com a avaliação das estruturas interiores do ordenamento jurídico" (GUSTIN; DIAS; NICÁCIO, 2020, posição 1117). Por fim, diante dos diversos tipos genéricos de pesquisa, esta se enquadra mais no jurídico-compreensivo ou jurídico-interpretativo (GUSTIN; DIAS; NICÁCIO, 2020, posição 1450 ss.), já que a partir do problema, de se saber a posição institucional da ANA no arranjo regulatório legal, busca-se decompor o problema e propor interpretações possíveis para sua alocação no novo contexto, após a sanção do Novo Marco Legal do Saneamento de 2020.

---

[6] Para o conceito, ver GUSTIN; DIAS; NICÁCIO (2020, posição 1109 ss.).

Para avaliar tal hipótese, será necessária uma breve referência ao contexto teórico, sobre o qual se pretende construir a tese aqui apresentada (item 2). Na sequência, o texto revisitará pontualmente discussões, que buscaram endereçar, ainda no início dos anos 2000, a introdução das agências reguladoras independentes no Brasil e sua relação com o Direito Administrativo pátrio (Item 3). Adicionalmente, será então atacada a questão central do artigo, buscando entender, no Marco Legal, a alocação institucional realizada da ANA, além de acompanhar os primeiros movimentos da Agência como reguladora do setor (Item 4). Por fim, esquematicamente, haverá considerações finais desta pesquisa sobre sua pergunta, de se saber o papel da Agência Nacional de Águas e Saneamento Básico no arranjo regulatório após a Lei nº 14.026, de 2020[7] (Item 5).

## 2    Contexto teórico

Para dar início à contextualização da atuação do Direito face a outros sistemas sociais, cabe usar como porta de entrada o entendimento de que os mais diversos mercados da economia buscam, em regra, estabilidade para suas relações como ponto de partida necessário para o início de um empreendimento.[8] Tal conceito de estabilidade pode ser traduzido na forma do lugar comum "segurança jurídica". Esta afirmação é simplificadora da realidade, na medida em que poderia ser desdobrada com um complemento, no sentido de que a carência de certo grau de estabilidade, se não inviabilizar um empreendimento, com certeza o encarecerá. Isto é, o agente que visa lucro pode se engajar em determinada atividade, ainda que com alguma incerteza, mas a "precificará" a partir das dificuldades de se endereçar os riscos potenciais, cobrando assim maior retorno econômico da alocação de recursos. Se esta máxima parece prevalecer nas relações entre privados, em que os atores ocupam o mesmo *status* na relação, mostra-se potencializada

---

[7]    Rememorando a ressalva já feita, acerca das alterações legais e regulamentares feitas pela MP nº 1.154, de 2023, e pelo Decreto nº 11.333, de 2023, considerou-se aqui o arranjo regulatório do setor de saneamento de 2020 mantido, com a ANA como agência responsável, dentre outras coisas, pela edição de normas de referência.

[8]    Mesmo considerando mercados, por natureza, de alto risco, como é o caso do mercado de capitais, comumente a previsão de regras claras de assunção de risco é fundamental para seu sucesso e desenvolvimento. Assim, estabilidade não deve aqui ser confundida com ausência de riscos.

nas hipóteses das relações jurídicas envolvendo, de um lado, agentes privados e, de outro lado, agentes e o Direito públicos.

Traduzindo tais questões econômicas para a semântica da teoria dos sistemas, de Niklas Luhmann, e olhando a discussão a partir do ponto de vista do sistema jurídico, seria dizer que em uma sociedade com pretensão de "diferenciação funcional"[9] dos sistemas, dada a natureza de orientação pelas expectativas cognitivas do sistema econômico, ele carece de mecanismos de estabilização normativa, recorrendo, então, para isso, ao sistema jurídico, dotado, justamente, desta função: a estabilização de expectativas normativas. Assim, é dizer que o sistema jurídico apresenta a outros sistemas sociais uma prestação, a estabilização. Em outras palavras, é possível retornar à já mencionada "segurança jurídica". Mas, dada a ampliação da complexidade, o próprio Direito passará por um aumento de demanda em especialização. Nas palavras de Gunther Teubner, pode-se falar de uma diferenciação interna do sistema jurídico, que resulta na formação de regimes jurídicos próprios, intimamente acoplados com a racionalidade de outros subsistemas sociais, de modo a exigir, inclusive, mecanismos para lidar com inevitáveis colisões entre a multiplicidade de regimes normativos.[10]

Trazendo estes conceitos abstratos para o objeto concreto, que se pretende analisar neste texto, das atividades de prestação de serviços públicos de saneamento básico, pode-se apontar para a necessidade de um sistema jurídico que dê estabilidade às expectativas envolvidas, principalmente na hipótese de os titulares públicos do direito-dever de prestação desses serviços resolverem outorgar tal serviço à iniciativa privada, mediante alguma forma de remuneração. Indo adiante, mostra-se necessária a criação de um arcabouço normativo e institucional especializado, que pode ser também resumido no conceito de "regulação setorial" (no caso, do setor de saneamento), como um subsistema jurídico específico, vocacionado a estabelecer expectativas normativas para tal setor, o que, é bom que se repita, se mostra ainda mais necessário no contexto da busca de atração de agentes e capital privados para esta atividade, constitucionalmente reconhecida como pública.

---

[9] Para entender, de forma mais ampla, o conceito de diferenciação funcional, ver LUHMANN (1987, p. 30 ss.); e LUHMANN (1998, p. 595 ss.). Especificamente, em relação à diferenciação funcional do Direito, ver LUHMANN (1993, p. 124 ss., esp. p.131 ss.) e, por todos, LUHMANN (1999, esp. p. 35 ss.).

[10] Por exemplo, FISCHER-LESCANO; TEUBNER (2006).

Feita esta contextualização ainda bastante teórica, cabem alguns passos ainda mais em aproximação do objeto. Quando se olha para o histórico recente dos serviços de saneamento, rapidamente algumas afirmações aparecem com grande recorrência e certo grau de consenso: a primeira delas é a de que há grande deficiência na prestação dos serviços de saneamento no Brasil; a segunda é de que seria desejável maior presença de agentes e, sobretudo, capital privados para alavancar os investimentos no sentido da universalização e da melhoria das condições da prestação de tal serviço; o terceiro e derradeiro apontamento, o de que tal aproximação de agentes da economia de mercado apenas será viável caso sejam encontrados tais mecanismos de estabilização de expectativas normativas, ou seja, o investidor privado apenas ingressará nos empreendimentos do setor de saneamento se encontrar a tão desejada segurança jurídica para embasar sua alocação de recursos e assunção de risco previamente avaliados e precificados.

Com o desenvolvimento do texto, será possível observar que os arranjos institucionais, inaugurados com a introdução das agências reguladoras no Brasil, marcam-se por tal relação entre as necessidades de atração de investimentos e agentes privados, e a requerida estabilização de expectativas. Por isso, vale agora passar por este breve histórico, com o intuito de entender quais as similitudes dos papéis assumidos pela ANA com as atribuições já recebidas por outras agências reguladoras antecessoras, além de entender uma incumbência específica, que parece apresentar-se como novidade face a outros arranjos regulatórios setoriais do país, qual seja, essa função de "agência das agências de saneamento" defendida aqui, em hipótese, para a agência federal diante das demais agências subnacionais.

## 3 Introdução das agências reguladoras no Brasil

Recorrentemente, é encontrada na doutrina a afirmação de que Direito Administrativo brasileiro, contou, inicialmente, com base no modelo eurocontinental (tal qual ocorreu com outros ramos do Direito nacional), trazendo, inicialmente, elementos de um Direito Administrativo autoritário, mas assumindo, com o tempo, uma vertente que pode ser identificada como liberal.[11] Contudo, com a evolução das

---

[11] Importante mencionar que a presença da inspiração do Direito público americano, sobretudo constitucional, é algo pacificado na doutrina, o que ocorre desde a própria influência

relações sociais, fortemente condicionadas no âmbito jurídico-institucional, pelos inúmeros e, por vezes, contraditórios elementos do pacto constitucional de 1988, o Direito Administrativo brasileiro passou a trazer consigo tarefas próprias do chamado estado social, prestador, sem abandonar algumas convivências com uma administração legalmente onipotente, de poderes exorbitantes e autoritários, além de ver-se empoderado com a atribuição de competências regulatórias, a colocar em questão o dogma da "legalidade administrativa", um dos tantos lugares comuns do Direito Administrativo brasileiro. Exemplos simbólicos desta mudança de paradigma estão na incorporação, na administração nacional, do modelo de órgão regulador, no bojo da administração, que ganhou força, por meio da atuação do poder constitucional derivado, a partir da Emenda Constitucional nº 8, de 15 de agosto de 1995, e das diversas leis que instituíram as agências reguladoras setoriais no Brasil,[12] movimento que marca uma (nova) influência muito significativa do modelo anglo-americano no Direito Administrativo nacional.[13]

A partir desta introdução das agências reguladoras, o que se mostra relevante para o caso aqui em análise é a compreensão abrasileirada de seu papel, no arcabouço normativo e institucional da prestação de serviços públicos. Pode-se dizer, simplificadamente, que no modelo americano a regulação por meio de agência se dá muito mais como movimento de intervenção estatal em setores privados da economia, na busca pela correção das chamadas falhas de mercado. Isto é, o ponto de partida foram agentes de mercado, que prestavam determinados serviços (entendidos como privados) de certas formas, que passaram a

---

da Constituição Americana, de 1787, na Primeira Constituição da República, de 1891, oportunidade em que se inseriu a jurisdição una no Direito Administrativo brasileiro. Sobre a primeira onda de influência do Direito americano no Direito Administrativo brasileiro, ainda no início do século XX, ver SUNDFELD (2012, p. 44 s.); falando especificamente das instituições republicanas americanas incorporadas no Direito brasileiro, ver LOPES (2000, p. 367 ss.). Em linhas gerais, sobre a influência da Constituição americana, tratando da incorporação de elementos como democracia liberal, presidencialismo e federalismo, em um conceito de "estado democrático de direito" à americana, ver NEVES (1992, p. 122 ss.).

[12] Como exemplo relevante, após a Emenda Constitucional nº 8, de 1995, podem ser mencionadas a Lei nº 9.427, de 26 de dezembro de 1996, que instituiu a Agência Nacional de Energia Elétrica – ANEEL, a Lei nº 9.472, de 16 de julho de 1997, que criou a Agência Nacional de Telecomunicações – ANATEL, e a Lei nº 10.233, de 5 de junho de 2001, que criou a Agência Nacional de Transportes Terrestres – ANTT e a Agência Nacional de Transportes Aquaviários – ANTAQ.

[13] Dentre muitos outros, sobre as agências reguladoras no Brasil, ver SUNDFELD (2002), MARQUES NETO (2002), BINENBOJM (2005) e, já de forma mais ampla e detalhada, ver ARAGÃO (2013).

ser questionadas pelo poder público, por se encontrarem em desacordo com um crescente volume normativo e intervencionista do Estado. Tais agentes passaram então a atuar sob o olhar de um novo grupo de atores, as agências reguladoras independentes, criadas para supervisionar a atuação destes agentes privados, buscando entender se estes estariam ou não agindo em conformidade com tais regras públicas estabelecidas.[14]

Na aplicação à brasileira, há um conjunto de atividades, tipicamente reconhecidas pelo Direito Administrativo como serviços públicos, até então prestados ou diretamente pelo próprio Estado ou indiretamente por este, através de entes da administração indireta, sobretudo empresas estatais, que são outorgados à iniciativa privada e, para isso, tornou-se necessária a positivação de um conjunto de regras de direito público específicas para esta delegação, além da introdução de agentes que fossem capazes, com autonomias técnica e administrativa, de regular e supervisionar o desempenho destas funções. Assim, mais do que regular e supervisionar setores já atuantes da economia, as agências brasileiras surgem em concomitância com o surgimento destes mercados. Concretamente, como exemplo, apenas a hipótese de privatização das empresas de energia elétrica e a intenção de outorga dos seus serviços à iniciativa privada, para que as atividades econômicas comecem a ser desempenhadas por estas, é que dão início à demanda por regulação e, para lhe dar atenção, é que surge a necessidade de criação e, posterior, fortalecimento da já mencionada Agência Nacional de Energia Elétrica – ANEEL, pela Lei nº 9.427, de 1996.[15] Ou seja, as criações de agências reguladoras no Brasil mostraram-se como movimento de antecipação e preparação para a privatização de empresas estatais e a outorga de serviços públicos à iniciativa privada, muito mais do que uma resposta regulatória intervencionista face às falhas de mercado já instaladas na atuação econômica de agentes privados. Este parece ser o enredo que se repetiu com o setor de saneamento básico, senão em um momento inicial com a redação original da Lei nº 11.445, de 5 de janeiro de 2007, já no contexto do Novo Marco essa concomitância entre delegação dos

---

[14] Possível, inclusive, notar em alguns casos diferenças entre a origem das normas gerais e abstratas, que quando oriundas no modelo americano, por vezes, têm elas próprias procedência privada, em arranjos que genericamente ficaram conhecidos como autorregulação.

[15] Do ponto de vista da evolução normativa, vale rememorar que os processos mais estruturados de privatização no Brasil datam do início dos anos 1990, com marco inicial na Lei nº 8.031, de 12 de abril de 1990, que criou o Programa Nacional de Desestatização, mas tomando efetividade apenas após a sua reformulação pela Lei nº 9.491, de 9 de setembro de 1997.

serviços à iniciativa privada e criação e fortalecimento da instituição responsável pela regulação no formato de agência reguladora reaparece.

## 4 Novo papel da ANA no arranjo regulatório após a Lei nº 14.026, de 2020

Como a pretensão do artigo é focada no papel da ANA no marco legal de 2020, não se entende aqui necessário reapresentar os diversos problemas e dados concretos, materiais e econômicos, sobre o saneamento no país,[16] nem realizar uma reconstrução histórica da regulação do setor.[17] Apenas para introdução do contexto deste novo arranjo jurídico, parece valer a menção de que ele foi inaugurado pela Medida Provisória nº 844, de 6 de julho de 2018, que teve seu prazo de vigência encerrado no dia 19 de novembro do mesmo ano, não tendo sido convertida em Lei. Curiosamente, esta foi seguida pela Medida Provisória nº 868, de 27 de dezembro de 2018, de semelhante teor e idêntico destino, com vigência encerrada em 4 de junho de 2019, igualmente sem tornar-se lei.

A Exposição de Motivos Interministerial nº 6/2018, dos Ministérios das Cidades, do Meio Ambiente e do Planejamento,[18] que encaminhou a proposta posteriormente editada como MP nº 844, de 2018, à Presidência da República, em 6 de julho de 2018, indica ser o primeiro problema do arranjo jurídico então em vigência o fato de os titulares, leia-se, os municípios, terem "baixa capacidade regulatória",[19] o que poderia afetar "negativamente a eficiência e desenvolvimento do setor de saneamento básico ao influenciar a qualidade ou preço dos serviços de forma inadequada". Adicionalmente, o instrumento aponta para a "falta de padronização regulatória", que resultaria em "custos de transação relevantes aos prestadores, públicos e privados", podendo estes serem "obrigados a se adaptar a regras regulatórias potencialmente muito diferentes na prestação de um mesmo serviço". Então, como solução para estas duas frentes relacionadas de problemas indica-se a proposta de atribuir à Agência Natural de Águas (ANA) a "competência

---

[16] Que pode ser encontrado, por exemplo, em SOUSA (2016).
[17] Ver, sobre o tema, BERTOCCELLI (2020) e ARAGÃO; D'OLIVEIRA (2020).
[18] Disponível em: http://www.planalto.gov.br/ccivil_03/_Ato2015-2018/2018/Exm/Exm-MP-844-18.pdf, acesso em: 17 abr. 2022.
[19] Os trechos indicados, entre aspas, a seguir, foram todos retirados da mencionada Exposição de Motivos.

de elaborar normas nacionais de referência regulatória para o setor de saneamento básico, que servirão como balizadores das melhores práticas para os normativos dos diferentes reguladores de saneamento básico do País". O documento expressamente apresenta a expectativa de "elevação na qualidade das normas regulatórias para o setor de saneamento básico e uma maior uniformização regulatória em todo território nacional".[20] Ou seja, já nos motivos que levaram à edição dos atos normativos do Executivo aparece essa função relevante e central para a ANA no arranjo, ainda que mais muito fortemente relacionada à estabilização normativa e ao papel de harmonizadora da regulação para os diversos agentes locais. Contudo, quando observado o texto da Lei, resultado de aprovação de projeto de iniciativa do Poder Executivo, encaminhado após a perda da vigência da segunda medida provisória editada, é possível notar uma preponderância da agência federal no arranjo institucional de forma mais ampla, o que já se encontrava presente nos textos da MPs.

Assim, a partir da sanção do Novo Marco, de 2020, o papel a ser desempenhado pela ANA, em seu novo contexto regulatório, pode ser resumido recorrendo-se à parte final do novo art. 1º da referida Lei nº 9.984, de 2000, que prevê ser a Agência "responsável pela instituição de normas de referência para a regulação dos serviços públicos de saneamento básico".[21] Nota-se, neste ponto, que o legislador, possivelmente atento acerca das discussões que poderiam tratar da inconstitucionalidade de eventual extrapolação de competências federais em matéria de saneamento, tenha buscado restringir o papel da ANA à mera "referência". Contudo, ao visitar o texto do art. 4º-A, especialmente em seu §1º, que trata das matérias a serem estabelecidas por meio de tais normas de referência, identifica-se um conjunto bastante amplo, que, em alguma medida, pode servir de fundamento legal para o aprofundamento da

---

[20] Como era de se esperar, o texto reaparece na Exposição de Motivos nº 17/2018, desta vez assinada exclusivamente pelo Ministério das Cidades, em 17 de dezembro de 2018, relativa à segunda MP sobre o tema (nº 868, de 2018). Disponível em: http://www.planalto.gov.br/ccivil_03/_Ato2015-2018/2018/Exm/Exm-MP-868-18.pdf, último acesso em: 17 abr. 2022. Para uma visão acerca da regulação do setor, antes das atribuições alocadas na ANA, ver BARBOSA (2019, esp. p. 138 ss.).

[21] Trecho mantido, mesmo depois da Medida Provisória nº 1.154, de 2023, como já indicado na Introdução deste artigo.

Agência federal na temática da prestação de serviço de saneamento país afora.[22]

Em relação, especificamente, à edição de "normas de referência", esta é uma inovação quando comparada com outras agências reguladoras. Inicialmente, o motivo mais óbvio está justamente no papel propriamente de regulador que tais agências federais desempenham em seus setores temáticos. O teor diretamente vinculante dos atos normativos editados pelas agências diferencia-se de uma normatividade mais indireta e abstrata das normas de referência pensadas para a ANA. Pode-se dizer que há, na intenção legal, certo grau da natureza principiológica para as normas de referência, que poderiam não vincular objetivamente agentes em suas condutas. Ao observar as resoluções de outras agências reguladoras, o teor mais análogo à natureza de regras é muito mais presente.[23] Isto é, normas diretas e objetivas que orientam

---

[22] "§1º Caberá à ANA estabelecer normas de referência sobre:
I – padrões de qualidade e eficiência na prestação, na manutenção e na operação dos sistemas de saneamento básico;
II – regulação tarifária dos serviços públicos de saneamento básico, com vistas a promover a prestação adequada, o uso racional de recursos naturais, o equilíbrio econômico-financeiro e a universalização do acesso ao saneamento básico;
III – padronização dos instrumentos negociais de prestação de serviços públicos de saneamento básico firmados entre o titular do serviço público e o delegatário, os quais contemplarão metas de qualidade, eficiência e ampliação da cobertura dos serviços, bem como especificação da matriz de riscos e dos mecanismos de manutenção do equilíbrio econômico-financeiro das atividades;
IV – metas de universalização dos serviços públicos de saneamento básico para concessões que considerem, entre outras condições, o nível de cobertura de serviço existente, a viabilidade econômico-financeira da expansão da prestação do serviço e o número de Municípios atendidos;
V – critérios para a contabilidade regulatória;
VI – redução progressiva e controle da perda de água;
VII – metodologia de cálculo de indenizações devidas em razão dos investimentos realizados e ainda não amortizados ou depreciados;
VIII – governança das entidades reguladoras, conforme princípios estabelecidos no art. 21 da Lei nº 11.445, de 5 de janeiro de 2007;
IX – reúso dos efluentes sanitários tratados, em conformidade com as normas ambientais e de saúde pública;
X – parâmetros para determinação de caducidade na prestação dos serviços públicos de saneamento básico;
XI – normas e metas de substituição do sistema unitário pelo sistema separador absoluto de tratamento de efluentes;
XII – sistema de avaliação do cumprimento de metas de ampliação e universalização da cobertura dos serviços públicos de saneamento básico;
XIII – conteúdo mínimo para a prestação universalizada e para a sustentabilidade econômico-financeira dos serviços públicos de saneamento básico."

[23] A distinção entre princípios e regras, por si só, daria ensejo a muitas discussões, nas quais não cabe aqui entrar. O uso que se pretende é meramente alegórico e generalizado, para se comparar as normas de referência com as demais normas editadas por agências reguladoras.

e condicionam condutas, chegando-se, no limite, a atribuir sanções aos agentes regulados em casos de desvio. Já quanto às regras de referência, estas pretendem servir muito mais como orientadoras das atuações no setor, inclusive tendo como seus destinatários finais não os regulados prestadores de serviço de saneamento, mas sim as próprias agências subnacionais, como vem sendo observado no texto. Isto leva à segunda diferença, que impossibilitaria o modelo da ANA de ser encontrado em outras agências: não há arranjos institucionais que envolvam, em outros setores, relação entre agências de níveis federativos diferentes.

Quanto à comparação dos temas, que são regulados por atos normativos de outras agências reguladoras no Brasil, mostra que há margem para assunção, pela ANA, de um papel normativo proeminente no arranjo regulatório do setor. Além disso, como referência para tal afirmação, é possível ver que a não adoção das normas de referência da ANA por alguma agência local é prevista, legalmente, como justificativa para municípios aderirem a agências de outros Estados da Federação ou mesmo como única justificativa para alterar a agência à qual já tenha aderido anteriormente.[24]

No rol das competências já referenciado, caberá à Agência normatizar condutas dos prestadores de serviços públicos de saneamento, mas também recai a si, por exemplo, regular a governança das entidades reguladoras (art. 4º-A, §1º, inc. VIII, Lei nº 9.984, de 2000). Com isso, em alinhamento com o problema aqui estudado e com a hipótese proposta, cabe até dizer que a ANA passou a ter uma "competência normativa primária para regulação nacional do serviço público de saneamento básico" (ZOCKUN, 2020, p. 313), ou ainda um "papel de protagonista na fixação das diretrizes que irão nortear a prestação do serviço público adequado, protegendo-se a livre concorrência" (FORTINI; SCHIER, 2020, p. 349). Contudo, a isso se adiciona o papel de controle das entidades "que adotam as normas de referência nacionais para a regulação dos serviços públicos de saneamento básico, com vistas a viabilizar o acesso aos recursos públicos federais ou a contratação de financiamentos com recursos da União ou com recursos geridos ou operados por órgãos ou

---

Dentre muitos autores, para a distinção, ver DWORKIN (2002, p. 23 ss.); e ALEXY (1995, esp. p. 177 ss.), em que trata do "Conceito de Princípio Jurídico"; sobre a recepção desta discussão no Brasil, ver SILVA (2003) e ÁVILA (2003, esp. p. 26 ss.), e, por fim, mais crítico ao uso questionável da distinção, para fins de concretização constitucional, ver NEVES (2013, esp. p. 51 ss., em que trata do modelo de Dworkin e p. 63 ss., abordando a produção de Alexy).

24  Hipóteses do art. 23, §1º-A, inc. I, e §2º-B, da Lei nº 11.445, de 2007, respectivamente.

entidades da administração pública federal".²⁵ Por fim, possibilitou-se à ANA, novamente em caráter voluntário, disponibilizar ações mediadoras ou arbitrais nos conflitos envolvendo titulares, agências reguladoras ou prestadores de serviços.²⁶

Assim, feita esta contextualização, chega-se ao ponto central deste artigo, notando-se que, para além da questão normativa já mencionada, há outra dimensão do papel da ANA no arranjo regulatório, que é a institucional. Concomitantemente com o estabelecimento dessas espécies de diretrizes nacionais de cumprimento "voluntário",²⁷ voltadas à busca por uniformidade regulatória e segurança jurídica,²⁸ o fato é que o arranjo normativo aponta para um papel institucional a ser desempenhado pela ANA frente às demais entidades reguladoras e fiscalizadoras municipais e regionais previstas na legislação, o que visa colocá-la como "reguladora de segunda ordem". Há diversos usos para esta expressão. Um dos que podem ser apontados, no contexto da regulação estatal, é a posição crítica relativa à atuação do Tribunal de Contas na União – TCU, ao observar outras entidades reguladoras, justamente no cerne de suas atividades, no sentido de se dizer que esta regulação de segunda ordem seria uma extrapolação de competências do controlador, buscando assumir para si a atribuição do controlado.²⁹ Contudo, aqui não se entende tal expressão nesse sentido crítico, mas sim como uma atribuição legal, que objetiva dar consistência sistêmica para um setor regulado por diversos reguladores locais, com os mais variados níveis técnicos e estruturas à sua disposição. Dizer, assim, se tratar a ANA de regulador de segunda ordem não busca tratar de uma violação de competência, mas sim intenciona deixar claro seu papel no modelo regulatório proposto.

Avançando no tema, para responder à pergunta acerca do papel institucional a ser assumido pela ANA, no modelo regulatório do Novo Marco Legal do Saneamento de 2020, pode-se dizer que, após a

---

[25] Art. 4º-B, da Lei nº 9.984, de 2000.

[26] Ver art. 4º-A, §5º, Lei nº 9.984, de 2000.

[27] As aspas em "voluntário" parecem se justificar na medida em que, à guisa de implementação de um "federalismo cooperativo", há incentivos que podem ser entendidos, pelos municípios, como indispensáveis para o real atingimento das pretensiosas metas de universalização, destaque para recursos da União. Ver art. art. 4º-B, da Lei nº 9.984, de 2000 e o art. 50, inc. III, da Lei nº 11.445, de 2007.

[28] Uma espécie de concentração na ANA, ainda que com os incentivos já mencionados, como colocado por HEINEN; MAFFINI (2020, p. 86).

[29] Ver, sobre o tema, PEREIRA (2020).

aplicação de um "regime de transição" (HEINEN; MAFFINI, 2020, esp. p. 83 ss.), o arranjo apresentado tende a gerar cenário de proliferação de reguladores regionais e municipais, mas que, independentemente disto, a ANA parece estar posicionada sim como reguladora de segunda ordem, uma espécie de "agência das agências", dadas suas atribuições não apenas normativas em relação aos agentes prestadores de serviço, mas também normatização e monitoramento da adoção e aplicação de tais normas pelo regulador local. Isso aparece, por exemplo, na revisão extraordinária da Resolução ANA nº 105, de 18 de outubro de 2021 da Agenda Regulatória da ANA 2020/2021, direcionada a edição também de Normas de Referência para o Saneamento. Passou a constar como um dos temas, com previsão para 01/2022 de "Procedimento transitório de monitoramento das normas" e para 02/2022, "Modelo organizacional das agências reguladoras infranacionais, transparência e *accountability*", ainda que, neste momento inicial, houvesse preponderância de normas voltadas para a qualidade e prestação dos serviços.

Estas duas frentes apontaram para direções bastante relevantes para a tese aqui defendida. Por um lado, a Agência buscou endereçar procedimento que lhe municie a acompanhar o cumprimento das normas e isto não parece se restringir ao cumprimento pelos regulados prestadores do serviço. Este papel de acompanhar acabará por abarcar também o regulador aqui chamado de primeira ordem, ou seja, as autarquias municipais ou regionais que serão responsáveis pela regulação mais proximamente do prestador dos serviços. Quanto ao segundo ponto, isto fica ainda mais evidente. O estabelecimento de "modelo organizacional" a ser seguido pelos reguladores locais, ali nomeados "infranacionais", com o intuito de lhe garantir transparência e responsabilidade, se coaduna com a tese de que o regulador federal também será regulador dos reguladores infranacionais.

Cabe indicar os primeiros atos normativos da ANA nesta sua atribuição: a Resolução ANA nº 106, de 4 de novembro de 2021, que aprovou a "Norma de Referência ANA nº 2, para a regulação dos serviços públicos de saneamento básico, que dispõe sobre a padronização dos aditivos aos Contratos de Programa e de Concessão, para prestação de serviços de abastecimento de água potável e esgotamento sanitário", assim como a Resolução ANA nº 134, de 18 de novembro de 2022, que "[d]isciplina os requisitos e os procedimentos a serem observados pelas entidades infranacionais encarregadas da regulação e da fiscalização dos serviços públicos de saneamento básico, para a comprovação da adoção das normas de referência".

A partir deste ponto, é possível concluir por uma evolução regulatória, que leve a ANA a assumir papel que transcenda a regulação setorial, tal qual conhecida hoje no Brasil. Um dos modelos para os quais a Agência pode evoluir no país é passar a ter papel ativo no processo de criação normativa das agências locais, aos moldes do que ocorre, de forma muito mais ampla e transetorial, com o *Office of Information and Regulatory Affairs* – OIRA, nos Estados Unidos.[30] Esta agência americana foi criada, em 1980, a partir de uma pauta liberal e de desregulação, do Presidente Ronald Reagan, para realizar controle, sobretudo econômico e de impactos regulatórios, de normas em processo de edição pelas agências reguladoras setoriais.[31] Não se pode ignorar que o arranjo lá vai muito além do que se encontra em vigor com a ANA aqui. Por um lado, porque a ANA segue sendo setorial, circunscrita ao saneamento, enquanto o OIRA assume esse papel diante das agências de diversos setores. Além disso, no modelo americano, esta agência tem vinculação à Casa Civil da Presidência da República, assumindo este papel de regulador de segunda ordem de outras agências igualmente federais. No modelo nacional, este diálogo teria um arranjo federativo mais complexo, por envolver um papel de regulação e supervisão por um agente federal diante de outros agentes municipais ou regionais. De qualquer forma, as atribuições de agência das agências podem servir de orientadoras para os desdobramentos que possam vir a ser necessários na regulação setorial do saneamento básico, caso a atuação local venha a se mostrar ainda um fator de desincentivo ao engajamento de agentes privados e atração de seu capital para a implementação do desafiador plano de universalização do saneamento básico no país até o ano de 2033.[32]

Não parecem desprezíveis, por fim, as eventuais questões de natureza constitucional, que podem derivar desta forma de atuação da ANA. Caso o entendimento mais rigoroso dos limites impostos pela titularidade municipal dos serviços de saneamento prosperasse, seria

---

[30] Para estudo amplo e detalhado sobre unidade de supervisão da regulação, que passa por experiência de diversos países, para além dos Estados Unidos, aqui mencionado, ver RIBEIRO (2010), estudo que pode ser apontado como de onde se originou a proposta que resultou no modelo positivado pela Lei nº 14.026, de 2020.

[31] Ver COPELAND (2006); com comentários mais críticos, ver SUNSTEIN (2013).

[32] Como positivado no art. 11-B da Lei nº 11.445, de 2007.

possível apontar para uma atuação inconstitucional desta Agência, ao atuar, ainda que conforme a lei, na regulação direta e indireta do setor. Contudo, aqui duas menções podem ser feitas. A primeira é de que o Supremo Tribunal Federal – STF, em sede de quatro ADIs (nºs 6.492, 6.536, 6.583 e 6.882), já teve oportunidade de atestar a constitucionalidade de dispositivos trazidos pela Lei nº 14.026, de 2020, ainda que por maioria. No voto do relator, Ministro Luiz Fuz, aparece, inclusive, menção expressa à possiblidade de a ANA vir a fazer regulação do serviço de saneamento. O segundo ponto a se mencionar é a hipótese, no decorrer da aplicação da Lei e da atuação da Agência, de se abandonar a forma binária acerca da constitucionalidade da atribuição da ANA. Isto é, ao invés de atestar meramente sua constitucionalidade ou inconstitucionalidade, devam os aplicadores da lei ser convidados a buscar uma interpretação conforme dos dispositivos legais, abrindo-se espaço para, na conformação dos diversos comandos constitucionais, se encontrar qual deva ser a forma em conformidade com a Constituição da República, na qual deve ser entendido o papel institucional e normativo da ANA, nesse complexo arranjo regulatório setorial.

## 5  Considerações finais

O texto buscou visitar quais as funções comumente assumidas pela regulação setorial, entendida aqui como um subsistema jurídico que se vocaciona a atribuir estabilidade normativa a um subsetor específico da economia. No caso, defendeu-se ser a regulação do setor de saneamento as ferramentas jurídicas direcionadas a trazer previsibilidade às atividades econômicas desempenhadas em torno da prestação de serviços e alocação de recursos, sobretudo por particulares, em parcerias de investimento.

Adicionalmente, olhando a evolução histórica da regulação setorial no Brasil, reconheceu-se que a introdução de agências reguladoras teve relação com os processos de desestatização dos setores, muito mais do que uma intervenção em setores privados já em atividade, carecedores de regulação, para a correção de falhas de mercado. Nessa toada, o setor de saneamento, que se encontra em um momento de nova propulsão da participação de agentes privados, também mostrou carecer de um incremento regulatório, para trazer "segurança jurídica", por meio da regulação técnica e harmonização normativa em um único agente, tendo sido eleita para tal tarefa a Agência Nacional de Águas e Saneamento

Básico – ANA. Não ignorando toda a discussão constitucional acerca da titularidade dos municípios para a prestação de serviços públicos de saneamento, o arranjo institucional alocou na ANA um papel de editor de normas de referência, que precisam voluntariamente ser incorporadas pelos reguladores locais. Contudo, há diversos incentivos que tendem a impulsionar tais agências subnacionais a se submeterem aos mandos da agência federal.

Ainda, concluiu-se que, partir da conformação legal existente, que o arranjo institucional posto para a ANA acabou por caracterizá-la como uma agência das agências de saneamento, seja pela sua atribuição na normatização de regras de governança das agências locais, seja pelo seu papel fiscalizador diante dos comportamentos destas, ou ainda pela possiblidade de assumir uma atribuição de mediação e arbitragem de conflitos envolvendo as próprias agências reguladoras locais. Apontaram-se, finalmente, chances de uma ampliação ainda maior da atuação da ANA na avaliação e julgamento dos impactos regulatórios das agências subnacionais.

Para compreender a dimensão jurídica destas frentes de atuação da ANA, foi indicada a necessidade de os aplicadores do Direito, ao invés de se reduzirem ao questionamento binário acerca da constitucionalidade desse papel, buscar formas de interpretação conforme à Constituição que sejam capazes de alocar a Agência da melhor forma possível, nesse complexo arranjo regulatório, mantendo-se o respeito aos ditames do texto constitucional.

Por fim, a título de reconexão com o contexto teórico apresentado, vale mencionar que o papel institucional da ANA de regulação indireta dos prestadores de serviço de saneamento e direta de reguladora das próprias agências subnacionais, municipais ou regionais, pode trazer uma maior consistência na regulação setorial, com potenciais chances de criar um regime jurídico próprio para o setor regulado, que seja capaz de dar a devida prestação de estabilização das expectativas ou, dito de outra forma, trazer a desejada segurança jurídica para a atração e manutenção de agentes privados, que se disponham a alocar seu capital e demais recursos, para, ao mesmo, buscar resultados econômicos legítimos para si e colaborar com o interesse público, na busca pelos "padrões de qualidade e eficiência na prestação, na manutenção e na operação dos sistemas de saneamento básico", além do atingimento das desafiadoras "metas de ampliação e universalização da cobertura dos serviços públicos de saneamento básico".[33]

## Referências

ALEXY, R. *Recht, Vernunft, Diskurs. Studien zur Rechtsphilosophie*. Frankurt am Main: Suhrkamp, 1995.

ARAGÃO, A. S. D. *Agências Reguladoras e a Evolução do Direito Administrativo Econômico*. 3. ed. Rio de Janeiro: Forense, 2013.

ARAGÃO, A. S. D.; D'OLIVEIRA, R. D. Considerações iniciais sobre a Lei nº 14.026/2020 – Novo Marco Regulatório do Saneamento Básico. *In*: DAL POZZO, A. N. (ed.). *O Novo Marco Regulatório do Saneamento Básico*. São Paulo: Thomson Reuters Brasil, 2020. p. 35-53.

ÁVILA, H. *Teoria dos Princípios. Da definição à aplicação dos princípios jurídicos*. São Paulo: Malheiros, 2003.

BARBOSA, A. F.; THIAGO, M. As funções do regulador de saneamento básico no Brasil. *Revista de Direito Econômico e Socioambiental*, 10, n. 3, p. 127-147, 2019. Acesso em: 11 set. 2020.

BERTOCCELLI, R. D. P. Saneamento básico: a evolução jurídica do setor. *In*: DAL POZZO, A. N. (ed.). *O novo marco regulatório do saneamento básico*. São Paulo: Thomson Reuters, 2020. p. 17-33.

BINENBOJM, G. Agências reguladoras independentes e democracia no Brasil. *Revista Eletrônica de Direito Administrativo Econômico*, 3, p. 1-20, 2005. Disponível em: http://www.direitodoestado.com/revista/redae-3-agosto-2005-gustavo%20binenbojm.pdf, Acesso em: 11 set. 2020.

BRASIL. *Emenda Constitucional nº 8*, de 15 de agosto de 1995. Altera o inciso XI e a alínea "a" do inciso XII do art. 21 da Constituição Federal. Disponível em: http://www.planalto.gov.br/ccivil_03/constituicao/emendas/emc/emc08.htm#:~:text=EMENDA%20CONSTITUCIONAL%20N%C2%BA%208%2C%20DE,do%20C2%A7%203%C2%BA%20do%20art, acesso em: 17 abr. 2022.

BRASIL. *Lei Federal nº 8.031*, de 12 de abril de 1990. Cria o Programa Nacional de Desestatização, e dá outras providências. Disponível em: http://www.planalto.gov.br/ccivil_03/leis/L8031.htm#:~:text=LEI%20N%C2%BA%208.031%2C%20DE%2012%20DE%20ABRIL%20DE%201990.&text=Cria%20o%20Programa%20Nacional%20de,Art, acesso em: 17 abr. 2022.

---

[33] Ambos os temas presentes como matéria de regulação das normas de referência da ANA, presentes no já mencionado inc. I, do §1º, do recém-incluído art. 4ª-A, da Lei nº 9.984, de 2000.

BRASIL. *Lei Federal nº 9.427*, de 26 de dezembro de 1996. Institui a Agência Nacional de Energia Elétrica – ANEEL, disciplina o regime das concessões de serviços públicos de energia elétrica e dá outras providências. Disponível em: http://www.planalto.gov.br/ccivil_03/leis/l9427cons.htm, acesso em: 17 abr. 2022.

BRASIL. *Lei Federal nº 9.472*, de 16 de julho de 1997. Dispõe sobre a organização dos serviços de telecomunicações, a criação e funcionamento de um órgão regulador e outros aspectos institucionais, nos termos da Emenda Constitucional nº 8, de 1995. Disponível em: http://www.planalto.gov.br/ccivil_03/leis/l9472.htm, acesso em: 17 abr. 2022.

BRASIL. *Lei Federal nº 9.491*, de 9 de setembro de 1997. Altera procedimentos relativos ao Programa Nacional de Desestatização, revoga a Lei n° 8.031, de 12 de abril de 1990, e dá outras providências. Disponível em: http://www.planalto.gov.br/ccivil_03/leis/l9491.htm, acesso em: 17 abr. 2022.

BRASIL. *Lei Federal nº 9.984*, de 17 de julho de 2000. Dispõe sobre a criação da Agência Nacional de Águas e Saneamento Básico (ANA), entidade federal de implementação da Política Nacional de Recursos Hídricos, integrante do Sistema Nacional de Gerenciamento de Recursos Hídricos (Singreh) e responsável pela instituição de normas de referência para a regulação dos serviços públicos de saneamento básico. Disponível em: http://www.planalto.gov.br/ccivil_03/leis/l9984.htm, acesso em: 17 abr. 2022.

BRASIL. *Lei Federal nº 10.233*, de 5 de junho de 2001. Dispõe sobre a reestruturação dos transportes aquaviário e terrestre, cria o Conselho Nacional de Integração de Políticas de Transporte, a Agência Nacional de Transportes Terrestres, a Agência Nacional de Transportes Aquaviários e o Departamento Nacional de Infraestrutura de Transportes, e dá outras providências. Disponível em: http://www.planalto.gov.br/ccivil_03/leis/leis_2001/l10233.htm, acesso em: 17 abr. 2022.

BRASIL. *Lei Federal nº 10.768*, de 19 de novembro de 2003. Dispõe sobre o Quadro de Pessoal da Agência Nacional de Águas e Saneamento Básico (ANA) e dá outras providências. Disponível em: http://www.planalto.gov.br/ccivil_03/Leis/2003/l10.768.htm#:~:text=LEI%20No%2010.768%2C%20DE%2019%20DE%20NOVEMBRO%20DE%202003.&text=Disp%C3%B5e%20sobre%20o%20Quadro%20de,ANA%2C%20e%20d%C3%A1%20outras%20provid%C3%AAncias.&text=III%20%2D%20oitenta%20e%20quatro%20cargos,Art, acesso em: 17 abr. 2022.

BRASIL. *Lei Federal nº 11.445*, de 5 de janeiro de 2007. Estabelece as diretrizes nacionais para o saneamento básico; cria o Comitê Interministerial de Saneamento Básico; altera as Leis nºs 6.766, de 19 de dezembro de 1979, 8.666, de 21 de junho de 1993, e 8.987, de 13 de fevereiro de 1995; e revoga a Lei nº 6.528, de 11 de maio de 1978. Disponível em: http://www.planalto.gov.br/ccivil_03/_ato2007-2010/2007/lei/l11445.htm, acesso em: 17 abr. 2022.

BRASIL. *Lei Federal nº 11.445*, de 5 de janeiro de 2007. Estabelece as diretrizes nacionais para o saneamento básico; cria o Comitê Interministerial de Saneamento Básico; altera as Leis nºs 6.766, de 19 de dezembro de 1979, 8.666, de 21 de junho de 1993, e 8.987, de 13 de fevereiro de 1995; e revoga a Lei nº 6.528, de 11 de maio de 1978. Disponível em: http://www.planalto.gov.br/ccivil_03/_ato2007-2010/2007/lei/l11445.htm#:~:text=LEI%20N%C2%BA%2011.445%2C%20DE%205%20DE%20JANEIRO%20DE%202007.&text=Estabelece%20diretrizes%20nacionais%20para%20o,1978%3B%20e%20d%C3%A1%20outras%20provid%C3%AAncias, acesso em: 17 abr. 2022.

BRASIL. *Lei Federal nº 13.334*, de 13 de setembro de 2016. Cria o Programa de Parcerias de Investimentos – PPI; altera a Lei nº 10.683, de 28 de maio de 2003, e dá outras providências. Disponível em: http://www.planalto.gov.br/ccivil_03/_ato2015-2018/2016/lei/l13334.htm, acesso em: 17 abr. 2022.

BRASIL. *Lei Federal nº 14.026*, de 15 de julho de 2020. Atualiza o marco legal do saneamento básico e altera a Lei nº 9.984, de 17 de julho de 2000, para atribuir à Agência Nacional de Águas e Saneamento Básico (ANA) competência para editar normas de referência sobre o serviço de saneamento, a Lei nº 10.768, de 19 de novembro de 2003, para alterar o nome e as atribuições do cargo de Especialista em Recursos Hídricos, a Lei nº 11.107, de 6 de abril de 2005, para vedar a prestação por contrato de programa dos serviços públicos de que trata o art. 175 da Constituição Federal, a Lei nº 11.445, de 5 de janeiro de 2007, para aprimorar as condições estruturais do saneamento básico no País, a Lei nº 12.305, de 2 de agosto de 2010, para tratar dos prazos para a disposição final ambientalmente adequada dos rejeitos, a Lei nº 13.089, de 12 de janeiro de 2015 (Estatuto da Metrópole), para estender seu âmbito de aplicação às microrregiões, e a Lei nº 13.529, de 4 de dezembro de 2017, para autorizar a União a participar de fundo com a finalidade exclusiva de financiar serviços técnicos especializados. Disponível em: http://www.planalto.gov.br/ccivil_03/_ato2019-2022/2020/lei/l14026.htm, acesso em: 17 abr. 2022.

BRASIL. *Medida Provisória nº 727*, de 12 de maio de 2016. Cria o Programa de Parcerias de Investimentos – PPI e da outras providências. Disponível em: http://www.planalto.gov.br/ccivil_03/_ato2015-2018/2016/mpv/mpv727.htm, acesso em: 17 abr. 2022.

BRASIL. *Medida Provisória nº 844*, de 6 de julho de 2018. Atualiza o marco legal do saneamento básico e altera a Lei nº 9.984, de 17 de julho de 2000, para atribuir à Agência Nacional de Águas competência para editar normas de referência nacionais sobre o serviço de saneamento, a Lei nº 10.768, de 19 de novembro de 2003, para alterar as atribuições do cargo de Especialista em Recursos Hídricos, e a Lei nº 11.445, de 5 de janeiro de 2007, para aprimorar as condições estruturais do saneamento básico no País. Disponível em: http://www.planalto.gov.br/ccivil_03/_ato2015-2018/2018/Mpv/mpv844.htm, acesso em: 17 abr. 2022.

BRASIL. *Medida Provisória nº 868*, de 27 de dezembro de 2018. Atualiza o marco legal do saneamento básico e altera a Lei nº 9.984, de 17 de julho de 2000, para atribuir à Agência Nacional de Águas competência para editar normas de referência nacionais sobre o serviço de saneamento; a Lei nº 10.768, de 19 de novembro de 2003, para alterar as atribuições do cargo de Especialista em Recursos Hídricos; a Lei nº 11.445, de 5 de janeiro de 2007, para aprimorar as condições estruturais do saneamento básico no País; e a Lei nº 13.529, de 4 de dezembro de 2017, para autorizar a União a participar de fundo com a finalidade exclusiva de financiar serviços técnicos especializados. Disponível em: http://www.planalto.gov.br/ccivil_03/_ato2015-2018/2018/Mpv/mpv868.htm, acesso em: 17 abr. 2022.

BRASIL. Ministério das Cidades, *Exposição de Motivos nº 17*, de 17 de dezembro de 2018. Disponível em: http://www.planalto.gov.br/ccivil_03/_Ato2015-2018/2018/Exm/Exm-MP-868-18.pdf, acesso em: 17 abr. 2022.

BRASIL. Ministério das Cidades, Ministério do Meio Ambiente e Ministério do Planejamento, *Exposição de Motivos Interministerial nº 6*, de 6 de julho de 2018. Disponível em: http://www.planalto.gov.br/ccivil_03/_Ato2015-2018/2018/Exm/Exm-MP-844-18.pdf, acesso em: 17 abr. 2022.

COPELAND, C. W. The Role of the Office of Information and Regulatory Affairs in Federal Rulemaking. *Fordham Urban Law Journal*, 33, n. 4, p. 101-154, 2006. Disponível em https://ir.lawnet.fordham.edu/cgi/viewcontent.cgi?article=2208&context=ulj, acesso em: 11 set. 2020.

DAL POZZO, A. N. *O Novo Marco Regulatório do Saneamento Básico*. São Paulo: Thomson Reuters Brasil, 2020.

DWORKIN, R. *Levando os direitos a sério*. São Paulo: Martins Fontes, 2002.

FISCHER-LESCANO, A.; TEUBNER, G. *Regime-Kollisionen – Zur Fragmentierung des globalen Rechts*. Frankfurt am Main: Suhrkamp, 2006 (Taschenbuch Wissenschaft, v. 1803).

FORTINI, C.; SCHIER, A. D. C. R. Novo Marco do Saneamento e a atividade regulatória. *In*: DAL POZZO, A. N. (ed.). *O Novo Marco Regulatório do Saneamento Básico*. São Paulo: Thomson Reuters Brasil, 2020. p. 335-352.

GUSTIN, M. B. D. S.; DIAS, M. T. F.; NICÁCIO, C. D. *(Re)pensando a Pesquisa Jurídica. Teoria e Prática*. 5. ed. São Paulo: Almedina, 2020.

HEINEN, J.; MAFFINI, R. O regime jurídico de transição no novo marco legal do saneamento (Lei 14.026/2020). *In*: DAL POZZO, A. N. (ed.). *O Novo Marco Regulatório do Saneamento Básico*. São Paulo: Thomson Reuters Brasil, 2020. p. 71-95.

LOPES, J. R. D. L. *O direito na história*. Lições introdutórias. São Paulo: Max Limonad, 2000

LUHMANN, N. *Ausdifferenzierung des Rechts*. Frankfurt am Main: Suhrkamp, 1999 (Taschenbuch Wissenschaft, v. 1418).

LUHMANN, N. *Das Recht der Gesellschaft*. Frankfurt am Main: Suhrkamp, 1993 (Taschenbuch Wissenschaft, v. 1183).

LUHMANN, N. *Die Gesellschaft der Gesellschaft*. Frankfurt am Main: Suhrkamp, 1998 (Taschenbuch Wissenschaft, v. 1360).

LUHMANN, N. *Soziale Systeme – Grundriß einer allgemeinen Theorie*. Frankfurt am Main: Surhkamp, 1987 (Taschenbuch Wissenschaft, v. 666).

MARQUES NETO, F. D. A. A nova regulação estatal e as agências independentes. *In*: SUNDFELD, C. A. (ed.). *Direito Administrativo Econômico*. São Paulo: Malheiros, 2002. p. 72-98.

NEVES, M. *Entre Hidra e Hércules*: princípios e regras constitucionais como diferença paradoxal do sistema jurídico. São Paulo: WMF Martins Fontes, 2013.

NEVES, M. *Verfassung und Positivität des Rechts in der peripheren Moderne* : eine theoretische Betrachtung und eine Interpretation des Falls Brasilien. Berlin: Duncker & Humblot, 1992. 252 p. (Schriften zur Rechtstheorie ; Heft 150).

PEREIRA, G. L. M. O Tribunal de Contas da União como Regulador de Segunda Ordem: um Estudo de Casos sobre o Controle da Regulação de Infraestrutura. *In*: SUNDFELD, C. A.; ROSILHO, A. (ed.). *Tribunal de Contas da União no direito e na realidade*. São Paulo: Almedina, 2020. p. 233-263.

RIBEIRO, W. A. Proposta para a criação de uma unidade de supervisão da regulação. *In*: PROENÇA, J. D.; PECI, A.; SARAVIA, E; RIBEIRO, W; AZUMENDI, S. (ed.). *Contribuições para melhoria da qualidade da regulação no Brasil*, vol. 1, Brasília: Semear Editora Gráfica / Presidência da República, 2010. p. 139-190.

SILVA, V. A. D. Princípios e regras: mitos e equívocos acerca de uma distinção. *Revista Latino-Americana de Estudos Constitucionais*, 1, p. 607-630, 2003. Acesso em: 11 set. 2020.

SOUSA, A. C. A. de; COSTA, Nilson do Rosário. Política de saneamento básico no Brasil: discussão de uma trajetória. *História, Ciências, Saúde*, 23, n. 3, p. 615-634, 2016. Disponível em: https://www.scielo.br/j/hcsm/a/WWqtPW6LnkrVpbbdJqHMGJk/abstract/?lang=pt, acesso em: 11 set. 2020.

SUNDFELD, C. A. *Direito Administrativo para Céticos*. São Paulo: Malheiros, 2012.

SUNDFELD, C. A. Introdução às Agências Reguladoras. *In*: SUNDFELD, C. A. (ed.). *Direito Administrativo Econômico*. São Paulo: Malheiros, 2002. p. 17-38.

SUNSTEIN, C. R. The Office of Information and Regulatory Affairs: Myths and Realities. *Harvard Law Review*, 126, n. 7, p. 1838-1878, 2013. Disponível em: https://harvardlawreview.org/wp-content/uploads/pdfs/vol126_sunstein.pdf, acesso em: 11 set. 2020.

ZOCKUN, M. As competências normativas da Agência Nacional das Águas e Saneamento Básico (ANA) em razão do advento da Lei Federal 14.026, de 2020, modificativa do "marco legal" do saneamento. *In*: DAL POZZO, A. N. (ed.). *O Novo Marco Regulatório do Saneamento Básico*. São Paulo: Thomson Reuters Brasil, 2020. p. 307-321.

---

Informação bibliográfica deste texto, conforme a NBR 6023:2018 da Associação Brasileira de Normas Técnicas (ABNT):

DUDENA, Regis. A agência das agências de saneamento? O papel institucional da ANA no arranjo regulatório após a Lei nº 14.026/2020. *In*: DIAS, Maria Tereza Fonseca. *Lei de Diretrizes Nacionais para o Saneamento Básico*: reflexões acerca das alterações introduzidas pela Lei nº 14.026/2020. Belo Horizonte: Fórum, 2023. p. 167-189. ISBN 978-65-5518-528-7.

# O MARCO LEGAL DO SANEAMENTO BÁSICO E O REPASSE CONDICIONAL DE VERBAS FEDERAIS PARA ESTADOS-MEMBROS E MUNICÍPIOS: AINDA SE PODE FALAR EM FEDERALISMO COOPERATIVO?

**ANDRÉ PINHO SIMÕES**

## 1 Introdução

A Constituição brasileira de 1988,[1] em vários pontos do seu texto, menciona direta ou indiretamente o federalismo, fazendo com que a doutrina o eleve à condição de princípio da organização política nacional.[2] Seja no *caput* do seu art. 1º, ao falar da República Federativa do Brasil como "união indissolúvel dos Estados e Municípios e do Distrito Federal",[3] seja no art. 60, §4º, I, ao tornar a forma federativa de Estado cláusula pétrea, é notório que o constituinte originário delineou todo o *design* constitucional à luz desse princípio, sendo forçoso afirmar que

---

[1] BRASIL. Constituição da República Federativa do Brasil de 1988. Diário Oficial da União, 5 out. 1988.

[2] DERZI, Misabel Abreu Machado; BUSTAMANTE, Thomas da Rosa de. O princípio federativo e a igualdade: uma perspectiva crítica para o sistema jurídico brasileiro a partir da análise do modelo alemão. *In:* DERZI, Misabel Abreu Machado; BATISTA JÚNIOR, Onofre Alves; MOREIRA, André Mendes (org.). *Estado federal e guerra fiscal no direito comparado.* Belo Horizonte: Arraes Editores, 2015 (Coleção federalismo e tributação, v. 2). p. 467-495.

[3] Ressalta-se que, no *caput* do art. 1º da CRFB/88, o termo "união" encontra-se escrito em letra minúscula.

não há hermenêutica possível da Constituição de 1988 sem cotejar, em maior ou menor medida, o federalismo.

Há que se considerar, contudo, que o pacto federativo estruturado pela Constituição de 1988 não se resume à descentralização meramente administrativa – intitulada por Maria Hermínia Tavares de Almeida[4] de federalismo centralizado –, na qual "os estados e governos locais quase se transformam em agentes administrativos de um governo nacional".[5] A Carta Constitucional brasileira optou pelo modelo cooperativo de federalismo – ou "federalismo de cooperação" –, que se orienta a partir de dois subprincípios: i) o da *subsidiariedade*, "exigindo uma atuação apenas subsidiária do ente maior (quando necessário) e, da mesma forma, prescreve que a entidade de ordem superior não pode intervir em assuntos relativos à esfera inferior; ao contrário, deve apoiá-la na persecução do bem comum";[6] ii) e o da *maior participação possível*, que deve ser compreendido a partir da ideia de que a autonomia dos governos subnacionais é condição indispensável para a aproximação entre os cidadãos e o poder político, entre governantes e governados.

Apesar das considerações expostas, não raramente o Poder Legislativo federal – muitas vezes referendado pelo Judiciário – edita atos normativos tendentes a desconstituir o modelo de federalismo adotado pela Constituição de 1988, na tentativa de implementar processos de centralização por vias transversas, entregando cada vez mais poder e recursos nas "mãos" do ente central: no caso brasileiro, a União. Um dos grandes exemplos desse malsinado movimento concentra-se na imposição de condicionantes para a realização do repasse de recursos financeiros federais aos demais entes federados, no âmbito da prestação de serviços de saneamento básico.

Isso porque a Lei nº 11.445/07, com as alterações promovidas pela Lei nº 14.026/20,[7] apesar de tornar "facultativa a adesão dos titulares dos serviços públicos de saneamento de interesse local às estruturas das formas de prestação regionalizada",[8] passou a prever, na redação do

---

[4] ALMEIDA, Maria Hermínia Tavares de. Recentralizando a federação? *Revista de Sociologia e Política*, Curitiba, n. 24, p. 29-40, jun. 2005. Acesso em: 5 jan. 2022.
[5] *Ibidem*, p. 31-32.
[6] DERZI; BUSTAMANTE. *Op. cit.* p. 472.
[7] Que inaugurou, segundo a doutrina especializada, o Novo Marco Legal do Saneamento Básico, face à expressividade das alterações legislativas realizadas na legislação de regência (Lei nº 11.445/07).
[8] BRASIL. Lei nº 11.445/07, de 5 de janeiro de 2007. Estabelece as diretrizes nacionais para o saneamento básico; cria o Comitê Interministerial de Saneamento Básico; altera as Leis

seu art. 50, incisos VII e VIII, medidas indutoras de comportamento[9] direcionadas aos Estados e Municípios, condicionando a alocação de recursos públicos federais e financiamentos com recursos da União à inserção, daqueles, em arranjos institucionais de prestação regionalizada dos serviços de saneamento básico.

Emerge-se, portanto, verdadeiro cenário de crise entre forças distintas e atuantes no ordenamento jurídico brasileiro: de um lado, o federalismo cooperativo, fundamento da Constituição de 1988 e que deve espraiar seus efeitos sobre todos os atos do Poder Público, e de outro a postura ativa do Poder Legislativo federal, que, no intuito de concentrar cada vez mais poder gerencial à União, acaba relativizando a autonomia dos demais entes federados através da adoção de mecanismos de controle pautados na fiscalidade.

Nessa perspectiva, pretendeu o presente trabalho analisar, à luz do modelo de federalismo adotado pela Carta de 1988, eventuais vícios de constitucionalidade no artigo 50, incisos VII e VIII, do Marco Legal do Saneamento Básico (Lei nº 11.445/07, alterada pela Lei nº 14.026/20), referente aos repasses condicionais de verbas da União como medidas indutoras de comportamento dos demais entes federais autônomos.

Do ponto de vista metodológico, a pesquisa valeu-se do tipo de investigação jurídico-compreensiva, em sua vertente jurídico-dogmática, na qual pretendeu decompor o problema do repasse condicional de verbas pela União aos demais entes federados no âmbito do Marco Legal do Saneamento Básico, à luz da opção feita pelo constituinte originário ao adotar o federalismo cooperativo como princípio da organização política brasileira. Para tanto, utilizou-se, como fonte primária, a análise da legislação de regência sobre o tema e, como fonte secundária, o estudo doutrinário do objeto investigado.[10]

---

nºs 6.766, de 19 de dezembro de 1979, 8.666, de 21 de junho de 1993, e 8.987, de 13 de fevereiro de 1995; e revoga a Lei nº 6.528, de 11 de maio de 1978. Disponível em: http://www.planalto.gov.br/ccivil_03/_ato2007-2010/2007/lei/l11445.htm. Acesso em: 3 fev. 2022.

[9] É preciso reforçar que, ante a atual situação fiscal dos Estados e Municípios, a estipulação de condicionantes, no âmbito do saneamento básico, para o acesso aos recursos financeiros da União se assemelha, sem qualquer exagero, a uma espécie de *coação fiscal*. A fragilidade orçamentária desses entes não permite que, na grande maioria das vezes, eles adotem manifestações de vontade livre e desembaraçadas; de sorte que a oferta de recursos pela União, para qualquer fim ou motivo, não atua para induzir comportamentos, mas para coagi-lo.

[10] GUSTIN, Miracy Barbosa de Sousa; DIAS, Maria Tereza Fonseca. *(Re)pensando a pesquisa jurídica*: teoria e prática. 4. ed. rev. e atual. Belo Horizonte: Del Rey, 2013. p. 28-29.

O texto foi segmentado em três diferentes capítulos, cabendo ao primeiro deles tecer considerações acerca do modelo de federalismo adotado pela Constituição de 1988, de salutar importância para todo o desenvolvimento do trabalho, por ser o parâmetro utilizado para a análise de constitucionalidade das alterações promovidas no art. 50, VII e VIII, da Lei nº 11.445/07.

Em um segundo momento, trabalhou-se o contexto fático e jurídico que deu ensejo à edição da Lei nº 14.026/20 (intitulada, pela doutrina, de Novo Marco Legal do Saneamento Básico), debruçando-se sobre algumas das alterações promovidas, notadamente a questão objeto de estudo no presente trabalho, qual seja: o repasse condicional de verbas pela União a Estados-Membros e Municípios.

Ao terceiro capítulo ficou reservada a análise da constitucionalidade desse modelo de repasse de verbas públicas federais inaugurado pelo Novo Marco Legal do Saneamento Básico, sob a ótica do modelo de federalismo cooperativo adotado pela Constituição de 1988 e das noções que lhe são correlatas: a subsidiariedade e a autonomia político-administrativa.

Ao final, coube ao último tópico a síntese das conclusões obtidas a partir do presente estudo, em que restou fixada a impossibilidade da adoção, sob a lógica constitucional vigente, de condicionantes para o repasse de verbas públicas federais aos entes federados Estados e Municípios, no contexto do Novo Marco Legal do Saneamento Básico.

## 2 O modelo constitucional do federalismo brasileiro

Uma compreensão sistêmica do modelo de federalismo adotado pelo Brasil depende, preliminarmente, do estudo acerca do conceito e concepção do federalismo em si e de sua manifestação no âmbito do Estado Federal. Essa investigação se mostra imprescindível, porque, ao longo de todo o processo histórico e político de desenvolvimento do Estado, diversas foram as tentativas de se atribuir definição precisa a esse conceito, fato que deu ensejo ao surgimento de perspectivas diversas sobre o mesmo objeto de análise.

Na comunidade anglo-saxã, Willian Riker capitaneou uma das clássicas definições do federalismo, sustentando que:

> [...] uma constituição é federal se (1) dois níveis de governo exercem sua autoridade sobre o mesmo território e o mesmo povo; (2) cada nível

possui ao menos uma área de atuação em que ele é autônomo; e (3) há alguma garantia (ainda que por um simples enunciado na constituição) de autonomia para cada governo em sua própria esfera.[11]

A tradição jurídica continental-europeia, aqui alinhada às concepções de Reinhold Zippelius,[12] não foge à definição apresentada alhures, entendendo como ponto basilar do federalismo a noção de soberania de competências demarcadas expressamente nos diplomas constitucionais. Nesse sentido, no âmbito do Estado Federal, subsistiria uma associação de Estados, cada qual dotado de atribuições que lhe são próprias, de modo que a união desses (a federação) também possuiria a qualidade de Estado, ou seja, seria espécie de ente titular de determinadas competências constitucionalmente demarcadas.

Para Hans Kelsen,[13] nas palavras de Misabel Derzi e Thomaz Bustamante, no Estado Federal:

> [...] encontramos ordens jurídicas diversas correspondentes a descentralizações do poder no sentido estático e dinâmico, pois as leis válidas para o território de um Estado-membro unicamente podem ser expedidas pelo legislativo local, eleito pelos cidadãos desse Estado-membro. Ademais, além delas encontramos a ordem jurídica nacional superior da qual emanam normas jurídicas válidas para todo o território nacional, e para todos, inclusive os Estados-membros (de que é exemplo a Constituição) que corresponde à parcela de poder não descentralizada, marcante da unidade do Estado.[14]

É possível aferir, portanto, que, apesar de adotarem pontos diferentes de verificação do objeto analisado (o *federalismo*), as concepções apresentadas comungam de dois pontos essenciais: a verificação de um dualismo de centro de imputação de competências (o Estado como federação e os Estados-membros) e a existência, entre eles, de espaços

---

[11] RIKER, William H. *Federalism*: Origin, Operation and Significance (1964), 11, citado por HALBERSTAM, Daniel. Federalism: Theory, Policy, Law. *In*: ROSENFELD, Michel; SAJÓ, András (org.). *The Oxford Handbook of Comparative Constitutional Law*. Oxford: Oxford University Press, 2012, p. 580.
[12] ZIPPELIUS, Reinhold. *Teoria Geral do Estado*, trad. Karin Praefke-Aires Coutinho. 3. ed. Lisboa: Calouste Gulbenkian, 1997. p. 78-82.
[13] KELSEN, Hans. *Teoría General del Derecho y del Estado*. Trad.: Eduardo Garcia Maynez, 2. ed. México. Imprenta Universitaria, 1958, p. 268.
[14] DERZI; BUSTAMANTE, *op. cit.* p. 468.

de autonomia decisória para estabelecerem seu próprio governo e as suas próprias normas.

Apesar do contundente esforço científico na busca da definição precisa de federalismo, o que é louvável do ponto de vista epistemológico, Michael Bothe[15] afirma que esse é um conceito essencialmente histórico, sujeito às transformações políticas e paradigmáticas de determinada sociedade, de modo que existem diferentes realidades teóricas do federalismo, cada qual adequada às visões limítrofes do seu tempo.[16] Nesse sentido, qualquer definição estanque do federalismo incorreria em omissão quanto a alguma das inúmeras concepções que lhe são próprias ou acabaria por explanar uma visão reducionista do todo (o que, cientificamente, é indesejável).

É dentro dessa perspectiva que Misabel Derzi e Thomas Bustamante[17] consideram que os caminhos traçados pelos estudiosos clássicos na tentativa de encontrar uma definição escorreita do federalismo acabaram por relativizar a operabilidade desse princípio, tornando-o demasiadamente geral e abstrato, fato impeditivo da produção de qualquer sentido normativo útil à prática jurídica. Os citados autores ofertam, como solução para esse embate conceitual, a análise do federalismo como *princípio de organização política*, variável conforme os valores políticos e princípios constitucionais arraigados em um determinado lugar e tempo histórico. Alegam, nesse sentido, que:

> Ao invés de se pensar, também, no federalismo apenas como uma "forma de Estado", parece-nos mais plausível considerá-lo como um princípio de organização política, o qual se conecta diretamente com um amálgama de valores políticos e princípios constitucionais dotados de um conteúdo normativo mais específico (os quais se relacionam com

---

[15] BOTHE, Michael. Federalismo – um conceito em transformação histórica. *In:* O Federalismo na Alemanha. Traduções, vol. 7, ano 1995. Centro de Estudos: Fundação Konrad-Adenauer-Stiftung, p. 3-14.

[16] "Embora, [...] (o federalismo) seja um conceito em constante transformação histórica, em que forças políticas em movimentos centrípetos e centrífugos ajustam-se em graus diferentes, o federalismo é ora lembrado como forma estatal de preservar a diversidade cultural e as vocações regionais naturais; ora como forma estatal mais apta a proteger as minorias políticas; ora como modelação política mais eficiente que, em decorrência da subsidiariedade, alcançaria melhores resultados; ora como exercício mais efetivo da liberdade e da democracia por difundir o poder dentro do território nacional". DERZI; BUSTAMANTE. *Op. cit.* p. 468.

[17] "Um passeio pela literatura constitucional recente revela, no entanto, que mesmo os esforços mais qualificados para definir a expressão "federalismo" ou fixar-lhe um conceito operam em um nível de abstração e generalidade tão elevado que dificilmente conseguem colaborar para a construção normativa de um princípio operacional provido de um conteúdo normativo relevante para a prática jurídica". *Ibid.*, p. 467.

as ideias de autonomia política e autodeterminação do indivíduo). Para compreender adequadamente esse "princípio de organização política", devemos abandonar a pretensão de alcançar um "conceito" para definir o princípio do federalismo e buscar desenvolver – partindo dos "tipos" ou "conceitos indeterminados" e abertos definidos em abstrato – uma "concepção" adequada desse princípio.[18]

Assim, mais importante que buscar definir um conceito preciso de federalismo é compreender quais são as bases estruturantes de um modelo federativo de Estado. Em uma releitura histórica da cultura jurídica ocidental, pode-se afirmar que existem quatro princípios justificadores dessa organização política: i) o da *subsidiariedade*, pautado na vedação à interferência de entes superiores sobre os entes inferiores.[19] *Contrario sensu*, a relação entre um e outro deve ser pautada na cooperação e no auxílio ao cumprimento das suas obrigações institucionais; ii) o da *maior participação possível*, sendo o federalismo meio apto a garantir a influência do meio social na formação das políticas públicas que lhe serão ofertadas;[20] iii) a *separação vertical dos poderes*, que permite a interlocução entre as maiorias e as minorias, tendo em vista que a pulverização dos centros de tomada de decisão torna viável que forças de menor expressão consigam formar o governo de algumas esferas; e iv) a *solidariedade*, vez que a organização federalista fomenta práticas mais democráticas e permite a compreensão da diversidade inerente às sociedades complexas da contemporaneidade.

Feitas as considerações preambulares, cumprirá ao tópico seguinte descrever o modelo de federalismo adotado pela Constituição brasileira de 1988, que, em razão dos fatos históricos que lhe antecederam, conta com peculiaridades que fogem à estrutura organizacional adotada na maior parte dos Estados Federais.

---

[18] *Ibid.*, p. 470.
[19] Deve se recordar que essa vedação à interferência externa é lida como regra do sistema, que, contudo, não goza de caráter absoluto. Em situações excepcionais, taxativamente previstas no ordenamento, admite-se algum tipo de interferência, com o intuito de garantir a ordem pública e a paz social.
[20] LAUFER, Hans. Os princípios e a cultura organizativa do ordenamento federativo. *In: O Federalismo na Alemanha*. Traduções, vol. 7, ano 1995. Centro de Estudos Fundação Konrad-Adenauer-Stiftung, p. 34-35.

## 2.1 O federalismo brasileiro: da concepção constitucional à deturpação política

A Constituição brasileira de 1988 é fruto do processo histórico, político e social de retorno ao regime democrático após longos anos de experiência ditatorial, que se estendeu de 1964 a 1985. Simultaneamente à redemocratização, o Brasil conviveu com o fenômeno de descentralização política e orçamentária, fruto do crescimento das forças dos governadores e prefeitos ao longo dessa transição,[21] que acabou por praticamente identificar a luta pela nova democracia com a luta pela descentralização.

Diante desse cenário, torna-se justificável a opção adotada pelo constituinte originário brasileiro que, ao contrário da maioria das outras federações, trouxe à baila um modelo federativo de três níveis, na qual União, Estados e Municípios gozam de autonomia e possuem competências próprias determinadas pela Constituição. A intenção era clara: tornar efetiva a descentralização e, assim, aproximar os cidadãos dos centros de tomada de decisão; afinal, como afirmou Montoro: "ninguém vive na União ou no Estado: as pessoas vivem no Município".[22]

E é em razão dessa efervescência de valores imbuídos no seio da Assembleia Constituinte de 1987-88, que ordenaram a redemocratização e a descentralização, que a Constituição de 1988 consagrou, na interpretação sistemática do seu texto, a opção pelo modelo de federalismo cooperativo, em contraposição ao federalismo clássico até então existente. Na atual conjuntura, todos "os entes têm competências privativas enumeradas, mas também compartilham competências (competências comuns e concorrentes) visando o desenvolvimento e a integração regional".[23]

O federalismo cooperativo brasileiro, tal qual ressaltado no preâmbulo desse trabalho, foi estruturado a partir da observação de dois subprincípios, o da subsidiariedade e o da maior participação possível, que dão contornos específicos à organização política nacional. Segundo Onofre Alves Batista Júnior e Marina Soares Marinho, tais subprincípios podem ser sintetizados nas seguintes assertivas:

---

[21] ALMEIDA, *op. cit.*, p. 32.
[22] BARBOSA, Rubens. André Franco Montoro. O Globo, 08.08.2006, Opinião, p. 7. Acesso em: 13 fev. 2022.
[23] FERNANDES, Bernardo Gonçalves. *Curso de Direito Constitucional*. 12. ed. rev., atual. e ampl. Salvador: Juspodivm, 2020, p. 1.123.

O "princípio da subsidiariedade", forjado sobretudo pelo catolicismo, pressupõe uma atuação apenas subsidiária do ente maior (quando necessário) e, da mesma forma, prescreve que uma entidade de ordem superior não pode intervir em assuntos de uma esfera inferior; ao contrário, deve apoiá-la na persecução do bem comum. O "princípio da maior participação possível" está relacionado com a promoção da democracia e a aproximação dos cidadãos de seus governantes.[24]

Nota-se, portanto, que o contexto ideológico da Constituição de 1988, apesar da composição eclética, era uníssono quanto à intenção de concentrar os centros de tomada de decisão política e administrativa da sociedade nos entes federados subnacionais, de sorte que, quanto mais o ente se afastasse do âmbito local, menor seria o seu rol de competências e atribuições.[25] E essa concepção se justificava, à época, porque se pretendia uma aproximação maior entre governantes e governados, entre administradores e administrados, viabilizando a participação democrática dos cidadãos na gestão da coisa pública.

Ocorre que o discurso ideológico sinalizado quando da promulgação da Constituição de 1988 durou pouco (se é que podemos afirmar que durou tempo algum). Já no início da década de 1990, notadamente a partir da eleição do Presidente Fernando Henrique Cardoso, deu-se início ao processo de recentralização do poder político, orçamentário e administrativo direcionado ao ente central (a União), a partir da aprovação de emendas constitucionais, leis e regulamentos que deturparam a perspectiva constitucionalmente adotada.[26] A criação do Fundo

---

[24] BATISTA JÚNIOR, Onofre Alves; MARINHO, Marina Soares. Do federalismo de cooperação ao federalismo canibal: a Lei Kandir e o desequilíbrio do pacto federativo. *Revista de Informação Legislativa: RIL*, v. 55, n. 217, p. 157-180, jan./mar. 2018. Disponível em: http://www12.senado.leg.br/ril/edicoes/55/217/ril_v55_n217_p157. Acesso em: 14 fev. 2022. p. 159.

[25] A análise sistemática da Constituição de 1988, associada à produção legislativa ordinária que sucedeu à sua promulgação, demonstra claramente essa ideia de "municipalização" da Administração Pública, tal qual se verifica do art. 198, I, e art. 204, I, da CRFB/88 e Lei nº 8.080/90, a título exemplificativo.

[26] Nesse sentido argumenta Augusto Zimmermann: "Dominante no cenário político, o federalismo cooperativo não dispõe de fronteiras claramente definidas na questão da distribuição das competências dentre os níveis autônomos de poder. O objetivo explícito é, em síntese, a promoção de uma livre cooperação da União com as entidades federadas. Esta variante, uma vez adotada no Brasil pós-revolucionário da década de 1930, se expôs às suas mais dramáticas deturpações, que por vezes praticamente aniquilaram o próprio espírito federativo, conduzindo-nos de tal maneira à centralização excessiva e às inúmeras crises político-institucionais subsequentes". ZIMMERMANN, Augusto. *Teoria geral do federalismo democrático*. Rio de Janeiro: Lumen Juris, 1999, p. 57.

Social de Emergência, a Desvinculação das Receitas da União, a Lei de Concessões (Lei nº 9.074/1995), a Lei de Diretrizes e Bases da Educação Básica (Lei nº 9.394/1996), a reforma administrativa promovida pela Lei Camata (Lei Complementar nº 82/1995) e pela Lei nº 96/1999 e a Lei Kandir[27] são exemplos normativos que contribuíram para todo esse processo de estrangulamento dos Estados e Municípios, em detrimento da hipervalorização da União.

Surge, a partir de então, um cenário de crise entabulado em duas ordens distintas, mas igualmente nocivas.

A primeira, de viés dogmático, no qual movimentos de reforma da Constituição e de edição de atos normativos infraconstitucionais passaram a colidir – com a conivência, expressa ou tácita, do Poder Judiciário – com o modelo de federalismo desenhado pela Carta Política de 1988. Tem-se, de um lado, a opção sistemática pelo federalismo cooperativo, como fruto das concepções ideológicas que permearam a Constituinte de 1987-88 e, de outro, a produção normativa posterior, que insistentemente pretendeu (e ainda pretende) implementar uma política de recentralização.

A segunda, de viés prático, em que se verifica, como resultado desse longo processo de concentração política, administrativa e orçamentária junto ao ente federado central, a extrema relação de dependência dos Estados e Municípios para com a União. Essa relação hierárquica abusiva entre os entes federativos acaba por desmoralizar o princípio da autonomia (ainda inserto no art. 18, *caput*, da CRFB/88), vez que de nada adianta conferir objetivamente independência político-administrativa se não há condições materiais disponíveis para tornar livre o seu exercício.

Ao fim, verifica-se que o modelo constitucional do federalismo brasileiro, inicialmente de cunho cooperativo, fora deturpado pelas forças políticas nacionais, sendo razoável questionar, na realidade hodierna, se ainda há espaço normativo para a sua existência. Isso porque, apesar de constitucionalmente previsto, as bases fundamentais da sua vigência (a *subsidiariedade* e a *maior participação possível*) tiveram seus sentidos erodidos pelas construções legislativas posteriores.

Diante desse contexto, o Novo Marco Legal do Saneamento Básico, materializado nas alterações promovidas pela Lei nº 14.026/20 na Lei nº 11.445/07, constitui exemplo recente desse movimento progressivo de superposição da União em detrimento dos Estados-Membros

---

[27] BATISTA JÚNIOR; MARINHO, *op. cit.*, p. 164.

e Municípios. A imposição de condicionantes ao repasse de verbas públicas federais aos demais entes federados, no âmbito do saneamento básico, colide com o pacto federativo firmando pela Constituição de 1988, diálogo esse que será analisado, em maior profundidade, no tópico seguinte do presente estudo.

## 3 O Marco Legal do Saneamento Básico e o repasse condicional de verbas da União para Estados-Membros e Municípios

O debate acerca da concepção do saneamento básico como direito humano já não encontra, na atualidade, vozes dissonantes. Ainda em 2002, o Conselho Econômico e Social das Nações Unidas declarou "o direito à água como essencial à sobrevivência do ser humano e classificou o direito ao saneamento básico como fundamental ao pleno gozo do direito à dignidade".[28] Nesse mesmo sentido, a Assembleia Geral das Nações Unidas, em 2010, tratou de reconhecer o direito ao saneamento básico como espécie de direito humano.

Se no plano normativo (ainda que mediante instrumentos de *soft law*) não há dúvidas quanto à essencialidade do saneamento básico, a realidade prática dos países emergentes e em desenvolvimento não logra êxito em acompanhar essa evolução dogmática. Segundo dados da Organização Mundial da Saúde (OMS),[29] cerca de 4,2 bilhões de pessoas estão excluídos dos serviços de saneamento básico ou têm sua prestação ofertada de forma inadequada. O Brasil não foge à regra, contando com aproximadamente 100 milhões de brasileiros (46% da

---

[28] NEGRINI NETO, João; NEGRINI, Maria Carolina. Princípios do Marco Legal do Saneamento Básico, com as alterações determinadas pela Lei nº 14.026, de 15 de julho de 2020. In: DAL POZZO, Augusto Neves (coord.). *O Novo Marco Regulatório do Saneamento Básico*. 1. ed. São Paulo: Thomson Reuters, 2020. p. 107.

[29] OMS/UNICEF. 1 in 3 people globally do not have access to safe drinking water. Genebra: 2019. Disponível em: https://www.who.int/news/item/18-06-2019-1-in-3-people-globally-do-not-have-access-to-safe-drinking-water-unicef-who#:~:text=Billions%20of%20people%20around%20the,and%20the%20World%20Health%20Organization.&text=It%20is%20estimated%20that%201,who%20drink%20untreated%20surface%20water. Acesso em: 14 fev. 2022.

sua população) sem acesso à coleta de esgoto[30] e cerca de 35 milhões de pessoas sem acesso a água potável.[31]

Na intenção de superar o contexto degradante do saneamento básico brasileiro, fora editada a Lei nº 14.026/20, intitulada pela doutrina de Novo Marco Legal do Saneamento Básico, que, alterando inúmeras disposições da Lei nº 11.445/07, pretende concretizar a universalização do acesso e a prestação adequada dos serviços de esgotamento sanitário, abastecimento de água potável, limpeza urbana e manejo de resíduos sólidos e drenagem e manejo das águas pluviais urbanas. Para tanto, se valeu de instrumentos concorrenciais,[32] desestatizantes e regulatórios, na intenção de trazer maior competitividade ao setor e, consequentemente, alcançar o desenvolvimento adequado.

Atendo-se ao tema do presente trabalho, o Novo Marco Legal do Saneamento Básico, naquilo que concerne aos arranjos institucionais disponíveis para a prestação desses serviços, estimulou a regionalização, na tentativa de conferir viabilidade técnica e econômico-financeira ao promover o atendimento simultâneo de diversos Municípios, maximizando os ganhos de escala[33] e permitir e lógica do subsídio cruzado. Nos termos do art. 3º, VI, da Lei nº 11.445/07, três são as modalidades de prestação regionalizada dos serviços: i) a região metropolitana, aglomeração urbana ou microrregião; ii) a unidade regional de saneamento básico; e iii) o bloco de referência. Alexandre Santos Aragão e Rafael Daudt D'Oliveira,[34] em interpretação teleológica e sistemática da lei, acrescentam a gestão associada entre entes federativos por meio de consórcio público ou convênio de cooperação como espécies de prestação regionalizada, apesar da Lei não as classificar expressamente nesse sentido.

---

[30] Disponível em: https://www.tratabrasil.org.br/pt/saneamento/principais-estatisticas/no-brasil/esgoto. Acesso em: 14 fev. 2022.

[31] Disponível em: https://www.tratabrasil.org.br/pt/saneamento/principais-estatisticas/no-brasil/agua. Acesso em: 14 fev. 2022.

[32] Nas palavras de Alexandre Santos Aragão e Rafael Daudt D'Oliveira: "A lei institui a concorrência o setor ao prever a obrigatoriedade de licitação. Busca atrair investimentos privados e permitir o aumento gradual de desestatização do setor, estimulando também a privatização das atuais empresas estatais de saneamento.". In: ARAGÃO, Alexandre Santos; D'OLIVEIRA, Rafael Daudt. Considerações inicias sobre a Lei nº 14.026/2020 – Novo Marco Legal do Saneamento Básico. In: DAL POZZO, Augusto Neves (coord.). *O Novo Marco Regulatório do Saneamento Básico*. 1. ed. São Paulo: Thomson Reuters, 2020. p. 36.

[33] Ibid., p. 45.

[34] Ibid., p. 47.

Tamanho o apreço para com a regionalização dos serviços de saneamento básico que tal estrutura foi alçada, com a entrada em vigor da Lei nº 14.026/20, à condição de princípio fundamental desses serviços (nos termos do art. 2º, XIV, da Lei nº 11.445/07), servindo como norte interpretativo da legislação de regência e de parâmetro para o desenvolvimento futuro das políticas públicas do setor. Atento a esse novo mandamento, o Novo Marco Legal do Saneamento Básico, dentre outras medidas indutoras de comportamento aos entes subnacionais, condicionou, na redação que deu ao art. 50, VII e VIII, da Lei nº 11.445/07,[35] o repasse de recursos públicos federais à estruturação e adesão pelos titulares dos serviços públicos aos arranjos institucionais de prestação regionalizada dos serviços de saneamento básico.

Ocorre que, ao mesmo tempo em que a legislação estabelece tais condicionantes para o repasse de verbas pela União, há previsão, no art. 8º-A da Lei, da facultatividade da adesão dos titulares dos serviços públicos de saneamento de interesse local às estruturas das formas de prestação regionalizada. Estabelece-se, portanto, espécie de "chantagem interfederativa" criada pela própria legislação, que pode ser reduzida na seguinte assertiva: *é facultativo o ingresso dos titulares dos serviços de saneamento básico aos blocos de prestação regionalizada, mas aqueles só serão beneficiados pelo repasse das verbas públicas federais quando integrarem esses arranjos institucionais.*

Apesar de louvável a iniciativa adotada pela legislação em estimular a agregação dos titulares do serviço de saneamento a aderirem às formas de prestação regionalizada, os meios eleitos pelo legislador para o alcance desse desiderato – qual seja: a indução comportamental por intermédio do repasse condicional de verbas públicas – parecem estar em dissonância com o modelo de federalismo adotado pela Constituição de 1988, com a autonomia dos entes federados prevista no art. 18, *caput*, dessa Carta e no art. 8º-A da Lei nº 11.445/07.

Assim, partindo-se da premissa de que *os fins não podem justificar os meios*, cumprirá ao capítulo seguinte analisar a compatibilidade

---

[35] Art. 50. A alocação de recursos públicos federais e os financiamentos com recursos da União ou com recursos geridos ou operados por órgãos ou entidades da União serão feitos em conformidade com as diretrizes e objetivos estabelecidos nos arts. 48 e 49 desta Lei e com os planos de saneamento básico e condicionados: [...] VII - à estruturação de prestação regionalizada; VIII - à adesão pelos titulares dos serviços públicos de saneamento básico à estrutura de governança correspondente em até 180 (cento e oitenta) dias contados de sua instituição, nos casos de unidade regional de saneamento básico, blocos de referência e gestão associada;

dessas medidas à luz da interpretação sistemática do ordenamento jurídico brasileiro, na intenção de alcançar uma hermenêutica viável das medidas introduzidas pela Lei nº 14.026/20.

## 4 Federalismo cooperativo e o repasse condicional de verbas: inconsistência, incompatibilidade e inconstitucionalidade

A construção desse trabalho se desenvolveu no sentido de permitir ao leitor, até o presente momento, compreender a importância que a noção de federalismo cooperativo tem para com a Constituição de 1988 e, consequentemente, para toda a produção normativa que lhe é decorrente. Em tópico introdutório afirmou-se, inclusive, que o fato de a forma federativa de Estado ter sido alçada à condição de cláusula pétrea pelo art. 60, §4º, I, da CRFB/88 é fundamento viável para aduzir que não há hermenêutica possível da Constituição de 1988 sem cotejar, em maior ou menor medida, o federalismo.

Contudo, a noção de *supremacia da Constituição*, não raras vezes, é desdenhada em terras brasileiras, seja pelo Legislativo, com a edição de atos em descompasso com a norma fundamental, seja pelo Judiciário, que, em determinadas circunstâncias, promove interpretações em desconformidade com a Constituição[36] (e não conforme à Constituição, como deveria ser).[37] A Lei nº 14.026/20 (com constitucionalidade referendada pelo Supremo Tribunal Federal quando do julgamento conjunto das

---

[36] A título exemplificativo, a tese da possibilidade de prisão em segunda instância já foi alvo de decisionismos pela Suprema Corte brasileira. Em fevereiro de 2016, quando do julgamento do HC nº 126.292/SP, o STF, por 7 votos a 4 e em circunstâncias ocasionais, fixou entendimento no sentido da constitucionalidade da execução antecipada da pena, após o encerramento das instâncias ordinárias. Três anos após, contudo, a mesma Corte, quando do julgamento das ADC nº 43.44 e 54, por 6 votos a 5, passou a entender não ser constitucionalmente possível a execução de pena após decisão condenatória em segunda instância, em atenção ao princípio da presunção de inocência.

[37] Ricardo Marcondes Martins, em feliz síntese, leciona nesse mesmo sentido: "As normas infraconstitucionais não devem apenas ser produzidas de acordo com o procedimento constitucionalmente fixado, seu conteúdo não pode contrariar a Constituição. Trata-se de uma afirmação óbvia, conhecida de todos os graduados em Direito. Há, contudo, uma proporção direta entre o conhecimento desse postulado e seu menoscabo: ele é amplamente conhecido e, infelizmente, amplamente desdenhado. Daí a importância de se afirmar o óbvio como ponto de partida: toda interpretação jurídica deve ser uma interpretação conforme a *Constituição*". MARTINS, Ricardo Marcondes. Titularidade do serviço de saneamento básico à luz da Lei Federal nº 14.026/20. *In*: DAL POZZO, Augusto Neves (coord.). *O Novo Marco Regulatório do Saneamento Básico*. 1. ed. São Paulo: Thomson Reuters, 2020. p. 153.

ADIns nº 6.492, 6.536, 6.583 e 6.882), naquilo que concerne ao repasse condicional de recursos públicos federais (art. 50, VII e VIII, da Lei nº 11.445/07, com redação dada pelo Novo Marco Legal do Saneamento Básico), é exemplo recente e concreto desse fenômeno.

O modelo de federalismo adotado pelo Brasil na Constituição de 1988 tem, como exigência normativa, tal qual sinalizado por Misabel Derzi e Thomas Bustamante,[38] a conformação ao subprincípio da subsidiariedade, de modo que a atuação da União junto aos demais entes federados (Estados, DF e Municípios) é, em regra, vedada, sendo permitida apenas para apoiá-los na persecução das suas competências e responsabilidades, desde que preservada sua autonomia.

Ocorre que o Novo Marco Legal do Saneamento Básico, ao condicionar o repasse de verbas públicas federais à estruturação e adesão dos titulares desses serviços aos arranjos de prestação regionalizada, aponta em direção diametralmente oposta ao dever de cooperação federativa informado pela noção de subsidiariedade. Ao estabelecer prêmios orçamentários aos entes que seguirem o padrão comportamental estabelecido na legislação, a União não está agindo de forma a auxiliar os demais entes federados a compreenderem a importância e necessidade, para fins de universalização, de aderirem a estruturas de prestação regionalizada. Muito pelo contrário: na intenção de justificar meios ilegítimos adotados com fins legítimos (qual seja, a universalização dos serviços de saneamento básico), prefere a União induzir comportamentos aos titulares dos serviços de saneamento básico, em claro menoscabo à sua autonomia político-administrativa e, principalmente, ao arrepio do modelo de federalismo adotado constitucionalmente.

Mas a questão objeto de análise não padece, apenas, de inconstitucionalidade, sendo forçoso afirmar, também, sua incompatibilidade com o próprio diploma normativo em que foi inserida. A redação do art. 8º-A da Lei nº 11.445/07, alterada pela Lei nº 14.026/20, instrui ser facultativa a adesão dos titulares dos serviços públicos de saneamento de interesse local às estruturas das formas de prestação regionalizada. Não obstante, a facultatividade prevista no texto legal, se não interpretada à luz da noção de autonomia municipal, não passará de mera figura de linguagem, destinada a falsear suposta possibilidade de escolha na adesão a esses arranjos institucionais.

---

[38] DERZI; BUSTAMANTE, op. cit., p. 472.

A autonomia político-administrativa dos entes federados – incluindo, por óbvio, os Municípios –, prevista no art. 18, *caput*, da Constituição de 1988, reside justamente na possibilidade desses entes se autogovernarem, tomando suas decisões sem qualquer limite ou influência externa, de forma livre e deliberada.[39] Diante desse contexto, o Novo Marco Legal do Saneamento Básico acaba por violar a acepção ampla dada à autonomia municipal pela Constituição, vez que a concessão de prêmios orçamentários como força de indução de determinados comportamentos – *in casu*, a adesão às estruturas de prestação regionalizada – impede a independência decisória (autogovernabilidade).

Ao fim e ao cabo, a pretensão legislativa de condicionar o repasse de verbas federais à estruturação e adesão dos titulares dos serviços públicos de saneamento básico aos arranjos de prestação regionalizada não guarda consistência com a atual situação fiscal dos demais entes federados. Conforme lecionam Onofre Alves Batista Júnior e Marina Soares Marinho,[40] a década de 1990 foi marcada pelo progressivo movimento de recentralização (por vias transversais, ressalta-se), com a reorientação do protagonismo político dos entes subnacionais em direção ao ente central: a União. Tal fenômeno espraiou seus efeitos também no campo fiscal e orçamentário, promovendo a concentração de receitas em âmbito federal, e, em contrapartida, um aumento exponencial da dívida pública pelos Estados e Municípios.

À luz desse contexto fático, ainda que o Novo Marco Legal do Saneamento Básico introduza a ideia de facultatividade da adesão aos

---

[39] Paulo Bonavides, em seu *Curso de Direito Constitucional*, deixa clara a força dada à autonomia municipal pela Constituição de 1988: "Não conhecemos uma única forma de união federativa contemporânea onde o princípio da autonomia municipal tenha alcançado grau que de caracterização política e jurídica tão alto e expressivo quanto aquele que consta da definição constitucional do novo modelo implantado no País com a Carta de 1988, a qual impõe aos aplicadores de princípios e regras constitucionais uma visão hermenêutica muito mais larga tocante à defesa e sustentação daquela garantia. Nunca esteve o município numa organização federativa tão perto de configurar aquela realidade de poder – o chamado *pouvoir municipal* – almejado por numerosa parcela de publicistas liberais dos séculos XVIII e XIX, quanto na Constituição brasileira de 1988. A concepção política desse poder transitou de uma modalidade 'política' e abstrata, historicamente frágil e passageira, não obstante sua amplitude teórica, para uma versão mais sólida, porém menos larga, ou politicamente menos ambiciosa, a qual, em compensação, lhe confere, dentro de quadros formais rígidos, uma superior conotação de juridicidade institucional, de máxima autonomia possível. Um poder municipal realisticamente concebido, pois, *no* Estado, em contraste com aquele esboçado *contra* o Estado, conforme constava das primeiras versões políticas da filosofia da liberdade". BONAVIDES, Paulo. *Curso de Direito Constitucional*. 31. ed. atual. São Paulo: Malheiros, 2016. p. 355.

[40] BATISTA JÚNIOR; MARINHO, *op. cit.*, p. 163-166.

arranjos de prestação regionalizada, certo é que, ante a situação de desespero fiscal dos entes subnacionais, qualquer medida que tenha como consequência o repasse de verbas públicas não viabilizará, de fato, liberdade de escolha. Nesse aspecto, a Lei nº 14.026/20, ao optar por mecanismos financeiros para a indução de comportamentos, tangenciou exatamente o ponto mais sensível de Estados e Municípios atualmente: recursos e receitas, sendo certo que não há espaço para a autonomia político-administrativa, para a tomada de decisões livres e deliberadas, quando se fala em condicionantes fiscais.

Forçoso concluir, portanto, que, apesar dos louváveis fins perseguidos pelo Legislativo nacional ao editar o Novo Marco Legal do Saneamento Básico, a opção feita pelo repasse condicional de verbas públicas federais aos entes titulares do serviço de saneamento básico não goza, apenas, de inconstitucionalidade, mas também de inconsistência e incompatibilidade com todo o ordenamento jurídico vigente. Incompatibilidade pelo fato das disposições do art. 50, VII e VIII, da Lei nº 11.445/07 não guardarem conexão lógica com as prescrições presentes no bojo do próprio diploma legislativo (o art. 8º-A), que diz expressamente ser facultativa a adesão dos titulares dos serviços de saneamento básico às estruturas de prestação regionalizada. E o repasse condicional de verbas públicas federais aos demais entes federados é também inconsistente com o cenário de fragilidade fiscal em que se encontram os Estados-membros e Municípios, por impedir a tomada de decisão livre e autônoma quanto à adesão aos arranjos institucionais regionalizados, fulminando a autonomia político-administrativa consagrada no *caput* do art. 18 da Constituição de 1988.

É preciso, portanto, que, à luz do modelo de federalismo cooperativo adotado pelo Brasil, seja criativo o legislador ordinário e busque soluções consentâneas com a tessitura constitucional; porque, afinal, em um Estado que se diz democrático e de direito, *os fins não podem justificar os meios*.

## 5 Conclusão

O Novo Marco Legal do Saneamento Básico foi introduzido no ordenamento jurídico brasileiro com o intuito de atualizar todo o contexto jurídico e fático referente à prestação desses serviços, objetivando a universalização do acesso à água potável e ao esgotamento sanitário. Tal movimento vai de encontro aos diversos instrumentos legislativos internacionais que, reconhecendo a importância do saneamento básico, o elevaram ao *status* de direito humano.

Não obstante, para a consecução desses objetivos (que, repisa-se, são legítimos e desejáveis), o legislador infraconstitucional acabou confrontando premissas basilares do diploma constitucional de 1988. Exemplo dessa situação de crise normativa encontra-se nas disposições do art. 50, VII e VIII, da Lei nº 11.445/07, incluídos pela Lei nº 14.026/20, que, ao impor condicionantes para o repasse de verbas públicas da União aos Estados-Membros e Municípios, na intenção de coagir tais entes a ingressarem em arranjos de prestação regionalizada dos serviços de saneamento básico, violou a exegese do modelo de federalismo positivado na Constituição de 1988.

Como demonstrado ao longo do presente estudo, o Estado Federal brasileiro, apartando-se das ideias do federalismo clássico, foi concebido sob a ótica cooperativa, na qual todos os entes federados, a par das suas competências exclusivas, comungam de competências concorrentes e comuns (sendo, uma delas, a melhoria das condições de saneamento básico, conforme art. 23, IX, da CRFB/88). E, à luz das ideias de subsidiariedade e maior participação possível, decorrências lógicas da noção de federalismo cooperativo, a consecução desse múnus compartilhado deve ser feita em ambiente colaborativo, o que não se coaduna, em maior ou menor medida, com a imposição de condicionantes fiscais para a indução de comportamentos uníssonos pelos demais entes federados, como pretende o Novo Marco Legal do Saneamento Básico.

No âmbito do paradigma democrático do Estado de Direito, o princípio da supremacia da Constituição ganha destaque junto às ordens jurídicas constitucionais, sendo imperativo que qualquer alteração legislativa se conforme aos ditames constitucionais. E toda essa construção se torna ainda mais contundente quando os objetivos perpetrados pelos atos normativos sejam legítimos e desejáveis – tais quais os pretendidos pelo Novo Marco Legal do Saneamento Básico –, pois, em um Estado de Direito, os fins nunca justificarão os meios, notadamente quando esses meios encontram obstáculos em regramentos hierarquicamente superiores.

E, dentro desse contexto, coube ao presente trabalho demonstrar que a introdução do art. 50, incisos VII e VIII, na Lei nº 11.445/07, com redação dada pela Lei nº 14.026/20, não padece apenas de vícios de inconstitucionalidade, mas também de incompatibilidade com o próprio diploma normativo em que inserido, e inconsistência com o cenário político e fiscal com que convivem os entes subnacionais.

Isto porque, a um só tempo, a imposição, pela novel legislação, de adesão dos titulares dos serviços de saneamento básico aos arranjos de prestação regionalizada para que façam jus aos recursos públicos federais viola a ideia de um federalismo cooperativo, o próprio art. 8º-A da Lei nº 11.445/07 e a autonomia político-administrativa dos entes políticos (art. 18, *caput*, da CRFB/88).

Em síntese, não se pretende descontruir, aqui, a necessidade de universalização dos serviços de saneamento básico e nem a importância que a regionalização tem para o alcance desse desiderato. Não obstante, é preciso que o legislador nacional, quando do exercício da sua atividade típica, crie soluções consentâneas com os preceitos constitucionais e os limites legais vigentes, sob pena de condenarmos a lógica do sistema normativo às arbitrariedades dos detentores do poder (o que, como demonstrado por todo o passado histórico recente, pode ensejar consequências indesejáveis, como a legitimação de práticas antidemocráticas à luz de um utilitarismo reducionista). E, ao fim, reitera-se: em um Estado de Direito democrático e social, *os fins nunca justificam os meios*.

## Referências

ALMEIDA, Maria Hermínia Tavares de. Recentralizando a federação? *Revista de Sociologia e Política*, Curitiba, n. 24, p. 29-40, jun. 2005.

ARAGÃO, Alexandre Santos; D'OLIVEIRA, Rafael Daudt. Considerações inicias sobre a Lei nº 14.026/2020 – Novo Marco Legal do Saneamento Básico. In: DAL POZZO, Augusto Neves (coord.). *O Novo Marco Regulatório do Saneamento Básico*. 1. ed. São Paulo: Thomson Reuters, 2020.

BARBOSA, Rubens. André Franco Montoro. *O Globo*, 08/08/2006, Opinião, p. 7.

BATISTA JÚNIOR, Onofre Alves; MARINHO, Marina Soares. *Do federalismo de cooperação ao federalismo canibal: a Lei Kandir e o desequilíbrio do pacto federativo*. Revista de Informação Legislativa: RIL, v. 55, n. 217, p. 157-180, jan./mar. 2018. Disponível em: http://www12.senado.leg.br/ril/edicoes/55/217/ril_v55_n217_p157.

BONAVIDES, Paulo. *Curso de Direito Constitucional*. 31. ed. atual. São Paulo: Malheiros, 2016.

BOTHE, Michael. Federalismo – um conceito em transformação histórica. In: *O Federalismo na Alemanha*. Traduções, vol. 7, ano 1995. Centro de Estudos: Fundação Konrad-Adenauer-Stiftung, p. 3-14.

BRASIL. *Constituição da República Federativa do Brasil de 1988*. Diário Oficial da União, 5 out. 1988.

BRASIL. Lei nº 11.445/07, de 5 de janeiro de 2007. Estabelece as diretrizes nacionais para o saneamento básico; cria o Comitê Interministerial de Saneamento Básico; altera as Leis nºs 6.766, de 19 de dezembro de 1979, 8.666, de 21 de junho de 1993, e 8.987, de 13 de fevereiro de 1995; e revoga a Lei nº 6.528, de 11 de maio de 1978. Disponível em: http://www.planalto.gov.br/ccivil_03/_ato2007-2010/2007/lei/l11445.htm.

DERZI, Misabel Abreu Machado; BUSTAMANTE, Thomas da Rosa de. O princípio federativo e a igualdade: uma perspectiva crítica para o sistema jurídico brasileiro a partir da análise do modelo alemão. In: DERZI, Misabel Abreu Machado; BATISTA JÚNIOR, Onofre Alves; MOREIRA, André Mendes (org.). Estado federal e guerra fiscal no direito comparado. Belo Horizonte: Arraes Editores, 2015. (Coleção federalismo e tributação, v. 2). p. 467-495.

FERNANDES, Bernardo Gonçalves. Curso de Direito Constitucional. 12. ed. rev., atual. e ampl. Salvador: Juspodivm, 2020.

GUSTIN, Miracy Barbosa de Sousa; DIAS, Maria Tereza Fonseca. (Re)pensando a pesquisa jurídica: teoria e prática. 4. ed. rev. e atual. Belo Horizonte: Del Rey, 2013.

KELSEN, Hans. Teoría General del Derecho y del Estado. Trad.: Eduardo García Maynez, 2. ed. México. Imprenta Universitaria, 1958.

LAUFER, Hans. Os princípios e a cultura organizativa do ordenamento federativo. In: O Federalismo na Alemanha. Traduções, vol. 7, ano 1995. Centro de Estudos Fundação Konrad-Adenauer-Stiftung.

MARTINS, Ricardo Marcondes. Titularidade do serviço de saneamento básico à luz da Lei Federal nº 14.026/20. In: DAL POZZO, Augusto Neves (coord.). O Novo Marco Regulatório do Saneamento Básico. 1. ed. São Paulo: Thomson Reuters, 2020.

NEGRINI NETO, João; NEGRINI, Maria Carolina. Princípios do Marco Legal do Saneamento Básico, com as alterações determinadas pela Lei nº 14.026, de 15 de julho de 2020. In: DAL POZZO, Augusto Neves (coord.). O Novo Marco Regulatório do Saneamento Básico. 1. ed. São Paulo: Thomson Reuters, 2020.

OMS/UNICEF. 1 in 3 people globally do not have access to safe drinking water. Genebra: 2019. Disponível em: https://www.who.int/news/item/18-06-2019-1-in-3-people-globally-do-not-have-access-to-safe-drinking-water-unicef-who#:~:text=Billions%20of%20people%20around%20the,and%20the%20World%20Health%20Organization.&text=It%20is%20estimated%20that%201,who%20drink%20untreated%20surface%20water.

RIKER, William H. Federalism: Origin, Operation and Significance (1964), 11, citado por HALBERSTAM, Daniel. Federalism: Theory, Policy, Law. In: ROSENFELD, Michel; SAJÓ, András (org.). The Oxford Handbook of Comparative Constitutional Law. Oxford: Oxford University Press, 2012.

ZIMMERMANN, Augusto. Teoria geral do federalismo democrático. Rio de Janeiro: Lumen Juris, 1999.

ZIPPELIUS, Reinhold. Teoria Geral do Estado, trad. Karin Praefke-Aires Coutinho. 3. ed. Lisboa: Calouste Gulbenkian, 1997.

Informação bibliográfica deste texto, conforme a NBR 6023:2018 da Associação Brasileira de Normas Técnicas (ABNT):

SIMÕES, André Pinho. O Marco Legal do Saneamento Básico e o repasse condicional de verbas federais para Estados-Membros e Municípios: ainda se pode falar em federalismo cooperativo? *In*: DIAS, Maria Tereza Fonseca. *Lei de Diretrizes Nacionais para o Saneamento Básico*: reflexões acerca das alterações introduzidas pela Lei nº 14.026/2020. Belo Horizonte: Fórum, 2023. p. 191-211. ISBN 978-65-5518-528-7.

# A LEGALIDADE DA CONTRATAÇÃO DE SERVIÇOS DE LIMPEZA URBANA E MANEJO DE RESÍDUOS SÓLIDOS POR MEIO DE CONTRATOS ADMINISTRATIVOS

### MADSON ALVES DE OLIVEIRA FERREIRA

## 1 Introdução

O conceito de saneamento básico, originalmente, era composto por duas atividades, quais sejam: abastecimento de água e esgotamento sanitário, conforme dicção da Lei de nº 6.528, de 11 de maio de 1978.

Noutro norte, com a edição da Lei nº 11.445, de 5 de janeiro de 2007, o conceito de saneamento básico restou ampliado para abarcar a limpeza urbana e o manejo de resíduos sólidos, bem como a drenagem e o manejo das águas pluviais.[1]

Destaca-se, ainda, que os serviços de saneamento público configuram-se como serviço público *stricto sensu*, conforme o teor do art. 2º e do art. 3º, I, da Lei Federal nº 11.445, de 5 de janeiro de 2007.

Posteriormente, foi publicada a Lei nº 14.026, de 15 de julho de 2020, que atualizou o Marco Legal do Saneamento Básico, com profundas alterações na política de saneamento vigente. O motivo principal das modificações introduzidas no ordenamento jurídico consiste

---

[1] BURGUER, Bruna Cavalcante Drube. O conceito de saneamento. *In*: SADDY, André; CHAUVET, Rodrigo da Fonseca (org.). *Aspectos jurídicos do saneamento*. Rio de Janeiro: Lumen Juris, 2017. p. 7.

na baixa cobertura de saneamento básico, notadamente nos serviços de abastecimento de água potável e esgotamento sanitário, haja vista que, de acordo com os dados do Sistema Nacional de Informações de Saneamento (SNIS), apenas 55% da população possui atendimento com rede de esgoto e somente 84,1% da população teria acesso à rede de água potável.[2]

Dentro desse contexto, o Novo Marco Legal do Saneamento Básico remodelou a disciplina normativa até então existente a fim de incentivar as privatizações, concessões e outras modalidades de parcerias com a iniciativa privada,[3] visto o entendimento, ao menos do legislador, de que os recursos públicos não seriam suficientes para ampliar/melhorar os serviços de saneamento, considerando o déficit fiscal pelo qual perpassa o país.

Com o escopo de incentivar as parcerias com a iniciativa privada, o Novo Marco Legal do Saneamento Básico (art. 10) proibiu a contratação de serviços de saneamento básico por meio de contrato de programa, permitindo tão somente a prestação de serviços de saneamento básico por estatais, caso estas vençam procedimentos licitatórios, nos quais elas tenham concorrido em igualdade de condições com empresas privadas, ante o teor do art. 175 da Constituição da República.

Tem-se, pois, o primeiro descompasso da legislação com a doutrina clássica do serviço público, porquanto o Marco Regulatório incentiva que serviços públicos sejam executados por entes privados de modo preferencial.[4]

Atualmente, inclusive, o Sistema Nacional de Informações de Saneamento (SNIS) apurou que a administração direta presta serviço de limpeza urbana e manejo de resíduos sólidos em 94,5% dos

---

[2] BRASIL. Sistema Nacional de Informações sobre Saneamento. *Diagnóstico Temático Serviços de Água e Esgoto*. Visão Geral: ano de referência 2020. Disponível em: http://www.snis.gov.br/downloads/diagnosticos/ae/2020/DIAGNOSTICO_TEMATICO_VISAO_GERAL_AE_SNIS_2021.pdf. Acesso em: 16 fev. 2022.

[3] ENEI, José Virgílio. A hora e a vez do setor privado: modelagem de privatizações e concessões no setor de saneamento. *In*: DAL POZZO, Augusto Neves (coord.). *O novo marco regulatório do saneamento básico*. São Paulo: Thomson Reuters, 2020.

[4] Maria Sylvia Zanella Di Pietro (2020, p. 135-136) explicita que o conceito clássico de serviço público adveio da Escola do Serviço Público, que adotava três critérios para defini-lo, que são: o subjetivo, o material e o formal. No que concerne ao critério subjetivo, o serviço público seria aquele prestado pelo Estado. Esclarece a autora que o conceito subjetivo viria a ser ampliado para abarcar os particulares em delegação. Hely Lopes Meirelles (2017, p. 424) entende que a atribuição primordial da Administração Pública é oferecer utilidades aos administrativos. O autor distingue serviços públicos propriamente ditos como aqueles que somente podem ser prestados diretamente pelo Estado, sem a possibilidade de delegação.

municípios brasileiros, sendo que a população urbana abrangida é de 72% (BRASIL, 2020b).

Ressalta-se, todavia, que o fato dos municípios prestarem diretamente o serviço não impede a colaboração de terceiros na execução material de determinadas atividades de limpeza urbana e manejo de resíduos sólidos. Segundo o Sistema Nacional de Informações de Saneamento (SNIS), dentre os agentes executores da coletiva seletiva, empresas contratadas pela prefeitura foram responsáveis pelo recolhimento de 47,5% da massa coletada, enquanto os catadores com o apoio das municipalidades foram responsáveis por 35,2% do recolhimento (BRASIL, 2020b).

Calha destacar que os serviços de limpeza urbana e manejo de resíduos sólidos restaram fartamente detalhados pela Lei nº 14.026, de 15 de julho de 2020, *ex vi* do art. 3º-C do Marco Legal do Saneamento Básico.

Dentre outras atividades, constituem serviços de limpeza urbana e manejo de resíduos: os serviços de coleta e tratamento de resíduos domésticos, bem como os resíduos originários de limpeza urbana, tais como: os decorrentes de varrição, capina, roçada, asseios de túneis, desobstrução e limpeza de bueiros.

O presente texto tem por objeto a legalidade dos entes públicos contratarem serviços de limpeza urbana e manejo de resíduos sólidos por intermédio da Lei Geral de Licitações e Contratos Administrativos, na medida em que estas atividades foram qualificadas, por disposição expressa, como serviços públicos.

No que concerne aos serviços públicos, a Constituição da República disciplina regramento específico no art. 175, o qual determina que os serviços públicos são de incumbência do poder público, que deve prestá-los diretamente ou sob o regime de concessão ou permissão, sempre através de licitação.

Desta feita, a depender da exegese adotada no artigo supracitado, ter-se-ia a impossibilidade de contratar serviços de limpeza urbana e resíduos sólidos por dispensa de licitação e, por outro lado, a obrigatoriedade da utilização do contrato de concessão, seja na modalidade tradicional, seja nas modalidades trazidas na lei das parcerias público-privadas.

Como marco teórico adota-se o reconhecimento de uma Teoria Geral do Direito Administrativo como sistema,[5] ou seja, lastreada numa ideia ordenadora, segundo a qual haveria uma indução da teoria geral a partir das peculiaridades que apresentam os setores especiais do Direito Administrativo e uma recondução da parte geral para a parte especial, constituindo um processo de interação recíproca.

Desse modo, a análise do Novo Marco Regulatório do Saneamento Básico será realizada a partir dos conceitos geralmente adotados pela Teoria Geral do Direito Administrativo, principalmente no que tange à construção dogmática de serviços públicos e sobre a classificação de serviços *uti singuli e uti universi*.

O estudo foi realizado com base na vertente jurídico-dogmática, com as abordagens dos tipos jurídico-comparativo e jurídico-interpretativo.

Buscaram-se fontes primárias e secundárias do Direito que foram analisadas de forma quantitativa e qualitativa. Quanto aos dados primários, foram utilizadas legislações vigentes, julgados dos tribunais pátrios – com foco no Supremo Tribunal Federal e no Tribunal de Justiça de Minas Gerais. Já quanto aos dados secundários, enfatizou-se a doutrina e artigos sobre o tema.[6]

## 2 Serviços públicos: breves comentários sobre o conceito e a possibilidade de delegação

A concepção de serviço público não é uníssona na doutrina, havendo várias definições a depender do enfoque adotado.

É importante ressaltar que a noção de serviço público surgiu na França, sendo a pedra angular da doutrina de seus percursores – a chamada Escola do Serviço Público, capitaneada por Léon Duguit.[7]

Conforme os ensinamentos do autor francês:

---

[5] SCHMIDT-ASSMANN, Eberhard. *La teoría general del derecho administrativo como sistema*. Madri: Marcial Pons, 2003. p. 01-02.
[6] GUSTIN, Miracy Barbosa de Sousa; DIAS, Maria Tereza Fonseca; NICÁCIO, Camila Silva. *(Re)pensando a pesquisa jurídica*: teoria e prática. 5. ed. São Paulo: Almedina Brasil, 2020. p. 87-88.
[7] DI PIETRO, Maria Sylvia Zanella. *Direito Administrativo*. 33. ed. São Paulo: Atlas, 2020. p. 132.

serviço público é toda atividade cujo cumprimento é assegurado, regulado e controlado pelos governantes por ser indispensável à realização da interpendência social e de tal natureza que não poder assumido senão pela intervenção da força governante.[8]

De acordo com Celso Antônio Bandeira de Mello, o conceito transcrito é uma noção sociológica, mas não jurídica, porquanto falha em fornecer elementos para caracterizar serviço público de acordo com o ordenamento jurídico vigente.[9]

Tal definição correlaciona a ideia de serviço público à atividade estatal, cujo desempenho é essencial para a sociedade como um todo. Tal posição consubstancia serviço público em sentido objetivo ou material, que viria a compor mais tarde um dos três critérios para o conceito de serviço público.

Os outros dois critérios que, conjuntamente com o critério material, definiriam uma atividade como serviço público são os critérios subjetivo (orgânico) e formal.

No que concerne ao elemento formal, os serviços públicos são regidos por um regime de Direito público derrogatório e exorbitante do Direito comum.[10]

O último critério é o subjetivo, ou seja, o Estado possui a titularidade da prestação de determinado serviço.

Adverte-se, contudo, que os autores brasileiros, ainda que influenciados pela Escola do Serviço Público, definem serviço público de maneiras diferentes, alguns de forma mais ampla, sem distingui-lo de poder de polícia, como a posição de Hely Lopes Meirelles, enquanto José Cretella Júnior não separa serviços públicos de outras atividades estatais, como a legislativa e judiciária.[11]

Para fins deste trabalho, no qual não se pretende esgotar a temática de serviço público (ainda que fosse possível), torna-se necessário o estudo da definição restrita de serviços públicos, conforme o posicionamento de Celso Antônio Bandeira de Mello:

---

[8] BANDEIRA DE MELLO, Celso Antônio. *Serviço Público e Concessão de Serviço Público*. São Paulo: Malheiros, 2017. p. 20.
[9] Idem.
[10] DI PIETRO, Maria Sylvia Zanella. *Direito Administrativo*. 33. ed. São Paulo: Atlas, 2020. p. 135.
[11] DI PIETRO, Maria Sylvia Zanella. *Direito Administrativo*. 33. ed. São Paulo: Atlas, 2020. p. 133-134.

Serviço público é toda atividade de oferecimento de utilidade ou comodidade material destinada à satisfação da coletividade em geral, mas fruível singularmente pelos administrados, que o Estado assume como pertinente a seus deveres e presta por si mesmo ou por quem lhe faça as vezes, sob um regime de Direito Público.[12]

O conceito abrange os três elementos supracitados, quais sejam: os critérios formal, material e subjetivo. Todavia, releva-se que há uma restrição adicional, qual seja: somente a atividade ou comodidade que promova a satisfação direta à coletividade seria considerada serviço público, excluídos, então, os serviços administrativos do Estado, como a pesquisa científica, trabalhos diplomáticos, dentre outros.[13]

Além disso, ao dispor que a comodidade ou atividade tem que ser fruível singularmente, restringe-se a abrangência de serviços públicos para os serviços denominados *uti singuli*.

A posição de Celso Antônio Bandeira de Mello, ao menos sob o prisma da delegação, encontrava consonância com o ordenamento jurídico brasileiro até a edição da Lei nº 11.079, de 30 de dezembro de 2004.

O Estado, ao prestar diretamente determinado serviço, o fato deste ser *uti singuli ou uti universi*, não acarreta maiores consequências jurídicas, na medida em que, sendo esta atividade de responsabilidade estatal, o ente público tem que promovê-la de toda forma, independentemente da tipificação que esta receba. Assim, se o serviço diplomático é prestado com a qualificação de serviço público ou como mera atribuição estatal não se vislumbram maiores repercussões práticas.

A questão ganha contornos de maior interesse a partir do momento em que o poder público pretende delegar certa atividade aos particulares, pois, neste caso, a depender da classificação adotada, atrai-se para a avença o regime derrogatório do regime comum, isto é, o elemento formal do serviço público, com os desdobramentos que lhe são peculiares, como a continuidade do serviço, a modicidade da tarifa, atualidade e generalidade.

De acordo com Hely Lopes Meirelles:

---

[12] BANDEIRA DE MELLO, Celso Antônio. *Curso de Direito Administrativo*. 21. ed. São Paulo: Malheiros, 2006. p. 642.

[13] DI PIETRO, Maria Sylvia Zanella. *Direito Administrativo*. 33. ed. São Paulo: Atlas, 2020. p. 134.

Serviços concedidos são todos aqueles que o particular executa em seu nome, por sua conta e risco, remunerado por tarifa, na forma regulamentar, mediante delegação contratual ou legal do Poder Público concedente. Serviço concedido é serviço do poder Público, apenas executado por particular em razão da concessão.[14]

Afirma-se, então, que a remuneração principal do concessionário é a tarifa, em que pese a possibilidade de edital prever fontes alternativas, complementares, acessórias, na esteira do art. 11 da Lei nº 8.987, de 13 de fevereiro de 1995.

Conforme abordado na seção adiante, a cobrança de tarifa, à semelhança da taxa – ainda que possuam natureza diversa – requer a especificidade e divisibilidade do serviço, sob pena de ilegalidade e, no caso das tarifas, até mesmo de impossibilidade fática.

Assim, somente serviços públicos *uti singuli* poderiam ser delegados, pois, no caso dos denominados serviços gerais, haveria a impossibilidade fática dos concessionários/permissionários serem remunerados por tarifa, ante a ausência de especificidade e divisibilidade do serviço.

Deste modo, as concessões originalmente delegavam a execução de certo serviço público, com o particular assumindo os riscos do empreendimento, sendo o delegatário remunerado por tarifa – que é, a grosso modo, o valor pago referente ao serviço prestado.

A exigência de remuneração por tarifas de serviços concedidos resta alterada com a publicação da Lei nº 11.079, de 30 de dezembro de 2004, que instituiu normas gerais para a licitação de contratação de parcerias público-privadas no âmbito da Administração Pública.

A legislação supracitada estipula duas novas modalidades de concessões, que são: a concessão patrocinada e a concessão administrativa.

A concessão patrocinada é a concessão de serviços públicos ou de obras públicas de que trata a Lei nº 8.987, de 13 de fevereiro de 1995, quando envolver, adicionalmente à tarifa cobrada dos usuários, contraprestação pecuniária do parceiro público ao parceiro privado (art. 2º, §1º, da Lei nº 11.079, de 30 de dezembro de 2004).

Já a concessão administrativa é o contrato de prestação de serviços públicos de que a Administração Pública seja a usuária direta ou indireta, ainda que envolva execução de obra ou fornecimento e instalação de bens (art. 2º, §2º, da Lei nº 11.079, de 30 de dezembro de 2004).

---

[14] MEIRELLES, Hely Lopes. *Direito Administrativo Brasileiro*. 43. ed. São Paulo: Malheiros, 2018, p. 649.

Em suma, a primeira modalidade seria utilizada em casos nos quais os projetos fossem deficitários, com a necessidade de vultosas quantias financeiras, assim a contraprestação pecuniária do parceiro público ao privado assemelha-se à quitação de empréstimo pelo valor gasto com a infraestrutura construída por meio do capital privado.

Por outro lado, a segunda modalidade – concessão administrativa – consubstancia-se numa modalidade em que a administração é a usuária direta ou indireta, ou seja, naqueles casos em que não é possível a remuneração do serviço por meio de pagamento de tarifas.

Sobre a concessão administrativa, percucientes as observações de Carlos Ari Sundfeld:

> Em segundo lugar, era preciso criar condições jurídicas para a celebração de outros contratos em que, à semelhança das concessões tradicionais, os particulares assumissem os encargos de investir e de implantar infraestrutura estatal e depois de mantê-la, fazendo-a cumprir seus fins, sendo remunerado em prazo longo. Era necessário, em suma, permitir a aplicação da lógica econômico-contratual da concessão tradicional a outros objetos que não a exploração de serviços públicos econômicos (como são os serviços de água e esgoto, a distribuição de energia, a telefonia fixa, etc.)
> Afinal, por que não usá-la em serviços administrativo em geral, isto é, os serviços de infraestrutura penitenciária, policial, educacional, sanitária, judiciária, etc. ou mesmo os decorrentes da separação de etapas ou partes dos próprios serviços públicos econômicos (a implantação e gestão de uma estação de tratamento de esgotos para uma empresa estatal de saneamento básico ou de um sistema de arrecadação automatizada para uma empresa estatal de transportes coletivos, p. ex.)?[15]

De fato, a concessão administrativa visa utilizar-se da lógica econômica dos contratos de concessão para outros serviços que não a exploração de serviços públicos econômicos, ou seja, aqueles que não podem ser remunerados por tarifas.

Aplica-se, todavia, esta modelagem contratual nos casos que o Estado pretenda atrair particulares para investir em infraestruturas de vultosas quantias, nessa senda o art. 2º, §4º, I, estabelece que é vedada a celebração de contrato de parcerias público-privadas cujo valor do contrato seja inferior a R$10.000.000,00 (dez milhões de reais).

---

[15] SUNDFELD, Carlos Ari. O arcabouço normativo das Parcerias Público-Privadas no Brasil. *Revista do Tribunal de Contas da União*, Brasília, n. 104, p. 54-55, abr./jun. 2005.

Não obstante a ideia supra, tal conformação não passou imune às críticas da doutrina, nesse sentido, cita-se Celso Antônio Bandeira de Mello:

> Assim, percebe-se que a lei visa, na verdade, por meios transversos, não confessados, é a realizar um simples contrato de prestação de serviços – e não uma concessão – segundo um regime diferenciado e muito mais vantajoso para o contrato que o regime geral dos contratos.[16]

Há, desse modo, aproximação entre os contratos administrativos de serviços e os contratos de concessão administrativa, pois, a princípio, não haveria diferença ontológica entre eles, posto que, nos dois casos, o Estado remunera integralmente o particular para obtenção de determinada utilidade.

A objeção de Celso Antônio Bandeira de Mello dá-se em virtude do rompimento da exigência de remunerar-se serviço público concedido por meio de tarifa.

A questão torna-se importante para os serviços de limpeza urbana e manejo de resíduos sólidos por duas razões.

A uma, porque os serviços em comento, na sua grande maioria, são classificados como serviços gerais *(uti universi)*, circunstância que impediria a delegação por meio de concessões tradicionais, ante a impossibilidade de serem remunerados por tarifas. Por essa via, a única modelagem viável juridicamente seria a concessão administrativa, já que a concessão patrocinada também pressupõe, ao menos em parte, a remuneração pela exploração do serviço.

A duas, pela tipificação destas atividades como serviços públicos em sentido estrito, há a necessária aplicabilidade do estabelecido no art. 175 da Constituição da República, o que, *a priori*, impediria a dispensa de licitação, bem como a contratação por meio dos contratos administrativos regulados pela Lei Geral de Licitações e Contratos Administrativos.

Dessa forma, na seção subsequente, analisa-se a classificação dos serviços de limpeza urbana e manejo de resíduos sólidos, se *uti singuli* ou *uti universi*, tendo em vista que somente os primeiros podem ser remunerados por tarifa, com os desdobramentos já citados, como a

---

[16] BANDEIRA DE MELLO, Celso Antônio. *Curso de Direito Administrativo*. 21. ed. São Paulo: Malheiros, 2006, p. 740.

impossibilidade de utilização das concessões prescritas na Lei nº 8.987, de 13 de fevereiro de 1995.

## 3 A cobrança pelos serviços de limpeza urbana: taxa e tarifas

A forma de remuneração dos serviços de limpeza urbana é tema que sofre o influxo de duas variantes, a primeira delas é sobre a especificidade e divisibilidade dos serviços que serão prestados, e a segunda é quem executa o serviço objeto da análise.

Em relação ao primeiro tema, destaca-se que é assente na doutrina e na jurisprudência pátrias a divisão em serviços gerais *(uti universi)* e individuais *(uti singuli)*. Primeiramente, destaca-se que essa classificação deita sua atenção sob a ótica do usuário (FURTADO, 2016, p. 633). Os serviços individuais seriam aqueles em que é possível individualizar a parcela do serviço que cada indivíduo usufrui; enquanto que, nos serviços gerais, tal individualização não seria possível.

No ordenamento jurídico pátrio, a Constituição da República, art. 145, II, delineou que as taxas de serviços públicos somente podem ser instituídas no caso destes serviços serem específicos e divisíveis, ou seja, nos casos de serviços *uti singuli*.

Na impossibilidade de mensuração do serviço, torna-se ilegal a sua cobrança, conforme jurisprudência consolidada dos tribunais. Nesse sentido a Súmula Vinculante nº 41 do Supremo Tribunal Federal: "o serviço de iluminação pública não pode ser remunerado mediante taxa".[17]

No que tange à taxa de iluminação pública, o Supremo Tribunal Federal entendeu pela inconstitucionalidade, haja vista a indivisibilidade do serviço, ou seja, não seria possível mensurar a parcela do serviço que cada indivíduo usufrui, por isso haveria ofensa ao art. 145, II, da Constituição.

Em relação aos serviços de limpeza urbana e manejo de resíduos, vale destacar que estes serviços, em sua maioria, são gerais, não podendo ser remunerados por taxa. Veja, por exemplo, que a varrição de logradouros públicos beneficia a coletividade em geral, não sendo possível, entretanto, classificar este serviço como *uti singuli*, pela ausência

---

[17] BRASIL. Supremo Tribunal Federal. Súmula Vinculante nº 41. Diário de Justiça da União, 11 de março de 2015.

de divisibilidade. Com esse entendimento o Tribunal de Justiça de Minas Gerais:

> EMENTA: APELAÇÃO CÍVEL – AÇÃO DECLARATÓRIA DE INEXISTÊNCIA DE RELAÇÃO JURÍDICO-TRIBUTÁRIA C/C REPETIÇÃO DE INDÉBITO – MUNICÍPIO DE UBERABA – TAXA DE COLETA E PROCESSAMENTO DE RESÍDUOS SÓLIDOS URBANOS – SERVIÇOS INESPECÍFICOS E INDIVISÍVEIS – AUSÊNCIA DE LEGITIMIDADE – INCONSTITUCIONALIDADE PARCIAL RECONHECIDA PELO COLENDO ÓRGÃO ESPECIAL DESTE EGRÉGIO TJMG – RESTITUIÇÃO INTEGRAL – RECURSO NÃO PROVIDO. 1. A Taxa de Coleta e Processamento de Resíduos Sólidos Urbanos do Município de Uberaba está destinada, além da coleta e destinação do lixo, aos serviços de limpeza pública em geral, direcionando-se, portanto, à remuneração de atividades estatais indivisíveis e inespecíficas, já tendo, inclusive, o colendo órgão Especial deste egrégio Tribunal decidido pela inconstitucionalidade parcial do §1º do artigo 144 no tocante ao serviço de "limpeza, varrição, desobstrução de bueiros e de bocas de lobo, capinação e desinfecção de locais insalubres" (Arg Inconstitucionalidade nº 1.0701.11.013893-3/002, Dje: 19/07/2013). 2. Uma vez que a legislação municipal não diferencia o percentual da taxa referente aos serviços de coleta de resíduos sólidos domiciliares daquele que se destina aos serviços de limpeza urbana, forçoso concluir pela ilegitimidade da cobrança e restituição do valor total recolhido pelo contribuinte.[18]

Noutro norte, o Supremo Tribunal Federal, por meio da Súmula Vinculante 19, entendeu que os "serviços públicos de coleta, remoção e tratamento ou destinação de lixo ou resíduos provenientes de imóveis, não viola o artigo 145, II, da Constituição Federal".[19]

Ultrapassadas essas definições preliminares, destaca-se que a taxa é uma espécie tributária, sendo assim, deve seguir a definição dada pelo art. 3º do Código Tributário Nacional: "prestação pecuniária compulsória, em moeda ou cujo valor nela se possa exprimir, que não constitua sanção de ato ilícito, instituída em lei e cobrada mediante atividade administrativa plenamente vinculada".

---

[18] MINAS GERAIS. Tribunal de Justiça. Apelação Cível 1.0000.16.090258-1/004, Relator(a): Des.(a) Edilson Olímpio Fernandes, 6ª Câmara Cível, julgamento em 27.02.2018, publicação da súmula em 05.03.2018.

[19] BRASIL. Supremo Tribunal Federal. Súmula Vinculante nº 19. Diário de Justiça da União, 10 de novembro de 2009.

Como tributo que é, a taxa submete-se ao regramento constitucional estabelecido no Título VI da Constituição, especialmente nas disposições relativas aos princípios gerais e às limitações do poder de tributar. Assim, a taxa somente pode ser estabelecida pelos entes federados mediante lei.

Noutro norte, a par das divergências doutrinárias – notadamente no que toca à classificação de preços públicos e tarifas, as tarifas decorrem da prestação de serviços públicos lastreados por uma relação contratual, entre os concessionários de um serviço público e o seu usuário, tendo a regulamentação definida, de forma primeira, na Lei nº 8.987, de 13 de fevereiro de 1995.

Essa é a posição acolhida pelo Supremo Tribunal Federal, com a edição da Súmula 545: "preços de serviços públicos e taxas não se confundem, porque estas, diferentemente daqueles, são compulsórias e têm sua cobrança condicionada à prévia autorização orçamentária, em relação à lei que as instituiu".[20]

Na linha do exposto, Caio Tácito, examinando a natureza da tarifa percebida pelo concessionário de serviço municipal – especificamente sobre serviços de saneamento básico, entende que:

> A SABESP, embora tenha como acionista o Estado de São Paulo, é titular da concessão do serviço municipal, mediante contrato administrativo, em regime de direito privado.
> A sua qualidade é a de concessionário sob o regime próprio da concessão que tem entre seus pressupostos a remuneração tarifária e a permanência do equilíbrio econômico-financeiro, como previsto no art. 9º, §§ 2º da Lei nº 8.987, de 13 de fevereiro de 1995.
> A Constituição Federal claramente distingue a modalidade de execução de serviços públicos de interesse local, a serem prestados "diretamente ou sob regime de concessão ou permissão" (art. 80, nº V).
> Quando tais serviços divisíveis e obrigatórios forem diretamente oferecidos pelo próprio Município, aos usuários se impõe o pagamento de taxas como obrigação retributiva.
> Se, todavia, são delegados a concessionário a relação financeira não mais se reveste de caráter tributário.
> O preço a ser auferido pelo concessionário terá a regência contratual, sob forma executiva, a cargo do concedente, ao qual incumbe determinar

---

[20] BRASIL. Supremo Tribunal Federal. Súmula nº 545. Diário de Justiça da União, 11 de dezembro de 1969.

o valor da tarifa e de seus reajustes, dentro do princípio cardeal de equilíbrio da equação econômico-financeira do contrato de concessão.[21]

O estudo da jurisprudência trazida nesta seção demonstra o entendimento dos tribunais pátrios, notadamente do Superior Tribunal de Justiça e do Supremo Federal, pela impossibilidade de cobrança de tarifas nos casos dos serviços gerais, como por exemplo os serviços limpeza, varrição, desobstrução de bueiros e de bocas de lobo, capinação e desinfecção de locais insalubres.

Por outro lado, a jurisprudência posiciona-se pela legalidade da cobrança de tarifas nos casos de serviços públicos de coleta, remoção e tratamento ou destinação de lixo ou resíduos provenientes de imóveis, sob o argumento de que estes serviços seriam divisíveis.

Veja-se que, a depender do serviço, a modelagem contratual sofrerá mudanças. Caso se trate de serviços *uti universi*, a única possibilidade de delegação de serviços públicos será a concessão administrativa. Já nas hipóteses de serviços *uti singuli*, podem ser utilizadas as modalidades de concessão prescritas tanto na Lei nº 8.987, de 13 de fevereiro de 1995, quanto na Lei nº 11.079, de 30 de dezembro de 2004.

## 4  Da legalidade de prestação direta por meio de contratos de serviços, com fulcro na Lei Geral de Licitações e Contratos Administrativos

A indagação do ente público poder realizar contrato de serviços de limpeza urbana não é nova na doutrina.

Anteriormente à publicação da Lei nº 11.445, de 5 de janeiro de 2007, Marcos Juruena Villela Souto já havia se posicionado pela possibilidade de utilização das regras de licitação e contratos administrativos para os serviços de limpeza urbana:

> Como agente prestador do serviço, observadas as normas gerais de licitação e contratos administrativos mencionadas nos arts. 22, XXVII, e 37, XXI, da Constituição Federal, pode ser transferida para a iniciativa privada a execução de tarefas específicas de coleta de lixo selecionado, seu consequente reaproveitamento e reciclagem, bem como a contratação

---

[21] TÁCITO, Caio. Saneamento básico – Concessão municipal – Tarifa. *Revista de Direito Administrativo*, p. 334, 1999. Disponível em: https://doi.org/10.12660/rda.v217.1999.47449.

de equipamentos e transferência de tecnologia no exterior, inclusive sob a forma de consórcio (joint com empresas privadas. venture).[22]

O arcabouço normativo sofreu alteração com a edição da Lei nº 9.074, de 7 de julho de 1995, haja vista a disposição trazida no art. 2º, que vedou os entes federados de executarem serviços públicos por meio de concessão e permissão, sem lei autorizativa prévia, entretanto foram excepcionados os serviços de saneamento básico e limpeza urbana.

Da exegese da disposição citada, extrai-se que, à época da edição do ato normativo supracitado, saneamento básico e limpeza urbana eram serviços distintos, diversamente da regulação vigente, na qual limpeza urbana é um dos componentes do saneamento básico.

De toda sorte, tem-se que, desde 1995, limpeza urbana poderia ser considerada serviço público, ainda que ausente regulamentação pormenorizada sobre quais atividades deveriam compor este serviço público.

Sobre este tema, César Augusto Guimarães Pereira, trabalhando sob perspectiva diferente do enfoque realizado neste trabalho, argumenta que: "não se pode supor que, ao aludir a 'limpeza urbana', o art. 2º da Lei nº 9.074/95 tenha submetido a prévia outorga de concessão ou permissão à integralidade das atividades relacionadas com a limpeza urbana".[23]

O autor, lastreado nos ensinamentos de Gaspar Ariño Ortiz, ensina que se deve distinguir serviço (como um setor de atividades) e as diversas atividades que o compõem. Na perspectiva adotada por César Augusto Guimarães Pereira, tal distinção permitiria a divisão de atividades competitivas e não competitivas, com a aplicação de um regime jurídico próprio para cada uma delas.[24]

O autor pretende, com essa distinção, minudenciar o conceito de limpeza urbana, pois as atividades competitivas deveriam ser reguladas pelo art. 173 da Constituição da República, enquanto as atividades não competitivas estariam abarcadas pelas prescrições do art. 175 da Constituição da República.

---

[22] SOUTO, Marcos Juruena Villela. Aspectos jurídicos da limpeza urbana. *Revista de Direito Administrativo*, 189, p. 82, 1992. Disponível em: https://doi.org/10.12660/rda.v189.1992.45283.

[23] PEREIRA, César Augusto Guimarães. Participação privada nos serviços de limpeza urbana. *Revista de Direito Administrativo*, 216, p. 86, 1999. Disponível em: https://doi.org/10.12660/rda.v216.1999.47357.

[24] *Idem.*

A questão sobre quais serviços seriam considerados serviços públicos especializados de limpeza urbana foi superada com a edição da Lei nº 14.026, de 15 de julho de 2020, visto que o art. 3º-C prescreveu de forma pormenorizada quais são as atividades que compõem este serviço público.

De toda sorte, a distinção entre serviços públicos (como um conjunto de atividades) e as diversas atividades que o compõem é útil para distinguir o que seria prestação direta pelo ente público (ainda que com a utilização de contratos de serviços) da delegação de serviços públicos propriamente dita.

Por essa via, entende-se que o ente público, ao contratar a(s) atividade(s) do serviço de limpeza urbana e manejo de resíduos sólidos por contrato administrativo regido pela Lei Geral de Licitações e Contratos Administrativos, não ofende a legalidade, porque esta situação enquadra-se como prestação direta do próprio serviço.

Pela legalidade da contratação de serviços de limpeza urbana, utilizando-se de contratos de serviços, Celso Antônio Bandeira de Mello ensina que:

> Cumpre alertar para o fato que a prestação direta de serviço não é tão-só aquela que *materialmente* se efetua por obra imediata dos próprios órgãos administrativos ou pessoas integrantes da estrutura estatal. Se assim fosse, o Poder Público – caso não pretendesse materialmente prestá-lo mediante um órgão ou entidade componente da intimidade jurídica – teria de valer-se, obrigatoriamente, da concessão ou permissão, pois estaria impedido de concertar com terceiros um mero contrato administrativo de *prestação de serviços* – como a coleta de lixo domiciliar, por exemplo. Nos simples contratos de prestação de serviços o prestador do serviço é simples *executor material para o Poder Público contratante*.[25]

A posição supracitada é que traz a melhor exegese do art. 175 da Constituição da República, pois, caso fosse adotada interpretação diversa, ter-se-ia como consequência a obrigatoriedade de sempre licitar os serviços ora em análise e, por conseguinte, a necessidade de realizar a própria delegação do serviço público quando fosse necessária a colaboração de um terceiro.

---

[25] BANDEIRA DE MELLO, Celso Antônio. *Curso de Direito Administrativo*. 21. ed. São Paulo: Malheiros, 2006, p. 647.

Não se afigura factível a impossibilidade de contratar, a título de exemplo, uma mera desobstrução de bueiro, visto que, nesta hipótese, o particular seria mero executor material de certa atividade, e não delegatário de serviço público. Do mesmo modo, seria desarrazoada a impossibilidade de realizar dispensa de licitação na necessidade premente de limpeza de bocas de lobo diante de um cenário imprevisto.

Pensar de modo diverso traria consequências jurídicas impraticáveis para a Administração Pública, porquanto muitas das atividades que compõem o serviço de limpeza urbana são de natureza geral *(uti universi)*. Assim, caso fosse defendida a necessidade de delegação do serviço público, a única alternativa jurídica, conforme já tratado neste estudo, seria a concessão administrativa. Entretanto, este modelo tem requisitos próprios, como a vedação da celebração de contratos de parcerias público-privadas para valores inferiores a R$10.000.000,00 (dez milhões de reais). Ou seja, em incontáveis situações o ente público restaria sem instrumento jurídico apto para contratar o serviço almejado.

Corroborando esse entendimento, a Lei nº 11.445, de 5 de janeiro de 2007, que incluiu os serviços de limpeza urbana e manejo de resíduos sólidos como serviços públicos de saneamento básico, prescreveu, também, hipótese de dispensa de licitação na Lei Geral de Licitações e Contratos Administrativos, com a inclusão do inciso XXVII, artigo 24, que permite a contratação da coleta, processamento e comercialização de resíduos sólidos urbanos recicláveis ou reutilizáveis, em áreas com sistema de coleta seletiva de lixo, efetuados por associações ou cooperativas formadas exclusivamente por pessoas físicas de baixa renda reconhecidas pelo poder público como catadores de materiais recicláveis.

Salienta-se que, caso fosse impossível a contratação material por meio de contratos administrativos, tal disposição sofreria do vício de inconstitucionalidade, ante a impossibilidade de delegação de serviço público sem licitação prévia.

Destarte, o pensamento ora adotado resolve de modo coerente as situações concretas que a parte especial suscita, sem vulnerar as instituições da parte geral do Direito Administrativo,[26] principalmente no que tange às definições de serviço público, delegação e contratos de serviços regidos pela Lei Geral de Licitações e Contratos Administrativos.

---

[26] SCHMIDT-ASSMANN, Eberhard. *La teoría general del derecho administrativo como sistema*. Madri: Marcial Pons, 2003, p. 6.

De todo modo, poder-se-ia indagar quais são os critérios que permitiriam distinguir o contrato de serviços de limpeza urbana dos contratos em que há delegação de serviços públicos de saneamento básico. Para responder a esta questão, é importante analisar os serviços de limpeza urbana e manejo de resíduos sólidos sob a perspectiva do usuário, ou seja, se eles são considerados *uti singuli* ou *uti universi*.

No que concerne aos serviços *uti singuli*, o contrato de delegação do serviço público de limpeza urbana e manejo de resíduos sólidos pressupõe a transferência de execução do próprio serviço, e, por conseguinte, a transferência do risco do negócio para o concessionário. Neste caso, o concessionário trava relação direta com os usuários, sendo remunerado, portanto, por meio de tarifas.

Então, nos serviços com viabilidade econômica, mostra-se cabível a utilização do contrato de concessão regido pela Lei nº 8.987, de 13 de fevereiro de 1995.

Em relação aos projetos deficitários, em que seja possível a cobrança de tarifas, é possível a utilização da concessão patrocinada estipulada na Lei nº 11.079, de 30 de dezembro de 2004.

Por outro lado, em relação aos serviços *uti universi*, os quais é descabida a cobrança de tarifas, em regra, haverá a mera contratação de serviços, seja para a construção de certa infraestrutura, seja para a execução de determinada atividade.

Entretanto, com a edição da Lei nº 11.079, de 30 de dezembro de 2004, permite-se a delegação de serviços de limpeza urbana por meio da concessão administrativa, adverte-se, contudo, conforme já explicitado ao longo do texto, que a concessão administrativa não possui diferença ontológica em face da mera contratação de serviços. Aquela pretendeu, na verdade, utilizar-se da lógica econômica das concessões para permitir investimentos de maior vulto principalmente em infraestrutura.

Desse modo, desde que cumpridos os requisitos da Lei nº 11.079, de 30 de dezembro de 2004, como valores e períodos de prestação mínimos, vedação de execução de obra pública como objeto único, é possível a contratação nessa modalidade. Em suma, trata-se de situações em que o ente titular do serviço pretende obter uma infraestrutura a partir de um financiamento, que é conseguido pelo parceiro privado.

Já nas situações em que há contratação de meros serviços de saneamento, sem a delegação de serviços públicos, não há relação jurídica entre a empresa contratada e os usuários do serviço, tampouco a transferência dos riscos dos negócios. Ademais, pela relação ser entre o ente titular do serviço e os usuários, a cobrança deve ser realizada por meio de taxas, no caso de serviços públicos específicos e divisíveis, ou financiados por meio de impostos, nos casos de serviços gerais.

## 5 Conclusão

O artigo, a partir da análise bibliográfica e jurisprudencial, demonstrou a legalidade da contratação de serviços de limpeza urbana e manejo de resíduos sólidos, sem que haja ofensa ao ordenamento jurídico, notadamente o art. 175 da Constituição da República.

Evidencia-se, portanto, que a contratação de serviços por meio da Lei Geral de Licitações e Contratos Administrativos enquadra-se como execução direta no que tange à prestação de serviços públicos, pois não há a delegação do serviço em si – visto que a relação jurídica permanece entre o ente público e o usuário, devendo ser remunerada por taxa (serviços divisíveis) ou por impostos (serviços gerais).

Por fim, o estudo delimitou as hipóteses em que seria utilizada a contratação de meros serviços de limpeza urbana da delegação de serviços públicos de limpeza urbana e manejo de resíduos sólidos, de acordo com as modelagens contratuais permitidas no ordenamento jurídico brasileiro.

## Referências

BANDEIRA DE MELLO, Celso Antônio. *Curso de Direito Administrativo*. 21. ed. São Paulo: Malheiros, 2006.

BANDEIRA DE MELLO, Celso Antônio. *Serviço Público e Concessão de Serviço Público*. São Paulo: Malheiros, 2017.

BURGUER, Bruna Cavalcante Drube. O conceito de saneamento. In: SADDY, André; CHAUVET, Rodrigo da Fonseca (org.). *Aspectos jurídicos do saneamento*. Rio de Janeiro: Lumen Juris, 2017.

BRASIL. Lei nº 6.528, de 11 de maio de 1978. Disponível em: http://www.planalto.gov.br/ccivil_03/leis/l6528.htm#:~:text=LEI%20N%C2%BA%206.528%2C%20DE%2011%20DE%20MAIO%20DE%201978.&text=Disp%C3%B5e%20sobre%20as%20tarifas%20dos,b%C3%A1sico%2C%20e%20d%C3%A1%20outras%20provid%C3%AAncias. Acesso em: 14 abr. 2022.

BRASIL. Lei nº 8.987, de 13 de fevereiro de 1995. Disponível em: http://www.planalto.gov.br/ccivil_03/leis/l8987cons.htm. Acesso em: 14 abr. 2022.

BRASIL. Lei nº 9.074, de 7 de julho de 1995. Disponível em: http://www.planalto.gov.br/ccivil_03/leis/l9074cons.htm. Acesso em: 14 abr. 2022.

BRASIL. Lei nº 11.079, de 30 de dezembro de 2004. Disponível em: http://www.planalto.gov.br/ccivil_03/_ato2004-2006/2004/lei/l11079.htm. Acesso em: 14 abr. 2022.

BRASIL. Lei nº 11.445, de 5 de janeiro de 2007. Disponível em: http://www.planalto.gov.br/ccivil_03/_ato2007-2010/2007/lei/l11445.htm. Acesso em: 14 abr. 2022.

BRASIL. Lei nº 14.026, de 15 de julho de 2020. Disponível em: https://www.in.gov.br/en/web/dou/-/lei-n-14.026-de-15-de-julho-de-2020-267035421. Acesso em: 14 abr. 2022.

BRASIL. Sistema Nacional de Informações sobre Saneamento. *Diagnóstico Temático Serviços de Água e Esgoto*. Visão Geral: ano de referência 2020. Disponível em: http://www.snis.gov.br/downloads/diagnosticos/ae/2020/DIAGNOSTICO_TEMATICO_VISAO_GERAL_AE_SNIS_2021.pdf. Acesso em: 16 fev. 2022.

BRASIL. Sistema Nacional de Informações sobre Saneamento. *Diagnóstico Temático Manejo de Resíduos Sólidos Urbanos*. Visão Geral: ano de referência 2020. Disponível em: http://www.snis.gov.br/downloads/diagnosticos/rs/2020/DIAGNOSTICO_TEMATICO_VISAO_GERAL_RS_SNIS_2021.pdf. Acesso em: 14 abr. 2022.

BRASIL. Supremo Tribunal Federal. Súmula nº 545. Diário de Justiça da União, 11 de dezembro de 1969.

BRASIL. Supremo Tribunal Federal. Súmula Vinculante nº 19. Diário de Justiça da União, 10 de novembro de 2009.

BRASIL. Supremo Tribunal Federal. Súmula Vinculante nº 41. Diário de Justiça da União, 11 de março de 2015.

DI PIETRO, Maria Sylvia Zanella. *Direito Administrativo*. 33. ed. São Paulo: Atlas, 2020.

ENEI, José Virgílio. A hora e a vez do setor privado: modelagem de privatizações e concessões no setor de saneamento. *In*: DAL POZZO, Augusto Neves (coord.). *O novo marco regulatório do saneamento básico*. São Paulo: Thomson Reuters, 2020.

FURTADO, Lucas Rocha. *Curso de Direito Administrativo*. 5. ed. rev. atualizada. Belo Horizonte: Fórum, 2016.

GUSTIN, Miracy Barbosa de Sousa; DIAS, Maria Tereza Fonseca; NICÁCIO, Camila Silva. *(Re)pensando a pesquisa jurídica:* teoria e prática. 5. ed. São Paulo: Almedina Brasil, 2020.

MINAS GERAIS. Tribunal de Justiça. Apelação Cível 1.0000.16.090258-1/004, Relator(a): Des. Edilson Olímpio Fernandes, 6ª Câmara Cível, julgamento em 27.02.2018, publicação da súmula em 05.03.2018.

MEIRELLES, Hely Lopes. *Direito Administrativo Brasileiro*. 43. ed. São Paulo: Malheiros, 2018.

PEREIRA, César Augusto Guimarães. Participação privada nos serviços de limpeza urbana. *Revista de Direito Administrativo*, 216, p. 75-108, 1999. Disponível em: https://doi.org/10.12660/rda.v216.1999.47357.

SCHMIDT-ASSMANN, Eberhard. *La teoría general del derecho administrativo como sistema*. Madri: Marcial Pons, 2003.

SOUTO, Marcos Juruena Villela. Aspectos jurídicos da limpeza urbana. *Revista De Direito Administrativo*, 189, p. 79-84, 1992. Disponível em: https://doi.org/10.12660/rda.v189.1992.45283.

SUNDFELD, Carlos Ari. O arcabouço normativo das Parcerias Público-Privadas no Brasil. *Revista do Tribunal de Contas da União*, Brasília, n. 104, abr./jun. 2005.

TÁCITO, Caio. Saneamento básico – Concessão municipal – Tarifa. *Revista de Direito Administrativo*, 217, p. 332-335, 1999. Disponível em: https://doi.org/10.12660/rda.v217.1999.47449.

---

Informação bibliográfica deste texto, conforme a NBR 6023:2018 da Associação Brasileira de Normas Técnicas (ABNT):

FERREIRA, Madson Alves de Oliveira. A legalidade da contratação de serviços de limpeza urbana e manejo de resíduos sólidos por meio de contratos administrativos. *In*: DIAS, Maria Tereza Fonseca. *Lei de Diretrizes Nacionais para o Saneamento Básico*: reflexões acerca das alterações introduzidas pela Lei nº 14.026/2020. Belo Horizonte: Fórum, 2023. p. 213-232. ISBN 978-65-5518-528-7.

# PPPS DE SANEAMENTO BÁSICO NO BRASIL: DIAGNÓSTICO DAS CONDIÇÕES ATUAIS E ANÁLISE DE TENDÊNCIAS A PARTIR DO NOVO MARCO LEGAL DO SANEAMENTO

**IZABELA PASSOS PEIXOTO**

## 1 Introdução

O Novo Marco Legal do Saneamento foi consubstanciado na Lei nº 14.026/2020, cujas alterações a diversos diplomas legais pretendem criar um espaço propício aos investimentos privados no setor. O objetivo perseguido é a obtenção dos recursos necessários à universalização dos serviços de saneamento básico no Brasil.[1]

Para tanto, dentre outros esforços, instituiu-se a concorrência no setor[2] a partir da exigência de contrato de concessão, precedido de licitação, para a prestação dos serviços públicos de saneamento por entidade diversa de seu titular.[3]

---

[1] BERTOCCELLI, Rodrigo de Pinho. Saneamento básico: a evolução jurídica do setor. *In:* DAL POZZO, Augusto Neves (coord.). *O novo marco regulatório do saneamento básico.* São Paulo: Thomson Reuters, 2020. p. 17-34.

[2] ARAGÃO, Alexandre dos Santos; OLIVEIRA, Rafael Daut D'. Considerações iniciais sobre a Lei nº 14.026/2020 – Novo Marco Regulatório do Saneamento Básico. *In:* DAL POZZO, Augusto Neves (coord.). *O novo marco regulatório do saneamento básico.* São Paulo: Thomson Reuters, 2020. p. 35-70.

[3] Cf. art. 10, Lei nº 11.445/2007.

No Brasil, a prestação de serviços pode ser concedida mediante concessão comum[4], concessão patrocinada ou concessão administrativa,[5] correspondendo as últimas às hipóteses de parceria público-privada previstas pelo ordenamento jurídico brasileiro.

Importa ressaltar que a existência de concessões para a prestação dos serviços de saneamento básico não é novidade no país, mas, tão somente, a sua obrigatoriedade, instituída nos termos da nova redação do art. 10 da Lei nº 11.445/2007.

Destaca-se que as três modalidades de concessão são díspares no que concerne à remuneração.[6] A "Concessão patrocinada é a concessão [comum] de serviços públicos ou de obras públicas de que trata a Lei nº 8.987 [...] quando envolver, adicionalmente à tarifa cobrada dos usuários, contraprestação pecuniária do parceiro público ao parceiro privado", enquanto a concessão administrativa, diferentemente das anteriores, não envolve o pagamento de tarifas pelos usuários.[7]

Essa distinção remuneratória interessa às concessões de saneamento básico, dado que a Lei nº 11.445/2007 adotou um conceito amplo de saneamento básico,[8] que abrange quatro atividades distintas e nem sempre viáveis do ponto de vista econômico-financeiro.[9] São elas: (i) abastecimento de água potável, (ii) esgotamento sanitário, (iii) limpeza urbana e manejo de resíduos sólidos, e (iv) drenagem e manejo das águas pluviais.[10]

Diante do exposto, o presente artigo busca responder às seguintes perguntas: quais são as tendências do uso de concessões comuns e PPPs na área de saneamento decorrentes no Novo Marco Legal do Saneamento? Como as PPPs têm sido utilizadas no setor do saneamento básico? As tendências verificadas corroboram a literatura sobre o tema?

---

[4] Instituída pela Lei nº 8.987/1995.
[5] Cf. art. 2º da Lei nº 11.079/2004.
[6] DI PIETRO, *op. cit.*
[7] BRASIL. Lei nº 11.079, de 30 de dezembro de 2004. Disponível em: http://www.planalto.gov.br/ccivil_03/_ato2004-2006/2004/lei/l11079.htm. Acesso em: 4 jan. 2022.
[8] BURGER, Bruna Cavalcanti Drubi. Conceito de Saneamento. *In:* SADDY, André; CHAUVET, Rodrigo da Fonseca (org.). *Aspectos jurídicos do saneamento*. Rio de Janeiro: Lumen Juris, 2017. p. 1-24.
[9] NASCIMENTO, Carlos Alexandre; SODRÉ, Antonio; CASTILHO, Rafael. A economia política do novo marco legal do saneamento: do público vs. privado para as Parcerias-Público-Privadas. *In:* DAL POZZO, Augusto Neves (coord.). *O novo marco regulatório do saneamento básico*. São Paulo: Thomson Reuters, 2020. p. 430-431.
[10] Cf. art. 3º, inc. I, Lei nº 11.445/2007.

Para responder a essas perguntas, promoveu-se o diagnóstico das concessões comuns e Parcerias Público-Privadas de saneamento básico brasileiras a partir dos resumos de contratos do Radar PPP[11] e do Panorama da Participação Privada no Saneamento.[12]

Para tanto, foi realizada análise descritiva e verificadas as modalidades de concessão adotadas, os entes políticos concedentes e quais serviços encontram-se abrangidos por seu objeto, bem como cotejados os resultados desta análise com a literatura pertinente.

## 2 Referencial teórico

Para o presente artigo, faz-se necessário destacar os referenciais teóricos relativos aos conceitos de saneamento básico, concessões e Parcerias Público-Privadas (PPPs).

Adotar-se-ão dois conceitos de saneamento básico, haja vista que os dados referenciados o fazem. O primeiro corresponde à noção de saneamento básico *stricto sensu*, que engloba, tão somente, a prestação de serviços de abastecimento de água potável e esgotamento sanitário, em oposição ao conceito legal,[13] que abrange também os serviços de limpeza urbana e manejo de resíduos sólidos, e drenagem e manejo de águas pluviais.[14]

Quanto às concessões e PPPs, estas fazem parte de um movimento de contratualização, fenômeno de transformação da Administração Pública de imperativa em consensual, sempre que não houvesse necessidade de utilização de coerção. A consensualidade administrativa

---

[11] RADAR PPP. *Resumos de Contratos*. c2022. Disponível em: https://radarppp.com/resumo-de-contratos-de-ppps/. Acesso em: 05 jan. 2022.

[12] ABDCON SINDICON. Panorama da Participação Privada no Saneamento 2018. Disponível em: https://www.abconsindcon.com.br/panoramas/. Acesso em: 16 jan. 2022; ABDCON SINDICON, *Panorama da Participação Privada no Saneamento 2019*. Disponível em: https://www.abconsindcon.com.br/panoramas/. Acesso em: 16 jan. 2022; ABDCON SINDICON, *Panorama da Participação Privada no Saneamento 2020*. Disponível em: https://www.abconsindcon.com.br/panoramas/. Acesso em: 16 jan. 2022; ABDCON SINDICON, *Panorama da Participação Privada no Saneamento 2021*. Disponível em: https://www.abconsindcon.com.br/panoramas/. Acesso em: 16 jan. 2022; CARNEIRO, Mauro Soares. Participação Privada No Saneamento Básico. *Revista de Estudos Legislativos: Assembleia Legislativa de Pernambuco*, [S.l.], ano 4, n. 4, p. 52-62, dez. 2019. Disponível em: https://www.alepe.pe.gov.br/estudoslegislativos/arquivos/revista04/revista-estudos-legislativos-04.pdf. Acesso em: 16 jan. 2022.

[13] Cf. Lei nº 11.445/2007, art. 3º-A c/c 3º-B, com redação dada pela Lei nº 14.026/2020.

[14] BURGER, Bruna Cavalcanti Drubi. Conceito de Saneamento. *In*: SADDY, André; CHAUVET, Rodrigo da Fonseca (org.). *Aspectos jurídicos do saneamento*. Rio de Janeiro: Lumen Juris, 2017. p. 1-24.

irradia-se em vários eixos, sendo um de seus gêneros o consenso na execução administrativa,[15] com muitas denominações na literatura, dentre elas, "governo por contratos" e "contratualização de políticas públicas".[16]

Dentro do gênero execução administrativa emergiu na década de 1990 o termo parceria, "vinculado à contratualização, para abranger os diversos ajustes que expressam a colaboração entre entidades públicas ou entre entidades públicas e setor privado, ou, ainda, entre todas estas partes, envolvendo, assim, uma pluralidade de atores".[17]

Parceria possui diversas acepções no campo do Direito Administrativo, tendo sido objeto de obra clássica de Di Pietro, que o conceitua nos seguintes termos:

> [...] o vocábulo parceria é utilizado para designar todas as formas de sociedade que, sem formar uma nova pessoa jurídica, são organizadas entre os setores público e privado, para a consecução de fins de interesse público. Nela existe a colaboração entre o poder público e a iniciativa privada nos âmbitos social e econômico, para satisfação de interesses públicos, ainda que, do lado do particular, se objetive lucro. Todavia, a natureza econômica da atividade não é essencial para caracterizar a parceria, como também não o é a ideia de lucro, já que a parceria pode dar-se com entidades privadas sem fins lucrativos que atuam essencialmente na área social e não econômica.[18]

Di Pietro[19] completa o conceito esclarecendo que as parcerias podem ser utilizadas para a concretização de diversos objetivos, e formalizadas por diferentes instrumentos jurídicos, dentre eles a delegação da execução de serviços públicos através da concessão ordinária, comum ou tradicional, disciplinadas pela Lei nº 8.987/1995, e de Parcerias Público-Privadas (PPPs), como as concessões administrativa e patrocinada, disciplinadas pela Lei nº 11.079/2004.

---

[15] MOREIRA NETO, Diogo de Figueiredo. *Mutações do Direito Público*. Rio de Janeiro: Renovar, 2006.
[16] MEDAUAR, Odete. *O direito administrativo em evolução*. 2. ed. São Paulo: Revista dos Tribunais, 2003. p. 212.
[17] *Ibidem*, p. 213.
[18] DI PIETRO, Maria Sylvia Zanella. *Parcerias na Administração Pública*: concessão, permissão, franquia, terceirização, parceria público-privada.13. ed. Rio de Janeiro: Forense, 2022. p. 26.
[19] *Ibidem*.

## 3   Metodologia

O presente artigo utiliza a vertente metodológica jurídico-social, que, conforme afirmam Gustin, Dias e Nicácio,[20] "[a]nalisa o Direito como variável dependente da sociedade e trabalha as noções de eficiência, eficácia e de efetividade das relações direito/sociedade", além de preocupar-se com a "facticidade do Direito", estudando a "realização concreta de objetivos propostos pela lei" e por outros instrumentos jurídicos.

Trata-se de pesquisa do tipo jurídico-descritivo ou jurídico-diagnóstico, por natureza, haja vista que pretende ressaltar "características, percepções e descrições, sem se preocupar com suas raízes explicativas".[21]

As fontes de pesquisa são primárias – editais e contratos de concessões de serviços públicos – e secundárias, utilizando-se os resumos de contratos do Radar PPP[22] e os Panoramas da Participação Privada no Saneamento, editados pela ABCON SINDCON[23] nos anos de 2017 a 2021. Os recortes temporal e de conteúdo foram promovidos em razão da disponibilidade dos dados da ABCON SINDICON e do Radar PPP.

## 4   Da obrigatoriedade da licitação para concessão dos serviços públicos de saneamento básico

A Lei nº 14.026/2020 em seu art. 7º promoveu a alteração do art. 10 da Lei nº 11.445/2007, sustentando, como explicitado na introdução,

---

[20] GUSTIN, Miracy Barbosa de Sousa; DIAS, Maria Tereza Fonseca; NICÁCIO, Camila Silva. *(Re)pensando a pesquisa jurídica:* teoria e prática. 5. ed. São Paulo: Almedina Brasil, 2020. p. 66-67.
[21] GUSTIN, Miracy Barbosa de Sousa; DIAS, Maria Tereza Fonseca; NICÁCIO, Camila Silva. *(Re)pensando a pesquisa jurídica:* teoria e prática. 5. ed. São Paulo: Almedina Brasil, 2020. p. 82.
[22] RADAR PPP. *Resumos de Contratos.* c2022. Disponível em: https://radarppp.com/resumo-de-contratos-de-ppps/. Acesso em: 5 jan. 2022.
[23] ABDCON SINDICON. *Panorama da Participação Privada no Saneamento 2018*. Disponível em: https://www.abconsindcon.com.br/panoramas/. Acesso em: 16 jan. 2022; ABDCON SINDICON, *Panorama da Participação Privada no Saneamento 2019*. Disponível em: https://www.abconsindcon.com.br/panoramas/. Acesso em: 16 jan. 2022; ABDCON SINDICON, *Panorama da Participação Privada no Saneamento 2020*. Disponível em: https://www.abconsindcon.com.br/panoramas/. Acesso em: 16 jan. 2022; ABDCON SINDICON, *Panorama da Participação Privada no Saneamento 2021*. Disponível em: https://www.abconsindcon.com.br/panoramas/. Acesso em: 16 jan. 2022; CARNEIRO, Mauro Soares. Participação Privada no Saneamento Básico. *Revista de Estudos Legislativos: Assembleia Legislativa de Pernambuco*, [S.l.], ano 4, n. 4, p. 52-62, dez. 2019. Disponível em: https://www.alepe.pe.gov.br/estudoslegislativos/arquivos/revista04/revista-estudos-legislativos-04.pdf. Acesso em: 16 jan. 2022.

que "[a] prestação dos serviços públicos de saneamento básico por entidade que não integre a administração do titular depende da celebração de contrato de concessão, mediante prévia licitação [...]", além de estabelecer no §3º do mesmo dispositivo que "[o]s contratos de programa regulares vigentes permanecem em vigor até o advento do seu termo contratual".[24]

Desse modo, salvo uma exceção relacionada à privatização de estatal prestadora de serviços públicos de saneamento, todos os atuais contratos de programa serão extintos em seu termo final, sem possibilidade de prorrogação ou de assinatura de novos instrumentos dessa espécie, passando as concessões a ser a regra para a prestação de serviços públicos de saneamento.[25]

Assim, como aponta Enei "[h]averá forçosamente mais espaço e oportunidades para as empresas privadas que, quando menos, terão oportunidade, em igualdade de condições com a estatal incumbente, de disputar novos contratos licitados pelos respectivos titulares dos serviços [...]", sendo "oportuno percorrer alguns modelos e estruturas à disposição do Poder Público, apresentando suas principais características, vantagens e desvantagens",[26] especialmente as PPPs.

Diante da obrigatoriedade de utilização de contrato de concessão para a outorga da execução dos serviços de saneamento básico, passamos a analisar as vantagens da utilização das Parcerias Público-Privadas nesse segmento.

## 5 Por que utilizar Parcerias Público-Privadas?

As concessões comuns, por serem uma técnica contratual fortemente influenciada pela teoria francesa dos serviços públicos, são entendidas por parcela majoritária da doutrina como um instituto jurídico viável apenas para serviços públicos específicos e divisíveis, e cujas receitas sejam suficientes para remunerar o concessionário e custear o empreendimento. Para a doutrina tradicional, portanto, as concessões não poderiam ser utilizadas para contratações com a iniciativa privada

---

[24] BRASIL. Lei nº 11.445, de 5 de janeiro de 2007. Disponível em: http://www.planalto.gov.br/ccivil_03/_Ato2007-2010/2007/Lei/L11445compilado.htm. Acesso em: 5 jan. 2022.
[25] ENEI, José Virgílio Lopes. A hora e a vez do setor privado. *In:* DAL POZZO, Augusto Neves (coord.). *O novo marco regulatório do saneamento básico.* São Paulo: Thomson Reuters, 2020. p. 411-422.
[26] *Ibidem*, p. 413.

de projetos de infraestrutura economicamente inviáveis, indivisíveis ou serviços de infraestrutura cujo usuário seja a própria Administração Pública.[27]

Um dos aspectos que diferenciam as concessões comuns das PPPs, e que foi um dos fatores que ensejou a elaboração da Lei nº 11.079/2004, é precisamente a questão da viabilidade econômico-financeira do projeto. Nas concessões comuns, o projeto é, em regra, viável do ponto de vista econômico-financeiro, utilizando-se, tão somente, as receitas advindas do pagamento das tarifas pelos usuários e eventuais receitas alternativas, complementares, acessórias ou derivadas de projetos associados.[28]

Nas PPPs, diversamente, há o pagamento de uma contrapartida pública para que o projeto seja viável do ponto de vista econômico-financeiro. Essa contrapartida pública pode ser adicional à receita advinda do projeto, no caso das concessões patrocinadas, ou remunerar integralmente o concessionário pelos investimentos realizados e pelos serviços prestados, no caso das concessões administrativas.[29]

Partindo-se da premissa de que a universalização dos serviços de saneamento exige investimentos em áreas economicamente deficitárias, vislumbra-se a utilidade manifesta das PPPs como modalidade de concessão dos serviços públicos de saneamento básico, nos casos de inviabilidade econômico-financeira das concessões comuns.[30]

A título de exemplo, temos a concessão da prestação dos serviços de drenagem e manejo de águas pluviais, por se tratar de serviço público *uti universi*, cujo benefício ao usuário não seria passível de individualização. Parcela da doutrina defende a inviabilidade econômico-financeira decorrente da impossibilidade de cobrança de tarifa no caso da concessão,[31] de outro lado, argumenta-se no sentido de que não é absoluta a natureza jurídica indivisível de tal serviço, mas apenas

---

[27] DAL POZZO, Augusto Neves; FACCHINATTO, Renan Marcondes. O Novo Marco Regulatório do Saneamento Básico e os modelos de emparceiramento com a iniciativa privada: a Concessão e a Parceria Público-Privada. *In:* DAL POZZO, Augusto Neves (coord.). *O novo marco regulatório do saneamento básico.* São Paulo: Thomson Reuters, 2020. p. 389-409.

[28] NASCIMENTO, Carlos Alexandre; SODRÉ, Antonio; CASTILHO, Rafael. A economia política do novo marco legal do saneamento: do público vs. privado para as Parcerias Público-Privadas. *In:* DAL POZZO, Augusto Neves (coord.). *O novo marco regulatório do saneamento básico.* São Paulo: Thomson Reuters, 2020. p. 430-431.

[29] *Ibidem.*

[30] *Ibidem.*

[31] FREIRE, André Luiz. Drenagem e manejo de águas pluviais urbanas. *In:* DAL POZZO, Augusto Neves (coord.). *O novo marco regulatório do saneamento básico.* São Paulo: Thomson Reuters, 2020. p. 137-150.

como de difícil identificação uma forma para sua prestação que seja passível de remuneração.[32]

Nesse sentido, importa ressaltar que a viabilidade econômico-financeira, ou ao menos a redução da contraprestação pública pode ser buscada em receitas diversas da tarifa, como eventuais receitas alternativas, complementares, acessórias ou derivadas de projetos associados, como no caso da "PPP dos Piscinões", que previu a exploração comercial de empreendimentos associados, no espaço aéreo dos reservatórios.[33]

Destaca-se que as PPPs poderão ser contratadas tanto pelo titular do serviço quanto pela estatal concessionária. No primeiro caso, não sendo a arrecadação tarifária suficiente para que se viabilize economicamente a prestação adequada do serviço e os investimentos necessários, o titular do serviço poderá contratar uma PPP, em quaisquer de suas modalidades. Por outro lado, a contratação de PPP a serviço da estatal concessionária é uma forma de recurso à iniciativa privada para a realização de investimentos diversos da privatização em sentido estrito ou de reestruturações societárias.[34]

Vislumbra-se, por exemplo, a possibilidade de uma concessão administrativa, precedida de licitação pela própria estatal, com objetos como "construção seguida da operação de estações de tratamento de água (ETAs), estações de tratamento de esgoto (ETEs), emissários submarinos, sistemas de captação e adução de água etc.".[35]

Enei explicita as razões para a contratação de concessão administrativa pela concessionária, *verbis:*

> Tratando-se de uma modalidade mais flexível que a concessão patrocinada (que pressupõe a delegação de um serviço público, e que o concessionário privado possa arrecadar parte de sua remuneração diretamente dos usuários), a concessão administrativa pode ser empregada tanto para a delegação de atividade que configure por si só um serviço público como para um serviço de outra natureza, desde que atendido o prazo

---

[32] PIGNATARO, Guilherme Villela. Remuneração pela Prestação de Serviços de Saneamento Básico. *In:* SADDY, André; CHAUVET, Rodrigo da Fonseca (org.). *Aspectos jurídicos do saneamento.* Rio de Janeiro: Lumen Juris, 2017. p. 205-240.
[33] FREIRE, *ibidem.*
[34] ENEI, José Virgílio Lopes. A hora e a vez do setor privado. *In:* DAL POZZO, Augusto Neves (coord.). *O novo marco regulatório do saneamento básico.* São Paulo: Thomson Reuters, 2020. p. 411-422.
[35] *Ibidem,* p. 416.

mínimo de cinco anos e o valor contratual mínimo de dez milhões de reais. [...] Sob a perspectiva da empresa estatal contratante da concessão administrativa, ela pode preservar integralmente a relação com os usuários, assim como a arrecadação tarifária, relacionando-se com o concessionário privado quase como o faria com um subcontratado. Para o concessionário privado, o regime da concessão administrativa lhe garante mais estabilidade do que um mero subcontrato (permitindo contratos com vigência de até 35 anos, quando uma contratação administrativa comum tem prazo, em geral, não superior a cinco anos), assim como maior garantia do recebimento de sua remuneração, haja vista que a concessão administrativa autoriza a outorga de garantias de pagamento sólidas e líquidas.[36]

Alguns exemplos de PPPs contratadas por estatais são o Sistema de Abastecimento de Água de Mauá (SP), contratado pela SAMA, os Sistemas de Esgotamento Sanitário do Município de Vila Velha e do Município de Cariacica (ES), contratados pela CESAN, e a Planta de Dessanilização de Água Marinha (CE), contratada pela CAGECE.[37]

Outra vantagem na utilização das PPPs a partir do novo marco é a sua afinidade intrínseca com novas regras estabelecidas para as concessões de saneamento básico, como o direcionamento para resultados, o compartilhamento de riscos, o estabelecimento de metas e indicadores definidores da qualidade do serviço e a realização de estudos de viabilidade técnica.[38]

Finalmente, há a questão da facilitação do financiamento pelo parceiro privado, que pode ser valer de várias fontes de recursos como bancos privados, fundos de pensão, emissão de títulos em bolsas de valores, dentre outros.[39]

---

[36] *Ibidem*, p. 416-417.
[37] RADAR PPP. *Resumos de Contratos*. c2022. Disponível em: https://radarppp.com/resumo-de-contratos-de-ppps/. Acesso em: 5 jan. 2022.
[38] NASCIMENTO, Carlos Alexandre; SODRÉ, Antonio; CASTILHO, Rafael. A economia política do novo marco legal do saneamento: do público vs. privado para as Parcerias Público-Privadas. *In*: DAL POZZO, Augusto Neves (coord.). *O novo marco regulatório do saneamento básico*. São Paulo: Thomson Reuters, 2020. p. 430-431.
[39] *Ibidem*.

## 6 Diagnóstico das parcerias público-privadas em saneamento

A partir de dados coletados nos resumos de contratos publicados pelo Radar PPP,[40] promove-se a seguir um diagnóstico das PPPs brasileiras de saneamento, de acordo com o conceito mais abrangente, assinadas anualmente desde a publicação da Lei nº 11.079/200 até o final de 2021, verificando-se a modalidade de concessão (administrativa ou patrocinada) – Gráfico 1, o ente político concedente (se a Administração Direta do ente federado, Autarquia ou Estatal) – Gráfico 2, e quais os serviços de saneamento abrangidos em seu objeto – Gráfico 3.

Haja vista que não foram encontrados dados compilados com acesso livre sobre as concessões comuns para os serviços de saneamento, diversos de água e esgoto, nos termos do conceito abrangente da Lei nº 11.445/2007, os gráficos 4 e 5 comparam-nas às PPPs com um recorte definido a partir dos dados contidos nos Panoramas da Participação Privada no Saneamento publicados de 2017 a 2021.[41] Ressalta-se, ainda, que não há dados desagregados que esclareçam o tipo de serviço nas concessões parciais para os anos de 2017 e 2018.

Tendo-se em vista que o Panorama apresenta o quantitativo acumulado e não explicita de qual ano são os dados, pode haver alguma discrepância com os valores relacionados a cada ano entre os gráficos produzidos com dados do Radar PPP (1, 2 e 3) e os produzidos a partir dos dados dos Panoramas (4 e 5).

---

[40] RADAR PPP. *Resumos de Contratos*. c2022. Disponível em: https://radarppp.com/resumo-de-contratos-de-ppps/. Acesso em: 5 jan. 2022.

[41] ABDCON SINDICON. *Panorama da Participação Privada no Saneamento 2018*. Disponível em: https://www.abconsindcon.com.br/panoramas/. Acesso em: 16 jan. 2022.
Idem, *Panorama da Participação Privada no Saneamento 2019*. Disponível em: https://www.abconsindcon.com.br/panoramas/. Acesso em: 16 jan. 2022.
Idem, *Panorama da Participação Privada no Saneamento 2020*. Disponível em: https://www.abconsindcon.com.br/panoramas/. Acesso em: 16 jan. 2022.
Idem, *Panorama da Participação Privada no Saneamento 2021*. Disponível em: https://www.abconsindcon.com.br/panoramas/. Acesso em: 16 jan. 2022.
CARNEIRO, Mauro Soares. Participação Privada No Saneamento Básico. *Revista de Estudos Legislativos: Assembleia Legislativa de Pernambuco*, [S.l.], ano 4, n. 4, p. 52-62, dez. 2019. Disponível em: https://www.alepe.pe.gov.br/estudoslegislativos/arquivos/revista04/revista-estudos-legislativos-04.pdf. Acesso em: 16 jan. 2022.
BRASIL. Lei nº 11.445, de 5 de janeiro de 2007. Disponível em: http://www.planalto.gov.br/ccivil_03/_Ato2007-2010/2007/Lei/L11445compilado.htm. Acesso em: 5 jan. 2022.

Salienta-se que a utilização de dados acerca das concessões comuns pretende apenas servir de apoio para a análise dos dados sobre PPPs.

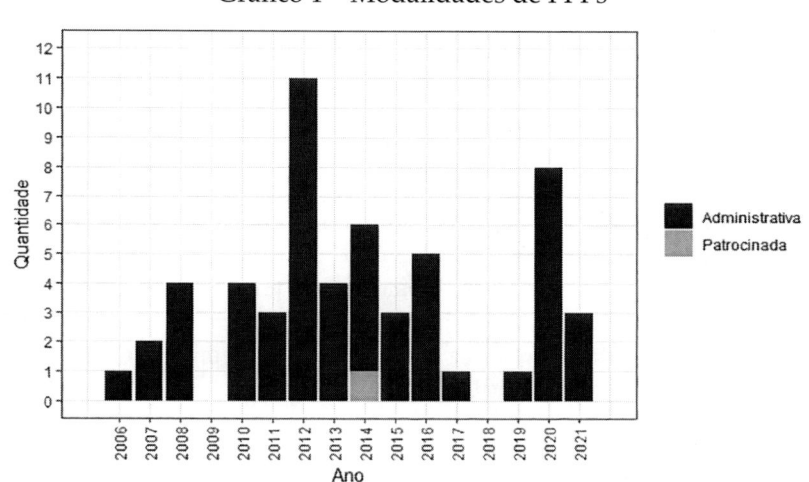

Gráfico 1 – Modalidades de PPPs

Fonte: elaborado a partir de dados coletados pela autora em Radar PPP (2022).

A utilização das PPPs administrativas predomina indiscutivelmente dentre as PPPs de saneamento, corroborando o entendimento da literatura no sentido de que se trata de uma área com inúmeros projetos cuja cobrança de tarifa não viabiliza integralmente o custeio do projeto, ou não há viabilidade de sua cobrança, dada a indivisibilidade do serviço,[42] ou, por exemplo, porque "em muitas áreas, o custo político de se cobrar tarifas altas forma uma barreira que inviabiliza a equação econômico-financeira de projetos".[43]

Uma mudança promovida pelo Novo Marco do Saneamento que tem o condão de alterar esse panorama de prevalência de PPPs

---

[42] FREIRE, André Luiz. Drenagem e manejo de águas pluviais urbanas. In: DAL POZZO, Augusto Neves (coord.). O novo marco regulatório do saneamento básico. São Paulo: Thomson Reuters, 2020. p. 137-150.

[43] NASCIMENTO, Carlos Alexandre; SODRÉ, Antonio; CASTILHO, Rafael. A economia política do novo marco legal do saneamento: do público vs. privado para as Parcerias Público-Privadas. In: DAL POZZO, Augusto Neves (coord.). O novo marco regulatório do saneamento básico. São Paulo: Thomson Reuters, 2020. p. 430-431.

administrativas em detrimento das patrocinadas é a alteração promovida no art. 29 da Lei nº 11.445/07. A redação anterior prescrevia que os serviços de saneamento básico teriam a sua "sustentabilidade econômico-financeira assegurada, sempre que possível, mediante remuneração pela cobrança dos serviços",[44] tendo sido a expressão "sempre que possível" excluída do novo texto legal. Aurélio e Silva[45] entendem que essa mudança seria um reforço ao aspecto da sustentabilidade econômico-financeira dos projetos, e necessidade de cobrança pela prestação dos serviços.

Apesar de a nova redação ter incluído a possibilidade de utilização de subsídios ou subvenções[46] para garantir a sustentabilidade dos serviços de saneamento, Aurélio e Silva defendem que seria possível vislumbrar um crescimento do número de PPPs patrocinadas para aqueles serviços em que a sua divisibilidade tem sido defendida pela literatura mais moderna e pela jurisprudência e para aqueles casos em que não havia dúvidas quanto à natureza *uti singuli* do serviço, mas outros fatores que contraindicassem a cobrança de tarifa.[47] Nesse sentido um exemplo aventado pelos autores:

> A alteração tem particular relevância para os serviços de limpeza urbana e manejo de resíduos sólidos, visto que o termo "sempre que possível" dava ensejo a uma interpretação contrária ao dever da instituição de contrapartida financeira para esses serviços especificamente. A partir de uma confusão com outros serviços públicos de limpeza realizados em benefício da população em geral (*uti universi*) e de forma indivisível, tais como os de conservação e limpeza de logradouros e bens públicos (praças, calçadas, vias, ruas, bueiros), defendia-se a ideia de que não seria "possível" a cobrança para os serviços de coleta, remoção e tratamento ou destinação de lixo ou resíduos provenientes de imóveis, serviços estes específicos e divisíveis.
> Assim, espera-se que essa mudança possa proporcionar maior segurança jurídica à instituição de cobrança própria para a prestação dos serviços de limpeza urbana e manejo de resíduos sólidos.[48]

---

[44] Cf. Lei nº 11.445/2007, redação original, e nova redação, dada pela Lei nº 14.026/2020.
[45] AURÉLIO, Bruno; SILVA, Renan Sona. Sustentabilidade econômica e social. *In:* DAL POZZO, Augusto Neves (coord.). *O novo marco regulatório do saneamento básico.* São Paulo: Thomson Reuters, 2020. p. 479-497.
[46] Cf. art. 9º da Lei nº 11.445/2007, redação original, e nova redação, dada pela Lei nº 14.026/2020.
[47] AURÉLIO; SILVA, *ibidem*.
[48] AURÉLIO, Bruno; SILVA, Renan Sona. Sustentabilidade econômica e social. *In:* DAL POZZO, Augusto Neves (coord.). *O novo marco regulatório do saneamento básico.* São Paulo: Thomson Reuters, 2020. p. 479-497.

A título de curiosidade, a única PPP patrocinada de saneamento básico assinada no período do recorte temporal da coleta dos dados é a concessão patrocinada dos serviços públicos de captação, produção, adução, abastecimento e distribuição de água potável e de coleta, afastamento, tratamento e destinação final de esgotos domiciliares do município de Paraty/RJ.[49]

Gráfico 2 – Ente político concedente

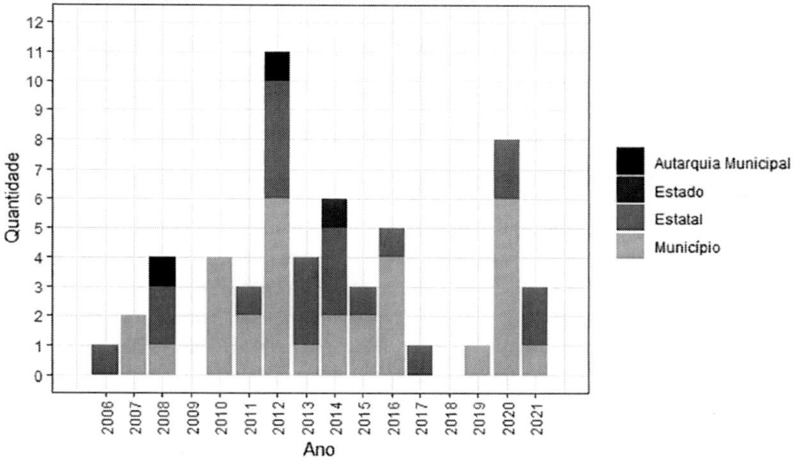

Fonte: elaborado a partir de dados coletados pela autora em Radar PPP.[50]

O Gráfico 2 apresenta, sob o prisma do ente político concedente, as PPPs assinadas entre os anos de 2006 e 2021. Da análise do gráfico, verifica-se uma clara predominância da concessão pelo titular do serviço, sendo este o Município como regra, salvo no caso da única PPP concedida por Estado da federação através de sua Administração Direta. Trata-se da concessão administrativa para a prestação dos serviços de tratamento de resíduos sólidos urbanos na RMBH, concedida pelo Estado de Minas Gerais, titular do serviço com fundamento no art. 8º *caput* e inciso II:

---

[49] RADAR PPP. *Resumos de Contratos*. c2022. Disponível em: https://radarppp.com/resumo-de-contratos-de-ppps/. Acesso em: 5 jan. 2022.
[50] *Ibidem*.

Art. 8º Exercem a titularidade dos serviços públicos de saneamento básico: (Redação pela Lei nº 14.026, de 2020)

[...]

II - o Estado, em conjunto com os Municípios que compartilham efetivamente instalações operacionais integrantes de regiões metropolitanas, aglomerações urbanas e microrregiões, instituídas por lei complementar estadual, no caso de interesse comum. (Incluído pela Lei nº 14.026, de 2020).[51]

No encalço dos municípios estão as estatais prestadoras de serviços públicos de saneamento, que, autorizadas pelo art. 26 da Lei nº 8.987/1995, já promoviam a contratação de PPPs como instrumento de subconcessão de tais serviços. Com o novo marco, surgiu a figura da subdelegação,[52] prevista no art. 11-A da Lei nº 11.445/2007, cujo *caput* transcreve-se:

Art. 11-A. Na hipótese de prestação dos serviços públicos de saneamento básico por meio de contrato, o prestador de serviços poderá, além de realizar licitação e contratação de parceria público-privada, nos termos da Lei nº 11.079, de 30 de dezembro de 2004, e desde que haja previsão contratual ou autorização expressa do titular dos serviços, subdelegar o objeto contratado, observado, para a referida subdelegação, o limite de 25% (vinte e cinco por cento) do valor do contrato. (Redação pela Lei nº 14.026, de 2020).[53]

Quanto a essa "nova" figura, ainda há que se verificar qual será o entendimento da literatura e da jurisprudência acerca de sua aproximação ou não do instituto da subconcessão preexistente. Em análise promovida imediatamente após a publicação do novo Marco, Dal Pozzo e Facchinatto, definiram que não haveria diferenciação ontológica entre os dois institutos e que, a princípio, estes seriam coexistentes no sistema, apesar da imposição da limitação de 25% tão somente para a subdelegação.[54]

---

[51] Cf. Lei nº 11.445/2007, redação original e nova redação, dada pela Lei nº 14.026/2020.

[52] DAL POZZO, Augusto Neves; FACCHINATTO, Renan Marcondes. O Novo Marco Regulatório do Saneamento Básico e os modelos de emparceiramento com a Iniciativa Privada: a Concessão e a Parceria Público-Privada. *In:* DAL POZZO, Augusto Neves (coord.). *O novo marco regulatório do saneamento básico.* São Paulo: Thomson Reuters, 2020. p. 389-409.

[53] Cf. Lei nº 11.445/2007, redação original e nova redação, dada pela Lei nº 14.026/2020.

[54] DAL POZZO, Augusto Neves; FACCHINATTO, Renan Marcondes. O Novo Marco Regulatório do Saneamento Básico e os modelos de emparceiramento com a Iniciativa

Considerando-se que uma parcela relevante das PPPs de saneamento configura subconcessões do art. 26 da Lei nº 8.987/1995, caso venha a se firmar entendimento pela impossibilidade de que estas sejam firmadas, estando excluídas do sistema pelo surgimento das subdelegações, ou uma limitação destas a 25% do serviço concedido, é possível que ocorra uma redução das parcerias concedidas por estatais prestadoras dos serviços de saneamento.

O Gráfico 3 mostra a divisão das PPPs de saneamento, em sentido amplo, por tipo de serviço abrangido no escopo do contrato de concessão por ano de assinatura de 2006 a 2021.

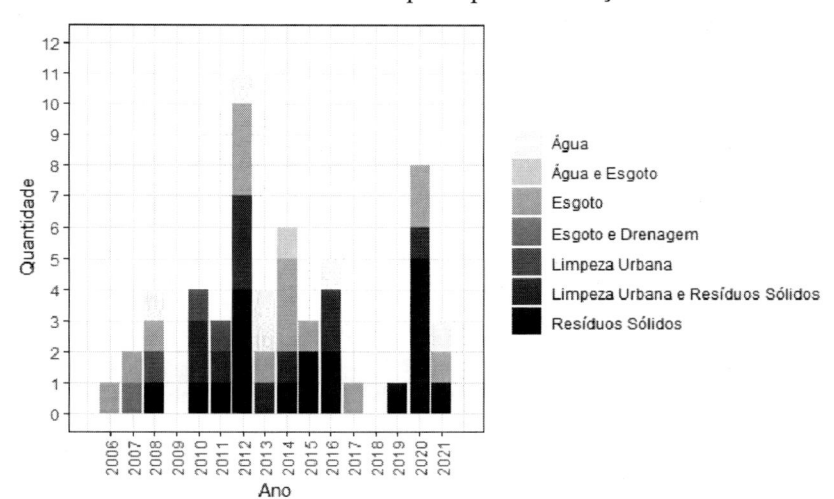

Gráfico 3 – PPPs por tipo de serviço

Fonte: elaborado a partir de dados coletados pela autora em Radar PPP (2022).

O Gráfico 4, por sua vez, apresenta os dados relacionados às concessões comuns e às PPPs de água e esgoto, a partir dos Panoramas elaborados pela ABDCON SINDICON e publicados nos anos de 2017 a 2021. Os dados dos Panoramas encontram-se desagregados em água e esgoto nos relatórios publicados em 2019 e 2020, e agregados para os demais.

---

Privada: a Concessão e a Parceria Público-Privada. *In:* DAL POZZO, Augusto Neves (coord.). *O novo marco regulatório do saneamento básico.* São Paulo: Thomson Reuters, 2020. p. 389-409.

Gráfico 4 – Concessões e PPPs de água e esgoto

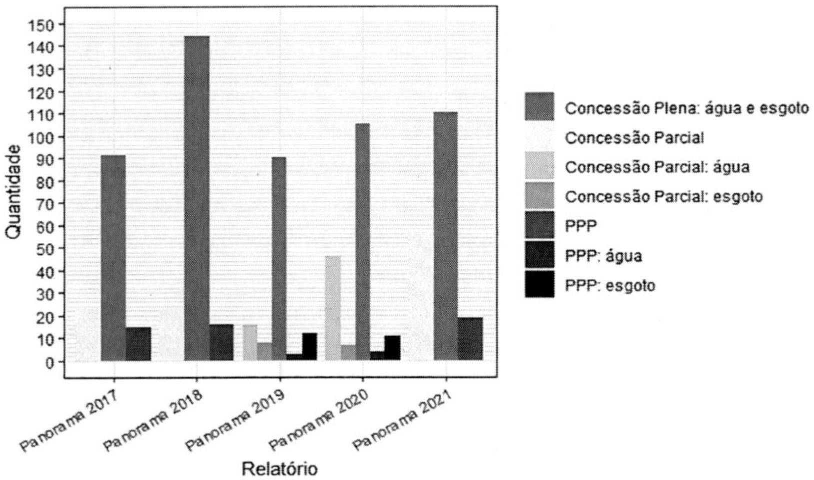

*Gráfico de barras com eixo Y "Quantidade" (0 a 150) e eixo X "Relatório" com categorias: Panorama 2017, Panorama 2018, Panorama 2019, Panorama 2020, Panorama 2021. Legenda: Concessão Plena: água e esgoto; Concessão Parcial; Concessão Parcial: água; Concessão Parcial: esgoto; PPP; PPP: água; PPP: esgoto.*

Fonte: elaborado a partir de dados coletados pela autora em ABDCON SINDICON (2018; 2019; 2020; 2021) e Carneiro (2019).

Dal Pozzo e Facchinatto[55] afirmam que, "tradicionalmente, o setor de saneamento conta com presença massiva da figura da concessão comum no setor de água e esgoto", o que pode ser confirmado pelos Gráficos 3 e 4. Isso se explicaria pelo fato de que as concessões de água são o segmento mais lucrativo, com uma viabilidade econômico-financeira garantida.[56] E, igualmente, tendo em vista a viabilidade econômico-financeira das concessões plenas (que incluem água e esgoto),

---

[55] DAL POZZO, Augusto Neves; FACCHINATTO, Renan Marcondes. O Novo Marco Regulatório do Saneamento Básico e os modelos de emparceiramento com a Iniciativa Privada: a Concessão e a Parceria Público-Privada. In: DAL POZZO, Augusto Neves (coord.). *O novo marco regulatório do saneamento básico*. São Paulo: Thomson Reuters, 2020. p. 396.

[56] FERREIRA, Marcelo Lesniczki Martins de Campos. Desestatização do Setor de Saneamento Básico: uma Nova Perspectiva de Reorganização e Desenvolvimento do Setor a fim de Atrair Investimentos de Capital Privado. In: SADDY, André; CHAUVET, Rodrigo da Fonseca (org.). *Aspectos jurídicos do saneamento*. Rio de Janeiro: Lumen Juris, 2017. p. 153-186.

garantida pelo subsídio cruzado[57] – a tarifa do fornecimento de água é usada para compensar o custo da coleta de esgoto.[58]

Importante ressaltar que a única PPP de água e esgoto do país, representada no Gráfico 3 no ano de 2016, é também a única PPP patrocinada de saneamento, assinada com o Município de Paraty/RJ, e citada anteriormente.

Destaca-se, ainda, que uma das PPPs no segmento água, representada no Gráfico 3 no ano de 2021, é a Planta de Dessalinização de Água Marinha assinada em 2021 pela Companhia de Esgoto do Ceará – CAGECE. Trata-se da concessão administrativa dos serviços de dessalinização de água marinha na Região Metropolitana de Fortaleza. Seu objeto compreende a elaboração de projetos, construção, operação e manutenção da planta de dessalinização.

Trata-se de projeto inovador, que tem por objetivo a diversificação da matriz hídrica do Estado do Ceará, que vem passando por grande crise com o comprometimento do abastecimento público.[59] Essa PPP vai ao encontro da afirmação de Schramm, que, ao tratar dos investimentos em saneamento a partir do novo marco, conclui que "os benefícios serão muitos, como [...] o uso de novas tecnologias, favorecendo, inclusive, o segmento de pesquisa e desenvolvimento".[60]

Quanto às PPPs unicamente voltadas ao tratamento de esgoto, ausente o subsídio cruzado com o serviço de abastecimento de água, acabam se concentrando na modalidade administrativa, como uma forma de viabilização econômico-financeira, podendo complementar concessões parciais de água, mais comuns que as de esgoto, como se

---

[57] "Entre as modalidades de subsídios, cabe destaque especial para os chamados subsídios cruzados. Nestes, cobra-se um valor de áreas superavitárias para custear outras áreas deficitárias. Quer dizer: o segmento mais rentável do serviço público custeia outro menos rentável – ou mesmo o custo integral deste segmento." Cf. PIGNATARO, Guilherme Villela, 2017, p. 221.

[58] NASCIMENTO, Carlos Alexandre; SODRÉ, Antonio; CASTILHO, Rafael. A economia política do novo marco legal do saneamento: do público vs. privado para as Parcerias Público-Privadas. In: DAL POZZO, Augusto Neves (coord.). *O novo marco regulatório do saneamento básico*. São Paulo: Thomson Reuters, 2020. p. 430-431.

[59] RIBEIRO, Wladimir Antonio; CUKIERT, Tamara. *Maior usina de dessalinização do país será construída em Fortaleza*. Disponível em: https://www.migalhas.com.br/depeso/349876/maior-usina-de-dessalinizacao-do-pais-sera-construida-em-fortaleza. Acesso em: 18 fev. 2022.

[60] SCHRAMM, Charles Corrêa. Investimentos em Saneamento: será o novo marco regulatório capaz de nos levar ao atingimento da meta de universalização do saneamento básico no Brasil? In: DAL POZZO, Augusto Neves (coord.). *O novo marco regulatório do saneamento básico*. São Paulo: Thomson Reuters, 2020. p. 102.

vê no Gráfico 4, ou mesmo servir como uma forma de financiamento da prestação desse serviço em uma concessão plena de água e esgoto, sendo contratadas pela própria estatal, como pontuado anteriormente. A utilização de PPPs para drenagem urbana e manejo de águas pluviais é tratada pela literatura como uma forma de viabilização desse segmento, haja vista a sua indivisibilidade[61] e dificuldade de remuneração.[62] Todavia, dentre os projetos assinados até dezembro de 2021, há apenas uma PPP que inclui a prestação dos serviços de drenagem de águas pluviais e, ainda assim, associada ao serviço de esgotamento sanitário. Trata-se da PPP do Sistema de Esgotamento Sanitário do Município de Rio das Ostras/RJ, Concessão Administrativa Municipal:

> [...] para a implantação do sistema de esgotamento sanitário de Rio das Ostras, compreendendo a construção de rede coletora, drenagem de águas pluviais, pavimentação, coletores troncos, estações elevatórias e ampliação da Estação de Tratamento de Esgoto, bem como a operação integral do sistema de esgotamento sanitário do Município (RADAR PPP, 2022).

Finalmente, é possível verificar no Gráfico 3 uma predominância das PPPs nos segmentos de limpeza urbana e resíduos sólidos, em conjunto ou em separado. Não há, até dezembro de 2021, concessões patrocinadas para esses serviços, um cenário que pode ser modificado em razão da alteração promovida pelo novo marco legal no *caput* do art. 29 da Lei nº 11.445/2007,[63] descrita anteriormente.

---

[61] FREIRE, André Luiz. Drenagem e manejo de águas pluviais urbanas. *In*: DAL POZZO, Augusto Neves (coord.). *O novo marco regulatório do saneamento básico*. São Paulo: Thomson Reuters, 2020. p. 137-150.

[62] PIGNATARO, Guilherme Villela. Remuneração pela Prestação de Serviços de Saneamento Básico. *In*: SADDY, André; CHAUVET, Rodrigo da Fonseca (org.). *Aspectos jurídicos do saneamento*. Rio de Janeiro: Lumen Juris, 2017. p. 205-240.

[63] AURÉLIO, Bruno; SILVA, Renan Sona. Sustentabilidade econômica e social. *In*: DAL POZZO, Augusto Neves (coord.). *O novo marco regulatório do saneamento básico*. São Paulo: Thomson Reuters, 2020. p. 479-497.

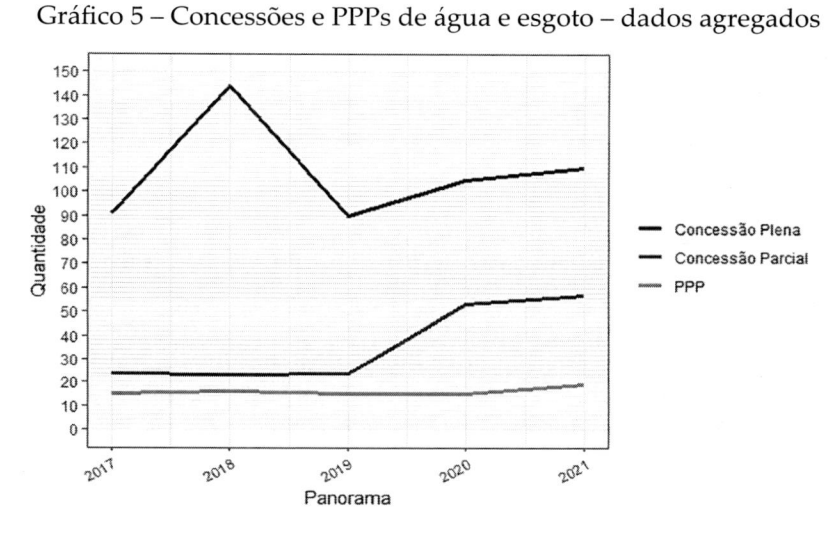

## Gráfico 5 – Concessões e PPPs de água e esgoto – dados agregados

Fonte: elaborado a partir de dados coletados pela autora em ABDCON SINDICON (2018; 2019; 2020; 2021) e Carneiro (2019).

Analisando o Gráfico 5, não há uma correlação aparente entre o crescimento ou redução das concessões com o crescimento ou redução das PPPs. Todavia, a obrigatoriedade de licitação para concessão dos serviços de saneamento estabelecida pelo novo marco pode alterar esse cenário. O Panorama 2021 não esclarece o ano dos dados publicados, não sendo possível afirmar se o crescimento entre os Panoramas de 2020 e 2021 representam um impacto do novo marco. Ademais, haja vista que as fases internas e externas e a efetiva assinatura de um projeto de PPP não são um procedimento simples, os novos projetos surgidos nesse período podem inclusive ter sido licitados antes da publicação do novo marco.

Relevante ainda é que o Novo Marco foi publicado em um contexto de pandemia e redução de investimentos públicos e privados[64] e

---

[64] ALVARENGA, Darlan. *Investimento no Brasil tem pior década em 50 anos; taxa do país deve ser uma das menores do mundo em 2021*. [S.l.], 20 maio 2021. Disponível em: https://g1.globo.com/economia/noticia/2021/05/20/investimento-no-brasil-tem-pior-decada-em-50-anos-taxa-do-pais-deve-ser-uma-das-menores-do-mundo-em-2021.ghtml. Acesso em: 18 fev. 2022.
TRECE, Juliana; CONSIDERA, Claudio. *Taxa de Investimentos no Brasil: a dificuldade de crescer*. [S.l.], 21 mai. 2021. Disponível em: https://blogdoibre.fgv.br/posts/taxa-de-investimentos-no-brasil-dificuldade-de-crescer. Acesso em: 18 fev. 2022.

que houve a judicialização de várias normas trazidas pelo novo marco, trazendo insegurança jurídica sobre seus instrumentos.[65]

## 7 Conclusão

Os dados analisados corroboram parcialmente a literatura estudada. Identificam-se 8 resultados principais, em que 4 derivam do contraste entre a análise descritiva e a literatura, sendo 2 convergentes e 2 divergentes.

Primeiramente, os dados mostram, na esteira do defendido por Freire,[66] Dal Pozzo e Facchinatto,[67] que as PPPs administrativas predominam antes e depois do Novo Marco do Sanamento, possivelmente por se tratar de área com projetos deficitários. Ainda, os dados convergem com a afirmativa de Dal Pozzo e Facchinatto,[68] de que o setor de saneamento tradicionalmente concentra concessões comuns de água e esgoto.

Por outro lado, os dados não confirmaram o apontamento de Aurélio e Silva[69] de que haveria uma tendência de aumento das PPPs patrocinadas em razão da alteração promovida no art. 29 da Lei nº 11.445/07. Mantém-se frustrada também a expectativa, sugerida por Freire[70] e Pignataro,[71] de utilização de PPPs para a prestação de serviços de drenagem urbana e manejo de águas pluviais, haja vista que os dados apontam apenas uma PPP com esse escopo, assinada em 2007.

Dentre os resultados meramente descritivos, verifica-se uma predominância das PPPs nos segmentos de limpeza urbana e resíduos

---

[65] KRAMER, Evane Beiguelman. Aspectos atinentes à judicialização de Políticas Públicas e o novo marco legal do saneamento básico. *In:* DAL POZZO, Augusto Neves (coord.). *O novo marco regulatório do saneamento básico*. São Paulo: Thomson Reuters, 2020. p. 297-304.

[66] FREIRE, André Luiz. Drenagem e manejo de águas pluviais urbanas. *In:* DAL POZZO, Augusto Neves (coord.). *O novo marco regulatório do saneamento básico*. São Paulo: Thomson Reuters, 2020. p. 137-150.

[67] DAL POZZO, Augusto Neves; FACCHINATTO, Renan Marcondes. O Novo Marco Regulatório do Saneamento Básico e os modelos de emparceiramento com a Iniciativa Privada: a Concessão e a Parceria Público-Privada. *In:* DAL POZZO, Augusto Neves (coord.). *O novo marco regulatório do saneamento básico*. São Paulo: Thomson Reuters, 2020. p. 389-409.

[68] *Ibidem*.

[69] AURÉLIO, Bruno; SILVA, Renan Sona. Sustentabilidade econômica e social. *In:* DAL POZZO, Augusto Neves (coord.). *O novo marco regulatório do saneamento básico*. São Paulo: Thomson Reuters, 2020. p. 479-497.

[70] FREIRE, *ibidem*.

[71] PIGNATARO, Guilherme Villela. Remuneração pela Prestação de Serviços de Saneamento Básico. *In:* SADDY, André; CHAUVET, Rodrigo da Fonseca (org.). *Aspectos jurídicos do saneamento*. Rio de Janeiro: Lumen Juris, 2017. p. 205-240.

sólidos, em conjunto ou em separado, todas elas na modalidade de concessão administrativa. Os dados mostram também que os principais entes concedentes são os municípios e as estatais, sendo o quantitativo de concessões por autarquias municipais e estados federativos apenas pontuais. Ainda, depreende-se que até o momento não há uma correlação aparente entre o crescimento ou redução das concessões com o crescimento ou redução das PPPs. Igualmente, entende-se que não é possível ainda vislumbrar através dos dados existentes o impacto das alterações promovidas pelo Novo Marco do Saneamento à concessão de serviços de saneamento por meio de Parcerias Público-Privadas.

A ausência de impactos significativos pode ter como potenciais fatores explicativos o curto período de tempo após a entrada em vigor do Marco, que seria inferior ao período necessário para execução de um processo de licitação de tamanha complexidade, a ocorrência da pandemia da covid-19 e seus impactos sobre os recursos públicos e privados, bem como a judicialização de normas do novo marco que pode ser capaz de sobrestar iniciativas. Portanto, o presente estudo indica a necessidade de acompanhar os próximos anos para verificar se parte das expectativas positivas sobre o Novo Marco do Saneamento ocorrerá.

## Referências

ABDCON SINDICON. *Panorama da Participação Privada no Saneamento 2018*. Disponível em: https://www.abconsindcon.com.br/panoramas/. Acesso em: 16 jan. 2022.

ABDCON SINDICON. *Panorama da Participação Privada no Saneamento 2019*. Disponível em: https://www.abconsindcon.com.br/panoramas/. Acesso em: 16 jan. 2022.

ABDCON SINDICON. *Panorama da Participação Privada no Saneamento 2020*. Disponível em: https://www.abconsindcon.com.br/panoramas/. Acesso em: 16 jan. 2022.

ABDCON SINDICON. *Panorama da Participação Privada no Saneamento 2021*. Disponível em: https://www.abconsindcon.com.br/panoramas/. Acesso em: 16 jan. 2022.

ALVARENGA, Darlan. *Investimento no Brasil tem pior década em 50 anos; taxa do país deve ser uma das menores do mundo em 2021*. [S.l.], 20 maio 2021. Disponível em: https://g1.globo.com/economia/noticia/2021/05/20/investimento-no-brasil-tem-pior-decada-em-50-anos-taxa-do-pais-deve-ser-uma-das-menores-do-mundo-em-2021.ghtml. Acesso em: 18 fev. 2022.

ARAGÃO, Alexandre dos Santos; OLIVEIRA, Rafael Daut D'. Considerações iniciais sobre a Lei nº 14.026/2020 – Novo Marco Regulatório do Saneamento Básico. *In*: DAL POZZO, Augusto Neves (coord.). *O novo marco regulatório do saneamento básico*. São Paulo: Thomson Reuters, 2020. p. 35-70.

AURÉLIO, Bruno; SILVA, Renan Sona. Sustentabilidade econômica e social. *In:* DAL POZZO, Augusto Neves (coord.). *O novo marco regulatório do saneamento básico.* São Paulo: Thomson Reuters, 2020. p. 479-497.

CARNEIRO, Mauro Soares. Participação Privada no Saneamento Básico. *Revista de Estudos Legislativos: Assembleia Legislativa de Pernambuco,* [S.l.], ano 4, n. 4, p. 52-62, dez. 2019. Disponível em: https://www.alepe.pe.gov.br/estudoslegislativos/arquivos/revista04/revista-estudos-legislativos-04.pdf. Acesso em: 16 jan. 2022.

BERTOCCELLI, Rodrigo de Pinho. Saneamento básico: a evolução jurídica do setor. *In:* DAL POZZO, Augusto Neves (coord.). *O novo marco regulatório do saneamento básico.* São Paulo: Thomson Reuters, 2020. p. 17-34.

BRASIL. *Lei nº 11.079, de 30 de dezembro de 2004.* Disponível em: http://www.planalto.gov.br/ccivil_03/_ato2004-2006/2004/lei/l11079.htm. Acesso em: 4 jan. 2022.

BRASIL. *Lei nº 11.445, de 5 de janeiro de 2007.* Disponível em: http://www.planalto.gov.br/ccivil_03/_Ato2007-2010/2007/Lei/L11445compilado.htm. Acesso em: 5 jan. 2022.

BRASIL. *Lei nº 14.026, de 15 de julho de 2020.* Disponível em: http://www.planalto.gov.br/ccivil_03/_ato2019-2022/2020/lei/l14026.htm. Acesso em: 4 jan. 2022.

BURGER, Bruna Cavalcanti Drubi. Conceito de Saneamento. *In:* SADDY, André; CHAUVET, Rodrigo da Fonseca (org.). *Aspectos jurídicos do saneamento.* Rio de Janeiro: Lumen Juris, 2017. p. 1-24.

DAL POZZO, Augusto Neves; FACCHINATTO, Renan Marcondes. O Novo Marco Regulatório do Saneamento Básico e os modelos de emparceiramento com a Iniciativa Privada: a Concessão e a Parceria Público-Privada. *In:* DAL POZZO, Augusto Neves (coord.). *O novo marco regulatório do saneamento básico.* São Paulo: Thomson Reuters, 2020. p. 389-409.

DI PIETRO, Maria Sylvia Zanella. *Parcerias na Administração Pública:* concessão, permissão, franquia, terceirização, parceria público-privada e outras formas. 13. ed. Rio de Janeiro: Forense, 2022.

ENEI, José Virgílio Lopes. A hora e a vez do setor privado. *In:* DAL POZZO, Augusto Neves (coord.). *O novo marco regulatório do saneamento básico.* São Paulo: Thomson Reuters, 2020. p. 411-422.

FERREIRA, Marcelo Lesniczki Martins de Campos. Desestatização do Setor de Saneamento Básico: uma Nova Perspectiva de Reorganização e Desenvolvimento do Setor a fim de Atrair Investimentos de Capital Privado. *In:* SADDY, André; CHAUVET, Rodrigo da Fonseca (org.). *Aspectos jurídicos do saneamento.* Rio de Janeiro: Lumen Juris, 2017. p. 153-186.

FREIRE, André Luiz. Drenagem e manejo de águas pluviais urbanas. *In:* DAL POZZO, Augusto Neves (coord.). *O novo marco regulatório do saneamento básico.* São Paulo: Thomson Reuters, 2020. p. 137-150.

GUSTIN, Miracy Barbosa de Sousa; DIAS, Maria Tereza Fonseca; NICÁCIO, Camila Silva. *(Re)pensando a pesquisa jurídica:* teoria e prática. 5. ed. São Paulo: Almedina Brasil, 2020.

KRAMER, Evane Beiguelman. Aspectos atinentes à judicialização de Políticas Públicas e o novo marco legal do saneamento básico. *In:* DAL POZZO, Augusto Neves (coord.). *O novo marco regulatório do saneamento básico.* São Paulo: Thomson Reuters, 2020. p. 297-304.

MEDAUAR, Odete. *O direito administrativo em evolução*. 2. ed. São Paulo: Revista dos Tribunais, 2003.

MOREIRA NETO, Diogo de Figueiredo. *Mutações do Direito Público*. Rio de Janeiro: Renovar, 2006.

MOREIRA NETO, Diogo de Figueiredo. *Mutações do Direito Administrativo*. Rio de Janeiro: Renovar, 2001.

NASCIMENTO, Carlos Alexandre; SODRÉ, Antonio; CASTILHO, Rafael. A economia política do novo marco legal do saneamento: do público vs. Privado para as Parcerias Público-Privadas. *In:* DAL POZZO, Augusto Neves (coord.). *O novo marco regulatório do saneamento básico*. São Paulo: Thomson Reuters, 2020. p. 430-431.

PIGNATARO, Guilherme Villela. Remuneração pela Prestação de Serviços de Saneamento Básico. *In:* SADDY, André; CHAUVET, Rodrigo da Fonseca (org.). *Aspectos jurídicos do saneamento*. Rio de Janeiro: Lumen Juris, 2017. p. 205-240.

PORTO ALEGRE, Artur. Serviço Público de Saneamento Básico: abastecimento de água potável e esgotamento sanitário. Conceitos e implicações no novo marco regulatório. *In:* DAL POZZO, Augusto Neves (coord.). *O novo marco regulatório do saneamento básico*. São Paulo: Thomson Reuters, 2020. p. 124-134.

RADAR PPP. *Resumos de Contratos*. c2022. Disponível em: https://radarppp.com/resumo-de-contratos-de-ppps/. Acesso em: 5 jan. 2022.

RIBEIRO, Wladimir Antonio; CUKIERT, Tamara. *Maior usina de dessalinização do país será construída em Fortaleza*. Disponível em: https://www.migalhas.com.br/depeso/349876/maior-usina-de-dessalinizacao-do-pais-sera-construida-em-fortaleza. Acesso em: 18 fev. 2022.

SCHRAMM, Charles Corrêa. Investimentos em Saneamento: será o novo marco regulatório capaz de nos levar ao atingimento da meta de universalização do saneamento básico no Brasil? *In:* DAL POZZO, Augusto Neves (coord.). *O novo marco regulatório do saneamento básico*. São Paulo: Thomson Reuters, 2020. p. 97-104.

TRECE, Juliana; CONSIDERA, Claudio. *Taxa de Investimentos no Brasil*: a dificuldade de crescer. [S.l.], 21 maio 2021. Disponível em: https://blogdoibre.fgv.br/posts/taxa-de-investimentos-no-brasil-dificuldade-de-crescer. Acesso em: 18 fev. 2022.

---

Informação bibliográfica deste texto, conforme a NBR 6023:2018 da Associação Brasileira de Normas Técnicas (ABNT):

PEIXOTO, Izabela Passos. PPPs de saneamento básico no Brasil: diagnóstico das condições atuais e análise de tendências a partir do Novo Marco Legal do Saneamento. *In:* DIAS, Maria Tereza Fonseca. *Lei de Diretrizes Nacionais para o Saneamento Básico*: reflexões acerca das alterações introduzidas pela Lei nº 14.026/2020. Belo Horizonte: Fórum, 2023. p. 233-255. ISBN 978-65-5518-528-7.

# O PAPEL REGULATÓRIO DA OUTORGA ONEROSA NOS SERVIÇOS DE SANEAMENTO BÁSICO. ESTUDO DE CASO DA CONCESSÃO DOS SAE PRESTADOS PELA CEDAE NO ESTADO DO RIO DE JANEIRO[1]

LUCIANO MORATÓRIO

## 1 Introdução

A Lei nº 14.026/2020 reformou o marco legal para o setor de saneamento básico para incentivar investimentos privados na infraestrutura de saneamento. Essas alterações buscam melhorar e padronizar as políticas regulatórias e os contratos pertinentes aos Serviços Abastecimento de Água e Esgotamento Sanitário (SAE), designando a Agência Nacional de Águas e Saneamento (ANA) para estabelecer normas de referência, as quais devem ser observadas pelas agências reguladoras estaduais e municipais responsáveis pela regulação dos SAE. Diante da reforma, os contratos entre as Companhias Estaduais de Saneamento Básico (CESBs) e os municípios não podem ser renovados e as CESBs precisam comprovar sua capacidade financeira para cumprir as metas de

---

[1] Capítulo baseado no Trabalho de Conclusão do Curso (TCC) de Especialização em Controle da Desestatização e da Regulação do Instituto Serzedello Corrêa (ISC), a escola de governo do Tribunal de Contas da União (TCU).

universalização estabelecidas pela lei.[2] No caso de impossibilidade de manutenção dos contratos, os SAE devem ser transferidos para os municípios, que, de acordo com decisão do Supremo Tribunal Federal (STF),[3] são responsáveis por fornecer esses serviços.

Segundo estimativas do Banco Nacional de Desenvolvimento Econômico e Social (BNDES),[4] o Estado do Rio de Janeiro precisaria de investimentos de R$ 33,5 bilhões para atingir a universalização dos SAE. No entanto, como evidencia o indicador FN033[5] do Sistema Nacional de Informações sobre Saneamento (SNIS), nos últimos 10 anos a Companhia Estadual de Águas e Esgotos do Rio de Janeiro (CEDAE) investia, em média, apenas R$ 180 milhões por ano, ou seja, mantido esse patamar, eles não seriam suficientes para atingir as metas estabelecidas no marco legal. Essa conjuntura levou o Estado do Rio de Janeiro a desenvolver – com o apoio técnico do BNDES – um projeto para conceder os SAE[6] dos municípios fluminenses atendidos pela CEDAE. Para realizar este projeto, os municípios delegaram ao Estado do Rio de Janeiro, através de convênios de cooperação, o direito de outorga dos SAE e, com isso, o Governo do Estado conduziu o processo de delegação por meio de contratos de concessão precedidos de licitação, adotando o critério de maior outorga para o julgamento das propostas. Neste sentido, busca-se analisar se a outorga onerosa que foi cobrada na licitação para a concessão dos SAE de alguns municípios do Estado do Rio de Janeiro – antes atendidos pela CEDAE – é aderente ao *Franchise Bidding Solution (FBS)*, proposto por Demsetz (1968) como instrumento regulatório, para, com base na literatura e nos documentos, entender algumas dessas

---

[2] O objetivo principal do marco legal é o de universalizar o acesso aos serviços. Com as alterações introduzidas pela Lei nº 14.026/2020, os contratos de prestação dos serviços públicos de saneamento deverão definir metas de universalização que garantam o atendimento de 99% da população com água potável e de 90% da população com coleta e tratamento de esgoto até 31 de dezembro de 2033, assim como os contratos devem estabelecer metas quantitativas de não intermitência do abastecimento, de redução de perdas e de melhoria dos processos de tratamento.

[3] Para a decisão, ver os autos da Ação Direta de Inconstitucionalidade (ADI) nº 1.842/RJ (BRASIL, 2013).

[4] O Capex necessário para atingir a universalização é de cerca de R$ 25 bilhões, sem contar os investimentos de manutenção da infraestrutura.

[5] Investimentos do(s) Prestador(es).

[6] Para os municípios atendidos pelos sistemas produtores da Região Metropolitana do Rio de Janeiro, a concessão do abastecimento de água seria apenas do sistema *downstream*, abrangendo os sistemas de distribuição de água aos usuários finais e o sistema de esgotamento sanitário, enquanto a produção de água nos municípios em que o operador privado atuará no *downstream* continua a cargo da CEDAE (Estado do Rio de Janeiro, 2020b).

finalidades. A escolha deste caso como objeto de análise se justifica por ter sido a maior concessão de infraestrutura de saneamento da história do país, bem como porque foi uma das primeiras concessões após as alterações no marco regulatório e por ter arrecadado R$ 22,7 bilhões em valor de outorga.

Este capítulo aborda a questão da regulação por meio da cobrança de outorga em licitações, que é uma questão pouco explorada na área do Direito Regulatório. A licitação é obrigatória para a delegação de serviços públicos e é regulada pela Lei Geral de Concessões,[7] a qual permite o uso do critério de maior oferta por outorga para a seleção da proposta vencedora. No entanto, a adoção desse critério ainda é objeto de controvérsias doutrinárias. Isso se deve porque, por se tratar de assunto ainda pouco explorado, a função regulatória da cobrança pela outorga em licitações não é amplamente compreendida. Adota-se o estudo de caso como estratégia de pesquisa por entender que a problemática permite apresentar evidências a partir de um caso individual. O estudo baseia-se em documentos legais e infralegais relacionados ao caso, empregando-se a técnica de análise de conteúdo documental e apresentando as relações existentes entre os fragmentos extraídos dos documentos e os entendimentos apresentados na literatura especializada.

Essa metodologia atende ao propósito de um estudo exploratório e, embora ela não permita extrair conclusões acerca da efetividade e impactos do instrumento, o que requer outras abordagens metodológicas, permite compreender como a outorga onerosa foi utilizada no certame licitatório e como esse instrumento pode ser compreendido com base na literatura. O artigo está estruturado da seguinte forma: além dessa parte introdutória, a seção seguinte destina-se à revisão da literatura, apresentando como a outorga onerosa é utilizada nas licitações de saneamento básico, subdividindo a seção em capítulos. Considerando que os SAE são uma categoria de serviços de saneamento básico, o primeiro capítulo da seção trata do saneamento básico como serviço público, fazendo uma breve síntese do histórico das políticas de saneamento no Brasil e apresentando, a partir da sua natureza econômica, por que esses serviços se sujeitam à regulação estatal. Na sequência, é apresentado o *Franchise Bidding Solution (FBS)*, explicando sua origem e suas finalidades. Na sequência, o capítulo trata da contratação dos serviços de saneamento básico, apresentando como o titular do serviço seleciona

---

[7] Para mais detalhes, ver art. 15, inciso II da Lei Federal nº 8.987/1995 (BRASIL, 1995).

um prestador. Por fim, como a questão da cobrança pela outorga suscita controvérsias, o último capítulo da primeira seção aborda duas correntes doutrinárias, sendo uma contrária e outra favorável à prática. A seção seguinte é destinada à parte empírica do estudo, subdividida em dois capítulos. O primeiro descreve como o edital e a minuta do contrato dispõem sobre a cobrança de outorga fixa e variável, com destaque para a dinâmica da outorga fixa na licitação, tendo em vista que essa foi a variável utilizada para fins de escolha do licitante vencedor. O segundo trata das funções da AGENERSA, a agência reguladora estadual que, de acordo com o desenho regulatório proposto (ainda que flexível para comportar outras formas), deve fiscalizar a prestação dos serviços. Essa seção se justifica porque essa agência reguladora, ainda que não diretamente envolvida no procedimento licitatório, tem responsabilidades envolvendo a manutenção do valor da outorga. Por fim, a última seção apresenta as considerações finais.

## 2 Outorga onerosa nas licitações de saneamento básico

### 2.1 O saneamento básico como serviço público

De acordo com Lima e Vargas (2004), a gestão dos SAE no Brasil passou por uma série de mudanças ao longo do tempo. Inicialmente, com o Plano Nacional de Saneamento (Planasa), o setor era gerido de forma bastante centralizada e, como mostra Galvão Junior e Monteiro (2006), a extinção do Planasa em meados dos anos 80 criou uma lacuna institucional que só veio a ser preenchida com a publicação da Lei nº 11.445/2007, que instituiu o marco legal e fundamentou o Plano Nacional de Saneamento Básico (PLANSAB). Apesar disso, como demonstrado por Sousa e Costa (2016), as Companhias Estaduais de Saneamento Básico (CESBs) mantiveram a centralidade na prestação dos serviços, até que a Lei nº 14.026/2020 desafiou essa centralidade, buscando maior competitividade e atração de investimentos privados para o setor (ARAUJO; FAJARDO, 2021).

Os SAE são atividades interdependentes que envolvem grandes investimentos em ativos específicos[8] para a constituição de infraestru-

---

[8] A especificidade de ativos, segundo Williamson (1985), diz respeito ao quanto o investimento é específico para a atividade a que se destina e o quão custosa seria em termos da perda do valor a eventual necessidade de realocação do ativo.

tura organizada na forma de redes[9] de captação, tratamento, adução e distribuição de água, bem como o tratamento e disposição final do esgoto (GUERRA; VÉRAS, 2021). É importante notar que muitas dessas atividades são desenvolvidas por meio de malhas dutoviárias, o que leva à tendência de monopolização. Gómez-Ibáñez (2006, tradução livre) destaca que indústrias de infraestrutura de rede, como é o caso dos SAE, são constituídas e exploradas por firmas que operam como monopólios naturais,[10] tanto que Mankiw (2017), ao exemplificar esse tipo de monopólio, apresenta exatamente os serviços de distribuição de água. Isso ocorre porque, como os custos são elevados, se duas ou mais empresas competissem no mercado[11] prestando esses serviços, cada uma delas teria dificuldade em se manter economicamente viável, já que a arrecadação seria dividida entre elas. Dessa forma, o custo médio total de operação da infraestrutura é menor se só uma firma atender a este mercado.[12]

Winston (2006, tradução livre) aponta que, quando existe apenas um produtor, o equilíbrio na alocação de recursos não é um eficiente de Pareto,[13] configurando uma "falha de mercado"[14] e, quando existe essa "falha", Pindyck e Rubinfeld (2013) pontuam que o mercado competitivo não regulamentado seria ineficiente, ou seja, não maximizaria dos excedentes do consumidor e do produtor em conjunto. A firma, na condição de monopolista, se não for regulada, pode operar em níveis subótimos, apropriando-se de parcela do excedente do consumidor

---

[9] Essas indústrias envolvem redes que distribuem produtos ou serviços no espaço geográfico e, na maioria dos casos, essas redes são intensivas em capital e os investimentos são em ativos duráveis e imóveis (GÓMEZ-IBÁÑEZ, 2003, tradução livre).

[10] Os monopólios naturais surgem de forma espontânea devido às características do mercado e às condições econômicas e tecnológicas presentes, cabendo destacar não apenas os serviços de distribuição de água, mas também os de esgotamento sanitário como exemplos de mercados em que os monopólios naturais podem surgir, pois ambos são caracterizados por altos custos fixos de construção e manutenção de redes de tubulações e estações de tratamento.

[11] Quando duas ou mais empresas competem entre si no mercado para a prestação desses serviços, cada uma delas precisa constituir sua infraestrutura e assumir todo o custo fixo de construção da rede.

[12] A duplicação destas redes não seria eficiente e, portanto, é indesejável, não havendo razão para se ter várias firmas competindo neste mercado, porque a produção é mais eficiente quando feita por apenas um produtor (FOELLMI; MEISTER, 2005).

[13] "Alocação de bens em que ninguém consegue aumentar o próprio bem-estar sem que seja reduzido o bem-estar de outra pessoa" (PINDYCK; RUBINFELD, 2013, p. 596).

[14] "O paradigma das falhas de mercado examina a operação da economia e prescreve uma intervenção governamental quando os mercados 'falham' por motivos de eficiência econômica ou equidade" (WALLIS; DOLLERY, 1999, p. 9, tradução livre).

e gerando um peso morto[15] (GÓMEZ-IBÁÑEZ, 2003, tradução livre). Essa estrutura teórica de mercado, qual seja, a do monopólio natural, tem sido bastante utilizada para justificar a regulação dos serviços de saneamento básico.

## 2.2 O *Franchise Bidding Solution* (FBS)

Em muitos países europeus, os serviços de rede eram fornecidos por empresas públicas ou privadas fortemente regulamentadas. No entanto, com a privatização e liberalização, os governos e reguladores buscaram ampliar a competição (FOELLMI; MEISTER, 2005). Como alternativa à regulação *ex post*, atribuiu-se ao Estado a função de selecionar um prestador de serviços por meio de leilão em que se cobra do vencedor um certo valor pelo direito de outorga – o que é conhecido na literatura de leilões como *competition for the market*. Um dos principais defensores dessa corrente teórica foi Edwin Chadwick, a qual foi posteriormente desenvolvida por Harold Demsetz. Este economista considerava que, quando se está diante de um monopólio natural, os potenciais interessados em prestar o serviço podem disputar em leilões por meio de lances para obter o direito de suprir toda a demanda e, com isso, apenas uma empresa explora o serviço (VISCUSI, HARRINGTON JR.; VERNON, 2005, tradução livre). Ao haver competição entre as empresas interessadas em prestar o serviço, elas têm mais incentivos para oferecer preços mais baixos, o que pode resultar em menor capacidade de fixação de preços pelo concessionário. O *FBS*, como mecanismo de seleção de concessionárias, pode ser utilizado para reduzir o peso morto[16] em um monopólio natural, como no caso dos serviços de saneamento básico.

O *Franchise Bidding Solution (FBS)* foi, portanto, proposto por Harold Demsetz (1968) como uma estratégia para superar as dificuldades regulatórias em situações de monopólios naturais. Essa solução, também conhecida como regulação baseada em leilão, propõe uma alternativa orientada à *competition for the market*, partindo do pressuposto

---

[15] O peso morto, como definido por Pindyck e Rubinfeld (2013), consiste na perda líquida de excedente total que é gerado por ineficiências de determinada estrutura de mercado quando comparado com uma situação de concorrência perfeita.

[16] O peso morto é o custo adicional associado a uma estrutura de mercado monopolista, como a falta de competição e a ineficiência na alocação de recursos.

de que não é possível haver a *competition in the market*.[17] Nesse caso, as empresas, ao invés de competir no mercado, competem pelo direito de operar nesse mercado, oferecendo lances em um leilão para obter o direito exclusivo de operar nesse mercado por um período específico. Isso é feito através de um processo de leilão, em que os interessados em prestar o serviço, com base em critérios estabelecidos, como qualidade dos serviços, preço e capacidade financeira, concorrem entre si. Durante o leilão, os licitantes oferecem lances para obter a concessão e o vencedor é aquele que oferece o maior valor pela outorga, que é o pagamento pelo direito de explorar economicamente a atividade. A principal vantagem de usar o *FBS* é que ele cria uma alocação mais eficiente de recursos, pois a empresa com o lance mais alto geralmente é aquela com maior capacidade de fornecer o serviço com um menor custo. Além disso, permite mais competição entre as empresas, pois elas podem disputar oferecendo lances pela oportunidade de operar com exclusividade em um mercado.

Nas concessões de serviços públicos, como bem explicado por Teixeira (2018), o poder concedente pode cobrar certo valor pelo direito de outorga, logo, as licitações em que há a cobrança de outorga para concessão de serviços públicos, o leilão se baseia na estratégia do *FBS*, já que esse instrumento em licitações também consiste em uma forma de selecionar a empresa que irá prestar o serviço público em regime de monopólio natural a fim de garantir a qualidade do serviço, preços justos e capacidade financeira da empresa. Nesse contexto, a outorga representa o valor que o licitante vencedor deverá desembolsar em favor do poder concedente, representando uma forma de mitigar os efeitos derivados do poder de mercado da concessionária, o que se jus•tifica, isoladamente ou em conjunto com a regulação tarifária, pelo aspecto econômico e apresenta-se como forma de intervenção regulatória que busca, além de selecionar a melhor proposta via mecanismo de leilão, evitar a apropriação de eventuais lucros extraordinários pela concessionária.

---

[17] Existem duas principais formas de promover competição: licitação de franquias (*Franchise Bidding Solution – FBS*), conhecida como competição para o mercado (*competition for the market*), e competição de produto-mercado, conhecida como competição no mercado (*competition in the market*). A indústria de abastecimento de água conta com mais experiências com a abordagem de licitação de franquias (FOELLMI; MEISTER, 2005).

## 3 Contratação dos serviços de saneamento básico

Tendo em vista que os serviços de saneamento, além da sua relevância social, podem também ser considerados típico exemplo de monopólio natural, Marco Aurélio de Barcelos Silva (2020) defende que, quando se está diante de um mercado com essas características, a natureza do empreendimento afasta a competição no mercado, tornando-se constitucionalmente aceitável que o serviço passe a ser controlado pela técnica regulatória do art. 175[18] e caracterizado como serviço público. Com isso, afastam-se tais atividades da livre-iniciativa, sujeitando-as ao regime jurídico administrativo, ou seja, o regime da *publicatio*.

Nesse sentido, a Lei nº 8.987/1995 forneceu uma definição legal para o instituto da concessão, estabelecendo que a concessão de serviço público é a delegação de sua prestação, feita pelo poder concedente, mediante licitação na modalidade de concorrência ou diálogo competitivo, à pessoa jurídica ou consórcio de empresas que demonstre capacidade para seu desempenho, por sua conta e risco e por prazo determinado (art. 2º, inciso II) (BRASIL, 1995). Disso se extrai que a delegação da prestação de serviços públicos deve ser precedida de licitação, destacando-se que, dentre os aspectos regulatórios introduzidos pela Lei nº 14.026/2022, a obrigação da realização de procedimento licitatório para a concessão de serviços de saneamento básico é das mais relevantes (CARVALHO, 2021).

Como já apresentado, a licitação pelo direito de outorga permite que haja competição *ex ante* entre potenciais licitantes pelo direito de servir ao mercado como monopolista. Chadwick (1859 *apud* MOUGEOT; NAEGELEN, 2011) é conhecido como criador do princípio de *competition for the market*, o qual foi aprimorado por Demsetz (1968 *apud* MOUGEOT; NAEGELEN, 2011). Ainda assim, embora este economista defendesse que, uma vez adotada a FBS, a regulação *ex post* de serviços públicos seria desnecessária, com o tempo percebeu-se que os leilões pelo direito de servir o mercado como monopolista ajudam a limitar as rendas de monopólio e selecionar o concessionário mais eficiente, mas não eliminam a necessidade da regulação *ex post* (MOUGEOT; NAEGELEN, 2011). Na economia regulatória contemporânea, o leilão é percebido como uma ferramenta importante para complementar a

---

[18] Por se tratar de serviço público, nos termos do art. 175 da Constituição, cabe ao titular, na forma da lei, prestar o serviço, diretamente ou sob regime de concessão ou permissão, sendo que, quando delegado, este ato deve ser precedido de licitação.

regulação *ex post* dos monopólios naturais, ao invés de simplesmente ser uma alternativa a ela.

Como destacado por Mougeot e Naegelen (2011), a licitação é utilizada para aprimorar a regulação. Williamson (1976) também apontou que a licitação para outorga deve ser acompanhada por um contrato que especifique como as mudanças no ambiente devem ser gerenciadas, o que é conhecido na área de gestão como governança contratual e no direito das concessões como princípio da mutabilidade contratual. Desta forma, a licitação não serve apenas para selecionar a melhor proposta, mas também tem finalidades regulatórias, especialmente como forma de restrição de entrada no mercado. Além disso, a licitação também é um processo fundamental para garantir a transparência e a isonomia no fornecimento de serviços públicos, em que, com a participação de empresas qualificadas e com os melhores preços e condições para o usuário, se assegura uma prestação dos serviços feita de forma mais eficiente e eficaz. Como demonstrado por Sundfeld (2019), os licitantes possuem diferenças em termos de capacidades empresariais, o que permite que os fluxos de caixa projetados com base em seus planos de negócio apresentem resultados diferentes, fazendo com que seja possível haver certa competitividade no leilão na medida em que os licitantes podem fazer propostas diferentes.

A dinâmica econômica das contratações públicas identifica quatro tipos de leilões: (i) leilões de viva voz inglês (ascendente) e (ii) holandês (descendente); e leilões de envelope fechado de (iii) primeiro e (iv) segundo preços. Geralmente, os critérios econômicos de disputa do leilão são: menor preço-teto por serviço, menor pagamento do setor público ao agente privado ou maior pagamento do agente privado ao setor público (outorga) (CAMACHO; RODRIGUES, 2014). De acordo com a legislação brasileira, a sistemática teórica que é mais compatível com o funcionamento das licitações para a concessão de serviços públicos é aquela de primeiro preço do tipo envelope fechado. Neste modelo, os participantes apresentam suas propostas ao leiloeiro em envelope lacrado e, nesse caso, não havendo conluio, os participantes não recebem sinais diretos das avaliações dos demais acerca do objeto. Após a avaliação dos lances, o leiloeiro atribui o lance ao participante que ofereceu o maior lance (THEYS *et al.*, 2010, tradução livre). Essa etapa pode ainda ser combinada com a de lances abertos e sucessivos, o que é compatível com os leilões de viva voz inglês (ascendente).

A Lei Federal nº 8.987/1995 admite como critérios de seleção de licitantes, dentre outros, tanto o de menor valor da tarifa do serviço quanto o de maior oferta pela outorga, bem como a combinação destes critérios (SILVA, 2020). Ao discorrer sobre eles, Véras e Resende (2021) defendem que, apesar do critério de julgamento de menor valor da tarifa ser capaz de atingir propósitos políticos imediatos, ele pode até mesmo prejudicar a modicidade tarifária e a sustentabilidade econômica dos projetos. Isso porque, como pontua Guasch (2004, tradução livre), ao analisar as concessões no setor de água do Brasil e de diversos outros países da América Latina e do Caribe, verifica-se maior índice de renegociações contratuais em que o critério de seleção de propostas se baseou na menor tarifa em relação àqueles em que o critério de seleção teve como critério o de maior valor pela outorga.[19]

Quando a competição se estabelece exclusivamente com base no maior desconto e em lances únicos, os licitantes podem oferecer descontos bastante agressivos. Diversas razões podem explicar esses deságios, tais como percepções mais otimistas em relação à demanda projetada, expectativas mais otimistas com relação aos ganhos de eficiência, menor custo de capital do que aquele considerado pelo estruturador do projeto, dentre outros, e estes descontos excessivos podem prejudicar o fluxo de caixa do projeto, dificultando sua financiabilidade (SUNDFELD, 2019), bem como comprometendo a adequada e contínua prestação dos serviços. Por isso, não apenas Véras e Resende (2021) e Guasch (2004), mas também outros estudiosos da temática, como Siemiatycki e Farooqi (2012); Camacho e Cruz (2020); e Sberze e Pereira (2021), têm defendido o uso do critério de maior oferta pela outorga como o mais efetivo para A seleção de propostas em licitações para A contratação de concessionárias de serviços públicos em setores como, por exemplo, o de rodovias, destacando suas vantagens econômicas e regulatórias.

## 4 Outorga onerosa em licitações: "tributação oculta" ou contrapartida?

A outorga de concessão[20] é uma forma de desafetação de serviços públicos, transferindo-os do campo do Direito público para o do Direito

---

[19] No primeiro caso, o índice foi de 81,9%, enquanto no segundo foi de 66,6% (GUASCH, 2004, tradução livre).
[20] É importante notar que o termo "outorga de concessão" é diferente do termo "outorga onerosa em concessões", que é o conceito abordado neste estudo. A outorga de concessão, como bem destaca Justen Filho (2003b, p. 4), se refere ao objeto da licitação e do contrato

privado. Essa transferência deriva de uma licitação em que o titular do serviço, por meio de licitação, escolhe uma empresa para ser concessionária e, por meio de um contrato administrativo de longo prazo, essa concessionária assume obrigações de construir, manter e/ou operar a infraestrutura pública, prestando o serviço, muitas das vezes em regime de monopólio, e sendo remunerada pelo usuário do serviço (PEDRO; RIBEIRO, 2016). Apesar dessa outorga não produzir modificações no regime jurídico que preside a prestação do serviço público, ou seja, o serviço prestado continua sendo considerado público, o gerenciamento do serviço passa a ser feito por uma empresa privada que atua como concessionária de serviços públicos (JUSTEN FILHO, 2003a).

Nestas licitações, a escolha da concessionária responsável por prestar o serviço público é realizada pelo poder concedente. Ele pode exigir que o vencedor do certame pague um valor pelo direito de explorar economicamente a atividade que foi afastada do domínio da livre-iniciativa pelo Estado. Esse valor, conhecido como outorga onerosa, é pago como contrapartida pelo direito de explorar a atividade. Durante a licitação, as empresas habilitadas irão concorrer pelo objeto da concessão com base em seu modelo econômico, encargos estabelecidos no edital, potencial de receita e outras variáveis financeiras e econômicas que possam afetar a concessão (SUNDFELD, 2019). Contudo, se por um lado o pagamento pela outorga da concessão remunera os titulares dos serviços, por outro, ele retira recursos de um setor que pode ser deficitário e carecer de investimentos (GALVÃO JÚNIOR; MONTEIRO, 2006).

Encontra-se na literatura que o pagamento pela outorga de concessão de serviços públicos transfere recursos privados para os cofres públicos e, ao submeter a licitação ao critério de maior oferta, assim como a previsão contratual de participação do poder concedente nos resultados da exploração, têm-se como resultado tarifas mais elevadas, produzindo um efeito equiparável ao de um "tributo oculto" como apresentado por Justen Filho (2003a) ao dizer que

> [...] a concessão de serviço público presta-se à produção de um efeito de transferência de recursos privados para os cofres públicos. Tal se produz pela previsão de que a tarifa a ser cobrada dos usuários incorporará verbas

para a exploração de um serviço público, transferindo temporariamente o patrimônio estatal para o particular. Já a outorga onerosa em concessões se refere ao valor que deve ser pago pelo licitante vencedor como contrapartida da transferência de patrimônio estatal.

destinadas ao poder concedente. Esse resultado se obtém por duas vias. Há, em primeiro lugar, a reprovável prática de submeter a licitação ao critério de maior oferta. Assim, o concessionário desembolsará em prol do poder concedente uma importância a título de "pagamento" pela outorga. Ademais disso, existe a generalizada previsão da participação do poder concedente nos resultados da exploração. Em termos práticos, isso significa a elevação da tarifa para abranger não apenas o custeio direto e imediato dos serviços públicos, mas também uma espécie de plus-valia em prol do Estado. Assim, a tarifa paga pelo usuário é não apenas uma contraprestação pelos serviços a ele oferecidos, mas também um pagamento em benefício dos cofres públicos. Trata-se de uma forma indireta e oculta de apropriação da riqueza privada pelo Estado, que não se subordina ao regime tributário. Os valores correspondentes a essa tributação oculta são transferidos para a tarifa e exigidos dos usuários sem submissão ao regime jurídico correspondente (JUSTEN FILHO, 2003a).

Além disso, o autor ainda considera que, em grande parte dos casos, os elevados valores das tarifas públicas são o resultado da avidez estatal por recursos, fazendo com que parte significativa das tarifas se direcionem à satisfação dos encargos gerados pela cobrança por parte do poder concedente de encargos pela outorga.

Nessa mesma linha, Machado (2004) considera que esse valor é tomado como uma "vantagem" que é oferecida pela concessionária ao poder concedente. Entendendo que a prestação de serviços públicos é, por natureza, atribuição estatal, o autor ainda defende que o ordenamento jurídico impõe ao Estado o dever de prestá-los pelo menor custo possível para satisfazer o interesse público e, por isso, nada justifica que esse mesmo Estado se valha de sua condição de titular do dever de prestar serviços públicos para que, ao conceder a prestação do serviço a um particular, o qual irá cobrar tarifas dos usuários, exija uma outorga, já que na tarifa estará embutido o valor pago ao Estado pela outorga. Ademais, Pires do Rio e Sales (2009), ao analisarem algumas concessões municipais de serviços de saneamento, apontam que, em alguns municípios que adotaram o critério de maior oferta pela outorga para a escolha do vencedor do certame, a concessionária acabou sendo onerada, impossibilitando que as tarifas pudessem ser reduzidas para beneficiar os usuários. Nessa mesma linha, Galvão Jr. e Monteiro (2006), ao analisarem as renovações de concessões, argumentam que o déficit de cobertura dos serviços dos sistemas de saneamento coloca em dúvida os ganhos sociais e ambientais efetivos da exigência de pagamento pela outorga, principalmente nos casos em que o município utiliza a concessão como uma forma de transferir recursos da concessão dos serviços de saneamento para o orçamento fiscal.

Apesar destes entendimentos apresentados, convém destacar que o patrimônio estatal transferido ao particular mediante contrato de concessão, ainda que apenas temporariamente, possui um valor econômico, pois, como leciona Neves (2013), o contrato de concessão é um ativo intangível[21] proveniente da aquisição do direito de exploração da infraestrutura concedida. Esse patrimônio estatal transferido consiste, em parte, no direito de auferir receitas com a exploração econômica de atividade considerada serviço público, a qual está pautada não apenas no direito de cobrar dos usuários pelos serviços prestados, mas também, como mostra Rillo (2019), no direito de explorar economicamente atividades provenientes de projetos associados. Como o valor da outorga[22] da concessão provém da precificação desse ativo intangível, ele guarda relação com o fluxo de caixa líquido que é esperado com a concessão, o qual se conforma, em síntese, a partir das receitas geradas tanto pela cobrança de tarifa dos usuários quanto das receitas acessórias auferidas com a exploração de atividades correlatas, deduzindo-se os desembolsos necessários.

Logo, o valor deste ativo pode ser calculado com base na teoria de avaliação de empresas (*valuation*), em particular, com base na abordagem do fluxo de caixa descontado (VASCONCELOS, 2088), tanto que o valor mínimo da outorga, segundo o entendimento consolidado do Tribunal de Contas da União (TCU)[23] apresentado no trabalho de

---

[21] O direito de receber o valor da outorga onerosa é resultante de processos licitatórios em que o concessionário entrega, ou promete entregar, recursos econômicos em troca do direito de explorar o objeto de concessão ao longo do prazo. A OCPC 05 (item 10 a 15), ao tratar do registro contábil da outorga, destaca que ela é devida no início da concessão, nos casos em que o preço da delegação dos serviços públicos é pago no início da concessão, de uma única vez ou em vários pagamentos por prazo menor que o prazo da própria concessão (COMITÊ DE PRONUNCIAMENTOS CONTÁBEIS, 2010). Nesse sentido, uma vez que os contratos de concessão proporcionam aos concessionários o direito de exploração dos ativos, mas não a propriedade dos bens, há a caracterização de ativo intangível.

[22] O direito de receber o valor da outorga onerosa é resultante de processos licitatórios em que o concessionário entrega, ou promete entregar, recursos econômicos em troca do direito de explorar o objeto de concessão ao longo do prazo. A OCPC 05 (item 10 a 15), ao tratar do registro contábil da outorga, destaca que ela é devida no início da concessão, nos casos em que o preço da delegação dos serviços públicos é pago no início da concessão, de uma única vez ou em vários pagamentos por prazo menor que o prazo da própria concessão (COMITÊ DE PRONUNCIAMENTOS CONTÁBEIS, 2010). Nesse sentido, uma vez que os contratos de concessão proporcionam aos concessionários o direito de exploração dos ativos, mas não a propriedade dos bens, há a caracterização de ativo intangível.

[23] Acórdãos nºs 034.023/2010-0, 032.786/2011-5, 3.232/2011, 3.233/2011 e 3.234/2011–TCU–Plenário.

Teixeira (2018), é expresso pelo Valor Presente Líquido (VPL)[24] deste fluxo de caixa e o valor efetivo da outorga provém das ofertas recebidas no leilão, correspondendo ao valor do ativo intangível trespassado pelo poder concedente ao licitante vencedor.[25] Desse modo, o valor mínimo da outorga corresponde ao valor do VPL – quando é positivo – do fluxo de caixa descontado com base na taxa de desconto estabelecida (custo de capital). Nesses casos, se não houvesse o pagamento pela outorga, a concessionária teria lucros acima dos padrões de mercado.[26]

As reflexões sobre a natureza econômico-financeira e contábil do valor da outorga onerosa são importantes para entender como ela se relaciona com o patrimônio transferido. Essa lógica econômico-financeira se alinha com a interpretação jurídica de Oliveira (1994) ao dizer que a exigência feita pelo Estado de um pagamento pela outorga em concessões não é comparável à cobrança de particulares por serviços prestados. A outorga é, na verdade, uma receita originária decorrente da exploração de bens públicos, diferente de receitas derivadas, como é o caso dos tributos, contrariando o entendimento de Justen Filho (2003) e Machado (2004) de que a outorga onerosa é uma forma de "tributação oculta".

Na experiência das licitações de concessões, em certo momento também se incorporou a ferramenta da outorga variável, que incide anualmente na receita (em alguns casos a receita bruta, em outros a receita líquida) da concessionária. Esta ferramenta é útil em projetos em que a modicidade tarifária ou receitas acessórias levem a concessionária a faturar mais do que o previsto na modelagem do poder concedente.

---

[24] O VPL é calculado descontando os fluxos de caixa futuros da concessão, incluindo receitas e despesas, e descontado usando uma taxa que corresponde ao custo de oportunidade do capital, ou seja, o retorno que poderia ser obtido em outro investimento de risco semelhante. Esse parâmetro financeiro é utilizado tanto pelo poder concedente quanto pelos investidores para avaliar o potencial de retorno do projeto, permitindo comparar diferentes projetos e identificar qual deles oferece o maior potencial de retorno. De acordo com essa perspectiva, os estruturadores de projeto calculam uma taxa mínima de atratividade, por vezes baseada no Custo Médio Ponderado de Capital (CMPC), que é a taxa de desconto que reflete o custo médio dos diferentes tipos de capital (*equity* e dívida) que serão utilizados para financiar um projeto. Essa taxa é frequentemente utilizada para descontar os fluxos de caixa e obter o VPL (VASCONCELOS, 2008).

[25] A natureza contábil-financeira deste ativo está amparada pelas normas IFRIC 12 do *International Financial Reporting Interpretations Committee (IFRIC)* e IAS 38 do *International Accounting Standards Board (IASB)*.

[26] Quando o VPL é positivo, o negócio é capaz de gerar ganhos acima dos padrões de mercado e o valor mínimo da outorga corresponde a esse excedente, evitando que o parceiro privado tenha vantagens excessivas com a concessão (SUNDFELD, 2019).

Assim, um porcentual do faturamento, preestabelecido em contrato, será repassado anualmente ao poder concedente sob a premissa de que a concessão é uma parceria entre o privado e o público e deve ser instigado o potencial de arrecadação, principalmente o acessório. Com a outorga variável, a outorga fixa diminui (e vice-versa), porém o equilíbrio econômico-financeiro é mantido (SUNDFELD, 2019).

Embora o papel da concorrência pública seja provocar a maior competição possível pela concessão, outorgas fixas preestabelecidas em edital servem para definir o piso da disputa, evitando que empresas sem conhecimento do objeto ou que não possuam capital suficiente para a operação do ativo se aventurem no empreendimento. Esse mecanismo, supostamente, evita que uma empresa não qualificada ou sem capital ganhe a concessão e, dentro de pouco tempo, tenha que devolvê-la para o Estado, gerando gastos públicos fora do previsto e mais trabalho para relicitar. A exemplo do modelo de privatização dos setores de energia e telefonia, o pagamento de outorga pela concessão tem sido utilizado em diversos contratos de prestação de serviços autossustentáveis de água e esgoto no Brasil (GALVÃO JÚNIOR; MONTEIRO, 2006), assim entendidos como aqueles em que a prestação do serviço é custeada exclusivamente por meio do pagamento da tarifa pelo usuário do serviço.

## 5 Estudo do caso da outorga onerosa na concessão dos SAE no Rio de Janeiro

### 5.1 Cobrança pela outorga

Conforme definido pelo Estado do Rio de Janeiro (2020a) no item 1.2.48 do edital de licitação, a outorga fixa é o pagamento que deve ser feito pelo licitante vencedor em troca do direito de explorar a concessão. Esse valor, de acordo com o item 1.1.53 do edital, é determinado pelo licitante em sua proposta comercial e é o critério utilizado para julgar a licitação, sendo vencedor aquele que oferecer o maior valor. O valor mínimo dessa outorga fixa foi estabelecido pelo Estado do Rio de Janeiro (2020a) no item 5.2 do instrumento convocatório para cada um dos quatro blocos e corresponde ao VPL das receitas auferidas com a prestação dos serviços ao longo do prazo contratual (ESTADO DO RIO DE JANEIRO, 2020b; 2020c; 2020d; 2020e), sendo que, nos termos do item 21.4 do edital, as propostas comerciais com valores inferiores ao mínimo estabelecido para cada bloco seriam desclassificadas, assim como as propostas manifestamente inexequíveis ou financeiramente incompatíveis com o objeto da licitação (GOVERNO DO ESTADO DO RIO DE JANEIRO, 2020a).

O instrumento convocatório estabeleceu que, no dia 30 de abril de 2021, a Comissão Especial Mista de Licitação se reuniria na sede da bolsa de valores brasileira em São Paulo, a B,3 para realização da sessão pública de abertura das propostas comerciais, conforme previsto no cronograma da licitação (ESTADO DO RIO DE JANEIRO, 2021, 2020a). Nesta primeira etapa, ou seja, de abertura das propostas, as licitantes apresentadas na figura 1 foram consideradas aptas:

Figura 1 – Licitantes aptas

| Proponente | Participante | Blocos |
|---|---|---|
| CONSÓRCIO REDENTOR | XP INVESTIMENTOS | 1, 2 e 4 |
| RIO DE JANEIRO MAIS OPERAÇÕES DE SANEAMENTO | ITAÚ | 1, 2 e 4 |
| CONSÓRCIO AEGEA | ATIVA | 1, 2, 4 e 3 |
| IGUÁ PROJETOS | BTG PACTUAL | 1 e 2 |

Fonte: Estado do Rio de Janeiro, 2021.

Seguindo o processo de leilão de primeiro preço do tipo envelope fechado, o Estado do Rio de Janeiro (2020a) definiu que as propostas comerciais recebidas seriam ordenadas de acordo com o valor apresentado, logo, a primeira colocada seria aquela proposta contendo o maior valor de outorga fixa. Após a abertura das propostas, a Licitante Consórcio AEGEA ofertou o maior valor de outorga fixa para os blocos 1 e 4. Diante desse resultado, o consórcio decidiu retirar suas propostas comerciais para os blocos 2 e 3. Como ela era a única proponente apta para o bloco 3, não houve proposta comercial apresentada para esse bloco.

Para os blocos 1 e 4, havia propostas comerciais com diferença de valor de até 20% e, nesse caso, conforme previsto no item 27.6 do instrumento convocatório, seguir-se-ia para a etapa de lances viva voz entre os licitantes (ESTADO DO RIO DE JANEIRO, 2020a). O edital definiu no item 27.7.1 algumas regras para que o processo de lances viva voz fosse considerado válido, incluindo que cada lance deveria superar o valor da proposta comercial anteriormente apresentada e não eram permitidos lances intermediários. Além disso, os lances devem seguir o valor mínimo de variação estabelecido pela comissão de licitação, usando como referência a maior proposta.[27]

O bloco 2 não teve etapa de lances viva voz por não haver diferença significativa entre as propostas iniciais, enquanto os blocos 1 e 4 tiveram disputas entre diferentes licitantes. O leilão foi concluído com os resultados apresentados na figura 2.

Figura 2 – Classificação final de propostas

| Bloco | Proponente | Participante | Valor (R$) | Ágio |
|---|---|---|---|---|
| 1 | CONSÓRCIO AEGEA | ATIVA | 8.200.000.000,00 | 103,13% |
| 2 | IGUÁ PROJETOS | BTG PACTUAL | 7.286.000.000,00 | 129,68% |
| 4 | CONSÓRCIO AEGEA | ATIVA | 7.203.000.000,00 | 187,75% |

Fonte: Estado do Rio de Janeiro, 2021.

De acordo com o item 5.4 do edital, o pagamento da outorga fixa deve ser realizado pela concessionária ao Estado do Rio de Janeiro em três parcelas,[28] sendo a primeira delas, a qual corresponde a 65% do valor da outorga fixa, condição para assinatura do contrato. A segunda deve ser paga em até dois dias depois da emissão do termo de transferência do sistema e/ou ao início da operação do sistema pela concessionária. Por fim, a terceira deve ser paga em até três anos depois da emissão do termo de transferência do sistema e/ou ao início da operação do sistema pela concessionária, conforme ilustrado na Figura 3.

---

[27] Se não houver novos lances dentro do prazo estabelecido, a proposta com o melhor lance é declarada vencedora. Após essa etapa, as propostas são classificadas em ordem decrescente de acordo com o valor da outorga fixa. Em caso de empate, a comissão de licitação avalia as preferências estabelecidas na Lei nº 8.666/1993, e se o empate persistir, a classificação é realizada por sorteio.

[28] As parcelas da outorga fixa terão seus valores atualizados pelo Índice Nacional de Preços ao Consumidor Amplo (IPCA), se pagas após decorridos 365 (trezentos e sessenta e cinco) dias a contar da data da apresentação da proposta comercial. A proporção da outorga fixa, prevista como condição para assinatura do contrato, deverá ser paga pela licitante adjudicatária do objeto da licitação no prazo de até 60 (sessenta) dias da convocação da licitante vencedora.

Figura 3 – Marcos para o pagamento das parcelas da outorga fixa[29]

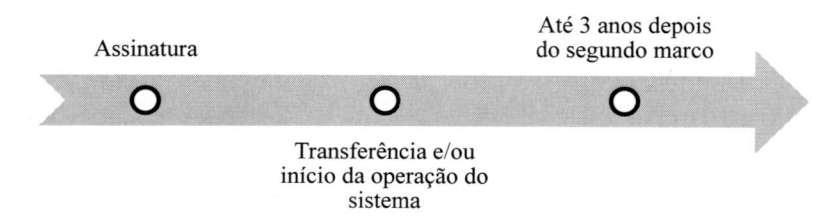

Assinatura

Transferência e/ou início da operação do sistema

Até 3 anos depois do segundo marco

Fonte: Elaboração própria com base em: Estado do Rio de Janeiro, 2020.

A outorga variável é um pagamento mensal que deve ser realizado pela concessionária aos municípios integrantes do bloco e ao Fundo de Desenvolvimento da Região Metropolitana (FDRM), conforme especificado no item 1.2.49 do edital.[30] Ela é calculada como um percentual da receita tarifária obtida das tarifas cobradas dos usuários localizados em seus territórios, sendo 3% da receita arrecadada na área municipal de cada município e 0,5% da receita arrecadada na área da região metropolitana.

## 5.2 Arranjo regulatório da outorga onerosa

O Estado do Rio de Janeiro, com a interveniência e anuência da Agência Reguladora de Energia e Saneamento Básico do Estado do Rio de Janeiro (AGENERSA), celebrou com os municípios e a região metropolitana um contrato de gerenciamento, conforme definido no item 1.2.22 do instrumento convocatório, estabelecendo uma relação interfederativa cujo objetivo é complementar o convênio de cooperação para regulamentar a transferência d•a organização e do gerenciamento da prestação regionalizada dos serviços de abastecimento de água e esgotamento sanitário na área urbana dos municípios agrupados em blocos. Com isso, a AGENERSA se torna responsável pela fiscalização dos serviços, inclusive tarifária, e ainda é possível celebrar instrumentos de cooperação com as agências reguladoras dos titulares para descentralizar parcial ou totalmente as funções de fiscalização, na respectiva

---

[29] Concorrência Internacional nº 01/2020 (item 5.4 do edital de licitação).
[30] Importante destacar que as receitas adicionais não são consideradas na base de cálculo da outorga variável (GOVERNO DO ESTADO DO RIO DE JANEIRO, 2020a).

área em que se situa a agência reguladora (GOVERNO DO ESTADO DO RIO DE JANEIRO, 2020a).

A AGENERSA é responsável por regular e fiscalizar os serviços de fornecimento de água e esgoto, conforme estabelecido na legislação, contratos de concessão e convênios. Conforme especificado no item 1.2.2 do edital, a agência tem como objetivo regular, controlar e fiscalizar a prestação dos serviços públicos de saneamento básico, ainda que possa ser substituída por outro órgão ou entidade reguladora estadual. As atividades regulatórias da agência são guiadas por instruções normativas, resoluções e deliberações, mas também deve seguir as normas de referência editadas pela Agência Nacional de Águas e Saneamento Básico (ANA). A agência tem ainda autoridade de recomendar ou impor mudanças nos procedimentos, advertir e multar as concessionárias, a fim de garantir a prestação de serviços públicos adequados e de qualidade para a população.

Apesar da outorga onerosa ser um instrumento regulatório *ex ante*, ou seja, operar na fase licitatória como instrumento de seleção da melhor empresa para prestar o serviço, operando como regulação de entrada no mercado, a AGENERSA tem funções contratualmente estabelecidas no que diz respeito à governança dos pagamentos da outorga. A minuta do contrato estabelece que, caso haja indícios de desequilíbrio econômico-financeiro, a AGENERSA, a pedido da concessionária e com aprovação do Estado, poderá adiar o pagamento da outorga fixa, na medida necessária para compensar o desequilíbrio comprovado, mesmo antes da decisão final sobre o reequilíbrio econômico-financeiro pela agência reguladora. Se o desequilíbrio for causado por alterações nas metas de atendimento ou indicadores de desempenho devido à atualização dos planos municipais de saneamento ou do plano metropolitano de saneamento, ou por qualquer ação ou evento direta ou indiretamente causado pelos municípios ou região metropolitana, o valor da outorga variável será alterado como forma preferencial de reequilíbrio econômico-financeiro (GOVERNO DO ESTADO DO RIO DE JANEIRO, 2020g).

O Estado do Rio de Janeiro (2020g), na cláusula 33.4.2 da minuta do contrato, estabelece que é possível estender a área de concessão, desde que haja viabilidade técnica, econômica e jurídica e que a adesão de outros municípios não afete negativamente o contrato, causando reequilíbrio que implique redução das outorgas pagas pelas concessionárias ou aumento no valor das tarifas básicas. Além disso, nas subcláusulas consta ainda que a inclusão de novos serviços deve garantir que os municípios incluídos, assim como a região metropolitana, recebam o mesmo percentual de outorga variável já estabelecido no edital. Contudo, se o reequilíbrio econômico-financeiro mostrar que a inclusão do serviço gerou resultados positivos para a concessionária, esses resultados serão repassados ao estado, aos municípios e à região metropolitana na forma de outorga fixa. Se for viável, a instituição de obrigação de pagamento de outorga variável será definida levando-se em consideração a manutenção do equilíbrio econômico-financeiro do contrato, sendo que os valores de outorga variável serão devidos ao município integrante da concessão e, se for o caso, ao FDRM.

A AGENERSA tem responsabilidade específica nos procedimentos de extinção de contrato em relação aos valores de outorga. De acordo com as cláusulas 39.5 e 39.6 da minuta do contrato, ao calcular a indenização, devem ser considerados os valores recebidos como outorga fixa ainda não amortizados. Esses valores só devem ser considerados no cálculo da indenização quando a rescisão for causada exclusivamente pelo Estado e os valores contabilizados como outorga variável não serão considerados para fins de cálculo da indenização.

## 6 Considerações finais

A Lei nº 14.026/2020 alterou o marco legal do saneamento básico (Lei nº 11.445/2007) para aumentar a participação privada e incentivar investimentos na infraestrutura de saneamento. A partir dessa medida, os responsáveis pela prestação dos serviços poderão delegá-los, mas para isso terão que realizar licitações, permitindo que tanto as CESBs quanto empresas privadas concorram pelo direito exclusivo de atender um determinado mercado. Com isso, os contratos de concessão para delegação dos SAE se tornam a principal instrumento para superar o modelo legal e regulatório instituído pelo Planasa. O edital de concessão dos SAE dos municípios do Estado do Rio de Janeiro atendidos pela CEDAE foi um dos primeiros após as alterações no marco legal do setor e exigiu do vencedor um pagamento pelo direito de outorga.

A exigência de pagamento pela outorga em licitações de concessão de serviços públicos possui razões tanto econômicas quanto jurídicas, ao passo que seu propósito é mitigar os efeitos negativos do comportamento monopolístico, sendo compatível com a Lei nº 8.987/1995 e estando ancorada na esfera patrimonial. A transferência do patrimônio estatal para a iniciativa privada consiste no direito de explorar temporariamente uma atividade monopolística e auferir receitas. Ao cobrar uma outorga, o Estado não está se apropriando do patrimônio dos seus administrados, mas auferindo receita originária que é proveniente de uma transação econômica que envolve a transferência temporária de um ativo.

Monopólios naturais precisam ser regulados pelo Estado para evitar abusos de poder de mercado e apropriação de excedentes de lucros pelas concessionárias. Nesse caso, a regulação dos SAE se justifica por serem típicos monopólios naturais e, para corrigir essa "falha de mercado", a *FSB* pode ser usada como um mecanismo de regulação *ex ante*, emulando uma competição via mercado (*competition for the market*). Portanto, a exigência de pagamento pela outorga da concessão pode ser utilizada não apenas como critério para selecionar a melhor proposta do leilão, gerando recursos para os titulares, mas também com finalidades regulatórias, como um mecanismo de regulação *ex ante*. O valor arrecadado pode ser usado para financiar outros projetos, o que a torna uma ferramenta importante para incentivar a adesão dos municípios à prestação regionalizada dos serviços em blocos economicamente viáveis, no entanto, é fundamental que, ao estabelecer o valor da outorga, levem-se em conta as suas implicações financeiras e tarifárias.

A cobrança de outorga é uma ferramenta útil para mitigar os efeitos prejudiciais dos monopólios naturais e fomentar a concorrência entre as empresas que desejam oferecer serviços de saneamento, sendo inegável que a outorga desempenha um papel importante na promoção de uma maior eficiência econômica na prestação dos SAE. No entanto, é preciso ter cuidado ao desenhar o mecanismo de outorga, pois ele afeta a equação econômico-financeira do contrato. Embora o valor da outorga não esteja diretamente relacionado ao fluxo de caixa operacional do projeto, ele se baseia no VPL do projeto e precisa ser compensado pela concessionária de alguma forma, o que pode resultar em pressões por elevação nas tarifas. Ao estabelecer o valor da outorga, é crucial encontrar um equilíbrio que leve em conta tanto o contexto regulatório quanto o econômico do setor. Isso é fundamental para evitar que o contrato sofra efeitos negativos em sua equação econômico-financeira. Além disso, é importante lembrar que as agências reguladoras têm um papel vital na manutenção desse equilíbrio. Elas devem assegurar a efetivação das metas e objetivos acordados, além de garantir que a concessionária seja capaz de cumpri-los. Assim, a agência reguladora é responsável por garantir tanto o equilíbrio econômico-financeiro do contrato quanto a adequada prestação dos serviços.

O leilão para contratação da concessionária define questões regulatórias importantes como forma de regulação *ex ante*. Neste contexto, é importante que os formuladores de políticas públicas avaliem os aspectos regulatórios dos SAE e considerem o papel da outorga onerosa em licitações como instrumento regulatório. Além disso, a ordem jurídica deve favorecer a ampla participação de interessados nas licitações, buscando atrair mais investimentos para o setor. Se o processo de leilão não for desenvolvido corretamente, pode haver uma falta de competição. Também convém destacar que o *FBS* nem sempre é a melhor solução para todos os casos, sendo importante avaliar as características específicas do setor e do mercado para decidir se é a melhor abordagem. Além disso, é importante que o regulador garanta que os consumidores estão sendo protegidos e o interesse público atendido.

Convém ressaltar que esse estudo se limitou a identificar como o instituto da outorga onerosa foi utilizado para a contratação da concessão regionalizada dos SAE dos municípios fluminenses e da região metropolitana – antes atendidos pela CEDAE, não tendo objetivado avaliar a efetividade deste instrumento de acordo com suas funções regulatórias, o que pode ser objeto de outros estudos, adotando-se métodos de pesquisa capazes de avaliar a relação entre a exigência de outorga, as tarifas e o desempenho do contratado na prestação do serviço.

## Referências

ALVES-MAZZOTTI, A. J. Usos e abusos dos estudos de caso. *Cadernos de Pesquisa*, Rio de Janeiro, v. 36, n. 129, p. 637-651, se./dez. 2006. Disponível em: https://www.scielo.br/j/cp/a/BdSdmX3TsKKF3Q3X8Xf3SZw/?format=pdf&lang=pt. Acesso em: 6 out. 2022.

ANDRADE, N. R.; FREITAS, R. V. Maior Valor da Outorga em concessões: ainda uma discussão só jurídica? *Fórum*, 2021. Disponível em: https://www.editoraforum.com.br/noticias/maior-valor-da-outorga-em-concessoes-ainda-uma-discussao-so-juridica-coluna-direito-da-infraestrutura/#_ftnref2. Acesso em: 15 maio 2022.

BERG, S. V.; TSCHIRHART, J. *Natural monopoly regulation:* principles and practice. 3. ed. Nova York: Cambridge University Press, 2008.

BORJA, P. C. Política pública de saneamento básico: uma análise da recente experiência brasileira. *Saúde e Sociedade*, São Paulo, v. 23, n. 2, p. 432-447, 2014. Disponível em: https://www.scielo.br/j/sausoc/a/gn7vpPFZYBHq6s6JVtHCHbw/?format=pdf&lang=pt. Acesso em: 22 out. 2022.

BOUVIER, B. B. *et al.* Marcos regulatórios estaduais em saneamento básico no Brasil. *Rev. Adm. Pública (RAP)*, Rio de Janeiro, v. 43, n. 1, p. 207-227, jan./fev. 2009. Disponível em: https://www.scielo.br/j/rap/a/nbMYKyxTZrVYRCdCbRyn9Kc/?format=pdf&lang=pt. Acesso em: 13 out. 2022.

BRASIL. Constituição da República Federativa do Brasil de 1988, Brasília, DF, 5 out. 1988. Disponível em: http://www.planalto.gov.br/ccivil_03/constituicao/constituicao.htm. Acesso em: 8 jun. 2021.

BRASIL. Lei nº 8.987, de 13 de fevereiro de 1995. Dispõe sobre o regime de concessão e permissão da prestação de serviços públicos previsto no art. 175 da Constituição Federal, e dá outras providências. *Diário Oficial da União (DOU)*, Brasília, DF, 13 fev. 1995. Disponível em: http://www.planalto.gov.br/ccivil_03/leis/l8987cons.htm. Acesso em: 18 set. 2022.

BRASIL. Lei nº 11.445, de 5 de janeiro de 2007. Estabelece diretrizes nacionais para o saneamento básico. *Diário Oficial da União (DOU)*, Brasília, DF, 5 jan. 2007. Disponível em: http://www.planalto.gov.br/ccivil_03/_Ato2007-2010/2007/Lei/L11445.htm. Acesso em: 18 set. 2022.

BRASIL. *Plano Nacional de Saneamento Básico*. Ministério do Desenvolvimento Regional. Brasília, DF, p. 240. 2019.

BRASIL. Lei nº 14.026, de 15 de julho de 2020. Atualiza o marco legal do saneamento básico. *Diário Oficial da União (DOU)*, Brasília, DF, 15 jul. 2020. Disponível em: http://www.planalto.gov.br/ccivil_03/_ato2019-2022/2020/lei/l14026.htm. Acesso em: 18 set. 2022.

CAMACHO, F. T.; CRUZ, C. O. Toll road sector in Brazil: Regulation by contract and recent innovations. *Competition and Regulation in Network Industries*, v. 0(0), p. 1-18, 2022. Disponível em: https://journals.sagepub.com/doi/10.1177/17835917221087897. Acesso em: 21 abr. 2022.

CAMACHO, F. T.; RODRIGUES, B. C. L. Regulação econômica de infraestruturas: como escolher o modelo mais adequado? *In*: SOCIAL, B. N. D. D. E. E. *Revista do BNDES 41*, Rio de Janeiro: BNDES, 2014. p. 257-288. Disponível em: https://web.bndes.gov.br/bib/jspui/bitstream/1408/1921/2/RB41_final_A_P_BD.pdf. Acesso em: 18 jun. 2021.

CARVALHO, A. A. regulação econômica e contratos sob o novo marco legal do saneamento básico: estudo de caso da concessão da Região Metropolitana de Maceió. (Dissertação – Programa de Mestrado em Governança e Desenvolvimento da Escola Nacional de Administração Pública – ENAP), Brasília, DF, 2021. Disponível em: https://repositorio.enap.gov.br/bitstream/1/6642/1/Disserta%c3%a7%c3%a3o_Alfredo_Carvalho_vFINAL%20%281%29.pdf. Acesso em: 16 out. 2022.

COMITÊ DE PRONUNCIAMENTOS CONTÁBEIS. OCPC 05 – Contratos de Concessão, 2010. Disponível em: http://static.cpc.aatb.com.br/Documentos/141_OCPC_05_rev%2014.pdf. Acesso em: 3 abr. 2022.

DEMSETZ, H. Why Regulate Utilities? *Journal of Law and Economics*, v. 11, n. 1, p. 55-65, abr. 1968. Disponível em: https://www.sfu.ca/~wainwrig/Econ400/documents/demsetz68-JLE-utilities.pdf. Acesso em: 5 jan. 2023.

ESTADO DO RIO DE JANEIRO. Edital de Concorrência Internacional nº 01/2020. Concessão da Prestação Regionalizada dos Serviços Públicos de Fornecimento de Água e Esgotamento Sanitário e dos Serviços Complementares dos Municípios do Estado do Rio de Janeiro. *Processo nº 120207/000707/2020*, Rio de Janeiro, 2020a. Disponível em: http://www.concessaosaneamento.rj.gov.br/documentos/grupo1/EDITAL.pdf. Acesso em: 25 jan. 2023.

ESTADO DO RIO DE JANEIRO. Plano de Negócios Referencial – Bloco 1. Projeto de concessão regionalizada dos serviços de abastecimento de água e esgotamento sanitário dos municípios do Estado do Rio de Janeiro atualmente atendidos pela CEDAE, Rio de Janeiro, 2020b. Disponível em: http://www.consultapublica.rj.gov.br/sites/ConsultaPublica/files/ArqPlanoNegocios/1PN_0.pdf. Acesso em: 25 jan. 2023.

ESTADO DO RIO DE JANEIRO. Plano de Negócios Referencial – Bloco 2. Projeto de concessão regionalizada dos serviços de abastecimento de água e esgotamento sanitário dos municípios do Estado do Rio de Janeiro atualmente atendidos pela CEDAE, Rio de Janeiro, 2020c. Disponível em: http://www.consultapublica.rj.gov.br/sites/ConsultaPublica/files/ArqPlanoNegocios/3PN_0.pdf. Acesso em: 26 jan. 2023.

ESTADO DO RIO DE JANEIRO. Plano de Negócios Referencial – Bloco 3. Projeto de concessão regionalizada dos serviços de abastecimento de água e esgotamento sanitário dos municípios do Estado do Rio de Janeiro atualmente atendidos pela CEDAE, Rio de Janeiro, 2020d. Disponível em: http://www.consultapublica.rj.gov.br/sites/ConsultaPublica/files/ArqPlanoNegocios/5PN_0.pdf. Acesso em: 25 jan. 2023.

ESTADO DO RIO DE JANEIRO. Plano de Negócios Referencial – Bloco 4. Projeto de concessão regionalizada dos serviços de abastecimento de água e esgotamento sanitário dos municípios do Estado do Rio de Janeiro atualmente atendidos pela CEDAE, Rio de Janeiro, 2020e. Disponível em: http://www.consultapublica.rj.gov.br/sites/ConsultaPublica/files/ArqPlanoNegocios/7PN_0.pdf. Acesso em: 26 jan. 2023.

ESTADO DO RIO DE JANEIRO. Minuta de contrato de concessão dos serviços públicos de abastecimento de água e esgotamento sanitário nos municípios do bloco. *Anexo 01 – Edital nº 01/2020*, Rio de Janeiro, 2020g. Disponível em: http://www.concessaosaneamento.rj.gov.br/documentos/grupo2/Contrato-de-Concessao.pdf. Acesso em: 25 jan. 2023.

ESTADO DO RIO DE JANEIRO. Ata da Sessão Pública para Abertura dos Volumes 2 – Propostas Comerciais, Rio de Janeiro, 2021. Disponível em: http://www.concessaosaneamento.rj.gov.br/publicacoes-oficiais/AtadaSessaoPublicadeAberturadosVolumes2.pdf. Acesso em: 25 jan. 2023.

FARIA, S. A.; FARIA, R. C. Cenários e perspectivas para o setor de saneamento e sua interface com os recursos hídricos. *Eng. Sanit. Ambient.*, v. 9, n. 3, jul./set. 2004. Disponível em: https://www.scielo.br/j/esa/a/kQXXx6QYghw8bMqV6x7ygHH/?format=pdf&lang=pt. Acesso em: 17 out. 2022.

FAROOQI, N.; SIEMIATYCKI, M. Value for Money and Risk in Public–Private Partnerships: Evaluating the Evidence. *Journal of the American Planning Association*, Chicago, IL, v. 78, n. n. 3, p. 286-299, 2012. Disponível em: https://doi.org/10.1080/01944363.2012.715525. Acesso em: 21 jun. 2021.

FOELLMI, R.; MEISTER, U. Product-Market Competition in the Water Industry: Voluntary Non-discriminatory Pricing. *Journal of Industry, Competition and Trade*, v. 2, n. 5, p. 115-135, 2005. Disponível em: https://link-springer-com.ez29.periodicos.capes.gov.br/content/pdf/10.1007/s10842-005-3722-0.pdf. Acesso em: 20 out. 2022.

FONTELLES, Mauro José *et al*. Metodologia da pesquisa científica: diretrizes para a elaboração de um protocolo de pesquisa. *Revista Paraense de Medicina*, Belém, v. 23, n. 3, jul./set. 2009. Disponível em: http://files.bvs.br/upload/S/0101-5907/2009/v23n3/a1967.pdf. Acesso em: 8 out. 2022.

FORTINI, C.; AVELAR, M.; BORELLI, R. Modelos jurídico-institucionais para delegação dos serviços de água e esgoto e o chamado "Novo Marco Legal do Saneamento Básico". *In*: FORTINI, C. *et al*. *Novo Marco Legal do Saneamento*. Aspectos administrativos, ambientais, regulatórios e tributários. Belo Horizonte: D'Plácido, 2021, p. 83-104.

GALVÃO JR., A. D. C.; MONTEIRO, M. A. P. Análise de contratos de concessão para a prestação de serviços de água e esgoto no Brasil. *Engenharia Sanitária e Ambiental*, Rio de Janeiro, p. 353-361, out./dez. 2006. Disponível em: https://www.scielo.br/j/esa/a/nBNmrSqkq896GZt6wK4kngK/?lang=pt&format=pdf. Acesso em: 19 ago. 2021.

GIL, A. C. *Métodos e técnicas de pesquisa social*. 6. ed. São Paulo: Atlas, 2008.

GÓMEZ-IBAÑEZ, J. A. *Regulating infrastructure:* monopoly, contracts and discretion. Cambridge, Massachusetts: Harvard University Press, 2003.

GUASCH, J. L. *Granting and Renegotiating Infrastructure Concessions:* doing it right. Washington, D.C.: The World Bank, 2004.

GUERRA, S.; VÉRAS, R. Novo marco regulatório do saneamento. *Rev. Direito Econ. Socioambiental*, Curitiba, v. 12, n. 1, p. 196-215, jan./abr. 2021. Disponível em: https://dialnet.unirioja.es/descarga/articulo/8147543.pdf. Acesso em: 17 set. 2022.

HARTLEY, J. Case Study Research. *In*: CASSEL, C.; SYMON, G. *Essential guide to qualitative methods in organizational research*. London: Sage, 2004. Cap. 26, p. 323-333.

INSTITUTO TRATA BRASIL. *Benefícios Econômicos e Sociais da Expansão do Saneamento no Brasil*, 2018. Disponível em: http://www.tratabrasil.org.br/images/estudos/itb/beneficios/sumario_executivo.pdf. Acesso em: 18 maio 2021.

JUSTEN FILHO, M. As Diversas Configurações da Concessão de Serviço Público. *Revista de Direito Público da Economia*, Belo Horizonte, n. 1, p. 95-136, jan./mar. 2003a. Disponível em: http://justenfilho.com.br/wp-content/uploads/2008/12/mjf60.pdf. Acesso em: 19 mar. 2022.

JUSTEN FILHO, M. *Teoria geral das concessões de serviços públicos*. São Paulo: Dialética, 2003b.

KLANN, R. C. *et al*. Influência do Risco Moral e da *Accountability* nas Tomadas de Decisões. *Revista Contabilidade Vista & Revista*, Belo Horizonte, v. 25, n. 1, p. 99-118, jan./abr. 2014. Disponível em: https://revistas.face.ufmg.br/index.php/contabilidadevistaerevista/article/view/2357/pdf_70. Acesso em: 25 jan. 2023.

LIMA, R. F.; VARGAS, M. C. Concessões privadas de saneamento no Brasil: bom negócio para quem. *Ambiente & Sociedade*, v. 7, n. 2, jul./dez. 2004. Disponível em: https://www.scielo.br/j/asoc/a/BXswdrST5DCbZFB6BvyQd9x/?format=pdf&lang=pt. Acesso em: 16 out. 2022.

LOUREIRO, G. K. Observações sobre a prorrogação de contratos de programa sob o Marco do Saneamento. *Texto para discussão*. Fundação Getúlio Vargas (FGV). Centro de Estudos em Regulação e Infraestrutura (CERI), Rio de Janeiro, 2021. 14. Disponível em: https://ceri.fgv.br/sites/default/files/publicacoes/2021-04/observacoes-sobre-a-prorrogacao-de-contratos-de-programa-sob-o-marco-do-saneamento.pdf. Acesso em: 19 ago. 2021.

MACHADO, H. D. B. Tributação Oculta e Garantias Constitucionais. *Revista Fórum de Direito Tributário – RFDT*, Belo Horizonte, v. ano 2, n. 10, jul./ago. 2004. Disponível em: https://www.forumconhecimento.com.br/periodico/142/10656/20292. Acesso em: 3 abr. 2022.

MANKIW, G. N. *Princípios de microeconomia*. 6. ed. São Paulo: Cengage Learning, 2017.

MARCONI, M. D. A.; LAKATOS, E. M. *Fundamentos de metodologia científica*. 8. ed. São Paulo: Atlas, 2017.

MOUGEOT, M.; NAEGELEN, F. Franchise bidding, regulation and investment costs. *Rev. Econ. Design*, n. 15, p. 37-58, mar. 2011. Disponível em: https://link.springer.com/content/pdf/10.1007/s10058-008-0070-7.pdf. Acesso em: 20 out. 2022.

MUNICÍPIO DO RIO DE JANEIRO. Fundação Instituto das Águas do Município do Rio de Janeiro. *Revisão do Plano Municipal de Saneamento Básico*. Rio de Janeiro. 2022.

OLIVEIRA, R. F. *Receitas Públicas Originárias*. São Paulo: Malheiros, 1994.

OLIVIA, J.; WU, X. The hybrid model for economic regulation of water utilities: Mission impossible? *Utilities Policy*, p. 122-131, out. 2017. Disponível em: https://www-sciencedirect.ez29.periodicos.capes.gov.br/science/article/pii/S0957178715300394/pdfft?md5=8863f7912a55f155d30128e257bb0d76&pid=1-s2.0-S0957178715300394-main.pdf. Acesso em: 30 set. 2022.

PEDRO, L. M.; RIBEIRO, M. D. S. Análise da contabilização dos principais tipos de contratos de concessão rodoviária. *RIC – Revista de Informação Contábil*, Pernambuco, v. 10, n. 1, p. 78-88, jan./mar. 2016. Disponível em: https://periodicos.ufpe.br/revistas/ricontabeis/article/viewFile/22263/18514. Acesso em: 3 abr. 2022.

PINDYCK, R. S.; RUBINFELD, D. L. *Microeconomia*. 8. ed. São Paulo: Pearson Education do Brasil, 2013.

PIRES DO RIO, G. A.; SALES, A. V. D. S. Os serviços de água e esgoto no estado do Rio de Janeiro: regulação e privatização. *GEOgraphia*, Rio de Janeiro, v. 6, n. 12, 2009. Disponível em: https://periodicos.uff.br/geographia/article/view/13480/8680. Acesso em: 12 out. 2022.

PIRES, A.; CAMPOS FILHO, L. Investimentos em setores de infraestrutura: a questão da regulação do monopólio natural e a defesa da concorrência. *In*: CASTRO, A. C. (org.). *Desenvolvimento em debate*. Rio de Janeiro: Editora Mauad: Banco Nacional de Desenvolvimento Econômico e Social, v. 2, 2002. p. 281-303. Disponível em: http://web.bndes.gov.br/bib/jspui/handle/1408/13468. Acesso em: 8 maio 2022.

QUEIROZ, V. C. *Avaliação de fundos como instrumentos de universalização dos serviços de saneamento:* aplicação para o Estado de Minas Gerais. (Dissertação – Programa de Pós-Graduação em Saneamento, Meio Ambiente e Recursos Hídricos Faculdade de Engenharia - UFMG). Belo Horizonte, 2016. Disponível em: https://www.smarh.eng.ufmg.br/defesas/1185M.PDF. Acesso em: 16 out. 2022.

RILLO, R. *A riqueza no esgoto:* uma oportunidade para gerar receita, 2019. Disponível em: https://vernalhapereira.com.br/a-riqueza-no-esgoto/. Acesso em: 22 abr. 2022.

ROCHA, C. H. M. D.; BRITTO, P. A. P. D. Concessão de Infraestrutura de Transportes, Valor de Outorga e Regulação pela Outorga. *Revista Negócios em Projeção*, v. 11, n. 1, p. 1-14, 2020. Disponível em: http://revista.faculdadeprojecao.edu.br/index.php/Projecao1/article/download/1570/1251. Acesso em: 3 abr. 2022.

SBERZE, O. D. R.; PEREIRA, T. S. Análise Econômica das Concessões Aeroportuárias em Relação aos Problemas Financeiros das Concessionárias. *Revista de Gestão, Economia e Negócios – REGEN*, v. 2, n. 1, p. 1-19, 2021. Disponível em: https://portal.idp.emnuvens.com.br/regen/article/view/5883. Acesso em: 3 abr. 2022.

SILVA, M. A. D. B. *O mito dos serviços públicos:* monopólios, estratégias interventivas e a regulação estatal da atividade econômica no Brasil. Tese (Doutorado – Programa de Pós-Graduação em Direito do Estado) – Faculdade de Direito, Universidade de São Paulo), São Paulo, p. 179, 2020.

SOUSA, A. C. A.; COSTA, N. D. R. Política de saneamento básico no Brasil: discussão de uma trajetória. *História, Ciências, Saúde – Manguinhos*, Rio de Janeiro, v. 23, n. 3, p. 615-634, jul./set. 2016. Disponível em: https://www.scielo.br/j/hcsm/a/WWqtPW6LnkrVpbbdJqHMGJk/?format=pdf&lang=pt. Acesso em: 29 set. 2022.

STAKE, R. E. Qualitative case studies. *In*: DENZIN, N. K.; LINCOLN, Y. S. *The SAGE Handbook of Qualitative Research*. 3. ed. Thousand Oaks: Sage, 2005. p. 443-466.

SUNDFELD, A. A. As vantagens do VPL pela outorga como critério de julgamento na licitação para concessão. *Revista Brasileira de Infraestrutura – RBINF*, Belo Horizonte, ano 8, n. 16, p. 91-106, jul./dez. 2019. Disponível em: https://www.forumconhecimento.com.br/periodico/141/41864/90758. Acesso em: 3 abr. 2022.

TEIXEIRA, L. M. A. *Proposta de mecanismo para mensuração de valor de outorga em concessões aeroportuárias*. Tese (Doutorado em Transportes – UNB), Brasília, DF, Março 2018. Disponível em: https://repositorio.unb.br/bitstream/10482/32625/1/2018_LeisyMikaellyAlvesTeixeira.pdf. Acesso em: jul. 2021.

THEYS, C. *et al*. The economics behind the awarding of terminals in seaports: Towards a research agenda. *Research in Transportation Economics*, v. 27, n. 1, p. 37-50, 2010. Disponível em: https://www.sciencedirect.com/science/article/abs/pii/S073988590900064X. Acesso em: 16 out. 2022.

TUROLLA, F. A. Política de saneamento básico: avanços recentes e opções futuras de políticas públicas. *Texto para Discussão (TD) 922*. Instituto de Pesquisa Econômica Aplicada (IPEA), Brasília, DF, 2002. Disponível em: https://repositorio.ipea.gov.br/bitstream/11058/2818/1/TD_922.pdf. Acesso em: 17 out. 2022.

TUROLLA, F. A.; OHIRA, T. H. A Economia do Saneamento Básico. *III Ciclo de Debates do Grupo de Estudos em Economia Industrial, Tecnologia e Trabalho da PUC-SP*, São Paulo, 2005. Disponível em: https://www5.pucsp.br/eitt/downloads/III_CicloPUCSP_TurollaeOhira.pdf. Acesso em: 8 maio 2022.

VASCONCELOS, A. S. O Equilíbrio Econômico-Financeiro nas Concessões de Rodovias Federais no Brasil. *In*: UNIÃO, T. D. C. D. *Regulação de Serviços Públicos e Controle Externo*. Brasília, DF: TCU, Secretaria de Fiscalização de Desestatização, 2008. p. 217-266. Disponível em: https://portal.tcu.gov.br/biblioteca-digital/controle-externo-da-regulacao-dos-servicos-publicos.htm. Acesso em: 26 jun. 2021.

VISCUSI, W. K.; HARRINGTON JR., J. E.; VERNON, J. M. *Economics of regulation and antitrust*. 4. ed. Cambridge, Massachusetts: The MIT Press, 2005.

WALLIS, J.; DOLLERY, B. *Market Failure, Government Failure, Leadership and Public Policy*. Nova Iorque: Palgrave Macmillan, 1999.

WANG, G. W. Y.; PALLIS, A. A. Incentive approaches to overcome moral hazard in port concession agreements. *Transportation Research*, n. 67, p. 162-174, 2014. Disponível em: https://ideas.repec.org/a/eee/transe/v67y2014icp162-174.html. Acesso em: 9 abr. 2022.

WILLIAMSON, O. E. *The econonic institutions of capitalism*: firms, markets, relational contracing. [S.l.]: The Free Press, 1985.

---

Informação bibliográfica deste texto, conforme a NBR 6023:2018 da Associação Brasileira de Normas Técnicas (ABNT):

MORATÓRIO, Luciano. O papel regulatório da outorga onerosa nos serviços de saneamento básico. Estudo de caso da concessão dos SAE prestados pela CEDAE no Estado do Rio de Janeiro. *In*: DIAS, Maria Tereza Fonseca. *Lei de Diretrizes Nacionais para o Saneamento Básico*: reflexões acerca das alterações introduzidas pela Lei nº 14.026/2020. Belo Horizonte: Fórum, 2023. p. 257-284. ISBN 978-65-5518-528-7.

# SOBRE OS AUTORES

**Amael Notini Moreira Bahia**
Mestre em Direito na Universidade Federal de Minas Gerais. Coordenador de Assuntos Jurídicos do Observatório Nacional dos Direitos à Água e ao Saneamento. Advogado.

**André Pinho Simões**
Mestre em Direito Administrativo pela UFMG. Especialista em Direito Administrativo pela UFMG. Especialista em Direito Público pela PUC Minas. E-mail: andrepinhosimoes@gmail.com.

**Bianca Rocha Barbosa**
Mestra em Direito pela Universidade Federal de Minas Gerais (UFMG). Especialista em Direito Administrativo pela UFMG. Pós-graduada em Direito da Mineração pelo Centro de Estudos em Direito e Negócios (CEDIN). Bacharela em Direito com formação complementar em Gestão Pública pela UFMG. Advogada.

**Bruna de Paula Ferreira Costa**
Mestra em Direito, especialista em Direito Administrativo e bacharela em Direito pela Universidade Federal de Minas Gerais (UFMG). Bacharela em Administração Pública pela Fundação João Pinheiro (FJP). Assessora de Desestatização no Banco de Desenvolvimento de Minas Gerais (BDMG).

**Ivanice Milagres Presot Paschoalini**
Mestre em Direito pela FUMEC (2012-2014). Pós-graduada em Gestão Pública pelas Faculdades Integradas de Jacarepaguá. Graduou-se em Direito pela Faculdade de Direito da Universidade Presidente Antônio Carlos (2002). Foi professora, assistente de supervisão e advogada no Departamento de Assistência Jurídica da FADI/UNIPAC (2005-2008). Atualmente é Analista de Gestão em Saúde do Centro de Pesquisa René Rachou/FIOCRUZ e doutoranda em Saúde Pública pela FIOCRUZ.

**Izabela Passos Peixoto**
Advogada consultiva. Mestranda em Direito Administrativo pela UFMG e bacharela em Direito pela mesma instituição. Especialista em Direito Público pela PUC Minas.

**Luciano Moratório**
Analista de Controle Externo (ACE) atuando na Coordenadoria de Fiscalização de Concessões e Privatizações (CFCP) do Tribunal de Contas do Estado de Minas Gerais (TCE-MG). Mestrando em Políticas Públicas, Estratégias e Desenvolvimento do Instituto de Economia (PPED/IE) da Universidade Federal do Rio de Janeiro (UFRJ). Especialista em Controle da Desestatização e da Regulação pelo Instituto Serzedello Corrêa (ISC), a escola de governo do Tribunal de Contas da União (TCU), e em Finanças, Controladoria e Auditoria pela Escola Brasileira de Administração Pública e de Empresas (EBAPE) da Fundação Getúlio Vargas (FGV). Formado em Administração Pública pela Universidade Federal Fluminense (UFF), Ciências Contábeis pela Universidade Estácio de Sá (UNESA) e Ciências Econômicas pela Universidade Católica de Petrópolis (UCP).

**Madson Alves de Oliveira Ferreira**
Graduado em Direito pela Universidade Federal de Minas Gerais, 2009. Especialista em Direito Constitucional pela Damásio Educacional, 2017. Mestre pela Universidade Federal de Minas Gerais. Procurador do Estado de Minas Gerais desde 2014. Chefiou as assessorias jurídicas da Secretaria de Administração Prisional e da Secretaria de Justiça e Segurança Pública. Atualmente, exerce a chefia da assessoria jurídica do Gabinete Militar do Governador e da assessoria da Secretaria-Geral do Estado de Minas Gerais.

**Maria Tereza Fonseca Dias**
Doutora e mestre em Direito Administrativo pela UFMG. Professora associada do Departamento de Direito Público da UFMG. Professora visitante no King's College Londres pelo programa UFMG/CAPES/PRINT. Pesquisadora do CNPq. Advogada

**Regis Dudena**
Possui graduação em Direito pela Universidade de São Paulo (2004) e mestrado em *"European Legal Practice" – Erasmus Mundus* – Consórcio Univ. de Hannover e Católica Portuguesa (2007). Doutorando em Direito na Universidade Federal de Minas Gerais (UFMG). Foi assessor especial da Secretaria-Executiva e Subchefe Adjunto para Assuntos Jurídicos, ambos na Casa Civil da Presidência da República. Gerente Jurídico da ANTF. Assessor Jurídico da Presidência do BDMG e Superintendente Jurídico da Desenvolve SP. Hoje é advogado especializado em Direito Público, com atuação na área de *Advocacy* legislativo e regulatório.

Esta obra foi composta em fonte Palatino Linotype, corpo 10 e impressa em papel Offset 75g (miolo) e Supremo 250g (capa) pela Artes Gráficas Formato, em Belo Horizonte/MG.